D1996734

Andreas Völker

Ein Gott für alle Fälle

Glauben und Leben

Band 56

LIT

Andreas Völker

Ein Gott für alle Fälle

Die Grammatik Gottes

LIT

Das Titelbild ist Teil eines Freskos der Kirche St. Clemente in Tahull (Spanien), um 1123 n. Chr.

Zum Autor:
Andreas Völker, Jahrgang 1970, ist im unterfränkischen Großwallstadt (in der Nähe von Aschaffenburg) aufgewachsen. Nach dem Schulabschluss studierte er Religionspädagogik und Kirchliche Bildungsarbeit (FH) in Eichstätt. Anschließend schloss sich das Studium der Katholischen Theologie an. Nach dem Diplom wirkte er während einer dreijährigen Ausbildungszeit als Pastoralassistent in Ingolstadt. Ab dem Schuljahr 1999/2000 unterrichtet er an der Gnadenthal-Mädchen-Realschule Ingolstadt der Diözese Eichstätt als Religionslehrer.
Er ist verheiratet und lebt mit seinen drei Kindern in Obereichstätt (in der Nähe Eichstätts). Außer seinem schulischen Unterricht engagiert er sich in der kirchlichen Erwachsenenbildung.
Im LIT-Verlag liegt bereits ein Buch von ihm vor, in dem er ein Schulprojekt vorstellt. Es trägt den Titel: „Elie Wiesel: Zeichen setzen – selbst zum Zeichen werden. Grammatik eines Lebens für Frieden und Versöhnung" und ist 2008 erschienen.

∞ Gedruckt auf alterungsbeständigem Werkdruckpapier entsprechend ANSI Z3948 DIN ISO 9706

Bibliografische Information der Deutschen Nationalbibliothek
Die Deutsche Nationalbibliothek verzeichnet diese Publikation in der Deutschen Nationalbibliografie; detaillierte bibliografische Daten sind im Internet über http://dnb.d-nb.de abrufbar.

ISBN 978-3-643-10823-4

©LIT VERLAG Dr. W. Hopf Berlin 2010

Verlagskontakt:
Fresnostr. 2 D-48159 Münster
Tel. +49 (0) 2 51-620 320 Fax +49 (0) 2 51-922 60 99
e-Mail: lit@lit-verlag.de http://www.lit-verlag.de

Auslieferung:
Deutschland: LIT Verlag Fresnostr. 2, D-48159 Münster
Tel. +49 (0) 2 51-620 32 22, Fax +49 (0) 2 51-922 60 99, e-Mail: vertrieb@lit-verlag.de
Österreich: Medienlogistik Pichler-ÖBZ, e-Mail: mlo@medien-logistik.at
Schweiz: B + M Buch- und Medienvertrieb, e-Mail: order@buch-medien.ch

Meiner Frau Christine
und unseren Kindern
Maria, Johannes und Judith.

Ein Gott für alle Fälle - Die Grammatik Gottes

Inhaltsverzeichnis

Vorwort

Ein Buch über Gott - das ist wohl ein **Wagnis**. Dennoch will ich es versuchen. Denn es gibt meines Erachtens zwar kein schwierigeres, aber wohl auch kaum ein sich mehr lohnendes Thema als eben Gott. Denn wenn es Gott gibt, und davon gehe ich von der ersten bis zur letzten Seite natürlich aus, dann ist er es wohl, dem unsere Aufmerksamkeit vor allem zu gelten hat. Dabei ist der „Gegenstand" der Betrachtung, nämlich Gott, eben gar nicht ein klassischer Gegenstand, nicht einfach zu greifen und dadurch erst recht auch nicht einfach darzustellen. Deshalb habe ich mir ein **Hilfsmittel** überlegt, um über Gott verantwortlich sprechen zu können: Es sind die **Fälle der Grammatik**. Aufgrund der **Wortbedeutungen** dieser Fälle versuche ich, so etwas wie eine „Grammatik Gottes" erschließen. Es wird sich zeigen, dass Gott wirklich ein **Gott „für alle Fälle"** ist. Vielleicht zeigt sich von hier auch, dass dieses Unterfangen, von Gott zu sprechen, etwas für uns ist, für die Fälle unseres Lebens und für den Fall, den wir selber darstellen. Dass ich mit dem Versuch, ein Buch über Gott zu schreiben, nicht alleine bin, zeigt ein kurzer Blick in die jüngsten Veröffentlichungen. In dieser Zeit sind mehrere Bücher zur Gottesfrage erschienen. Vorab ist das Werk „**Gott verbindlich**" von **Jürgen Werbick** zu nennen. Auf fast 700 Seiten wird vom Münsteraner Fundamentaltheologen eine sicher wegweisende und höchst interessante Arbeit zur Gottesfrage vorgelegt, die zurzeit meines Erachtens ihresgleichen sucht. Werbick geht der vor allem der Bedeutung der Eigenschaften und Attribute Gottes nach und versucht sie, in Auseinandersetzung mit der Philosophie und modernen Anfragen, in gelungener und neuer Sprache für das heutige Verständnis auszulegen. So beschäftigt er sich z. B. mit der Frage, was es heißt, dass Gott „allmächtig" (S. 367ff) sei oder dass es nur „einen" Gott (S. 141ff) gibt. Letztlich mündet dieses umfassende Werk in ein Kapitel über die göttliche Dreifaltigkeit (S. 519ff). Mit dieser Arbeit kann mein bescheidender Versuch nicht konkurrieren und er will es auch gar nicht. Ganz ähnlich wissenschaftlich ist auch das Buch des Münchener Fundamentaltheologen **Armin**

Kreiner: **„Das wahre Antlitz Gottes – oder was wir meinen, wenn wir Gott sagen“**. Der Autor begibt sich in seinem 544 Seiten umfassenden Werk gerade auch in einen Dialog mit den modernen Naturwissenschaften, die mit ihren Fragen und Problemstellung eine der größten Herausforderungen für die Gottesfrage sind. Ich möchte unter anderem auch noch **Heiner Geißler** zu erwähnen, der versucht, mit seinem Buch **„Wo ist Gott?“**, mit der nächsten Generation ins Gespräch zu kommen. Wieweit ihm dies gelingt oder auch gelingen kann, bleibt abzuwarten. Doch mit dem Unterfangen, mit der nächsten Generation, also mit jungen Menschen, über Gott ins Gespräch zu kommen, sehe ich auch meinen bescheidenen Versuch recht gut umschrieben. Erwächst er doch nicht zuletzt meiner beruflichen Tätigkeit und meinem Unterricht als **Religionslehrer an der Ingolstädter Gnadenthal-Mädchenrealschule**. Dort ist das **„Gespräch mit der nächsten Generation“** mein tägliches Aufgabenfeld. Dass dieses Gespräch nicht so ohne weiteres über Gott stattfinden kann, dass wir so manches Mal aneinander vorbeireden, wenn es um Gott geht oder dass beim Thema der Gottesfrage der Mundwinkel bei nicht wenigen erst einmal herunterfällt, wird mir immer wieder deutlich und bewusst gemacht. Allzu oft begegne ich Skepsis, wenn nicht sogar Ablehnung, wenn ich mit „Gott“ komme. Aber da gibt es eben auch die anderen Erfahrungen, die – Gott sei Dank – eben auch manchmal vorkommen. So hat einmal nach einer Stunde über die „Grammatik Gottes“ eine Neuntklässerin zu mir gesagt: „Ich weiß nicht, ob mir ein solches Urteil überhaupt zusteht, aber heute war es einmal sehr schön!“. Nun, abgesehen von der mitgesagten Tatsache, dass es sonst wohl nicht sehr schön zu sein scheint in meinem Unterricht, war ich über diese Rückmeldung sehr erfreut. Es geht eben auch anders. Gott kann auch bei jungen Menschen als Thema „ankommen“. Vielleicht ist dies ein kleines Zeichen, dass mein Versuch durchaus im Gespräch mit der nächsten Generation steht. Ich möchte nicht verhehlen, dass mir die Gespräche und Fragen, die Kritik, aber auch so manche Zustimmung von Seiten der Schülerinnen über viele Jahre hinweg dazu geholfen haben, so manchen Punkt für mich selbst zu klären, Worte für die entsprechenden Themen zu finden, die verständlich sind und verstanden werden können und die Frage nach Gott in mir wach zu halten. Damit haben sie alle einen

Anteil daran, dass dieses Buch entstehen konnte. Für alle Anfragen, Kritiken und Zustimmung bin ich ihnen sehr dankbar.
Neben vielen anderen Publikationen über die Gottesfrage möchte ich – vielleicht etwas überraschend – auf die vielbeachtete Tagebuchdarstellung seiner Fußwallfahrt auf dem Jakobsweg nach Santiago de Compostela von **Hape Kerkeling** hinweisen. Obwohl hier keine Theologie geboten, finde ich darin einige Zugänge zum meinem Thema. Unter dem Titel **„Ich bin dann mal weg“** verbirgt sich eine kurzweilige, amüsante und zuweilen eben auch tiefgründige Beschreibung seiner Erlebnisse auf dem Jakobsweg. An einigen Passagen kommt, wie schon gesagt, der Autor auch direkt auf Gott zu sprechen. Diese haben mir in ihrer Eigenart zugesagt und ich halte sie für bedenkenswert. Deshalb will ich mit einigen Auszügen daraus mein Buch eröffnen. So heißt es z. B. unter dem Datum des **4. Juli**:
„Das, was ich gestern erleben durfte, kann ich weder erzählen noch aufschreiben. Es bleibt unsagbar. Schweigend und ohne jeden Gedanken zwölf Kilometer zu laufen kann ich nur jedem empfehlen. Larissa hatte mir in Grañon etwas gesagt, was ich für ziemlich albern hielt: »Irgendwann fängt jeder auf dem Weg an zu flennen. Der Weg hat einen irgendwann so weit. Man steht einfach da und heult.« Bei mir war es gestern so weit. Ich stehe mitten in den Weinbergen und fange aus heiterem Himmel an zu weinen. Warum, kann ich gar nicht sagen. Erschöpfung? Freude? Alles auf einmal? Weinen in den Weinbergen!? Ich muss gleichzeitig darüber lachen. Ja, und dann ist es passiert! Ich habe meine ganz persönliche Begegnung mit Gott erlebt. »Yo y Tū« [spanisch: „Ich und du“, AV] war die Überschrift meiner Wanderung und das klingt für mich auch wie ein Siegel der Verschwiegenheit. In der Tat, was dort passiert ist, betrifft nur mich und ihn. Aber an der Wand der Grundschule standen drei Worte: »Ich und du«. Die Verbindung zwischen ihm und mir ist nämlich etwas Eigenständiges. Um Gott zu begegnen, muss man vorher eine Einladung an ihn aussprechen, denn ungebeten kommt er nicht. Auch eine Form von gutem Benehmen. Wir haben die freie Wahl. Zu jedem baut er eine individuelle Beziehung auf. Dazu ist nur jemand fähig, der wirklich liebt. Ich werde von Tag zu Tag freier und das Hin und Her in meiner Gefühlswelt auf dem Camino ergibt plötzlich einen klaren Sinn. Durch alle Emotionsfrequenzen

habe ich mich langsam auf die eine Frequenz eingetunt und hatte einen großartigen Empfang. Totale gelassene Leere ist der Zustand, der ein Vakuum entstehen lässt, das Gott dann entspannt komplett ausfüllen kann. Also Achtung! Wer sich leer fühlt, hat eine einmalige Chance im Leben! Gestern hat etwas in mir einen riesigen Gong geschlagen. Und der Klang wird nachhallen. Früher oder später erschüttert dieser Weg jeden in seinen Grundfesten. Ich weiß, der Klang wird langsam leiser werden, aber wenn ich die Ohren spitze, werde ich diesen Nachhall noch sehr lange wahrnehmen können. Eigentlich ist mein Camino hier beendet, denn meine Frage ist eindeutig beantwortet. Ab jetzt kann der Weg mir eigentlich nur noch Freude bereiten."[1] Voraussetzung für die Begegnung mit Gott ist die Offenheit des Menschen für ihn, eine gewisse Leere im Menschen, die Platz macht für Gott und die sich danach sehnt, von ihm erfüllt zu werden. Wenn wir schon randvoll sind, dann hat Gott keinen Raum mehr, um in uns einzudringen. Was Kerkeling hier beschreibt ist eine der Grunderfahrungen der sogenannten Mystik: Um für Gott empfänglich zu sein, muss man zuerst ganz zu sich selbst finden und dann Raum schaffen für sein Kommen. Ich denke, dass hier in guter Weise Wichtiges erzählt und weitergegeben wird. Und an einer früheren Stelle im Buch hat der Autor einen interessanten Vergleich für Gott gefunden. Er schreibt am **29. Juni 2001**:
„Während ich bereits bei weit geöffnetem Fenster im Bett liege, frage ich mich, was Gott eigentlich für mich ist. Viele meiner Freunde haben sich schon lange von der Kirche abgewendet. Sie wirkt auf sie unglaubwürdig, veraltet, vergilbt, festgefahren, unbeweglich, geradezu unmenschlich und somit haben die meisten sich auch von Gott abgewendet. Wenn sein Bodenpersonal so drauf ist, wie muss er selbst dann erst sein ... wenn es ihn überhaupt gibt! Geh mir weg mit Gott, sagen leider die meisten. Ich sehe das anders. Egal ob Gott eine Person, eine Wesenheit, ein Prinzip, eine Idee, ein Licht, ein Plan oder was auch immer ist, ich glaube, es gibt ihn! Gott ist für mich so eine Art hervorragender Film wie »Ghandi«, mehrfach preisgekrönt und großartig! Und die Amtskirche ist lediglich das Dorfkino, in dem das Meisterwerk gezeigt wird. Die Projektionsfläche für Gott. Die

---

[1] Kerkeling, Hape: Ich bin dann mal weg, S. 240f

Leinwand hängt leider schief, ist verknittert, vergilbt und hat Löcher. Die Lautsprecher knistern, manchmal fallen sie ganz aus oder man muss sich irgendwelche nervigen Durchsagen während der Vorführung anhören, wie etwa: »Der Fahrer mit dem amtlichen Kennzeichen Remscheid SG 345 soll bitte seinen Wagen umsetzen.« Man sitzt auf unbequemen, quietschenden Holzsitzen und es wurde nicht mal sauber gemacht. Da sitzt einer vor einem und nimmt einem die Sicht, hier und da wird gequatscht, und man bekommt ganze Handlungsstränge gar nicht mehr mit. Kein Vergnügen wahrscheinlich, sich einen Kassenknüller wie »Ghandi« unter solchen Umständen ansehen zu müssen. Viele werden rausgehen und sagen: »Ein schlechter Film.« Wer aber genau hinsieht, erahnt, dass es sich doch um ein einzigartiges Meisterwerk handelt. Die Vorführung ist mies, doch ändert sie nichts an der Größe des Films. Leinwand und Lautsprecher geben nur das wider, wozu sie in der Lage sind. Das ist menschlich. Gott ist der Film und die Kirche ist das Kino, in dem der Film läuft. Ich hoffe, wir können uns den Film irgendwann in bester 3-D- und Stereo-Qualität unverfälscht und mal in voller Länge angucken. Und vielleicht spielen wir dann ja sogar mit!"[2] Ich gebe gerne zu, dass mir **dieser Vergleich zusagt und gefällt**. Gott ist nicht identisch mit dem, was andere von ihm sagen, lehren oder weitergeben. Gott geht nicht darin auf, wie wir ihn gerade erleben. Er ist der jeweils größere Gott, dem wir uns höchsten annähern können. Um ihn aber überhaupt erfahren zu können, sind wir bleibend an das Zeugnis anderer gebunden. Deshalb will ich bei meinem Versuch vielfältigste Zeugnisse anderer zu Wort kommen lassen. Dabei bin ich mir bewusst, dass auch mein Buch nur ein „schlechtes Dorfkino“ sein wird, das vielleicht mehr den „großartigen Film“, der Gott ist, verzerrt oder nur in unzulänglicher Weise zur Geltung bringen kann. Dennoch möchte ich versuchen, den „Film“ laufen zu lassen, vielleicht mit so manch neuer Kameraeinstellung und einer etwas anderen Übersetzung. Am Ende seines Buches, am **20. Juli 2001** beschließt Kerkeling seine Aufzeichnungen mit folgenden Gedanken:

---

[2] Ebd., S. 186f

„Bald sitze ich im Zug nach Porto, um von dort aus am darauffolgenden Tag nach Hause zu fliegen. Während ich im Zug sitze, versuche ich noch einmal meine Gedanken zu Gott zu sammeln und sie für mich so griffig wie möglich zu formulieren. Gott ist »das eine Individuum«, das sich unendlich öffnet, um »alle« zu befreien. Und das Gegenteil der Göttlichkeit ist meiner Ansicht nach die Umkehrung dieses Satzes: »Alle«, die »das eine Individuum« erdrücken und sich dabei selbst zerquetschen. Der Schöpfer wirft uns in die Luft, um uns am Ende überraschenderweise wieder aufzufangen. Es ist wie in dem ausgelassenen Spiel, das Eltern mit ihren Kindern spielen. Und die Botschaft lautet: Hab Vertrauen in den, der dich wirft, denn er liebt dich und wird vollkommen unerwartet auch der Fänger sein. Und wenn ich es Revue passieren lasse, hat Gott mich auf dem Weg andauernd in die Luft geworfen und wieder aufgefangen. Wir sind uns jeden Tag begegnet.“[3]

Auch diesem Gedanken kann ich einiges Gewinnbringendes abgewinnen. Kerkeling zieht Revue und spürt, dass er **von Gott »geworfen« und wieder »gefangen« wird**. Ein wunderschönes Bild für die Zuwendung und Liebe Gottes, die auf den folgenden Seiten durchbuchstabiert werden soll. Ich stehe erst am Anfang meines Buches und möchte Sie, die sie dieses Werk gerade vor sich haben, jetzt einladen, sich auf den **Ent-wurf von Gott** und seiner Grammatik einzulassen und vielleicht darin etwas zu erahnen, dass **auch wir von Gott »geworfen« sind... und wieder »aufgefangen« werden**. Wenn mein Versuch, über den Gott für alle Fälle zu schreiben, am Ende zu einem ähnlichen Ergebnis führt wie die Pilgerreise von Hape Kerkeling nach Santiago de Compostela, dann hat sich der »Weg durch dieses Buch« am Ende sicher gelohnt. Doch zuerst müssen wir anfangen und losgehen. Bevor es aber jetzt endlich losgeht, noch ein allerletztes Wort zuvor.

Widmen möchte ich mein Buch meiner **Frau Christine**. Sie mit ihrem unermüdlichen Einsatz für unsere Familie steht hinter meinem Schreiben, hält mir den Rücken frei und gibt mir so manche Inspiration. In unserer Liebe

---

[3] Ebd., S. 344f

zueinander dürfen wir etwas erfahren von dem Gott, der nach dem Zeugnis des 1. Johannesbriefes selbst „die Liebe ist“ [1 Joh 4,8]. Ihre Anregungen und ihr liebevoller Blick für alles Lebendige, lässt mich immer wieder neu staunen und dahinter den Mehrwert des Lebens entdecken, der uns auf Gott verweist. Gerade in der Art, wie sie Menschen von Herzen begegnet, habe ich etwas davon lernen können, wie Gott zu uns Menschen sein will.

Neben meiner Frau möchte ich dieses Buch auch unseren **drei Kindern Maria, Johannes und Judith** zueignen. Ihre Art, die Welt und alles was darin und auch dahinter ist, zu entdecken, eröffnen einen ganz neuen und noch einmal vollständig anderen Zugang zu Gott für mich. Mit kindlicher Freude und offenem Herzen bereiten sie uns, ihren Eltern, viel öfter ein Zuhause, als wir es in unserer Ungeduld und unserem Erwachsenensein oftmals für sie vermögen. Gerade darin ist viel zu entdecken und zu lernen von dem Gott, der nur von den „Kindern“ und von solchen gefunden werden kann, die im Herzen nicht aufgehört haben, „wie die Kinder“ zu sein.

Euch allen gilt **mein Dank für euren Einsatz** und für eure Weise, mich etwas von der Liebe spüren zu lassen, die Gott im tiefsten seines Wesens selber ist und mit der er diese Welt erfüllen und verwandeln möchte. Nicht zuletzt musstet ihr so manches Mal auf den Ehemann und Papa verzichten, dass dieses Werk fertig werden konnte. Daher sage ich euch ein herzliches Vergelt´s Gott für alles.

Danke auch der **Diözese Eichstätt**, die mit einem **großzügigen Druckkostenzuschuss** das Erscheinen des Buches ermöglichte.

1. Einleitung

Wer ist Gott? Was ist Gott? Diese Fragen **bewegen die Menschheit von Anfang an**. Der große rumänische Religionswissenschaftler Mircea Eliade (1907-1986) führt in sein meisterliches mehrbändiges Werk „Die Geschichte der religiösen Ideen“ mit den bezeichnenden Worten ein: Es ist „tatsächlich schwierig, sich vorzustellen, wie der menschliche Geist ohne die Überzeugung funktionieren könnte, dass es eine nicht weiter zurückführbare *Wirklichkeit* in der Welt gibt; und es ist unmöglich sich die Heraufkunft des Bewusstseins vorzustellen, ohne dass man dem Streben und den Erfahrungen des Menschen einen *Sinn* zugeschrieben hätte... Das »Heilige« [Eliade übernimmt diesen Begriff von dem Religionswissenschaftler Rudolf Otto (1869-1937), der damit das Göttliche bezeichnet hat, AV] ist also ein Element der Struktur des Bewusstseins und nicht ein Stadium in der Geschichte dieses Bewusstseins.“[4] Und er fasst seine groß angelegte Studie über die „religiösen Ideen“ in der Menschheitsgeschichte zusammen mit der Feststellung: „*Mensch* sein oder, besser: werden heißt »religiös« sein“[5]! Damit gehört für Eliade das, was wir **Gott** nennen und den wir in allen Formen von Religion letztlich suchen, **zum Wesen des Menschen mit hinzu. Von Anfang an haben Menschen über sich hinaus etwas erahnt und waren insofern ausgerichtet auf das Göttliche**. Menschsein heißt eben demnach, sich nach Gott auszurichten. Nach einer neueren Untersuchung von Ina Wunn hat sich spätestens „seit dem mittleren Paläolithikum der Umgang des Menschen mit dem Tod nachweislich und tiefgreifend verändert.“[6] So kann man belegen, „dass der Neandertaler und seine Zeitgenossen der *sapiens*-Spezies sich bereits mit dem Tod und seinen Folgen auseinandergesetzt haben müssen und gewisse Maßnahmen ergriffen haben, um die gedachten und gefühlten Folgen des Todes in erträglichen Bahnen zu lenken. Im Jungpaläolithikum (35000-11500 v. h.)

---

[4] Eliade, Mircea: Die Geschichte der religiösen Ideen, Band 1, S. 7
[5] Ebd.
[6] Wunn, Ina: Die Religionen in vorgeschichtlicher Zeit, S. 453

setzte sich die... einmal eingeschlagene Richtung der Religionsentwicklung... ohne sichtbare Brüche fort."[7] Aus diesen frühen Ansätzen einer Art Religion am Anfang der Menschheitsgeschichte, die vor allem von Bestattungsriten und –formen hergeleitet werden können, „entwickelte sich die Vielfalt der prähistorischen Religionen, auf denen dann die Religionen der geschichtlichen Zeit aufbauen und ihren Siegeszug antreten konnten."[8] Von dieser Sicht her, dass ein Religions- und damit untrennbar verbunden auch ein Gottesbezug von Anfang der Menschheitsentwicklung an aufgezeigt werden kann, darf die Gottesfrage nicht nur beiläufig behandelt oder gar ignoriert werden. Vielmehr ist die Frage nach Gott eine, wenn nicht die Grundfrage des Menschen und seine Ausrichtung auf das Wesentliche. Es ist von daher nicht zuviel gesagt, wenn ich noch einmal in Abwandlung des Wortes von Eliade behaupte: **Mensch sein heißt, nach Gott zu fragen**. Daher eine erste, wichtige Einsicht:

1.1 Die Frage nach Gott – im Menschen fest verankert

Aus diesem Grund ist die **Frage nach Gott** oder nach dem Heiligen eine **zutiefst menschliche Frage**; eine Frage, die der Mensch nicht nur hat, sondern die er sich selbst ist. Denn über allem Fragen nach den Dingen dieser Welt ist sich der **Mensch zutiefst selbst eine Frage**. Mehrere Ansätze haben diesen Gedanken zum Ausgangspunkt und versuchen, die Gottesfrage inmitten des Menschseins zu suchen und zu finden. Neben anderen sind folgende für mich bedeutsam:

- Der **Mensch** ist, nach einem großen Wort des Theologen Eugen Biser (*1918), das „**uneingelöste Versprechen**"[9]. Der **Mensch hat sich in dieser Sicht selbst noch nicht eingeholt**, er ist größer gedacht und entworfen, als er oft selbst wahrhaben will oder als er aus sich macht. Die **eigentliche Verwirklichung des wahren Menschseins steht**

[7] Ebd., S. 453f
[8] Ebd., S. 465
[9] So lautet der Titel seiner sogenannten Modalanthropologie: Der Mensch – das uneingelöste Versprechen, erschienen bei Patmos in Düsseldorf, 1995.

noch aus. Dem Menschen stehen noch immer viele Möglichkeiten offen, die er noch überhaupt nicht begonnen hat, zu realisieren. Menschsein ist von daher zutiefst auf noch unentwickelte Möglichkeiten hin angelegt und ausgespannt, die es im Lauf seines Lebens erst noch zu verwirklichen gilt und die der Mensch, um ganz er selbst zu werden, ergreifen muss. Und diese Verwirklichung zielt auf Gott hin. Das macht ein zweiter Gedanke deutlich:

- Es ist das „**Paradox des Menschen**“[10], dass er **auf ein Ziel hin geschaffen ist, das er innerweltlich gar nicht erreichen kann**. Ausgehend vom Grundsatz, den Aristoteles aufstellte, dass jede Natur „in sich selber oder im Kosmos, dessen integrierenden Bestandteil sie darstellt, die Mittel zu ihrer Vollendung finden“[11] müsse, wirft der große französische Theologe Henri de Lubac, SJ (1896-1991) aus christlicher Sicht eines der größten Probleme des Menschen überhaupt auf. Denn es gilt, wie er überzeugend nachgewiesen hat, dass die ganze christliche Tradition immer daran festgehalten habe, „dass sich für unsere geschaffene Geistnatur konkret keine rein–natürliche Finalität vorstellen lässt.“[12] Der Mensch findet sein eigentliches Ziel nicht in dem, was ihm mitgegeben ist, nicht in der ihn umgebenden Welt und auch nicht in sich selber. Er greift nach etwas aus, das er von sich her gesehen, gar nicht erlangen kann. Diese Eigentümlichkeit erweckt im Menschen die Ausrichtung auf ein Ziel, das er in seiner Welt gar nicht finden und erst recht nicht erreichen kann. Das ist wirklich das größte Paradox des Menschen. Wenn wir ihn dabei nicht stehen lassen wollen, dann bleibt nur eine Alternative: Der Mensch muss sein eigentliches Ziel außerhalb seiner selbst und auch außerhalb von allem, was ihn umgibt, suchen. Er ist insofern in seinem Wesen aufgeschlossen für eine Wirklichkeit, die ihn umgreift und übersteigt. Damit wird klar, dass der Mensch in seinem Menschsein immer schon über sich hinaus verwiesen ist, denn letztlich ist das eigentliche und einzige Ziel für den

---

[10] So der deutsche Titel für den zweiten Band von »Die Freiheit der Gnade« von Henri de Lubac. Erschienen im Johannes Verlag, Einsiedeln 1971.
[11] Ebd., S. 167
[12] Ebd., S. 145

Menschen die Vollendung in Gott. **Nur in Gott kann der Mensch zum Ziel kommen**. Deshalb ist er wesentlich auf Gott hin ausgerichtet und ausgespannt.

- Damit ist auch die einzige Antwort auf die **Frage**, die der **Mensch sich selber ist** und die er eben nicht nur hat[13], wiederum Gott. Denn der Mensch stellt nicht nur Fragen der Information über etwas; er will nicht nur immer mehr wissen, um weiter und tiefer in die Dinge eindringen oder versuchen, Zusammenhänge zu verstehen und Überblick zu gewinnen. All das hat gerade in den letzten Jahrzehnten schier Unmögliches eröffnet und unsere Einsichten in vielerlei Dinge sind unermesslich und für einen Einzelnen schier unüberschaubar angewachsen. Hinter und trotz all diesem zweifellos positiven Bemühen, ist sich der **Mensch jedoch selbst die größte Frage und das dringlichste Problem**. Hinter allem Faktenwissen ist es die **Frage nach seiner Identität**, nach seinem »Warum bin ich? «, nach dem »Wer bin ich?«, »Woher komme ich?« und »Wohin gehe ich?«. Dem heiligen Augustinus war es vorbehalten, diese Grunderfahrung in Worte gekleidet zu haben: „So war ich mir zu einem großen Rätsel geworden und fragte meine Seele, warum sie »traurig sei und mich so sehr betrübe«, aber sie wusste keine Antwort für mich.“[14] Diese **große und existentiellen Frage**, die der Mensch eben nicht nur hat, sondern die er sich selber ist, gilt es zu **beantworten**. Dazu reicht aber alles bloße „Bescheid-Wissen“ nicht aus. Auf die letzten Fragen, die den Menschen wirklich umtreiben und an sein „Eingemachtes“ gehen, kann die Erforschung der Natur und das Nachdenken über uns selbst letztlich keine Antworten geben. Deshalb bleibt auch hier nur als Auskunft übrig, was Augus-

[13] Dies ist die entscheidende Einsicht aller Lehre vom Menschen, also aller Anthropologie, für Karl Rahner, SJ (1904-1984). Sehr schön beschreibt er folgerichtig den Menschen selbst als die „Frage, die leer, aber wirklich und unausweichlich vor ihm aufsteht und die von ihm nie überholt, nie adäquat beantwortet werden kann.“ (Grundkurs des Glaubens, S. 43)

[14] Augustinus, Aurelius: Bekenntnisse, Ausgewählte Schriften, Band 7 BKV, S. 64. Das ursprünglich lateinische Wort: „Factus eram ipse mihi magna quaestio“ übersetzt Joseph Bernhart dabei, wie ich finde, angemessener mit: „Ich war mir selbst zur großen Frage geworden“.

tinus innerlich empfand: In sich und aus sich heraus kann der Mensch die wirklich existentiellen Fragen nicht in den Griff bekommen. Denn er verspürt sich und sein Leben zutiefst fragwürdig und ungeklärt und muss von daher eine Antwort auf sein eigenes Sein in etwas suchen und finden, das ihn übersteigt. Deshalb findet die „Seele des Menschen" darauf auch in sich und in der Welt keine Antwort. Vielmehr ist der Mensch gerade an dieser entscheidenden Stelle immer schon über alles hinaus verwiesen auf ein **Absolutes, auf Gott**.

- Bleibt noch anzumerken, dass der Mensch wesentlich ein **Wesen der Sehnsucht** ist. Es gibt ein großes Wort der deutsch-jüdischen Dichterin **Nelly Sachs** (1891-1970), das bei diesem Thema weiterhelfen kann. Es heißt bei ihr einmal: „Vielleicht aber braucht Gott die Sehnsucht, wo sollte sonst sie auch bleiben..."[15]. Tatsächlich ist der Mensch ein Wesen der Sehnsucht. Er ist dabei mit dieser seiner **Sehnsucht**, in seinem Wollen und Begehren, **immer schon über alles hinaus**. Es ist die Erfahrung, dass **nichts in dieser Welt letztlich unser Herz beruhigen kann, dass nichts dasjenige einholt, das sich in unserer Sehnsucht zu Wort meldet**. Alles Erreichte und Erreichbare bleibt letztlich ein Vorletztes. „Sehnsucht geht nicht auf Dinge, die man machen oder kaufen kann. Auch die Sehnsucht des Menschen geht nicht auf dieses oder jenes, sondern zuletzt einzig auf das bleibende Glück der Liebe. Aber gibt es das?"[16] Von dieser Frage umgetrieben, erlebt sich der **Mensch in seiner Sehnsucht zutiefst als ein Mangel-Wesen**, „weil die Sehnsucht stets größer ist als die Erfüllung, die wir erleben."[17] In allem, was der Mensch erreichen und vollbringen kann, bleiben der bittere Beigeschmack und die schmerzhafte Erfahrung, dass das Erreichte doch nicht genügt, um die Erwartungen zu stillen. So bleibt für die immer größere Sehnsucht des Menschen, die alles Erreichen übersteigt, nur das, was der geistliche Begleiter Johannes Bours (1913-1988) über sie mutmaßt: „In Gott allein kann sie *bleiben*,

[15] Zitiert in: Bours, Johannes: Ich werde ihm den Morgenstern geben, S. 174
[16] Ebd., S. 175
[17] Zulehner, Paul Michael: Das Gottesgerücht, S. 40

findet sie ihre Erfüllung, wird sie gestillt."[18] Die Sehnsucht des Menschen, die immer schon über ihn selbst hinaus weist, **verweist eben letztlich auf Gott**. Nur bei ihm ist sie gut aufgehoben. Für den Zusammenhang zwischen Sehnsucht und Gott, hat der frühere Wiener Pastoraltheologe Paul Michael Zulehner (*1939) einen großartigen Gedanken gefunden: „Könnte nicht dieses Leiden an der Endlichkeit selbst unseres Glückes, an dem ständigen »utopischen Überschuss« in unserem menschlichen Leben Gottes Art sein, sich bei denen in Erinnerung zu halten, die ihn nicht kennen bzw. ausdrücklich verneinen zu müssen meinen?"[19] Gott hält ruft sich uns in Erinnerung und hält das Denken an ihn wach, durch die Sehnsucht, die uns immer wieder neu auf ihn verweist. Es gilt hier das wohl **großartigste Wort des heiligen Augustinus** (354-430) am Anfang seiner „Bekenntnisse". In einem lobpreisenden Gebet beginnt der große Kirchenlehrer: „Groß bist du, o Herr, und überaus preiswürdig; groß ist deine Stärke, und deiner Weisheit ist kein Ziel gesetzt. Und dich will loben ein Mensch, ein winziger Teil deiner Schöpfung, ein Mensch, der schwer trägt an der Bürde seiner Sterblichkeit, schwer trägt auch am Zeugnis seiner Sünde und am Zeugnis, dass »du den Stolzen widerstehest«. Und dennoch will dich loben der Mensch, selbst ein Teil deiner Schöpfung. Du selbst veranlasst ihn, in deinem Preis seine Wonne zu suchen, denn geschaffen hast du uns im Hinblick auf dich, und unruhig ist unser Herz, bis es ruhet in dir."[20] Dieses „**unruhige Herz**", das der Mensch eben nicht nur hat, sondern das er zutiefst selber ist, findet seine **Ruhe** erst in dem, der es auf sich hin geschaffen hat und in dem es sich einzig vollenden kann: **in Gott**. Dieses „unruhige Herz" lässt den Menschen tiefer und weiter sehen, als nur sich selber und die eigenen Möglichkeiten. Es öffnet buchstäblich den „Blick zu den Sternen". Deshalb haben die Lateiner für das, was in unserer Sprache „Sehnsucht" heißt, mit dem wunderschönen Wort „**desiderium**" wiedergegeben. Dabei bedeutet

---

[18] Bours, Johannes: Ich werde ihm den Morgenstern geben, S. 175
[19] Zulehner, Paul Michael: Das Gottesgerücht, S. 41
[20] Augustinus, Aurelius: Bekenntnisse, Ausgewählte Schriften, Band 7 BKV, S. 1

"sidera" wörtlich übersetzt eben „gestirnt" bzw. „Sterne"[21]. Es ist also förmlich der „Ausgreifen nach den Sternen", das das tiefste Wesen der Sehnsucht des Menschen ausmacht. Darin ist er immer schon über sich hinaus. Zwar berührt er mit seinen Füßen noch den Boden, aber mit der Stirn grenzt er bereits an das Firmament. Zwar bleibt er noch eingebunden in Raum und Zeit, doch im Herzen weitet er sich bereits ins Ewige hinein. Das „unruhige Herz" des Menschen, all sein Suchen und Sehnen, sein Fragen und Forschen, findet einzig und allein in Gott sein Ziel und kommt nur in ihm zur Ruhe.

Damit ist die **Frage nach Gott als eine der wesentlichsten und entscheidendsten Fragen** des Menschen ausgewiesen und zwar, wie Eliade überzeugend aufzeigt, von Anfang der Menschheit an. Deshalb möchte ich mit Fug und Recht zusammenfassen: **Gott ist dem Menschen kein Fremdwort**. Mit dem Menschsein ist Gottesbeziehung mitgegeben. Die Sehnsucht nach Gott ist dem Menschen buchstäblich **„auf den Leib geschrieben"**, sie entspringt seinem tiefsten Inneren und treibt ihn immer wieder über sich hinaus. Der Mensch ist in diesem Sinn ursprünglich und wesenhaft auf Gott verwiesen, von ihm her entworfen und auf hin ausgerichtet. Nur, wenn er Gott findet, kommt er sich selbst auf die Spur und nur, wenn er zu sich kommt, ist er auf den Spuren Gottes. Gott ist von daher nicht nur *ein* Thema des Menschen, er ist vielmehr *das* Thema seines Lebens. Dies durchzubuchstabieren, versuche ich in diesem Buch. Dabei soll immer wieder in den Blick kommen, dass Gott ein „Gott für alle Fälle" ist. So versuche ich, die Grammatik Gottes auszubreiten und darzulegen. Doch die „Sache mit Gott" ist nicht ganz so einfach. Es bleibt beim **Nachdenken über Gott** – das so alt ist, wie die Menschheit ist – letztlich ein **Dilemma**:

- Einerseits stimmt der berühmte Ausspruch des großen jüdischen Religionsphilosophen ***Martin Buber*** (1878-1965): Das Wort Gott „ist das beladendste aller Menschenworte. Keines ist so besudelt, so zerfetzt

---

[21] Vgl. Heinichen: Lateinisch-Deutsch, S. 418

worden... Die Geschlechter der Menschen haben die Last ihres geängstigten Lebens auf dieses Wort gewälzt und es zu Boden gedrückt; es liegt im Staub und trägt ihrer aller Last. Die Geschlechter der Menschen mit ihren Religionsparteiungen haben das Wort zerrissen; sie haben dafür getötet und sind dafür gestorben; es trägt ihrer aller Fingerspur und ihrer aller Blut."[22] Wieviel Not und Unrecht, Leid und Krieg ist nicht gerade „im Namen Gottes" von Menschen über Menschen gebracht worden? Wieviel Grausamkeit wurde unter dem Deckmantel von Religion und Eifer für den vermeintlich „rechten Glauben" nicht verübt? Das Wort „Gott" ist wirklich „besudelt und zerfetzt" und die Vorstellung eines Gottes gleicht viel zu oft einer Fratze von Willkür und Zerstörung. Statt das Angesicht des Guten und Heilenden trug der von Menschen verkündigte Gott oft die Maske des Schreckens und der Gewalt. Kein Wunder, dass es manchen Menschen fast besser erscheint, einen solchen „Gott" los zu sein, um endlich befreit leben und atmen zu können. Im Namen des Menschen und um des Menschen willen müsste ein solcher Gott abgeschafft oder gar „getötet" werden. Dieser „humanistische Atheismus"[23] will Gott loswerden, um den Menschen zu befreien. Mit dieser ersten Feststellung ist sicher (leider Gottes) etwas Richtiges gesehen.

- Genauso richtig aber ist auch das Diktum von ***Karl Rahner*** (1904-1984), in dem er darüber nachdenkt, was wäre, wenn wir das Wort »Gott«, zum Beispiel aufgrund des zahlreichen Missbrauchs damit, ersatzlos strichen. Er fragt weiter: Wie wäre „die Wirklichkeit ohne dieses Wort?"[24] und kommt zum Schluss: „Dann ist der Mensch nicht mehr vor das Ganze der Wirklichkeit als solcher und nicht mehr vor das eine Ganze seines Daseins als solchen gebracht... Er würde sich restlos über dem je einzelnen an seiner Welt und seinem Dasein vergessen... Der Mensch hätte das Ganze und seinen Grund vergessen, und zugleich vergessen – wenn man das noch so sagen könnte -, dass er

---

[22] Buber, Martin: Gottesfinsternis; zitiert in: Fries, Heinrich: Fundamentaltheologie, S. 56
[23] Kasper, Walter: Der Gott Jesu Christi, S. 43
[24] Rahner, Karl: Grundkurs des Glaubens, S. 57

vergessen hat. Was wäre dann? Wir können nur sagen: Er würde aufhören, ein Mensch zu sein. Er hätte sich zurückgekreuzt zum findigen Tier."[25] Diesen Gedanken vertieft nun seinerseits auch Martin Buber, denn das oben angeführte Zitat des großen jüdischen Religionsphilosophen geht im gleichen Zusammenhang noch etwas weiter. Hinter aller Zerrissenheit und aller Verschmutzung schwingt im Wort Gott für ihn doch auch entscheidend noch ein anderes, Positives mit. Von daher kann er folgern: „Wo fände ich ein Wort, das ihm gliche, um das Höchste zu bezeichnen! Nähme ich den reinsten, funkelndsten Begriff aus der innersten Schatzkammer der Philosophen, ich könnte darin doch nur ein unverbindliches Gedankenbild einfangen, nicht aber die Gegenwart dessen, den ich meine, dessen, den die Geschlechter der Menschen mit ihrem ungeheuren Leben und Sterben verehrt und erniedrigt haben... Gewiss, sie zeichnen Fratzen und schreiben Gott darunter; sie morden einander und sagen in Gottes Namen. Aber wenn aller Wahn und Trug zerfällt, wenn sie ihm gegenüberstehen im einsamsten Dunkel und nicht mehr »Er, Er« sagen, sondern »Du, Du« seufzen, »Du« schreien, sie alle das Eine, und wenn sie dann hinzufügen »Gott«, ist es nicht der wirkliche Gott, den sie alle anrufen, der eine Lebendige, der Gott der Menschenkinder? Ist nicht Er es, der sie hört? Der sie – erhört? Und ist nicht eben dadurch das Wort Gott, das Wort des Anrufs, das zum Namen gewordene Wort, in allen Menschensprachen geweiht für alle Zeiten? Wir müssen die achten, die es verpönen, weil sie sich gegen das Unrecht berufen; aber wir dürfen es nicht preisgeben. Wie gut lässt es sich verstehen, dass manche vorschlagen, eine Zeit über von den letzten Dingen zu schweigen, damit die missbrauchten Worte erlöst werden! Aber so sind sie nicht zu erlösen. Wir können das Wort Gott nicht reinwaschen, und wir können es nicht ganzmachen; aber wir können es, befleckt und zerfetzt, wie es ist, vom Boden erheben und aufrichten über eine Stunde großer Sor-

---

[25] Ebd., S. 57f

ge."[26] Bei aller Achtung denen gegenüber, die meinen, um des Menschen willen auf Gott verzichten zu müssen, gilt es ihnen doch ganz entschieden zu widersprechen: **Gerade um des Menschen willen brauchen wir Gott**. Gerade um ganz Mensch zu sein, muss sich der Mensch ganz auf Gott hin ausspannen und sich von ihm vor das Ganze seines Lebens stellen lassen. Wenn der Mensch nicht sich „zum findigen Tier zurückkreuzen" will, muss er sich unter Gott stellen und von ihm her sein Leben begreifen lernen. Dies geht allerdings nur, wenn wir Gott nicht verschweigen, sondern verantwortlich von ihm sprechen.

Wir stehen also im Blick auf die Gottesfrage vor dem **Dilemma**:

- **Über Gott reden kann verdächtig sein** – das Wort ist zu „besudelt" und „zerfetzt". Es ist **zu oft missbraucht** worden für allzu menschliche oder besser unmenschliche Interessen. Über Gott reden diente und dient allzu oft zur Verschleierung von willkürlichen Interessen und Absichten von Seiten der Herrschenden. Wieviel Unheil ist nicht im „Namen Gottes" schon geschehen oder wurde mit einem unseligen „Deus lo vult" (= „Gott will es!"[27]) begründet? Für wie viel Ungerechtigkeit, Raub, Mord und Unterdrückung beriefen sich nicht Menschen auf den vermeintlichen Willen Gottes, den sie angeblich besser verstanden haben als die anderen, oder der nur ihnen offen gelegt worden sei. Von daher scheint das **Schweigen** über das Wort »Gott« die bessere Alternative. Ein solcher „Gott" müsste wirklich abgeschafft werden. Aber es gilt eben auch die andere Seite:

---

[26] Buber, Martin: Gottesfinsternis; zitiert in: Fries, Heinrich: Fundamentaltheologie, S. 56

[27] Dieser unselige Ruf erklang über dem ersten Kreuzzug, zu dem Papst Urban II. (1088-1099) auf den Synoden von Piacenza und Clermont im Jahr 1095 aufrief. August Franzen schreibt dazu: „Mit dem flammenden Ruf »Gott will es« riss der Papst die Massen mit sich fort und stellte sich selbst an die Spitze der Bewegung." (Kleine Kirchengeschichte, S. 194f). Hier liegt ein typisches und leider auch sehr sprechendes Beispiel für die Verkehrung und Vergewaltigung der Gottesidee für andere Zwecke vor.

- **Über Gott nicht mehr zu reden und ihn zu verschweigen ist nicht minder gefährlich**. Wenn der Mensch Gott vergisst und über seinem Schweigen Gott verliert, gibt er seine eigentliche Würde preis. Damit verliert er den letzten Grund und den letzten Halt seines Lebens. Er ist dann nicht mehr vor die „letzte-erste“ Wirklichkeit seines Lebens und von allem gestellt. Er verliert sich in mit seiner Sehnsucht im Vorletzten und hört damit auf, wahrhaft Mensch zu sein.

Damit erweisen sich **beide Alternativen** im Blick auf Gott **sowohl als möglich wie auch als unmöglich**: Sicher wird der **Mensch vor Gott „schweigen“ lernen**. Er wird lauschend sich ihm zuwenden, auf sein Wort hören und sein eigenes Sprechen im Gebet als „Worte ins Schweigen“[28] betrachten. Aber es handelt sich dabei um ein Schweigen, das nicht tot schweigt oder verschweigt. Genauso sicher wird der **Mensch von Gott immer wieder reden müssen**, ihn ins Gerede bringen und sich vor ihm aussprechen. Aber es wird ein Reden sein müssen, das nicht zerredet oder an ihm vorbeiredet. Angesichts dieses Sachverhaltes, erscheint ein **angemessenes Reden** über Gott im wahrsten Sinn des Wortes »**not-wendig**«, als etwas, das die »Not« des Menschen »wendet«. Dabei müssen die beiden klaffende Irrwege – Gott »zerreden« oder Gott »verschweigen« - wie Scylla und Charybdis vermieden werden, denn diese können letztlich nicht gewollt sein. Diese beiden Wege, das oberflächliche Reden von Gott, wie das unüberlegte Schweigen über ihn, führen letztlich nicht zum Ziel und können dem, was Menschen ersehnen und innerlich zutiefst auch brauchen, nicht genügen. Deshalb bleibt jenseits der beiden Alternativen „reden oder schweigen“ **nur ein Mittelweg**: **Von Gott reden, aber anders und neu**. Oder in den Worten Bubers: Es gilt, das Wort Gott „vom Boden erheben und aufrichten über eine Stunde großer Sorge.“ Genau dies versuche ich im Folgenden zu leisten. Was hat es also mit Gott auf sich? Dieser Frage nachzugehen ist Sinn und Zweck dieses Buches. Doch dabei stellt sich natürlich zuerst die Frage, wie das gehen könnte: Von Gott sprechen?

[28] So betitelte Karl Rahner sein vielbeachtetes Gebetsbuch aus dem Jahr 1947

1.2 Sprechen von Gott

Bevor von Gott gesprochen werden kann, müssen einige **Vorentscheidungen** darüber getroffen werden, was überhaupt in diesem Buch **unter „Gott“ verstanden werden soll**. Für mich sind folgende Voraussetzungen wichtig. Diese bestimmen von nun an auch den weiteren Gedankengang:

- Wenn ich von Gott rede, dann einzig und allein auf dem **Hintergrund** der **jüdisch-christlichen Tradition**. Es geht immer die Rede von dem Gott, den die **Bibel** bezeugt. Deshalb werden auch immer wieder biblische Texte, sowohl des Alten wie des Neuen Testamentes, zur Sprache kommen. Manches mal muss ich dabei auf die ursprüngliche Sprachen der Bibel, hebräisch für das AT und griechisch für das NT, zurückgreifen, um von dorther die eigentlichen Sinn der Texte aufzuschließen. Um einen Zugang zu diesen Sprachen zu ermöglichen, habe ich versucht, alle Texte in der Umschrift zu schreiben und natürlich jedes Mal eine Übersetzung beigefügt. Dabei versuche ich, die Texte auf einen **tieferen Sinn** hin auszulegen, der hinter die Worte schaut und versucht, deren eigentliche Bedeutung auch jenseits des Gesagten herauszuhören. Denn hinter der Oberfläche, die oft banal oder gar unglaubwürdig erscheint, liegt oftmals eine **verborgene Weisheit**, die zu Tage gebracht werden kann und will. Ich versuche, aus dem vielstimmigen Klang der biblischen Gotteserfahrung so etwas wie eine Grundmelodie herauszuhören, die hinter allen Modulationen und Variationen doch das eine und alles durchdringende Thema immer wieder neu aufgreift und zum Klingen bringt.
- Wenn von Gott die Rede ist, dann ist ferner immer zu beachten, was der Schweizer katholische Theologe Hans Küng (*1928) [29] treffend über Gott geschrieben hat: Gott ist einerseits ein **Du**, ansprechbar und daher **nicht weniger als eine Person**. Er ist nicht ein nebulöses Es, ein unbestimmbares Etwas, eine amorphe Masse, mit dem kein Kontakt möglich wäre. Mit dem Gott, den die Bibel bezeugt, kann und soll

[29] Vgl. Küng, Hans: Existiert Gott, S. 690ff; ders.: Der Anfang aller Dinge, S. 125ff

der Mensch in Beziehung treten, auf ihn kann er hören und sich vor ihm aussprechen. In diesem Sinn hat die Sprechweise, dass Gott „Person" sei, ihr Recht. Aber genau besehen, bleibt die Bezeichnung „Person" für Gott doch zu vordergründig und damit zu klein. Denn **Gott übersteigt** alles, was wir uns unter Person vorstellen können und ist daher **mehr als Person**. Wenn wir ihn mit unserer Vorstellung von „Person"[30] benennen, dann reicht dieser Begriff nicht aus, um ihn zu fassen. Von daher ist zu sagen: Gott ist „**überpersonal**". Er ist viel mehr, als wir uns gewöhnlich unter Person vorstellen, er ist aber auf keinen Fall weniger als das, was wir mit Person ausdrücken wollen. Sehr schön fasst Küng daher zusammen: „Gott ist kein Neutrum, kein Es, sondern ein Gott der Menschen, der die Entscheidung von Glauben oder Unglauben herausfordert: Er ist Geist in schöpferischer Freiheit, die Ur-Identität von Gerechtigkeit und Liebe, ein alle zwischenmenschliche Personalität übergreifend-begründendes Gegenüber... Besser als personal oder apersonal wird man die wirklichste Wirklichkeit – falls einem an einem Wort gelegen ist – transpersonal, überpersönlich nennen."[31]

- In all dem ist Gott **kein welt-entfernter oder welt-loser** Gott, der fern über den Wolken thront. Er ist vielmehr ein Gott, der sich **mit der Welt und in die Welt einlässt**. Diese **Beziehung** Gottes zur Welt nennt die jüdisch-christliche Tradition „**Offenbarung**". Gemeint ist damit in erster und entscheidender Linie die „**Selbstmitteilung**" Gottes[32] an die Welt. Auch hierin liegt eine große Herausforderung. Denn das heißt doch, dass Gott von sich aus den Abstand zum Menschen überwunden hat.

[30] Es war vor allem Karl Rahner, der auf die Unzulänglichkeit des gewöhnlichen Verständnisses des Begriffes „Person" hingewiesen hat im Bezug seiner Verwendung für Gott. Tatsächlich gilt, so Rahner, der Begriff Person heute als „geistiges Aktzentrum" bzw. als „geistige Subjektivität und Freiheit". In diesem Verständnis ist der Begriff Person für Gott nicht hinreichend, sogar eher irreführend. Vgl. dazu: Rahner, Karl: Der dreifaltige Gott als transzendenter Urgrund der Heilsgeschichte, in: Mysterium salutis Bd. 2, S. 317-401, besonders S. 385-393

[31] Küng, Hans: Existiert Gott?, S. 693

[32] Dies ist die Definition von Karl Rahner darüber, was mit Offenbarung letztlich gemeint ist. Vgl. zum Beispiel: Grundkurs des Glaubens, S. 122ff

Ferner wird damit ausgesagt, dass Gott mit der Welt etwas vorhat, dass er an ihr interessiert ist. Dabei ist es an dieser Stelle wichtig, dass wir dieses „Sich-Mitteilen" Gottes nicht zu vordergründig auffassen. Gott teilt nicht einfach fertige Sätze oder Weisheiten über sich mit. Die Offenbarung beschränkt sich nicht auf ein paar zu glaubende Sätze oder Formulierungen. Vielmehr ist Offenbarung nur verständlich in einem die **ganze Existenz und das ganze Leben der Menschen umgreifenden Geschehen**. Mit anderen Worten: die Offenbarung Gottes macht uns nicht unbedingt gescheiter oder eröffnet uns einen geheimen Weg zu sonst verschlossenem Wissen, aber sie gibt uns einen **festen Grund**[33] für unser Leben. Dabei bedient sich die Gegenwart Gottes immer einer innerweltlichen Vermittlung, durch die er uns entgegenkommt und für uns erfahrbar wird, ohne mit dieser Weise seiner Erscheinung identisch zu sein oder zu werden. Gott wird uns durch die Welt hindurch erfahrbar, ohne dass wir ihn in irgendeiner dieser Erfahrungen einsperren könnten. Gott begegnet uns sozusagen auf „Augenhöhe", aber wir können ihn nicht „festhalten". Diese Begegnung Gottes mit uns „auf unserer Augenhöhe" hat für Christen einen besonderen Ausdruck in Jesus von Nazaret gefunden.

- Der **Höhepunkt** der Offenbarung Gottes zu den Menschen ist für den christlichen Glauben die **Menschwerdung Gottes in Jesus von Nazaret**. In ihm, dem Menschen, ist Gott in besonderer Weise und unerhörter Tiefe erfahrbar und gegenwärtig geworden. Er ist der, der uns Gott auf einmalige Weise nahe gebracht hat und in dem und durch den Gott uns buchstäblich auf den „Leib gerückt" und unter die „Haut ge-

---

[33] Im Deutschen kann das Wort „Grund" nach der Einsicht von Martin Heidegger „Vom Wesen des Grundes", S.44, drei große Bedeutungen haben, die hier alle mitzuhören sind. Grund ist einmal das, worauf wir stehen, was uns trägt und hält. In diesem Sinn ist Gott der „Grund" des Lebens, auf dem wir unser Leben bauen und gestalten können. Grund kann aber auch kausal verstanden sein, als Ursache für etwas, als Begründung. Auch in diesem Verständnis ist letztlich Gott der „Grund" unseres Lebens, also der, der uns Sinn gibt und eröffnet. Und Grund ist als Gründung ein Akt der Stiftung. Von ihm her ist alles Leben zu verstehen, weil es nur in ihm Ursprung und Ziel hat und findet. Gott ist so gesehen alles: der, wo*rauf* wir leben, der, der uns das Leben *eröffnet hat* und der, wo*raus* wir ständig leben.

gangen" ist. Christen bezeichnen Jesus daher als den **Sohn Gottes**[34]. Damit wollen sie ausdrücken, dass er, obwohl er ganz Mensch ist, eben auch wesentlich zu Gott gehört, denn dieser „gehört... in einer ganz besonderen, unvergleichlichen Weise zur Definition dessen, was und wer der Mensch Jesus ist."[35] Durch die **Botschaft und durch das ganze Leben Jesu wird Gott in besonderer, ja einzigartiger Weise** verstanden und förmlich an-greif-bar und damit be-greif-bar. Deshalb sind die Botschaft Jesu und sein Vorbild bleibendes Paradigma und Richtschnur des christlichen Glaubens: Er ist das „Sakrament der Gottbegegnung".[36] Sehr schön drückt der Anfang des Johannesevangeliums diesen Gedanken aus, wenn es dort heißt:

> „Niemand hat Gott je gesehen. Der Einzige, der Gott ist und am Herzen des Vaters ruht, er hat Kunde gebracht."
>
> [Joh 1,18]

Jesus ist in dieser Sicht der, der von Gott »Kunde gebracht hat« oder wörtlich: der „Exeget" Gottes, der ihn auslegt und ihn uns verständlich macht. Dies kann er deshalb, weil er „am Herzen des Vaters ruht" und uns von daher Gott nahe bringt, weil er seinen eigentlichen und tiefsten Ursprung in und aus ihm hat. Er ist selber vom Herzen des Vaters entsprungen, um uns einen Platz im Herzen Gottes zu eröffnen. Er ist die Verkörperung des Herzens Gottes in dieser Welt, das große Liebesangebot des Vaters an uns. Von daher ist für die Frage nach Gott ein entscheidendes Kriterium gefunden, das über „treffend" und „unpassend" unterscheiden hilft: Die **Sichtweise Jesu von Gott ist der**

[34] Zu den Grundlagen dieser Bezeichnung vgl. Hahn, Ferdinand: Christologische Hoheitstitel, §5 Gottessohn, S. 280-333

[35] Schillebeeckx, Edward: Die Auferstehung Jesu als Grund der Erlösung, S. 147; vgl. auch ders.: Menschen, S. 163

[36] Mit diesem eindrucksvollen Titel überschrieb Edward Schillebeeckx sein großes Werk über die Sakramente, erschienen im Matthias-Grünewald-Verlag in Mainz, 1960.

Maßstab, an dem alles Sprechen, Denken und Lehren von Gott überprüft und ausgerichtet werden muss.

- Das Jesus-Ereignis ereignete sich aber nicht im luftleeren Raum. Es ist wesentlich und einzig im **Umraum der Kirche** erinnert und festgehalten. Ohne das Zeugnis derer, die Jesus erlebt haben, würden wir heute von ihm wohl nichts mehr wissen. Alle Erfahrungen, die sich im Lauf der Zeit in der **Gemeinschaft der Gläubigen** ansammelten, gehören mit hinein in die rechte und einzig mögliche Rede über Jesus und damit, wenn er derjenige ist, der Gott auf angemessene Weise auslegt, auch zum Sprechen von Gott. Tatsächlich kann man von daher sagen, dass wir ohne die Kirche Jesus gar nicht kennen würden. Nur weil im Innenraum der Gemeinschaft der Gläubigen die „Sache Jesu", ja er selber als der Auferstandene, lebendig gehalten wurde, wissen wir heute noch von ihm. Deshalb sollen auch Zeugen dieser langen und reichen christlichen Tradition immer wieder zu Wort kommen, weil sie immer noch auch für uns Heutige etwas über die Erfahrung mit Gott zu sagen haben.

Aus diesen Grundlagen des biblischen Gottesbildes lässt sich nun meines Erachtens eine **„Grammatik" Gottes**[37] erstellen. Verstanden wird grundsätzlich unter Grammatik die **Sprachlehre**. Dabei sind im Blick auf Gott folgende Fragen vorherrschend:

- Wie ist von Gott zu denken[38]?
- Wie von ihm zu sprechen?
- Welche Regeln sollen im Bezug der Gottesrede gelten?
- Wie lässt sich Gott letztlich vorstellen und – wenigstens ansatzhaft – verstehen?

---

[37] Es ist das Bemühen von Thomas Schärtl gewesen, eine „Theo-Grammatik" zu schreiben, um die „Logik der Rede vom trinitarischen Gott" aufzuzeigen. So betitelt er seine gleichnamige Dissertation, erschienen 2003 im Pustet-Verlag, Regensburg.

[38] Auch das Denken ist letztlich nur sprachlich zu vollziehen und unterliegt von daher den gleichen grammatikalischen Regeln, die für das Sprechen gelten.

1.3 Gott bleibt ein Geheimnis

Um ein Verstehen Gottes soll es gehen, wobei natürlich Gott nicht »aufgedeckt« und »offen gelegt« werden kann, wie ein Gegenstand oder ein Ding dieser Welt. Das geht nicht. **Gott muss Gott und damit letztlich Geheimnis bleiben**. Er entzieht sich unserem Zugriff und bleibt im Letzten daher un-be-greif-bar. Alles, was sich uns zeigt, was wir begreifen können und das wir zu erklären wissen, kann nicht Gott sein. Zu Recht mahnt daher der heilige Augustinus: „»Si comprehendis, non est Deus« - »Wenn du ihn mit deinem Geist umfassen und begreifen kannst, dann ist er nicht Gott«“[39]. Und in seiner Auslegung des Psalms 85 (12) zeigt er in die gleiche Richtung, wenn er sagt: „Wie sehr aber Gott unähnlich sei, das sagt er nicht, denn es ist nicht sagbar... Gott ist unsäglich, leichter sagen wir, was Er nicht ist, als was Er ist“[40]. Der **Gott der biblischen Tradition entzieht sich einem letzten Zugriff und damit einem letzten Begreifen** durch den Menschen. Er ist immer größer und anders, als wir meinen und uns vorstellen. Gott ist in diesem Sinn nicht zu »haben« oder zu »besitzen«. Aber es gibt die **Annäherung des Menschen an Gott** und es gibt, viel wichtiger und bedeutender noch als unser Bemühen um ihn, **sein Kommen zu uns**, seine **Selbstmitteilung**, die uns etwas von Gott erahnen und damit auch aussagen lässt. Er bahnt sich zu uns einen Weg, so dass wir auch von uns her einen Weg zu ihm hin finden. Dieser Gedanke ist im ursprünglichen Sinn des alten Wortes **„Geheimnis“**[41] angesprochen. Dabei ist zu beachten, dass hierbei das Wort „Geheimnis“ bzw. das griechische Wort dafür (μυστηριον = mysterion, lateinisch: sacramentum) in einer anderen Bedeutung zu verstehen ist, als es heute vordergründig verstanden wird. Denn ursprünglich bezeichnet Geheimnis „den vorweltlichen, vor der Welt verborgenen, aber den Pneumatikern [den vom Heiligen Geist Erfüllten, AV] erschlossenen Ratschluss Gottes, der am Kreuz... eschatologisch

---

[39] Sermo 117,n.5; zitiert in: Grabmann, Martin: Die Grundgedanken des hl. Augustins über Seele und Gott, S. 113

[40] Augustinus, Aurelius: Über die Psalmen, S. 178

[41] Vgl. dazu den beachtenswerten Artikel von Günter Bornkamm „μυστεριον“; in: ThWNT, Bd. 4, S. 809-834

vollendet ist und die Verherrlichung der Glaubenden mit einschließt."[42] Zu diesem Heilswirken Gottes gehört aber außerdem, dass es die Welt und ihre Möglichkeiten grundsätzlich übersteigt und sprengt, genauso wesentlich, „dass diese Geschichte i n d e r Welt sich ereignet. Im Mysterium bricht eine himmlische Wirklichkeit in den Bereich des alten Aeon ein."[43] Geheimnis steht also in einer Spannung mit zwei Seiten:

- Zum einen **entzieht sich das Geheimnis unserem Zugriff**, ist es nicht auszuloten und bleibt letztlich un-be-greif-bar.
- Zum andern aber haben wir eine **gewisse Ahnung** von dem, worum es sich im Geheimnis handelt, ist uns in unserer Welt und durch unsere Erfahrung ein erster Zugang dazu eröffnet, so dass wir uns ihm annähern können.

Vielleicht hilft zum besseren Verständnis eine kleine Erinnerung, die etwas von dem, was wir als Geheimnis begreifen, vorstellbar machen kann: Als Kind konnte ich schon beim Betreten der Haustüre unseres Zuhauses und manchmal sogar schon draußen riechen, was meine Mutter wieder einmal zum Mittagessen zubereitet hat. Und je nach „Geruch", lief mir schon das Wasser im Munde zusammen oder überkam mich das plötzliche Gefühl, gar keinen Hunger mehr zu haben. Vielleicht habe ich hierbei sehr tief verstanden, was „Geheimnis" im ursprünglichen Sinn bedeutet. Man hat es „schon in der Nase", aber das Essen selber steht noch nicht vor einem. Es gibt schon eine gewisse Vorfreude (oder – je nach Essen auch nicht), aber das Eigentliche steht noch aus. Ganz abgesehen davon, dass ich mich nicht selten auch täuschte und aufgrund meines Geruchssinns mit einem ganz anderen Menü rechnete, als dann tatsächlich serviert wurde. Mit Gott geht es uns ganz ähnlich. Einen gewissen „Vorgeruch" oder besser „**Vorgeschmack**" von ihm haben wir bereits, **weil er sich uns erfahrbar gemacht hat**. Aber **Gott selber haben wir nicht**. Auch in Beziehung zu Gott könnten wir uns in unseren Vorstellungen täuschen, so dass wir ihn uns

[42] Ebd., S. 826
[43] Ebd.

ganz anders vorstellen, als er vielleicht in Wirklichkeit ist. Doch zurück zum Thema „Geheimnis". Vor allem Karl Rahner hat dieses als „einen Grundbegriff der christlichen Dogmatik"[44] bezeichnet und gefolgert: „Es gibt im Grunde nur *ein* »Geheimnis«: dass Gottes Unbegreiflichkeit, in der er Gott ist, nicht bloß als die Ferne u(nd) der Horizont, innerhalb dessen sich unsere Existenz bewegt, gegeben ist..., sondern dass dieser Gott, so bleibend, sich uns zu Unmittelbarkeit schenkt, er als er selber die innerste Wirklichkeit unseres Daseins wird."[45] Um diesen Gedanken der Geheimishaftigkeit Gottes zur Sprache zu bringen, möchte ich auf den **Begriff der „Transparenz"** zurückgreifen. Denn gerade dieses Wort versucht die Spannung zwischen zugänglich und entzogen, zwischen greifbar und alles übersteigend, zwischen wahrnehmbar und unbegreiflich zu halten. Als Kinder bastelten wir gerne mit Transparentpapier. Vor allem bei den Martinslaternen griffen wir darauf zurück. So konnte das Licht der Laterne durch schillerndes farbiges Papier scheinen und bunt die grauen Novembertage erleuchten. **Transparenz heißt also, dass etwas durchlässig ist**. Damit ist aber wiederum eine Spannung gegeben. Denn zum einen ist der transparente Stoff nicht selbst das Licht, das aufstrahlt, aber andererseits kann nur durch ihn hindurch, das Licht wahrnehmbar werden und sich in bunten Farben entfalten. Ich meine, dass es uns Menschen im Blick auf Gott ganz ähnlich geht. Dass **Gott in dieser Welt transparent** wird, meint in diesem Zusammenhang, dass der Mensch eine Vorahnung von Gott haben kann, dass er sich dem alles übersteigenden Gott nähern und ihn für sich erfahren kann. „Gott taucht auf und gibt sich zu erkennen vermittels Mensch und Welt. Damit... sind Mensch und Welt trans-parent für Gott. Gott ist real und greifbar, weil er weder außerhalb noch oberhalb der Welt lebt, sondern im Herzen der Welt und über die Welt hinaus."[46] Aber dieser er-fahrene Gott bleibt doch immer dabei auch der unbekannte und nicht greifbare. Er ist nicht mit dem, worin wir ihm begegnen, identisch. Überhaupt nichts vermag ihn ganz auszudrücken und restlos darzustellen. Deshalb gilt ebenso:

---

[44] Rahner, Karl: Über den Begriff des Geheimnisses in der Katholischen Theologie, S. 51
[45] Rahner, Karl: Art. Geheimnis, S. 378f
[46] Boff, Leonardo: Gott erfahren, S. 25

„Auch wenn Gott in der Welt wohnt, erschöpft er sich doch nicht in ihr und wird nicht zu einem Teil von ihr."[47] Damit nimmt die Vorstellung der **Transparenz Gottes** eine **Mittelstellung ein zwischen seiner „Transzendenz"**, die besagt, dass Gott alles in der Welt übersteigt und dass er nicht in der Welt vorkommt **und dem Gedanken der „Immanenz"**, die das Göttliche als einen Teil der Welt versteht und es mit einem Vorgang oder einem Ding der Natur identifiziert. Wäre Gott streng und einzig „transzendent", gäbe es keine wirkliche Erfahrung Gottes, denn dann hätten wir von uns aus gesehen gar keine Möglichkeit, mit Gott in Verbindung zu kommen oder Gemeinschaft mit ihm zu haben, weil er so fremd und so andersartig für uns wäre, dass er sich immer nur entzöge. Doch gerade hier widerspricht das Herzstück der biblischen Gottesvorstellung: Es gibt eine Beziehung von Gott und Mensch, wir können und dürfen ihm wirklich begegnen. Ja Gott selber kommt auf uns zu und wird in seinem Sohn ein „Stück Welt". Wäre Gott aber rein „immanent", dann wäre er genau einzugrenzen und exakt zu definieren. Dem widersteht die biblische Vorstellung aber auch, wenn sie von Gott spricht. Denn obwohl Gott auf vielfältige Weise in der Welt und in der Geschichte der Menschen erfahrbar wird, geht er doch in keiner dieser Weisen ganz auf und wird mit ihr eins. Er bleibt in aller Erfahrbarkeit doch der stets größere Gott. Die ihm wirklich angemessene Spannung wahrt einzig der Begriff der „Transparenz". **Gott wird im Innerweltlichen wirklich und real erfahrbar**, er lässt sich ganz auf die Welt und die Menschen in ihr ein und begegnet ihnen inmitten ihres Lebens, **aber er geht in keiner dieser Realisierungen ganz auf** oder wäre auf eine dieser Erfahrungen einzuschränken. Vielmehr bleibt er bei aller Begreifbarkeit letztlich doch unbegreiflich, bei aller Berührbarkeit letztlich unberührbar und bei aller Nähe doch auch der Entzogene und „Ganz-Andere". Die Vorstellung vom in der Welt transparenten Gott wird durch den Begriff des „Geheimnisses" sehr gut ein- und aufgefangen. Dabei ist es wunderbar passend, dass das Wort „Geheimnis" im Lateinischen mit „sacramentum", also mit „Sakrament", wiedergegeben wird. Die Transparenz Gottes ist letztlich nichts anderes als die Sakramentalität Gottes, das

---

[47] Ebd.

bedeutet, dass Gott innerweltlich erfahrbar wird, ohne durch diese Erfahrung ganz eingeholt zu werden. Gott spricht uns durch die Dinge und Vorgänge dieser Welt an und erwartet unsere Antwort auf diesen Anspruch, aber er wird dadurch nie unser Eigentum oder einfach besitzbar, weil er sich hinter allem Erscheinen immer auch verbirgt und hinter jede seiner „Erscheinungen in der Welt“ letztlich immer nur schemen- und schattenhaft bleibt. Biblisch gesprochen geht es uns also wie Mose, der Gott nur von „hinten“ und im „Vorübergehen“ sehen und erleben konnte. Diese Doppelheit der Gotteserfahrung, die ihm wirklich begegnet, ohne ihn ganz einzuholen oder gar zu überholen, soll durch das Wort Geheimnis bzw. Sakrament ausgedrückt werden. Gott als das „Geheimnis des Lebens und der Welt“ zur Sprache zu bringen und ihn als eben dieses Geheimnis auszusprechen, ist Ziel meines Buches. Dabei ist es klar: Dieses **Aus-sagen muss Regeln** unterliegen. Und diese Regeln zu benennen ist Aufgabe der Grammatik.

1.4 Eine Grammatik Gottes ist eine Grammatik des Menschen

Doch es gilt darüber hinaus etwas nicht minder Wichtiges festzuhalten: Der Grammatik Gottes entspricht im biblischen Verständnis auch die **Grammatik des Menschen**. Hier muss ich etwas ausholen und lade ein, diesen zentralen Gedanken mitzuvollziehen. Denn nach biblischer Auffassung ist der **Mensch** in der Zweigeschlechtlichkeit von Mann und Frau **„Abbild und Ebenbild Gottes“** (Gen 1,26). Damit ist ein **besonders kühner Gedanke** in der biblischen Tradition gewagt worden: Der große, alles übersteigende und ins Leben rufende Gott findet in der Welt ein **Abbild und einen Ausdruck im lebendigen Menschen**. Nichts sonst vermag ihn darzustellen und für ihn zu stehen. Daran erinnert sehr eindrücklich das biblische Bilderverbot im zweiten Gebot des Dekalogs (=10 Gebote), das jegliches Anfertigen oder gar Verehren eines Gegenstandes für Gott streng verbietet. Es gibt aber eine Ausnahme: **Der Mensch repräsentiert Gott in dieser Welt.** Wenn dies stimmt, dann wird **erst im Blick auf Gott, dem Urbild, das Abbild, der Mensch, erkennbar**. Wir enträtseln dann uns selber, wenn wir versuchen, Gott zu verstehen. Damit ist eine **Grammatik Gottes zugleich eine Grammatik des Menschen**. Hier entsteht eine **eigentümliche Verschränkung** der Sichtweisen. Es ergibt sich also folgendes Bild: Der Mensch wird erst im Tiefsten und Entscheidenden verstanden im Blick auf Gott. Wir brauchen also Gott, um uns selber richtig zu begreifen. Aber auch das Umgekehrte gilt, denn wir verstehen genauso den Gott, den Jesus uns verkündete, nur im Blick auf uns selbst richtig.[48] Dieser **wesentliche Gedanke** findet seine wichtigste Aussage und seinen tiefsten Ausdruck beim christlichen Glauben im Bekenntnis zu **Jesus von Nazaret** als den Sohn Gottes. Für ihn gilt in ganz besonderer Weise ein **Ineinander und Miteinander von Gott und Mensch**, gerade darin sieht das Christentum sogar die zentrale Glaubensaussage über ihn.[49] In der Person Jesu geht uns deshalb zutiefst auf, dass, je mehr wir von Gott verstehen, wir auch um so mehr vom Menschen verstehen und umgekehrt. Es gilt also: Je mehr der Mensch sich selbst zutiefst versteht, desto mehr Ahnung bekommt er vom lebendigen Gott. Und umgekehrt leitet mich die Überzeugung, dass wir uns selber besser verstehen, wenn wir versuchen umso tiefer in Gott einzudringen. Der große schweizerische Theologe Hans Urs von Balthasar (1905-1988) drückte dies so aus: Der Mensch ist „Bild und Gleichnis einer anderen, der absoluten Wirklichkeit... Der Schlüssel zum Verständnis des Bildes ist das Urbild, der Mensch enträtselt sich in Gott.“[50] In genau die gleiche Richtung geht Romano Guardini, wenn er schreibt: „Den Menschen erkennt nur, wer von Gott weiß!“[51] und deshalb

---

[48] Was hier als eigentümliche Verschränkung bezeichnet wird, drückt das Wort Dialektik aus.

[49] Zusammengefasst ist dieser Glaube im Lehrsatz des Konzils von Chalcedon. Dort heißt es: „In der Nachfolge der heiligen Väter also lehren wir alle übereinstimmend, unseren Herrn Jesus Christus als ein und denselben Sohn zu bekennen: derselbe ist vollkommen in der Gottheit und derselbe ist vollkommen in der Menschheit; derselbe ist wahrhaft Gott und wahrhaft Mensch“. (DH 301) Zur Entwicklung dieser Lehre ist immer noch das Standardwerk von Alois Kardinal Grillmeier zu empfehlen: Jesus Christus im Glauben der Kirche, besonders Band I und Band II/1.

[50] Balthasar, Hans Urs von: Improvisation über Geist und Zukunft, in: ders.: Spiritus Creator, S. 128

[51] So lautet der gleichnamige Titel einer berühmten Schrift von Romano Guardini.

folgert: „Nur in Gott liegt jedes Menschen Wesen. Nur in der Begegnung mit Ihm erfährt er, wer er ist, denn nur Gott kann es ihm sagen. Nur Gottes Liebe gibt ihm den endgültigen Stand im eigenen Selbst.“[52]
Wir können also festhalten: Von Gott her wird etwas über den Menschen erfahrbar und von der Erfahrung mit dem wirklich Menschlichen erahnen wir etwas vom Geheimnis Gottes. Oder – mit der Überschrift dieses Abschnittes formuliert: **Eine Grammatik Gottes ist eine Grammatik des Menschen** – und umgekehrt. Auch diesem Grundverständnis versuche ich auf den folgenden Seiten nachzugehen. Ich werde **daher gleichsam immer mit „zwei Augen“ auf die Fälle der Grammatik achten**. Ein Auge versucht Gott zu erfassen, das andere aber richte ich auf uns, die Menschen. Es ist zwar möglich, diese Sichtweisen zu unterscheiden, nicht aber, sie zu trennen. Von der Biologie her ist bekannt, dass nur mit beiden Augen räumliches Sehen und damit Tiefenblick möglich ist. Ich denke, dass dies auch hier gilt: Wer tiefer sehen will und den Weitblick möchte, muss beide „Augen“ öffnen, muss also Gott im Blick behalten ohne dabei den Menschen nicht aus den Augen verlieren. Und der muss versuchen, den Menschen richtig zu sehen, um so auch in Sachen Gott durchzublicken. So können wir hoffentlich uns von Gott her und Gott von uns her begreifen lernen.

1.5 Gott ist mehr als alles

Eine nächste – genauso wichtige - Vorbedingung für das Sprechen von Gott, also für eine Gottesgrammatik, ist die Tatsache, dass, wie schon gesagt, **Gott als der Ur- und Sinngrund** von allem, trotz seiner Transparenz natürlich alles Erreichbare **übersteigt und transzendiert**. Gott ist eben **»mehr als alles«**. Deshalb kann von ihm auch nicht einfach die Rede sein, wie von irgendetwas, das gegenständlich in der Welt vorkommt. **Gott ist kein Teil und kein Ding dieser Welt.** Nichts in dieser Welt, auch wenn es auf ihn verweist, ist mit ihm identisch oder deckungsgleich. Immer ist

---

[52] Guardini, Romano: Die Annahme seiner selbst – Den Menschen erkennt nur, S. 67

Gott schon vorüber, wenn wir meinen, ihn zu haben. Immer hat Gott sich schon wieder entzogen, wenn wir dachten, ihm in die Karten zu blicken. Immer bleibt Gott größer und anders, als wir ihn uns vorstellen oder versuchen, ihn zu begreifen. Schon seit alter Zeit ist sich die Theologie dieser Tatsache bewusst. Leider scheint es aber so, als ob gerade in der Theologie diese Grundvoraussetzung immer wieder in Vergessen geraten wäre. Denn tatsächlich erweckte die Rede von Gott manchmal den Eindruck, als ob Gott uns so vertraut wäre, als entstamme er unserer Westentasche oder als hätten wir schon im Sandkasten mit ihm gespielt. Viele Formulierungen kamen und kommen mit der Vorstellung und dem Anspruch daher, genau über Gott Bescheid zu wissen und zu geben. Dabei wurde und wird das Geheimnis, das Gott immer auch ist und bleibt, verdunkelt. Dabei wird in der Christenheit schon von Anfang an erkannt, dass ein solches „Gott-Besitzen" nicht angemessen ist. Das Nicht-Wissen von Gott hat eine lange und alte Tradition hinter sich. Denn schon immer spürten Menschen, die sich mit Gott beschäftigten oder gar über ihn sprachen, dass er sich immer wieder **unserem Begreifen und unserem Aussagen entzieht**. Die Worte, die für ihn verwenden, sind nicht groß genug, um ihn auszudrücken. Die Gedanken, die wir uns über ihn machen, sind nicht weit genug, ihn wirklich zu er- oder gar zu umgreifen. Unser Sprechen von Gott ist nicht klar genug, um ihn auszulegen. Ein Gott-Besitzen ist nicht möglich und jeder Versuch in diese Richtung muss scheitern. Der Tatsache, dass Gott größer und anders als alles ist, wird im Sprechen von Gott mit dem Gedanken der „**Analogie**" Rechnung getragen. Dieser wichtige Begriff soll nun etwas dargelegt werden. Wörtlich geht es um eine „**Ähnlichkeit**" oder um eine Annäherung an das Gemeinte. Nach vielfältiger Vorbereitung wurde der Gedanke der Analogie Gottes lehramtlich vorgelegt. Dabei hat das 4. Laterankonzil[53] aus dem Jahr 1215 folgende wichtige Formulierung festgelegt:

---

[53] Der Text wird aus dem Kompendium Denzinger – Hünermann, 37. Auflage (DH) zitiert.

Denn zwischen dem Schöpfer und dem Geschöpf kann man keine so große Ähnlichkeit feststellen, dass zwischen ihnen keine noch größere Unähnlichkeit festzustellen wäre. [DH 806]	Quia inter creatorem et creaturam non potest tanta similiitudo notari, quin inter eos maior sit dissimilitudo notando. [DH 806]

Der Begriff der „Analogie" meint dabei, gemäß dem griechischen Ursprung des Wortes, „»Verhältnis«, »Entsprechung« und wird in diesem Sinn schon von Platon gebraucht."[54] Das bedeutet, dass das „Sein eines Seienden... durch Vergleich mit einem anderen erschlossen oder wenigstens verdeutlicht wird"[55] wird. Die Analogie „kann man im Deutschen als »**Erkenntnis durch Vergleich**« umschreiben."[56] Entscheidend ist: Mit der **analogen Rede** wird ein **Sprechen über Gott möglich**. Denn tatsächlich wird zwar dabei **Gott mit etwas Innerweltlichem verglichen**, aber eben nicht gleichgesetzt oder identifiziert. Diese Doppelung der Aussage rückt das analoge Sprechen in die Nähe der oben schon angesprochenen Transparenz Gottes in und durch die Welt. Denn auch die analoge Verwendung eines Wortes steht in der **Mitte von zwei grundsätzlichen Möglichkeiten**, Worte zu gebrauchen:

- Eine erste Verwendung wäre der ***univoke*** (**=genau gleiche**) Gebrauch eines Wortes. Dabei wird dieses in einem eindeutigen und genau gleichsinnigen Sinn verwendet und exakt Identisches ausgesagt. Zum Beispiel ist das Wort „Vater" im Sinn des biologischen Erzeugers gebraucht. So gibt es einen Vater von Hans, aber auch von Klara. Das

54 Splett, Jörg und Puntel, Lourencin Bruno: Artikel Analogia entis; in: Herders theologisches Taschenlexikon, Bd. 1, S. 90
55 Lotz, Johann Baptist: Artikel Analogie; in: Brugger, Walter: Philosophisches Wörterbuch, S. 11
56 Ebd.

Wort „Vater“ ist hier univok, beides Mal meint es den genau selben Sachverhalt.

- Eine zweite Verwendung besagt das genaue Gegenteil der ersten. Es handelt sich hierbei um den ***äquivoken*** (**=völlig unterschiedlichen**) Gebrauch eines Wortes. Dabei entsteht die Besonderheit, dass ein gleich klingendes Wort trotzdem zwei völlig verschiedene Inhalte bezeichnet. Zum Beispiel wäre hier das Wort »Mutter« zu nennen, das einerseits die biologische Gebärerin bezeichnen kann, aber auch einen Teil der Schraube, um diese festzuziehen. Die übereinstimmende Wortgleichheit ist letztlich rein zufällig. Mit ein und demselben Wort werden zwei unterschiedliche Dinge zum Ausdruck gebracht. Den genauen Sinn des in diesem Fall äquivok verwendeten Wortes, kann daher erst der Zusammenhang, in dem das Wort gebraucht wird, erhellen. Hier kann sich naturgemäß leicht ein Missverständnis einschleichen, das durchaus unangenehme Folgen haben kann. Wenn ein Kind aufgefordert wird, sein Geld auf die Bank zu bringen, das Kind jedoch unter „Bank“ die Sitzmöglichkeit versteht und sein Geld im Park ablegt, könnte es sein, dass das Geld nachher verloren ist. Umgekehrt kann die Aufforderung, sich auf eine Bank zu setzen, sehr gefährlich werden. Dann nämlich, wenn der derart Aufgeforderte ein womöglich hohes Gebäude eines Geldinstituts erklimmt, um sich eben auf diese „Bank“ zu setzen. Doch Witz beiseite. Wir brauchen – wie schon gesagt – die mittlere Bestimmung zwischen univok und äquivok. Diese finden wir in der Analogie.
- Denn ***Analogie*** (**=Ähnlichkeit**) ist also weder univok noch äquivok. Ein analog verwendetes Wort ist weder eindeutig und inhaltlich deckungsgleich mit dem aus dem Alltag bekannten Gebrauch eines Wortes, noch kann einfach ein völliges inhaltliches Auseinanderfallen in der Analogie behauptet werden. „Im Falle der analogen Verwendung eines Wortes ist also die Bedeutung dieses Wortes zwar jeweils verschieden, trotzdem besteht zwischen den verschiedenen Verwendungen ein innerer Zusammenhang, eine innere Einheit, die sich daraus ergibt, dass die mit demselben Wort... bezeichneten »Gegenstän-

de«... in einem mehr oder weniger engen Verhältnis zu jener Wirklichkeit stehen..., auf die sich das Wort ursprünglich bezieht."[57]

Diesen Sachverhalt möchte ich am Beispiel des Wortes »gesund« nochmals erklären. Es ist durchaus möglich, in unterschiedlichen Zusammenhängen, sinnvoll von »gesund« zu sprechen:

- Eine Lebensweise kann *gesund* sein.
- Jemand hat eine *gesunde* Gesichtsfarbe.
- Ein bestimmtes Essen ist *gesund.*
- Bei guter Verteilung ist eine Volkswirtschaft *gesund* usw.

Es ist ersichtlich, dass beim Begriff »gesund« jeweils eine etwas andersgelagerte Bedeutung vorausgesetzt ist, aber alle diese Bedeutungen weisen doch in eine große Richtung. Deswegen ist die Verwendung des Wortes »gesund« in all diesen Beispielen ***analog***. Es geht um eine **Ähnlichkeit in Unterschiedenheit**, oder eben wie das 4. Laterankonzil es ausdrückte, um eine „Ähnlichkeit, die ein noch größere Unähnlichkeit einschließt"[58].
Wenn von Gott die Rede geht - und in einer „Grammatik Gottes" steht die Rede von Gott zentral im Blickfeld - dann muss vorher geklärt werden, auf **welche Weise** die **Begriffe**, die wir unser innerweltlichen Erfahrung entnehmen, **für Gott** sinnvoll verwendet werden können. Und hier wird eben die **analoge Verwendung von Wörtern** für die Rede von Gott wichtig. Dabei vollzieht sich die analoge Rede in **drei Schritten**[59], die dem analogen Gebrauch des Wortes entsprechen und diesen vollziehen:

- In einem ersten Schritt ist die **bejahende, affirmative Rede (=via affirmativa)** zu benennen: Dabei werden Elemente und Bedeutungsinhalte eines Wortes der Welt für Gott übernommen aufgrund einer Ähnlichkeit in der Aussage und können somit übertragen werden. Mit anderen Worten wird das, was an positiver Bedeutung in einem Wort

[57] Weissmahr, Bela: Ontologie, S. 89f
[58] Vgl. DH 806
[59] Vgl. dazu: Anzenbacher, Arno: Einführung in die Philosophie, S. 330

steckt, nun für Gott verwendet. Zum Beispiel beim Begriff „Burg“. Eine Burg verleiht Schutz und Sicherheit, sie hilft vor Angreifern und Feinden. Jetzt ist es wichtig, dass genau so, wie in einer Burg, sich ein Mensch vor Gott fühlen kann: geborgen und behütet. So verstanden macht es also Sinn zu sagen: „Gott ist unsere Burg“, denn das, was wir von einer guten Burg erwarten, das glauben wir bei Gott zu finden. Das bejahende Element greift also einen Gedanken auf, der zum Vergleich dienen kann und in diesem Sinn ist ein Wort für Gott verwendbar und brauchbar.

- Doch dieses ist nur ein erster Schritt. Unbedingt muss die **verneinende, negierende Rede (=via negativa)** hinzukommen: Dabei werden Elemente und Bedeutungsinhalte, die nicht passen oder nicht einfach übertragen werden dürfen, in der Verwendung für Gott ausgeschieden. Bei unserem Beispiel von oben ist klar: alle Burgen, die wir kennen und die uns Schutz verleihen, sind aus Stein gebaut. Diese Eigenschaft kann aber unmöglich für Gott gelten, der ja wohl nicht aus Stein gebaut ist. Deswegen muss bei der Aussage: »Gott ist unsere Burg« das Element der Steine und der Baumaterialien unbedingt weggedacht werden. Insofern könnte man also durchaus zu recht auch sagen: Gott ist keine Burg. Hier ist die Grenze einer analogen Verwendung eines Begriffs in der Beschreibung von Gott. Es gibt eben Bedeutungsinhalte eines Wortes, die nicht passen und von daher auf keinen Fall auf Gott übertragen werden können.
- Doch damit sind wir immer noch nicht am Ziel. Bleibt noch der dritte Schritt, die **erhöhende, steigernde Rede (=via emenentiae)**: Dabei werden die Elemente und Bedeutungsinhalte, die im ersten Schritt als für Gott tauglich befunden wurden, nun überhöht und entgrenzt[60] aufgenommen und so auf Gott übertragen. Dieser letzte Schritt ist der **Entscheidende**. Denn nun wird der ursprünglich positive Gedanke,

[60] Entgrenzen ist dabei das genaue Gegenteil von definieren. Das lat. Wort definieren bedeutet einen Sachverhalt einzugrenzen, sozusagen einen Rahmen herum zu legen. Das Gegenteil von definieren wäre infinieren, entgrenzen. Nur so kann ein Wort sich eignen, eine nicht begrenzte und damit unendliche Wirklichkeit zu bezeichnen.

der im ersten Schritt ausgemacht und auf Gott übertragen wurde, gesteigert und überhöht, weil er so eigentlich erst für Gott brauchbar wird. Beim Beispiel von der Burg könnte dies bedeuten: Gott bietet uns zwar Sicherheit, wie eine Burg, aber er bietet sie uns unendlich mehr und verlässlicher, als irgendein Bau dies vermochte. Insofern übersteigt in Sachen Schutz und Geborgenheit Gott jegliche Burg, die wir kennen. Er ist eben „mehr als alles“.

Dieser, sicher auf den ersten Blick etwas schwierige Zugang zur analogen Rede über Gott, kann vielleicht etwas erleichtert werden, wenn wir mit dem großen deutschen Philosophen **Georg Wilhelm Friedrich Hegel**[61] (1770-1831) das Wort **„aufheben“** zur Erklärung der analogen Rede heranziehen. Dieser hält fest, dass das Wort „aufheben“ in der deutschen Sprache eine **dreifache Bedeutung** haben kann:

- Zum einen hebe ich irgendetwas aus der Vergangenheit auf, weil es mir wichtig geworden ist. **Aufheben** bedeutet hier **bewahren** oder konservieren. So heben unsere Kinder ihre ersten Milchzähne auf oder Verliebte eine Haarlocke ihrer Holden.
- Zum zweiten kann zum Beispiel das Parlament einen Beschluss aufheben, ihn damit beenden und für ungültig erklären. **Aufheben** bedeutet demnach also **beenden** oder abbrechen.
- In der dritten Bedeutung kann ich etwas vom Boden aufheben. **Aufheben** bedeutet hierbei etwas **höher heben** oder wichtiger machen.

Und tatsächlich stimmen die drei Bedeutungen von **„aufheben“** genau mit dem oben beschriebenen Dreischritt der Analogie überein.

- Natürlich besteht zwischen jeder Aussage über Gott, die sich notwendig eines Begriffes bedient, der einer innerweltlichen Begebenheit ab-

[61] Hegel, Georg Wilhelm Friedrich: Phänomenologie des Geistes, S. 94ff bzw. 148 oder ders.: Wissenschaft der Logik I, S. 113f

geschaut ist, und dieser gewählten Sache, ein positiver Zusammenhang. Da hierbei etwas für Gott bewahrt und eröffnet werden kann, handelt es sich hierbei um:
→ **via affirmativa ↔ »aufheben« im Sinne des Bewahrens!**

- Aber es gilt eben auch, dass jeder Begriff, den wir für Gott verwenden, im Zusammenhang mit dem alle Welt übersteigenden Gott notwendig ungenau und sogar falsch sein muss. Kein Begriff kann Gott wirklich er- oder gar umgreifen. Immer bleibt er förmlich an der Außenseite Gottes, oder in biblischer Sprache, er berührt nur den „Saum seines Gewandes" (vgl. Jes 6,1). Da deshalb jeder Begriff zugleich verneint und in seinen Grenzen erkannt werden muss, braucht es dringend den zweiten Schritt:
→ **via negativa ↔ »aufheben« im Sinne des Beendens!**
- Und schließlich muss jeder Begriff, den wir der Welt entlehnen, um mit ihm über Gott zu sprechen, unendlich ausgeweitet und aus den Grenzen seiner ursprünglichen Bedeutung erweitert werden. Der in Eichstätt lehrende Philosoph Norbert Fischer[62] hat für diesen Vorgang das sehr treffende Wort vom **„infinieren"** geprägt. Dabei geht er vom Gegenteil aus, dem »definieren«. Dieses »definieren« wird abgeleitet von »definio«, das heißt so viel wie „begrenzen, beschränken, bestimmen"[63]. Genau das aber geht im dritten Schritt der Analogie gerade nicht. Die Begriffe dürfen für Gott nicht begrenzt werden, sonst reichen sie nicht aus, um Gott zu erfassen oder zu beschreiben. Also gilt es, sie zu **ent-grenzen**, eben zu infinieren. Das kann nur heißen, dass die tiefste Bedeutung eines Wortes, das wir für Gott verwenden, sich einem letzten Verstehen entzieht. Das heißt aber deshalb noch nicht, dass in der Analogie ein Begriff letztlich unbrauchbar wird, weil er so sehr einer jeglichen Bestimmung enteignet würde, dass ihm keine positive Bestimmung mehr eignete. So weit darf die analoge Verwendung von Wörtern nicht gehen. Es muss die oben angedeutete Spannung

---

[62] Vgl. Fischer, Norbert: Die philosophische Frage nach Gott, S. 124ff
[63] Heinichen, F. A.: Latein-deutsch - zu den klassischen und ausgewählten mittelalterlichen Autoren, S. 125

gewahrt werden, dass der analoge Begriff natürlich etwas sagen muss, aber eben nicht definieren kann. Wir haben zwar eine Ahnung von der Bedeutung der für Gott verwendeten Begriffe, weil wir im Innerweltlichen etwas Vergleichbares erleben, aber wir können damit nicht Gott ganz ergreifen oder ihn gar in diese Begriffe einsperren. Gott **sprengt den Rahmen unserer Begriffe und unserer Vorstellungen**. Er ist und bleibt in jeder Annäherung immer der unendlich Größere und Andere. Deshalb muss jede Aussage über Gott immer wieder in diesem dritten Schritt verstanden werden:
→ via emenentiae ↔ »aufheben« im Sinn des Hochhebens und Erhöhens!

Es war vor allem der vorhin schon erwähnte **Karl Rahner**, der in seinem letzten öffentlichen Vortrag anlässlich der Veranstaltung zu seinem 80. Geburtstag, in seinem Beitrag „Erfahrungen eines katholischen Theologen" den **Gedanken der Analogie** noch einmal zentral in die Vorstellung aller Theologie brachte. Rahner beklagt darin zuerst einmal das „Vergessen" der Analogie in theologischen Äußerungen. Sein „Erschrecken über dieses Vergessen" benennt er als eine erste wichtige Erfahrung, die ihn als Theologen umgetrieben hat. Er führt dazu aus: „Ich fange ganz simpel an. Für ein primitives schulmäßiges Verständnis des Begriffs der Analogie ist ein analoger Begriff dadurch gekennzeichnet, dass eine Aussage über eine bestimmte Wirklichkeit mit Hilfe dieses Begriffs zwar legitim und unvermeidlich ist, aber in einem gewissen Sinne immer auch gleichzeitig zurückgenommen werden muss, weil die bloße Zusage dieses Begriffes auf die gemeinte Sache hin allein und ohne gleichzeitige Rücknahme, ohne diese seltsame und unheimliche Schwebe zwischen Ja und Nein, den wirklich gemeinten Gegenstand verkennen würde und letztlich irrig wäre. Aber diese geheime und unbedingte Zurücknahme wird meistens nicht deutlich gemacht und vergessen… Mir kommt es hier auf die zum Wesen der Analogie gehörende und nur zu oft vergessene und sehr oft gar nicht im Einzelfall bedachte Zurücknahme der Zusage eines begrifflichen Inhaltes bei seiner Zusage an… Aber im praktischen Betrieb der Theologie vergessen wir das immer wieder. Wir reden von Gott, von seiner Existenz, von seiner

Persönlichkeit, von drei Personen in Gott, von seiner Freiheit, seinem uns verpflichtenden Willen usf.; wir müssen dies selbstverständlich, wir können nicht bloß von Gott schweigen, weil man dies nur kann, wirklich kann, wenn man zuerst geredet hat. Aber bei diesem Reden vergessen wir dann meistens, dass eine solche Zusage immer nur dann einigermaßen legitim von Gott ausgesagt werden kann, wenn wir sie gleichzeitig auch immer wieder zurücknehmen, die unheimliche Schwebe zwischen Ja und Nein als den wahren und einzigen Punkt unseres Erkennens aushalten und so unsere Aussage immer auch hineinfallen lassen in die schweigende Unbegreiflichkeit Gottes selber".[64]

Dieses **große und großartige Zeugnis eines der größten katholischen Theologen des 20. Jahrhunderts**, das als **sein Vermächtnis** für uns, gesprochen kurz vor seinem Tod, bleiben wird, möchte ich meinem Nachdenken über Gott und meinen Ausführungen über ihn voranstellen. Ich hoffe, dass es mir bei allen Aussagen über Gott gelingt, die **»unheimliche Schwebe zwischen Ja und Nein«**, von der Rahner sprach, zu halten. Ich selber bekenne aufrichtig, dass ich dem lieben Gott nicht in die Karten schauen konnte und kann. Was ich zu sagen habe, braucht den Anhaltspunkt bei dem, was Menschen vor mir von Gott erfahren haben oder zu sagen wussten. Es braucht die Erfahrung Unzähliger, die sie mit Gott oder mit dem, was sie für Gott hielten, machten. Alles, was ich ausführen werde, kann nur an Gott heranrühren, biblisch gesprochen, halte ich nur den „Saum seines Gewandes" in der Hand. Mit diesen wichtigen Hinweisen und Einschränkungen im Hinterkopf soll nun endlich an die Grammatik Gottes herangegangen werden.

Eine, jetzt wirklich letzte, wichtige Sache sei noch vorausgesagt: Ich versuche mich dem Geheimnis Gottes mit den **sechs Fällen der lateinischen Grammatik** zu nähern[65]. Diese werden seit alter Zeit mit lateinischen Namen benannt. Natürlich gibt es für diese Begriffe auch deutsche Übersetzungen, die aber kaum bis gar nicht zur Kenntnis genommen werden. In

---

[64] Rahner, Karl: Erfahrungen eines katholischen Theologen, S. 106f

[65] Während die deutsche Sprache nur vier Fälle unterscheidet, gibt es im Lateinischen eben sechs verschiedene Fälle.

meinem Buch gehe ich von den Benennungen der Fälle aus, die ich versuche, zu übersetzen. Über diese **ursprüngliche Wortbedeutung** dieser sechs Fälle soll **etwas vom Wesen Gottes, wie es uns aus der Offenbarung her „scheint“[66], verständlich werden**. Ich halte es für äußerst verblüffend, wie vielsagend diese Fälle im Blick auf Gott, aber auch für ein Verständnis des Menschen sind. Die Wortbedeutungen eröffnen in meinen Augen eine ausgezeichnete Möglichkeit, sich Gott zu nähern und zugleich mehr von sich selbst zu begreifen. Insofern eröffnen sie eine „Grammatik Gottes“, der sich als ein „Gott für alle Fälle“ zeigt. Im Folgenden geht es also um diese Inhalte:

- 1. Fall – Der Nominativ
- 2. Fall – Der Genitiv
- 3. Fall – Der Dativ
- 4. Fall – Der Akkusativ
- 5. Fall – Der Vokativ
- 6. Fall – Der Ablativ

Anhand dieser sechs Fälle soll also etwas **von Gott offenbar** werden. Dadurch beginnt, so ist eine These meines Buches, **auch das Verständnis des Menschen** etwas mehr ansichtig und einsichtig zu werden. Die Fälle der Grammatik erlauben uns, so möchte ich ausführen, etwas tiefer Gott zu verstehen und uns selber zu begreifen. Nun aber endlich ans Werk. Beginnen wir mit dem »ersten Fall«, dem »Nominativ«.

---

[66] „Scheinen“ wird hier im Sinne von hervorscheinen und -leuchten, nicht im Sinn des trügerischen Täuschens verstanden!

2. Gott hat einen Namen – der Nominativ

2.1 Biblischer Befund

2.1.1 Der Text

Der erste Fall, der Nominativ, behandelt als „Nomen“ den „Namen“ und stellt daher fest: **Gott hat einen Namen** (nomen = Name)[67]. Dieser Gedanke rührt an einen der außergewöhnlichsten Züge des biblischen Gottesbildes, nämlich dass **Gott** einen **Namen** hat. Gott ist ein **DU**, er ist ansprechbar. Gott ist kein unzugängliches Es, keine nebulöse Wolke. ER ist „Person“ (im Sinne der Vorbemerkungen), ein DU. Als solcher kann der Mensch diesem Gott begegnen und ihn benennen. Der Nominativ beschäftigt sich seinem Wortlaut nach mit dem »Nomen«, dem »Namen«. Für die Bibel ist ganz klar: **Gott hat einen Namen** und sie nennt den Namen Gottes schon fast auf ihren Anfangsseiten, im Buch Exodus, bei der **Erzählung der Gottesbegegnung des Mose am brennenden Dornbusch**. Dort stellt sich Gott dem Mose vor und er stellt sich in diesem Schlüsseltext vor als „**Jahwe**“. Dies wird meist mit dem «**da sein (für andere)**» übersetzt. Damit wird ausgedrückt, dass Gott ein Gott ist, der in besonderer Weise da ist für die Menschen. Dieser zentrale Text steht in **Ex 3,14**. In **verschiedenen Übersetzungen** bietet dieser wichtige Text folgendes Bild:

---

[67] Heinichen: Lateinisch-Deutsch zu klassischen und ausgewählten mittelalterlichen Autoren, S. 297

Im ***griechischen Text*** heißt es:

και ειπεν ο θεος προς Μωυσην Εγω ειμι ο ων και ειπεν Ουτως ερεις τοις υιοις Ισραηλ Ο ων απεσταλκεν με προς υμας .

Im ***hebräischen Text*** steht dazu:

וַיֹּאמֶר אֱלֹהִים
אֶהְיֶה אֲשֶׁר אֶל־מֹשֶׁה
וַיֹּאמֶר כֹּה אֶהְיֶה
יִשְׂרָאֵל תֹאמַר לִבְנֵי
שְׁלָחַנִי אֲלֵיכֶם:אֶהְיֶה

Martin Buber übersetzte so:

Gott sprach zu Mosche: Ich werde dasein, als der ich dasein werde. Und er sprach: So sollst du zu den Söhnen Jissraels sprechen: ICH BIN DA schickt mich zu euch.

In der ***deutschen Einheitsübersetzung*** steht:

Da antwortete Gott dem Mose: Ich bin der "Ich-bin-da". Und er fuhr fort: So sollst du zu den Israeliten sagen: Der "Ich-bin-da" hat mich zu euch gesandt.

Die moderne **englische Übersetzung** gibt den Text wie folgt wider:

God said to Moses, "I AM WHO I AM. This is what you are to say to the Israelites: 'I AM has sent me to you.'"

Martin Luther übersetzte die Stelle wie folgt:

Gott sprach zu Mose: Ich werde sein, der ich sein werde. Und sprach: So sollst du zu den Israeliten sagen: »Ich werde sein«, der hat mich zu euch gesandt.

.

Wir stehen hier vor **einem der zentralen biblischen Zeugnisse von Gott**. Er befindet sich an prominenter Stelle und erlaubt einen **Tiefenblick auf sein Wesen**, wie kaum ein zweiter.
Doch zuerst einmal langsam und der Reihe nach: Im Mittelpunkt dieser Stelle steht die Eröffnung des Namens Gottes und zwar von diesem selbst. Es ist seine Selbstvorstellung an die Menschen. Dabei wird die Aussage, dass Gott einen Namen hat, erst richtig verständlich, wenn wir uns bewusst machen, was im **hebräischen Denken und Sprechen**, das dem Alten Testament zugrunde liegt, damit gemeint ist und darunter verstanden wird. Dass der biblische Gott einen **Namen** hat, bedeutet im ursprünglichen Verständnis nämlich sehr viel mehr als in unserer alltäglichen Bedeutung. Für den Hebräer gilt: „Der Name bezeichnet die Person, stellt ihre Identität fest, ist ein Teil von ihr."[68] Für uns heutige Menschen sind Namen oft nur „Schall und Rauch"[69], bloße Bezeichnungen, die mehr oder weniger will-

---

[68] Bietenhard, Hans: Artikel ὄνομα, in: ThWNT Band V, S. 253
[69] vgl. die Ausführungen von Heinrich Faust, in Goethes Meisterwerk Faust I: „Und wenn du ganz in dem Gefühle selig bist, nenn es dann, wie du willst. Nenn's Glück!

kürlich mit Dingen oder gar Menschen zusammengebracht scheinen. Dadurch erscheint der Name als Bezeichnung austauschbar und letztlich nichts bedeutend. Bei Gott aber, so die entscheidende Sicht der Bibel, ist das grundlegend anders. Bei ihm gilt „**Nomen est Omen**": **sein Name ist sein Programm**. Gott wird durch den „Namen" nicht einfach willkürlich bezeichnet, sondern **in seinem „Namen" wird uns sein Wesen erschlossen** und eröffnet. Gott heißt nicht einfach nur so, wie er bezeichnet wird, sondern er ist so, wie er sich zu erkennen gibt. Und **Gottes Name**, so der zentrale Text aus Ex 3,14, ist **Jahwe,** eben **sein Da-sein für uns**. Dieses Dasein hat er immer wieder im Lauf der Geschichte wahr gemacht. Hierin besteht die entscheidende **Grunderfahrung** des Volkes Israel und auch die später erlebte zentrale Grunderfahrung der Christen: **Gott ist ein Gott, der für die Menschen da ist**, zu allen Zeiten, besonders aber dann, wenn sie ihn brauchen. Er ist ein Gott, der da ist für uns und der die Wege unseres Lebens mitgeht; ein Gott, der sich ganz einlässt in die Beziehung mit seinem Volk und die Menschen in allen Lagen begleitet. So erlebten die Israeliten den „da-seienden" Gott und erfuhren ihn vor allem als **Retter und Befreier**. Das **Exodus-Ereignis**, das unzweifelhaft im **Mittelpunkt** der alttestamentlichen Erfahrung steht[70] und das die Grunderfahrung der Rettung aus der Gefangenschaft in Ägypten erinnert, ist der lebendigste Beweis für diesen Glauben: Gott ist da! Er steht auf unserer Seite und führt uns aus der Gefangenschaft in die Freiheit. Hier verdichtet sich die Erfahrung, die mit seinem Namen untrennlich verbunden ist: Gott ist wirklich da für uns. Die Ouvertüre zu dem ganzen Exodusereignis ist aber die oben beschriebene Gottesbegegnung des Mose am brennenden Dornbusch. Hier stellt sich Gott vor mit seinem Namen und eröffnet uns damit sein Wesen: Da-sein für andere. Hier zeigt er auch sein Programm: Die Befrei-

---

Herz! Liebe! Gott! Ich habe keinen Namen, ***Name ist Schall und Rauch***, umnebelnd Himmelsglut.", in: Goethe: Faust I, S. 110. Hervorhebung: nicht original.

[70] Dies ist die einhellige Sicht von verschiedenen Darstellungen der alttestamentlichen Theologie. Z. B. Gerhard von Rad: Theologie des AT, Bd. 1, S. 189: „Die Aussage: Jahwe hat Israel aus Ägypten herausgeführt... findet sich so häufig und begegnet uns... in allen Schichten... dass man sie deshalb geradezu als das Urbekenntnis Israels bezeichnet hat."

ung und Rettung der Menschen. Letztlich geschieht an dieser Stelle auch die entscheidende Berufung des Menschen Mose, der nachher dem Volk auf dem Weg in die Freiheit vorausgehen wird.

2.1.2 Gott ist ganz da für uns

Wenn wir auf den Text und vor allem auf die Fortführung der Erzählung vom brennenden Dornbusch (Ex 3) aufmerksam lauschen, dann eröffnet er uns eine **sehr gute Möglichkeit, den Namen Gottes, sein Wesen**, seine Verheißung und sein „Programm", von Grund auf zu verstehen. Denn Gott selber stellt sich hierbei unter **drei wesentlichen Weisen** vor, die uns erahnen lassen, was sein Name und sein Da-sein konkret bedeuten, die uns sein **Da-sein für uns aufschließen und verständlich** machen. Gott sagt in diesen drei Aussagen, wie sich sein Da-sein für uns auswirkt, er will es damit förmlich ins Konkrete und Erfahrbare übersetzen. Insofern hört es auf, eine bloße Zusage oder ein leeres Versprechen zu sein. Vielmehr buchstabiert er durch, was er selber unter seinem Dasein versteht und wie es sich uns gegenüber zeigt. Entscheidend ist dabei, dass die drei Aussagen nicht einfach nur etwas über das Tun Gottes aussagen wollen. Es geht in erster Linie um einen Blick sozusagen in Gott hinein, um ein Verständnis, wie Gott dem Wesen nach ist bzw. für uns sein wird. Es geht also **tatsächlich zuinnerst um eine Seinslehre, eine Ontologie Gottes**. Doch dieses **Wesen Gottes ist zutiefst in Beziehung** zu denken. Es geht mit seiner Namensvorstellung beim Sein Gottes ganz wesentlich um die **Beziehung**, die **Gott mit uns Menschen** sucht und stiftet. Sein Da-sein ist also in erster Linie eine Aussage darüber, wie Gott sein Wesen, das er in sich ist, in der Beziehung zum Menschen hin entfaltet, wie er ist und somit zu uns steht. Schauen wir zu. Die drei Anläufe, in denen der Name Gottes übersetzt und verständlich gemacht wird, stehen in einem Satz im Text der Gottesbegegnung des Mose am Horeb:

> Der Herr sprach: Ich habe das Elend meines Volkes in Ägypten gesehen, und ihre laute Klage über ihre Antreiber habe ich gehört. Ich kenne ihr Leid.
>
> [Ex 3,7]

Im Einzelnen ergibt sich daher **folgendes Bild** für das Verständnis des „Namens Gottes": **Gott Jahwe**, der Gott, der für die Menschen da ist, „**sieht** sie in ihrem Elend", „**hört** ihr lautes Klagen" und „**kennt** ihr Leid". Hier gilt es tiefer zu sehen und weiter auszuholen, um diesen Gedanken in seiner ganzen Tiefe auszuloten. Daher ein erstes:

- ***„Ich habe das Elend meines Volkes in Ägypten gesehen".***
  Gott sieht uns – in unserem Elend, das heißt doch: Gott ist „**ganz Auge**". Er ist voll Interesse an uns Menschen, er sieht uns mit wohlwollenden Augen und schenkt uns Ansehen, indem er uns **an-sieht.** »Ansehen haben« aber gehört ganz eng zu dem, was es heißt, einen Namen zu haben, ja es ist förmlich wie ein anderes Wort dafür. Wer „Ansehen" hat und genießt, ist wer und kann und darf „sich sehen lassen". Nun sagt Gott, dass er uns ansieht. Aber er sieht dabei nicht nur das Äußere, er verbleibt nicht an der Oberfläche. Nein, Gott schaut tiefer und blickt – biblisch gesprochen - **ins Herz**[71]. Von daher erhält der Mensch sein **wahres und eigentliches Ansehen**. Das Dasein Gottes heißt also im ersten Schritt, den Menschen Ansehen schenken, sie in den Blick nehmen, sie zu sehen, wie sie sind. Wie kaum ein Zweiter

[71] In der Legende von der Wahl und Salbung Davids zum König wird dieser Gedanke in der schönsten Weise ausgesprochen, wenn es heißt: „Gott sieht… nicht auf das, worauf der Mensch sieht. Der Mensch sieht, was vor den Augen ist, der Herr aber sieht das Herz." (1 Sam 16,7b). Dabei ist sicher zu beachten, dass im AT das Wort »Herz« eigentlich weniger die „Personmitte" meint, wie wir heute dieses Wort vor allem verstehen. Das hebräische Wort lēb(ab) meint ursprünglich den „vernünftigen Menschen", also seine geistige und rationale Seite. Vgl. dazu die treffenden Ausführungen in der »Anthropologie des Alten Testaments« von Hans Walter Wolff, S. 68ff. Dennoch dürfen wir Heutigen, gerade bei dieser wichtigen Aussage, auch den innersten Kern einer Persönlichkeit mithören, ohne dem Verständnis allzu sehr einen falschen Gedanken unterzuschieben.

hat der französische Philosoph und Schriftsteller **Jean Paul Sartre** (1905-1980) das **Thema: „Ansehen – angesehen werden“** in seiner Philosophie aufgegriffen. Bei Sartre aber erhält das An-sehen durch und bei Menschen vorrangig eine **negative**, dem biblischen Verständnis vollkommen entgegengesetzte Bedeutung. Er sieht im Ansehen durch den Anderen vordringlich eine **Verobjektivierung des Selbst**.[72] Durch den Blick des anderen werde ich zu einem wahrnehmbaren Objekt degradiert. Ich verliere mein Selbstsein und bin in den Augen der anderen eine Sache oder ein Ding, die er betrachten kann um sie sich so gegenüber zu stellen. Die natürliche Reaktion des Menschen auf diese Art des An-sehens bzw. dieses Angesehen-werdens durch andere, ist die **Scham**. Von daher kann Sartre folgern: „Die Scham aber ist... Scham über *sich*, sie ist *Anerkennung* dessen, dass ich wirklich dieses Objekt *bin*, das der Andere anblickt und beurteilt.“[73] Doch damit nicht genug: „Mit dem Gefühl der Scham und dem objektivierenden Blick des Anderen bringt Sartre auch das Erlebnis des Leibes in Zusammenhang... Die Scham ist das Gefühl, überhaupt ein Gegenstand zu sein... der Leib aber ist in seiner Nacktheit der tiefste Ausdruck... der Ausgesetztheit vor den Blicken des Anderen.“[74] Ansehen ist in diesem Sinn bei Sartre zuallererst etwas **zutiefst Negatives**. Der Mitmensch, der mich ansieht, entpersönlicht mich und vergegenständlicht mich zugleich. Es ist von daher äußerst unangenehm, angesehen oder gar angestarrt zu werden. In dieser Sicht muss ich mich unter dem Blick der anderen schämen. Und genau dies fühlte der französische Existentialist auch in seiner Beziehung zu Gott. Für **Sartre** war der **„Blick Gottes“ etwas Unangenehmes**, ja Störendes. Er schreibt in seiner autobiographischen Schrift „Die Wörter“ über seine Stimmung, die ihn überkommt, wenn er sich durch Gott angesehen fühlt: „Ein einziges Mal hatte ich das Gefühl, es gäbe Ihn. Ich hatte mit Streichhölzern gespielt und einen kleinen Teppich

---

[72] Unter dem Stichwort „Der Blick“ führt Sartre seine Gedanken aus, in: ders.: Das Sein und das Nichts – Versuch einer phänomenologischen Ontologie, S. 457ff

[73] Sartre, Jean Paul: Das Sein und das Nichts, S. 471

[74] Drewermann, Eugen: Strukturen des Bösen, Band III, S. 209

versengt; ich war im Begriff, meine Untat zu vertuschen, als plötzlich Gott mich sah. Ich fühlte Seinen Blick im Innern meines Kopfes und auf meinen Händen; ich drehte mich im Badezimmer bald hierhin, bald dorthin, grauenhaft, sichtbar, eine lebende Zielscheibe. Mich rettete meine Wut: ich wurde furchtbar böse wegen dieser dreisten Taktlosigkeit, ich fluchte, ich gebrauchte alle Flüche meines Großvaters. Gott sah mich seitdem nie wieder an.“[75] Wieviel an Angst und Misstrauen muss in ein Kinderherz gesät sein, dass es sich so fürchtet, von Gott angesehen zu werden? Wie sehr muss Gott einem solchen Kind verleitet worden sein, dass es sich buchstäblich nicht unter seine Augen traut? Wieviel an »Gottvergiftung« ist diesem Menschen angetan worden, so dass jeglicher Glaube an einen gütigen Gott ihm gründlich ausgetrieben wurde. Aus einer solchen verzweifelten Sicht ist das **Ansehen und das von Gott Angesehen-werden wie eine Strafe, eine Verurteilung und eine gnadenlose Zensur**. Denn ich gehe unter dem Blick dieses anderen unrettbar verloren. Ich kann dem Blick des anderen nicht Stand halten. Ich kann nicht anders, als zu versuchen, mich diesem Blick zu entziehen. Sartre tat dies, in dem er Gott fluchte und sich seinem Blick so entzog.

Doch gerade so sollte es nach biblischem Vorbild eigentlich nicht sein. Der Mensch soll unter dem Blick Gottes doch nicht vernichtet oder unterworfen werden. Es ist doch gerade umgekehrt, dass er unter dem Blick Gottes eigentlich erst aufleben können soll. Und bei dem Gott, den Jesus von Nazaret verkündete, ist es auch ganz anders, als Sartre es erleben musste. Der Blick Gottes entfremdet mich eben nicht von mir selbst, sondern lässt mich wahrhaft erst zu mir finden. **Gott blickt uns an mit liebenden Augen** und **schenkt uns Ansehen** im Sinn der Wertschätzung und der Bedeutung, die er uns zumisst. Bei ihm gilt, dass ich unendlich viel wert bin. Sein Blick eröffnet das Gefühl, bedingungslos geliebt und angenommen zu sein. Und im **Nachahmen Gottes** sollen **auch wir Menschen uns gegenseitig** mit liebenden Augen ansehen und somit **Ansehen schenken**. Denn **Ansehen** haben ist **ei-**

[75] Sartre, Jean-Paul: Die Wörter, S. 59

ne der Grundsehnsüchte und ein Lebensheiligtum des Menschen.[76] Wir Menschen brauchen für unser Menschsein »Ansehen« – zuerst von Menschen, letztlich aber von Gott. Ein Mensch kann erst eigentlich zum Menschen werden, wenn er erleben darf, dass er etwas gilt und **etwas wert ist, bevor er Leistung erbringt und trotz all seinem Versagen**. Wir stehen hier wohl an einem der entscheidendsten Punkte des Mensch-Werdens, denn:

- ohne die Berechtigung, dass wir einfach nur sein dürfen, wie wir sind...
- ohne die Zusage, dass es gut ist, dass es uns gibt...
- ohne dass wir verspüren dürfen, dass jemand unbedingt und ohne Vorleistungen bedingungslos zu uns „Ja" sagt...
- ohne dass wir mit liebenden Augen angesehen werden und so das Ansehen geschenkt bekommen, das uns aufleben und förmlich blühen lässt...

können wir nicht leben und existieren. Es ist für uns im wahrsten Sinn des Wortes „not-wendig", indem es unsere tiefste Not des Lebens wendet, dass wir im liebenden Blick von anderen uns sehen lassen können und darin die Zusage erfahren, dass wir O.k. sind, dass es gut ist, dass es uns gibt und dass unser Leben kostbar und wertvoll ist. Einzig daraus kann das Urvertrauen wachsen, das Menschen dringend brauchen, um überhaupt richtig zum Leben zu kommen. Und genau hier hinein, mitten in die Sehnsucht nach diesem Urvertrauen, trifft die **Zusage des Gottes Jahwe**: **Ich sehe dich... Du bist mir wichtig... Du bist einmalig...!** In diesem Sinne ist uns die Aussage, dass Gott uns sieht und uns dadurch Ansehen schenkt, **förmlich wie auf den Leib geschrieben**. Im tiefsten Verlangen unseres Lebens sehnen wir uns nach dem, was Gott uns von jeher anbietet: Dass es jemanden

---

[76] vgl. Zulehner, Paul Michael: Kleine Lebenswelten – Zur Kultur der Beziehungen zwischen Mann und Frau, S. 24ff. Zulehner benennt hier das Ansehen als ein Lebensheiligtum. Es handelt sich hierbei um „elementare Wünsche" (S. 25).

gibt, der bedingungslos sein „Ja“ zu uns sagt, der uns zuinnerst verspüren lässt, dass es gut ist, dass es uns gibt und der uns mit liebenden und wohlwollenden Augen ansieht und somit An-sehen schenkt. Doch damit ist nur ein erster Aspekt genannt. Die Erzählung im Buch Exodus fährt sehr feinspinnig fort. Daher ein zweites:

- ***„Ihre (des Volkes Israel) laute Klage über ihre Antreiber habe ich gehört“.***

  Das heißt: Gott ist „**ganz Ohr**“ für uns Menschen, bei ihm dürfen wir uns ganz aussprechen, denn er **hört uns bedingungslos zu**. Wie wichtig Zuhören ist, wird uns eindrucksvoll von der modernen **Literatur** aufgezeigt. Vom Zuhören gilt das, was zum Beispiel **Hermann Hesse** (1877-1962) in seinen Werken immer wieder schildert. Im „**Siddharta**“ ist es der Fährmann Vasudeva, von dem man sagen konnte: „Vasudeva hörte mit großer Aufmerksamkeit zu. Alles nahm er lauschend in sich auf... Dies war unter des Fährmanns Tugenden eine der größten: er verstand wie wenige das Zuhören. Ohne dass er ein Wort gesprochen hätte, empfand der Sprechende, wie Vasudeva seine Worte in sich einließ, still, offen, wartend, wie er keines verlor, keines mit Ungeduld erwartete, nicht Lob noch Tadel daneben stellte, nur zuhörte. Siddharta empfand, welches Glück es ist, einem solchen Zuhörer sich zu bekennen, in sein Herz das eigene Leben zu versenken, das eigene Suchen, das eigenen Leiden.“[77] Im „**Glasperlenspiel**“ beschreibt Hermann Hesse anhand einer anderen Romanfigur, dem Magister Josef Knecht, eine ähnliche Situation. Denn in ihm schlummerte eine Befähigung, die erst langsam, mit den Jahren, als sein Haar fahl zu werden begann, zu ihrer Blüte kam: „Es war die Gabe des Zuhörens. Wenn ein Bruder aus einer der Siedlungen oder ein vom Gewissen beunruhigtes und getriebenes Weltkind sich bei Josef einfand und ihm von seinen Taten, Leiden, Anfechtungen und Verfehlungen berichtete, sein Leben erzählte, seinen Kampf um das Gute und sein Erliegen im Kampf, oder einen Verlust und Schmerz, eine Trauer, so verstand Josef ihn anzu-

[77] Hesse, Hermann: Siddharta, S. 85

hören, ihm sein Ohr und Herz zu öffnen und hinzugeben, sein Leid und seine Sorge in sich aufzunehmen und zu bergen und ihn entleert und beruhigt zu entlassen. Langsam, in den Jahren, hatte dieses Amt sich seiner bemächtigt und ihn zum Werkzeug gemacht, zu einem Ohr, dem man Vertrauen schenkte... Es schien alles, was ihm an Klagen, Geständnissen, Anklagen und Gewissensängsten zugetragen wurde, in sein Gehör einzugehen wie Wasser in Wüstensand, er schien kein Urteil darüber zu haben und weder Mitleid noch Verachtung für den Beichtenden zu fühlen, und dennoch, oder vielleicht ebendarum, schien das, was ihm gebeichtet wurde, nicht ins Leere gesagt, sondern im Sagen und Gehörtwerden verwandelt, erleichtert und gelöst zu werden. Selten nur sprach er eine Mahnung oder Warnung aus, noch seltener gab er einen Rat oder gar Befehl; es schien dies nicht seines Amtes zu sein, und die Sprechenden schienen es auch zu fühlen, dass dies nicht seines Amtes sei. Sein Amt war, Vertrauen zu erwecken und zu empfangen, geduldig und liebevoll zuzuhören, dadurch der noch nicht fertig gestalteten Beichte vollends zur Gestalt zu verhelfen, das in den Seelen Gestaute oder Verkrustete zum Fluss und Abströmen einzuladen, es aufzunehmen und in Schweigen einzuhüllen.“.[78] Ein anderer Schriftsteller, **Michael Ende** (1929-1995), greift in seinem modernen Märchen »**Momo**« diesen Gedanken von Hesse auf und schreibt über seine kleine Hauptdarstellerin: „Was die kleine Momo konnte wie kein anderer, das war: zuhören. Das ist doch nichts Besonderes, wird nun vielleicht mancher Leser sagen, zuhören kann doch jeder. Aber das ist ein Irrtum. Wirklich zuhören können nur ganz wenige Menschen. Und so wie Momo sich aufs Zuhören verstand, war es ganz und gar einmalig. Momo konnte so zuhören, dass dummen Leuten plötzlich sehr gescheite Gedanken kamen. Nicht etwa, weil sie etwas sagte oder fragte, was den anderen auf solche Gedanken brachte, nein, sie saß nur da und hörte einfach zu, mit aller Aufmerksamkeit und aller Anteilnahme. Dabei schaute sie den anderen mit ihren großen, dunklen Augen an. und der Betreffende fühlte, wie in ihm auf einmal Ge-

[78] ders.: Das Glasperlenspiel, Die drei Lebensläufe: Der Beichtvater, Bd. 2, S. 200f

danken auftauchten, von denen er nie geahnt hatte, dass sie in ihm steckten. Sie konnte so zuhören, dass ratlose oder unentschlossene Leute auf einmal ganz genau wussten, was sie wollten. Oder dass Schüchterne sich plötzlich frei und mutig fühlten. Oder dass Unglückliche und Bedrückte zuversichtlich und froh wurden. Und wenn jemand meinte, sein Leben sei ganz verfehlt und bedeutungslos und er selbst nur irgendeiner unter Millionen, einer, auf den es überhaupt nicht ankommt und der ebenso schnell ersetzt werden kann wie ein kaputter Topf – und er ging hin und erzählte alles das der kleinen Momo, dann wurde ihm, noch während er redete, auf geheimnisvolle Weise klar, dass er sich gründlich irrte, dass es ihn, genauso wie er war, unter allen Menschen nur ein einziges Mal gab und dass er deshalb auf seine besondere Weise für die Welt wichtig war. So konnte Momo zuhören!“[79]

Wie Vasudeva, Josef Knecht und Momo, so ist im Zeugnis der Bibel Gott: Er hört uns so gut zu, dass wir vor ihm uns und unser Leben ganz aussprechen dürfen. Da wird nichts vorzensiert oder unterdrückt. **Gottes Zuhören lässt uns ganz zu Wort kommen**. Er lädt uns ein, **unser ganzes Leben vor ihm auszudrücken und durchzubuchstabieren**. Tatsächlich ist nichts zu gering oder zu nebensächlich, als dass es nicht ein offenes Ohr bei Gott fände. Alles hat Raum und Platz bei ihm. Dabei ist das deutsche Wort „**sich aussprechen**“ ein guter Hinweis für die gemeinte Sache. Wir sprechen uns aus, das heißt doch, dass wir das Ausgesprochene loswerden, dass es nach Außen kommt und wir dadurch es innerlich los sind. Diese Sicht wird flankiert durch das ebenso in dieser Richtung gebräuchliche Wort „**ausdrücken**“. Der Vorgang dahinter ist, dass etwas, was sich bis dahin Innen befand, nun nach Außen gedrückt wird. So kann man zum Beispiel Obst ausdrücken, um an den wertvollen Saft zu gelangen. Für uns Menschen ist damit etwas Wesentliches angesprochen. So lange die Dinge in uns sind, belasten sie uns, bringen sie uns durcheinander und treiben innwendig ein oft unheilvolles, wenn nicht zerstörerisches

[79] Ende, Michael: Momo, S. 17f

Werk. So lange sie in uns bleiben, treiben sie dort alles Mögliche und bringen dementsprechend vieles in Unordnung. Dagegen hilft nur das „Ausdrücken“, denn alles, was ich aus-drücke, was ich also **buchstäblich nach außen drücke** und bringe, - und wie oft gelingt das nur unter großer Anstrengung und mit Schmerzen -, bin ich tatsächlich los. »Draußen« kann es dann tun, was es will, denn es hört auf, mich innerlich zu bedrücken und in mir Unruhe zu stiften. Wie befreiend ein solches „Ausdrücken“ sein kann, hat wohl jeder schon einmal erlebt. Vielleicht gab es einen Menschen, der mir wirklich einmal zugehört hat, so dass ich mich ganz aussprechende durfte und das, was mich belastet hat, mit seiner Hilfe „ausdrücken“ konnte. Wer kennt nicht das Befreiende eines solchen Gesprächs, in dem sich die Nebel lichten und ein klarer Blick möglich wird. Denn das, was ich ausdrücken konnte, das „Aus-gedrückte“, kann mich innerlich nicht mehr belasten, es hört auf, weh zu tun, weil es eben „draußen“ ist. Deswegen ist es so wichtig, dass wir immer wieder aus-drücken können und dürfen, was uns bewegt. Es gibt ein schönes Wort, das genau hierher gehört: „Jeder *Ein*druck braucht einen *Aus*druck, sonst bleiben Dellen!“ Formen, etwas in meinem Leben auszudrücken, gibt es freilich viele: Singen, tanzen, schreien, sprechen, beten, schweigen... Egal, welche Form ich wähle. Entscheidend ist das **»dass des Ausdrucks«**. Nur, wenn wir all das, was uns bewegt, was uns umtreibt und uns mitunter schwer auf dem Herzen liegt, ausdrücken können, finden wir einen Weg, um es los zu werden. Und nun kommt wieder die **Botschaft von Gott** daher, die uns buchstäblich wie auf den Leib geschrieben ist: **Ich höre dich, ich bin Ganz-Ohr für dich, vor mir darfst du alles und jedes ausdrücken, ohne dich für dich selber schämen zu müssen.** Auch dies ist eine wesentliche Eigenschaft des Namen-habens, das jeder einmalig und besonders ist und daher sich ganz aussprechen und ausdrücken darf. Von dem Gesagten her fällt vielleicht auch ein **klärendes Licht** auf eine **Erfahrung**, die wir im Glaubensleben wohl immer wieder machen müssen und die viele Menschen bei ihrer Suche nach Gott innerlich bedrückt, nämlich dass **Gott** letztlich in unserem Leben und zu unserem Leiden zu **schweigen scheint**. Wer leidet nicht darunter, dass sein Klagen so oft unerhört bleibt, dass Gebete wohl eher im dunklen und schweigenden Raum zu verhallen scheinen, als auf offene Ohren zu stoßen. Es scheint fast so, als ob Gott anscheinend zu dem von uns Vorgebrachtem nichts zu sagen weiß oder gar zu sagen hat. Wie oft scheint Gott eher zu schlafen oder mit anderem beschäftigt zu sein, als sich mit unseren Sorgen und Nöten zu befassen. Hier fällt meines Erachtens vom recht verstandenen Zuhören ein neues und anderes Licht auf diese Erfahrung. Wie wäre es, wir würden lernen, dieses **anscheinende Schweigen Gottes einmal von einer anderen Seite her zu sehen**. Dazu muss ich etwas ausholen. Ich erinnere mich an zwei gute Beichtpriester in meinem Leben. Von ihnen lernte ich zwei unterschiedliche Weisen, wie sie im Beichtgespräch auf das eingingen, was ich vorbrachte. Der eine, den ich zeitlich gesehen zuerst kennen- und schätzen lernen durfte, gab immer wieder gleich nach dem von mir in der Beichte Gesagten eine Antwort. So verlief das Beichten in einem guten Dialog, in einem echten Gespräch. Ich fühlte mich ernst- und angenommen und viele seiner Ratschläge halfen mir, manches in einem anderen Licht zu sehen und so tiefer zu verstehen. Durch einen Wohnortswechsel aufgrund meines Studiums kam ich dann zu einem anderen Beichtpriester. Und anfangs war ich sehr erstaunt. Egal, was und wie viel ich in der Beichte sagte, mein Gegenüber schwieg. Zuerst irritiert, fuhr ich mit meinem Erzählen fort. Doch wiederum kam von ihm nichts. Ganz still und ruhig, aber ernst und konzentriert schaute er mich an und hörte mir zu. Erst ganz am Ende, als ich zu erkennen gab, dass ich jetzt nichts mehr zu sagen habe, gab mir mein Beichtvater seine Sicht der Dinge kund. Heute, im Rückblick auf beide Weisen des Beichtens, spüre ich, dass die zweite Art und Weise des geduldigen und abwartenden Zuhörens mir wohl lieber war. Denn durch diese Art spürte ich: Erst einmal war ich an der Reihe, dies wollte mein Gegenüber nicht unterbrechen. Zuerst und vordringlich sollte ich zu Wort kommen. Mein Leben, meine Geschichte, meine Erfahrungen und meine Deutung dessen, was ich erlebte, waren wichtig und entscheidend. Dahinter sollte, ja musste alles zurückstehen. Tatsächlich gab mir der damalige Beichtpriester zu verstehen, dass es jetzt – in »meiner« Beichte – einzig und allein darauf ankam, dass ich mich aussprechen konnte, dass ich versuchte, für mein Leben einen angemessenen Ausdruck zu finden[80]. Und dies braucht Zeit und braucht einen offenen Raum des wohlwollenden Zuhörens. Diesen Raum wollte er mir eröffnen, in dem er nicht zensierte, nicht korrigierte, nicht alles schon immer besser wusste oder immer schon genau erkannte, was für mich wohl das Richtige sei. Diesen Raum eröffnete mir sein Schweigen, das letztlich mit seinem Zuhören zusammenfiel und identisch war. Von dieser persönlichen Erfahrung her lernte ich auch Gott und seine Art besser zu verstehen.

- Vielleicht ist sein **vermeintliches »Schweigen«** uns gegenüber letztlich nur **sein »uns Zuhören«**.
- Vielleicht hat Gott nur den **langen Atem**, uns unbegrenzt sein Ohr zu schenken.
- Vielleicht ist er nur **unendlich geduldig mit uns und wartet**, bis wir selber den richtigen Ausdruck für das gefunden haben, was uns bewegt.
- Vielleicht hört er nur, bis **wir uns ganz ausgedrückt** haben mit unserem Leben.
- Vielleicht will er uns ermuntern, **wirklich uns auszudrücken mit allem**, was uns belastet und was uns froh macht.
- Vielleicht gibt es deshalb von ihm **keine vorzeitige Unterbrechung** oder gar eine Zensur, damit alles zu Tage kommen kann.
- Vielleicht ist dies von Gott her der einzig mögliche Weg, auf jeden Fall aber der richtige Weg, um die **„Dellen“ des Lebens los zu werden**.

Was ich aufgrund meiner Beichterfahrungen anfangs mehr fühlte als verstand, hat der flämische Theologe **Edward Schillebeeckx** sehr

[80] In diesem Sinn verlief die Beichte, die ich erleben durfte, (fast) genauso wie bei Josef Knecht im Glasperlenspiel von Hermann Hesse. Was mir dort literarisch eröffnet wurde, konnte ich hier biographisch erleben.

schön in Worte gekleidet: „Als Menschen wissen wir, dass Schweigen ein Moment jedes Dialogs, jedes Sprechens ist. Wie ist das nun in einem Dialog zwischen Mensch und Gott zu verstehen? Was ist denn nun ein Menschenleben von höchstens siebzig bis neunzig Jahren für den ewigen Gott? Ein Bruchteilchen in seinem göttlichen Leben; ein Seufzer, ein Moment, in dem wir kaum ein paar Worte zum zuhörenden Gott sagen können. Deshalb schweigt Gott in unserem irdischen Leben: Er horcht auf das, was wir ihm zu sagen haben. Gott kann erst antworten, wenn unser flüchtiges Leben auf Erden beantwortet ist."[81] Dies ist doch ein sehr schöner und letztlich sogar trostreicher Gedanke von einem Gott, der ganz Ohr für uns ist. Denn **Gott hört uns unglaublich geduldig zu**. Er scheint zwar vordergründig zu schweigen und wirkt wie abwesend. Dies kann uns Angst machen oder auch in Zorn versetzen. Aber es ist letztlich doch ganz anders. **Gott schweigt nicht**, zumindest ist es kein leeres oder gar teilnahmsloses Schweigen, denn gerade **im Schweigen ist er doch „ganz Ohr für uns" und uns von daher unendlich nah**. Er möchte eben, dass wir ganz zu Wort kommen und uns darin ganz ausdrücken können. Und wieder gilt: Nichts wird hier vorzensiert, nichts verboten oder als unschicklich beiseite getan, nichts ist zu unwichtig oder zu gering, um gesagt zu werden. In diesem Sinn sind wir für den uns zuhörenden Gott unendlich viel wert, so viel wert, dass er für uns ganz Ohr ist und uns in unserem Leben den Raum eröffnet, in dem wir uns selbst ganz aussprechen und ausdrücken können und dürfen. Auf diese Weise ist er für uns da, in dem er uns unbedingt und aufmerksam zuhört. Doch der Text gibt noch einen dritten Gedanken wider. Gott sagt zu Mose über das Volk Israel:

- ***„Ich kenne ihr Leid!".***

  Dieser dritte Gedanke heißt nichts anderes, als dass Gott **„ganz Herz"** ist für die Menschen. Um diese Aussage in ihrer letzten Tiefe zu verstehen, müssen wir einen Blick auf die Ursprache des Textes werfen.

[81] Schillebeeckx, Edward: Menschen, S. 173

Das **hebräische Wort**, das im Deutschen mit **»(er)-kennen«** wiedergegeben wird, heißt **»jada«**. Damit ist nicht nur ein intellektuelles Begreifen oder ein verstandesmäßiges Aufnehmen gemeint[82]. Erkennen bedeutet hebräisch gedacht im Gegenteil, das Gegenüber **»ganz wahr und ernst zu nehmen«** und mit ihm in Kontakt zu treten. Deshalb kann „erkennen" meinen, sich um jemanden intensiv zu kümmern[83]. Nicht zuletzt bezeichnet „erkennen" auch die geschlechtliche Vereinigung und damit das intime Zusammenkommen von Mann und Frau[84]. Wenn dieser Gott, der sich als Jahwe vorstellt, zusichert: „Ich *kenne* euer Leid", dann meint dies eine **intime, ganz persönliche und fürsorgliche Zuwendung** Gottes zu allen Menschen, ganz besonders aber zu denen, die in Not und Leid sind. Sie sind ihm ganz nahe und innerlich vertraut. Im wahrsten Sinn des Wortes leidet Gott mit ihnen mit, er ist ein **sympathischer[85] Gott**, der für uns ein Herz hat und uns in dieses Herz mit hinein nimmt. Von daher meint die Aussage: „ich kenne euer Leid", dass Gott zutiefst „**Ganz-Herz**" ist für uns! Wir sind ihm so wichtig, dass **er ein Herz für uns hat und uns in sein Herz schließt**. Sehr schön ausgedrückt wird dies in einem Lied von Marie Luise Thurmair über das »Herz Jesu« im Gotteslob Nummer 552, wenn es dort kehrversartig heißt: **„Gott hat ein Herz für den Menschen".** Besonders beachtlich ist dabei der Höhepunkt dieses Liedes in der abschließenden dritten Strophe: **„Gott hat ein Herz für den Menschen, Jesus ist dieses Herz."** Damit wird im Lied zusammengefasst, was in der frühchristlichen Schrift des Hebräerbriefes mit dem

---

[82] Vgl. Schottroff, W.: Artikel jd` - erkennen, in: THAT, Bd. 1, Spalte 689f. Dort wird zusammenfassend ausgeführt: Es „wäre jedoch die Bedeutung von jd´ im Hebr. nur unzureichend bestimmt, wollte man sie allein auf die ... kognitive Seite der Erkenntnis beschränken, ohne dabei den der Bedeutung eigenen kontaktiven Aspekt zu berücksichtigen, d. h. ... dass Erkenntnis, wie jd´ sie meint, sich im praktischen Umgang mit den Objekten des Erkennens verwirklicht."

[83] Vgl. Art. jd´, Spalte 690f

[84] Ebd., Sp. 691. So heißt es immer wieder: Z. B. Gen 4,1: „Adam erkannte Eva, seine Frau; sie wurde schwanger" oder 1 Sam 1,19f: „Elkana erkannte seine Frau Hanna; der Herr dachte an sie und Hanna wurde schwanger."

[85] Das griechisch Wort sym-pathein meint ja mit-leiden!

Wort „sympathein“[86] ausdrückt werden soll. Jesus wird in dieser neutestamentlichen Schrift als **Hoherpriester** bezeichnet, der **in allem mit uns mitfühlen (sympathēsai)** kann. Es heißt dort:

Wir haben ja nicht einen Hohenpriester, der nicht **mitfühlen** könnte mit unserer Schwäche, sondern einen, der in allem wie wir in Versuchung geführt worden ist, aber nicht gesündigt hat. [Hebr 4,15]	οὐ γὰρ ἔχομεν ἀρχιερέα μὴ δυνάμενον συμπαθῆσαι ταῖς ἀσθενείαις ἡμῶν, πεπειρασμένον δὲ κατὰ πάντα καθ’ ὁμοιότητα χωρὶς ἁμαρτίας. [Hebr 4,15]

Was hier zum Ausdruck gebracht werden soll, ist nicht mehr und nicht weniger als das er, **Jesus**, das **menschgewordene „Herz Gottes“ in dieser Welt** ist. Er hat im wahrsten Sinn des Wortes **echte Sympathie** für uns – er ist die menschgewordene Zuwendung des sympathischen Gottes. Dies drückt dieses Wort »sympathēsai« in unserem Text sehr schön aus. Denn gerade dieses Wort, „das im Neuen Testament... wenig Widerhall gefunden“[87] hat, meint hier „mehr eine Gesinnung als eine Tat, nämlich das Mitfühlen..., ein Mitfühlen, das aus der vollen Vertrautheit mit dem Ernst der Lage stammt.“[88] Wenn wir an dieser Stelle genau beobachten, dann heißt das doch vor allem, dass Gott uns durch Jesus **von innen her kennt**, dass er uns zutiefst versteht und dass er buchstäblich aus unserer eigenen Perspektive heraus uns wahrnimmt. Oder anders gesagt: In allen Erfahrungen des menschli-

[86] Otto Michel schreibt in seinem Kommentar zum Hebräerbrief: „συμπαθειν ist wohl nicht psychologisch, sondern existentiell zu verstehen: der Erhöhte leidet mit der Schwachheit des Versuchten mit... Damit ist dies συμπαθειν nicht mehr hellenistisch, sondern radikal verstanden.“ (S. 122)
[87] Michaelis, Wilhelm: Art. πατεω, ThWNT V, S. 935
[88] Ebd., S. 936

chen Lebens, gerade aber auch im Angesicht von Leid und Scheitern, ist uns Gott nicht fremd und sind wir es nicht für ihn. Er **kennt unser Leben**, mit seinen Freuden und Leiden, durch seinen Sohn Jesus mit seinem Leben und seinem Tod am Kreuz, förmlich von **innen her**, weil er es in ihm und durch ihn selber erlebt und erlitten hat. Gott sieht uns durch Jesus sozusagen mit „menschlichen Augen" an, teilt unseren Blickwinkel und kann sich ganz auf uns einlassen. Gerade dieser Jesus, der das Menschsein in allen Höhen und Tiefen, in seiner ganzen Breite und mit allen Abschnitten selber ge- und erlebt hat, ist es, durch den Gott jeden Menschen ganz und gar „kennt". So kennt er den Menschen durch Jesus in den „zaghaften Schritten" des Kindes, die tastend und probierend ins Leben gehen, denn als Kind wurde er geboren. Er kennt uns Menschen in den „selbstbewussten und zielstrebigen Schritten" des Heranwachsenden, denn auch er nahm zu an Weisheit und Alter. Er kennt die „Wege des Erwachsenen", denn auch Jesus ging heilend und tröstend durch das Land. Und er kennt sogar den „Stillstand der Schritte", denn angenagelt wurden seine Füße am Holz des Kreuzes, so dass „nichts mehr geht". Darin erreicht die „Sympathie" Gottes in Jesus seinen Höhepunkt, denn gerade im Leiden und Sterben Jesu hat er den Menschen im tiefsten Innern verstehen gelernt. Gerade dann, wenn eigentlich „nichts mehr geht", ist er dem Menschen nahe gekommen, um ihm in der letzten Einsamkeit an der Schwelle des Todes die Hände zu reichen und ihn durch den Tod ins Leben zu begleiten. Das „Kennen" Gottes ist hier zu wirklichem „Mitleid" und zur alles verwandelnden Sympathie erweitert. Edward Schillebeeckx hat auch in diesem Zusammenhang sehr trefflich formuliert: „Gott war nicht machtlos, als Jesus am Kreuz hing, wohl [aber, AV] wehrlos, verletzbar, wie Jesus verletzbar war... So kann Gott versöhnend anwesend sein, und wir dürfen von dem erlösenden und befreienden Lebensweg und Tod Jesu sprechen. Gott verbirgt seine Übermacht über das Böse und drückt sie zugleich in seiner Wehrlosigkeit aus".[89] Dieser einfühlsame Gott, der uns durch Jesus „wirklich kennt"

[89] Schillebeeckx, Edward: Menschen, S. 170f

und sympathisch mit fühlen kann, lässt uns nie allein, gerade nicht in den Erfahrungen von Scheitern, Vergeblichkeit, Leiden und Tod. Aber nicht genug damit, dass Gott unser Leiden kennt und versteht, er **hat im Leid und auf das Leid sogar eine Antwort**.

- Für das Volk Israel im Leid der Unterdrückung war es die Befreiung.
- Für Jesus war die Antwort Gottes die Auferweckung.

So dürfen wir glauben, dass **Gott auch angesichts von unserem Leid noch eine Lösung, eine Er-Lösung hat**. Denn „auch das Leid ist von *Gott* umfangen, ist von ihm »aufgehoben«. Auch das Leid kann bei aller Gottverlassenheit Ort der Gottbegegnung *werden*! Der Christ weiß keinen Weg am Leid vorbei, aber er weiß einen Weg hindurch!“[90] Dieser Weg Gottes heißt Auferweckung und Leben. Insofern kennt er in Jesus auch die „Freudensprünge des Menschen“, seine Unbeschwertheit und Leichtigkeit, denn als Auferstandener hat er die Erdenschwere überwunden und die ganze Welt mit Freude erfüllt. Der Glaube an die Auferweckung kann uns „Flügel“ verleihen, dass wir anfangen, inmitten dieses Lebens, Manches nicht mehr so schwer zu nehmen, den Ballast des Lebens abzulegen und uns über die Niederungen des Alltags zu erheben. Diese Zuversicht darf natürlich nicht nur billige Vertröstung sein und dazu verleiten, alles nur einfach hinzunehmen und sich wehrlos in sein angebliches „Schicksal“ zu ergeben. Das soll auch nicht heißen, dass wir das Leid nicht lindern oder bekämpfen sollten, wenn es und möglich ist oder wenn es nur irgendwie

---

[90] Küng, Hans: Gott und das Leid, S. 69, vgl. auch ders.: Christ sein, S. 710. Ganz ähnlich formulierte Paul Althaus in seinem bereits 1932 veröffentlichten Kommentar zum Römerbrief NTD 6): „Die Liebe Christi bewahrt nicht v o r den Nöten, aber sie bewahrt in ihnen und lässt sie überwinden.“ (S. 97) In gleicher Richtung legt Ulrich Berges in seinem Kommentar zu Jes 40-48 den Vers 43,2, in dem es heißt: „Wenn du durchs Wasser schreitest, bin ich bei dir, wenn durch Ströme, dann reißen sie dich nicht fort. Wenn du durchs Feuer gehst, wirst du nicht versengt, keine Flamme wird dich verbrennen“ aus: „Die Beistandszusage schützt also nicht *vor* der Gefahr, sondern *in* der Gefahr!“ (S. 272)

geht. Kein Leid kann und darf einfach nur hingenommen werden, wenn es dazu eine vernünftige Alternative gibt. Gegen das Leid gilt es so lang und so gut wie möglich zu kämpfen. Aber der Kampf gegen Leiden hat auch seine Grenzen. Es gibt eben auch Situationen, in denen wir nichts mehr vermögen, in denen wir wie „angenagelt“ sind. Gerade dann ist der uns kennende Gott da und umgreift uns mit seiner Liebe, die sympathisch uns umfängt. Doch wie dies unterscheiden? Vielleicht ist die Weisheit von **Friedrich Christoph Oetinger** (1702-1782), die er als Gebet[91] formulierte, ein guter Wegweiser, um hier weiterzuhelfen und um zu unterscheiden zwischen dem, wo wir noch etwas bewirken können und dem, das uns und unsere Kräfte bindet: „Gib mir Gelassenheit, Dinge hinzunehmen, die ich nicht ändern kann; gib mir den Mut, Dinge zu ändern, die ich zu ändern vermag; gib mir die Weisheit, das eine vom anderen zu unterscheiden.“
Diese **drei Schritte** sind wohl die entscheidenden Punkte im **Umgang mit dem Leid**. Dagegen kämpfen, solange es geht und Sinn macht. Aufzustehen gegen alles Böse, das uns belastet und das Leben schwer macht, wenn der Aufstand sich lohnt, er eine Aussicht auf eine Verbesserung bietet oder er mehr Probleme zu beseitigen hilft, als er neue schaffen wird. Es gilt aber auch manches anzunehmen und zu akzeptieren, gerade wenn der Kampf unsinnig zu werden droht, wenn das Aufbäumen angesichts der Erfolglosigkeit nur noch mehr verbittert oder wenn alle Auflehnung das Leiden nur noch vermehrt. Der dritte Schritt ist dann, das eine vom andern zu unterscheiden. Es geht um die Bitte um Weisheit, die erkennen lässt, was gerade dran ist und was jetzt die Not wenden kann, also not-wendig wird. Ich bin ganz ehrlich, dieses Gebet hat mir manches Mal Kraft gegeben, wenn ich nicht genau wusste, wie es weitergehen soll.

---

[91] Zitiert in: Kamphaus, Franz: Der Stein kam ins Rollen – Worte, die zum Glauben reizen, S. 130

2.1.3 Die Anti-Jahwe

Schauen wir kurz noch einmal auf das bisher Gesagte zurück. Wir sind noch immer beim „ersten Fall“: Gott hat einen Namen – Nominativ. Und dieser Name ist nach biblischem Zeugnis »Jahwe« – er ist da für uns und macht immer wieder seinen Namen zu seinem Programm. Konkret wird dies, wie bisher ausgeführt, in seinem »sehen«, »hören« und »fühlen bzw. lieben«. So ist er wirklich ein Gott, der für uns da ist, der uns an- und ernstnimmt und so für uns **zum Sinn und Inhalt des Lebens wird**. Dies alles gilt bereits für die Gotteserfahrung des alten Bundes, des Volkes Israel. Für Christen kommt nun im **neuen Bund** eine entscheidende Erweiterung hinzu. Denn in unserem Verständnis hat sich, wie schon angedeutet, dieses Da-sein Gottes **vor allem in Jesus Christus gezeigt**. Er ist der verheißene »Immanuel«[92], der »Gott mit uns«. In ihm und durch ihn haben wir am Dichtesten erfahren, was es heißt, dass Gott für uns da ist. Tatsächlich ist er von daher der im Alten Testament erwartete »Immanuel«. Über dieses große Thema wird an späterer Stelle noch ausführlich zu handeln sein. Jetzt bleibt erst einmal noch ein **Blick auf das Gegenteil** des von Gott ausgesagten. Dieser **Gott hat nach biblischem Zeugnis einen Namen und er steht zu seinem Namen**, er lässt in allen Heilserfahrungen erahnen, dass er seinen Namen wahr macht. Doch die Bibel kennt eben auch das **Gegenteil** dazu. Für den **Psalm 115** sind es die **Götzen**, die Menschen an die Stelle Gottes setzen und sie statt seiner verehren. Von diesen Götzen heißt es im Psalm:

---

[92] Dieser Name entstammt der berühmten Weissagung des Immanuel in Jes 7,14, in der es heißt: „Darum wird euch der Herr von sich aus ein Zeichen geben: Seht, die Jungfrau wird ein Kind empfangen, sie wird einen Sohn gebären, und sie wird ihm den Namen Immanuel (Gott mit uns) geben.“ Vgl. zu dem Ganzen: Beuken, Willem: Jesaja 1-12, HThKAT, S. 203ff: Das Immanuelzeichen in Jes 7,14.

„Sie haben einen *Mund* und reden *nicht*,
Augen und sehen *nicht*;
sie haben *Ohren* und hören *nicht*,
eine *Nase* und riechen *nicht*;
mit ihren *Händen* können sie *nicht* greifen,
mit den *Füßen nicht* gehen,
sie bringen *keinen* Laut hervor aus ihrer *Kehle*."

[Psalm 115,4-7]

Auch hier ist die **Rede von »Augen und Ohren«**, aber gerade **umgekehrt** als bei der Selbstvorstellung Gottes am Dornbusch. Diese Augen sehen *nicht* und die Ohren hören *nicht*. Letztlich fühlen die **Götzen** auch *nicht*. In ihrer **Stumpfheit dem Menschen gegenüber**, die zutiefst ihr Desinteresse und ihre Gleichgültigkeit uns gegenüber offenbaren, sind sie ohne »Sinne« für den Menschen und von daher »Sinn(e)-los«. So sind sie wahrhaft „**Nichtse**" und die wahren **Anti-Jahwe**, die eigentlich nichts sind und trotzdem alles pervertieren und **auf den Kopf stellen**, was von Gott Jahwe her gut gedacht war. Punkt für Punkt erweisen sie sich als das **genaue Gegenteil des guten Gottes**. Die Gefühllosigkeit, die mangelnde Sympathie, die Unfähigkeit, sich in den anderen einzufühlen und mit ihm mitzufühlen, all das sind die Bestimmungen dessen, was hier als Götze gezeichnet wird. Das kann auch gar nicht anders sein, denn diese Götzen **werden von den Menschen selbst gemacht**. Ausdrücklich heißt es:

„Die Götzen der Völker sind nur Silber und Gold, ein Machwerk von Menschenhand."

[Psalm 115,4]

Aus dieser Sicht springt der **fundamentale Unterschied** ins Auge: Während der lebendige **Gott der Bibel den Menschen erschaffen** hat und sich daher um ihn kümmert und sich für ihn sorgt, **sind die Götzen von den Menschen selber erschaffen**, macht sich in ihnen der Mensch seinen Gott. Von daher können sich die Götzen gar nicht um ihn bemühen.

Vielmehr fordern sie vom Menschen, dass er sich um sich besorgt. In ihrer Unfähigkeit des Einfühlens und ihrer Gefühllosigkeit, **drehen sie den Exodus förmlich um**: Denn während Jahwe sich seinem Volk schenkt und für die Menschen da ist, um sie in die Freiheit zu führen, wollen die Götzen, dass der Mensch sich an sie verliert und für sie da ist, und führen ihn so in die **Gefangenschaft und Sklaverei**. Das, was im und durch den Exodus überwunden werden sollte, wird neu und anders über den Menschen verhängt. **Er verliert sich und wird ein Gefangener**. Doch damit nicht genug, denn diese Gefangenschaft ist fast **noch gefährlicher** als die »ägyptische«, aus die der Exodus befreit, denn sie wird nicht bloß äußerlich über den Menschen verhängt. Sie kommt vielmehr **von Innen heraus** und ist als **»Herzensgefangenschaft«** geradezu vom Menschen selbst verursacht und gewollt. Einen Menschen aus äußerlichen Banden zu befreien mag, wenn auch unter großem Aufwand, noch gelingen. Aber einen Menschen aus der selbst gewählten und selbst gemachten Sklaverei herauszuholen, stößt auf viel größere Gegenwehr, nämlich auf eine **Gegnerschaft aus dem Inneren des Menschen** selbst. Denn, was wohl die größte Tragödie ist, ein solcher Art Gefangener wird die Gefangenschaft, in die er sich verstrickt hat **gar nicht bemerken**, er wird sich im Gegenteil als vollkommen frei empfinden. Er wird **gar nicht mitbekommen, wie sehr er gefangen ist** in den eigenen Wünschen und Vorstellungen und im Zwang, alles haben zu müssen. Wer aber nicht weiß bzw. nicht spürt, dass er »gefangen« ist, den kann man nicht befreien. Wovon und wozu denn auch?
Ein geradezu mustergültiges Beispiel für die Vergötzung von Dingen ist die **berühmte Erzählung vom „Goldenen Kalb“** im 32. Kapitel des Buches Exodus, innerhalb des Geschichtenkomplexes von dem Auszug des Volkes Israel aus Ägypten und deren Befreiung durch Gott unter Mose. Diese Geschichte ist nahezu die **klassische Erzählung von der Verirrung der Menschen**, die nicht mehr an den lebendigen und befreienden Gott glauben – immerhin geht es um den Gott, der noch kurz zuvor das Volk befreite und von sich aus ihm den Bund angeboten hat. Eine sehr hellsichtige Beobachtung des Regensburger Alttestamentlers **Christoph Dohmen** kann uns in diesem Punkt weiterhelfen. Der Erzählfaden der Geschichte beschreibt, dass während Mose allein auf dem Berg mit Gott Jahwe sich

befindet, um von ihm die Anweisungen für den Bund zu empfangen, sich das **Volk Israel ein eigenes Gottesbild** anfertigt: Das **Goldene Kalb**. Sie machen sich selber einen Gott, ihren eigenen nämlich, der nach ihren Regeln sich verhält und nach ihren Bedürfnissen sich richten muss. Vor ihm werfen sie sich nieder, ihm tanzen und spielen sie, in der Hoffnung, dass er so immer mehr nach ihrer „Pfeife tanzen“ wird. Von ihm erhoffen sie sich die Hilfe für den weiteren Weg. Wieder taucht der Gedanke auf, der schon im Psalm 115 zentral war: Der **Mensch macht sich seinen Gott selber – ein Machwerk von Menschenhand**. Im hebräischen Urtext entstammt das Verb, das dem „Gießen“ des Goldenen Kalbes zugrunde liegt der gleichen Wortfamilie wie das Wort „Machwerk“ im Psalm. Die Zusammenhänge sind mit den Händen zu greifen. Doch die Erzählung geht weiter. **Gott** scheint über diesen Vorfall **zutiefst verärgert**. Er ist entschlossen, aufgrund dieser Verfehlung, das **Volk zu verderben**. Doch Mose kann Gott von diesem Vorhaben – so die Erzählung – **gerade noch abhalten und seinen Zorn besänftigen**. Und nun kommt ein wichtiger und zugleich sehr **merkwürdiger Zwischenschritt**. Beim Abstieg vom Berg – Mose trifft zuerst auf seinen Freund und Begleiter Josua, der später sein Nachfolger werden sollte - wird Folgendes erzählt.

> „Josua hörte das Lärmen und Schreien des Volkes und sagte zu Mose: Horch, Krieg ist im Lager. Mose antwortete: Nicht Siegesgeschrei, auch nicht Geschrei nach Niederlage ist das Geschrei, das ich höre.“
>
> [Ex 32,17f]

Wir erinnern uns: Das Volk hatte vor dem Goldenen Kalb ein Fest gefeiert, sie aßen und tranken und vergnügten sich. Während das Volk also sich auf dem Weg „nach oben“ wähnt, kommen Mose und Josua zu ihm herab. Und hier, kurz vor der Begegnung zwischen Mittler und Volk, ist im **hebräischen Text ein Wortspiel** eingebaut, das uns helfen kann, den tieferen Sinn, ja die eigentliche Tragik des Götzendienstes der Menschen zu verstehen. Es geht um das **Wort „`nh“** (anah – צנה). Bei diesem Wort handelt es sich um ein typisches Beispiel für eine so genannte **Homonymie** (dieses altgriechische Wort heißt übersetzt: den gleichen Namen habend). Homonym bedeutet, dass **ein und dasselbe Wort mehrere Bedeutungen** haben kann. Wir haben schon im Bereich des äquivoken Gebrauchs von Worten gesehen, was hiermit gemeint ist. Zur Erinnerung: Im Deutschen kann das Wort „Mutter“ sowohl die Gebärende meinen, als auch einen Teil der Schraube. Grammatikalisch spricht man in diesem Fall eben von einer Homonymie, ein gleichklingendes Wort wird mit unterschiedlicher Bedeutung belegt. Und genau dies trifft im Hebräischen nun auf das Wort „anah – צנה“ zu. Als mögliche Übersetzungen kann man für „anah“ „antworten“, „singen bzw. lärmen“, aber auch „gebeugt und elend sein“, „bedrücken, demütigen, Gewalt antun“[93] benennen. Der Bedeutungsinhalt dieses einen Wortes kann also unterschiedlichste Vorstellungen wecken. Nun hat Christoph Dohmen zu Recht festgestellt, dass scheinbar im oben beschriebenen **Vers 8** im **hebräischen Urtext das Wort „anah“ unterschiedlich, nämlich als Homonymie, verwendet** worden ist. Damit läge ein **Wortspiel** vor mit dem Begriff, der in der Einheitsübersetzung dreimal etwas unglücklich mit dem gleichen Wort „Geschrei“ wiedergegeben wird, was das Wortspiel zwangsweise verkennen muss. Es gilt hier tiefer zu sehen. Dohmen schreibt: „Die... auf Josuas Hinweis auf das Treiben im Lager folgende Antwort des Mose (V18) springt ganz und gar aus dem Kontext heraus. Schon die poetische Struktur – nach dem System reiner Wortmetrik 4 / 4 / 4 gestaltet – wirkt an dieser Stelle befremdend und kann nicht anders denn als Signal verstanden werden.“[94] Deshalb zieht er **Parallelen aus anderen Textstellen** heran, um dieses „Signal“ zu entschlüsseln. Eine wesentliche ist für ihn das Siegeslied über die **Errettung am Schilfmeer in Ex 15**. Damit erweist sich die Erzählung vom Goldenen Kalb „in vielen Elementen als Negativfolie zu vorausgegangenen Motiven und Geschichten des Exodusbuches... Während das Lied von Ex 15 JHWH (Jahwe, AV) als den preist, der das Meerwunder vollbrachte, deutet das vorliegende »Gedicht« (des Mose,

[93] Vgl. die zwei Artikel zum Wort `nh im Theologischen Handwörterbuch zum Alten Testament, Bd. II, Sp. 335-350

[94] Dohmen, Christoph: Exodus 19-40, 306

AV) die Herstellung und Verehrung des Goldenen Kalbes als Rückfall in die Unfreiheit."[95]. Diesen Zusammenhang herzustellen gelingt dem Text insgesamt vor allem durch das **Wortspiel mit dem verschieden gebrauchten Sinn von „anah"**. Schauen wir zu: Zuerst ist es Josua, der das Wort gebraucht und dabei scheinbar an einen „Kriegslärm" denkt, der so gut mit der Bedeutung „singen" bzw. „lärmen" von „anah" zusammenpasst. Die Antwort des Moses darauf greift zwar ebenfalls das Wort „anah" auf, aber wohl mit einem anderen Sinn. Denn er weist die Vermutung Josuas zurück. Sein „nicht Siegesgeschrei, auch nicht Geschrei nach einer Niederlage..." zeigen überdeutlich, dass er an anderes denkt als sein Begleiter. Höchstwahrscheinlich zeigt er sich verwundert über die ausgelassene Freude im Volk und die Maßlosigkeit bei diesem Götzendienst. Er spielt damit zwar auch auf die Bedeutung „lärmen und singen" für „anah" an, aber doch in anderem Zusammenhang. Er denkt vielmehr an die ausgelassene Freude bei einem Gelage und den dort veranstalteten Lärm. Was aber hat es dann mit dem **dritten Gebrauch des Wortes** auf sich, das in der Einheitsübersetzung erneut mit „Geschrei" („das Geschrei, das ich höre") angegeben wird? Nun beobachtet Dohmen, dass das **hebräische Wort ענה – anah in der dritten Verwendung** im Gegensatz zu den ersten beiden Vorkommen mit **anderen Vokalen** im hebräischen Urtext versehen ist, und so kann er folgern, dass es nahe liegt, eine „andere homonyme Wurzel zu vermuten"[96]. Nach allem bisher Gesagten will er **„anah" jetzt von der Bedeutung „bedrücken, demütigen" ableiten** und kann daraus schließen: „Dann nämlich ergibt sich, dass Israel sich durch die Herstellung und Verehrung des Goldenen Kalbes selbst Gewalt angetan hat, sich gedemütigt und sich in gewisser Weise selbst wieder in Unterdrückung und Unfreiheit gebracht hat. Beachtet man, dass die grundlegende Beschreibung der Unterdrückung der Israeliten durch die Ägypter in Ex 1,11 genau diesen Wortstamm... benutzt, gewinnt die vorliegende Erklärung... noch schärfere Konturen."[97] Dieser hellsichtig erkannte Zusammenhang bestä-

---

[95] Ebd.
[96] Ebd.
[97] Ebd., S. 307

tigt noch einmal von anderer Seite, dass die **Götzen zutiefst „Anti-Jahwe“** sind, die förmlich den **Exodus umkehren** wollen und den Menschen statt in die Freiheit zu führen, letztlich wieder **versklaven**. Die Erzählung vom „Goldenen Kalb“ ist hierfür förmlich ein Musterbeispiel bzw. ein Paradigma, denn im Textzusammenhang von Ex 32 wird der Rückbezug zur Sklaverei in Ägypten deutlich aufgezeigt und vertieft. Wenn der Mensch unter die Herrschaft der Anti-Jahwe sich begibt, dann kommt er vom Regen in die Traufe und der ganze Aufbruch in die Freiheit ist letztlich fehlgeschlagen. Letztlich steht nämlich die Unterdrückung, in die sich der Mensch durch die Götzenverehrung selbst begibt, der Unterdrückung im Reich des Pharao in nichts nach. Damit ist die Bibel wieder einmal sehr genau und äußerst feinsinnig. Denn sie führt aus, dass wenn der **Mensch sich dem von ihm Gemachten zuwendet** und es als **seinen Gott verehrt**, dann verliert er nicht nur den wahren Gott aus den Augen, sondern **verliert er sich im Letzten selbst**, in dem er sich „bedrückt“ und „demütigt“ und somit seine **Freiheit preisgibt** und verliert.
Doch gehen wir nochmals einen Schritt weiter, um zu klären, was mit den »Götzen« und »Anti-Jahwe« aus biblischer Sicht gemeint ist. Wie im Bild vom „Goldenen Kalb“ sehr schön sichtbar wird, ist der **»Grundgötze« die Verabsolutierung der Dinge dieser Welt, die sich darin wie Gott gebären**. Und das kann vieles sein: Geld, Macht, Einfluss, Karriere, Schönheit, Sexualität, Erfolg, gute Publicity, Attraktivität, ein großes Haus oder ein teures Auto, das Handy und vieles andere mehr. Es war kein Geringerer als der deutsch-amerikanische Psychoanalytiker **Erich Fromm** (1900-1980), der die Weitläufigkeit der »Gegengötter« sehr deutlich erkannte, wenn er über den modernen Götzendienst und ihrem Hang, an Idole sich zu hängen, schreibt: „Nicht Bildnisse aus Stein und Holz sind diese Idole. Worte können Idole werden; Maschinen können Götzenbilder sein; Führer, der Staat, die Macht und politische Gruppen können diese Rolle spielen. Die Wissenschaft oder die Meinung der Leute über uns können zu Götzen werden – und Gott ist für viele ein Idol geworden.“[98] Dabei ist Fromm in seiner Analyse dieser Götzenbilder von einem großen Ziel bestimmt, denn

[98] Fromm, Erich: Psychoanalyse und Religion, S. 138

es geht ihm um den Menschen, um eine „Bejahung oder Ablehnung bestimmter menschlicher Haltungen... Eine menschliche Haltung, die Fromm im humanitären Sinn »religiös« nennen möchte, soll entwickelt werden: statt einer Vergottung von Dingen oder Aspekten der Welt eine Haltung der Liebe und der Vernunft."[99] Denn dies ist das entscheidende bei allem **Götzendienst**: Die vom Menschen geschaffenen und vergöttlichten Kräfte **binden den Menschen und machen ihn unfrei**. Damit sind sie wie die Sklaverei und Gefangenschaft in Ägypten, die durch den Exodus eigentlich überwunden werden sollte. Von daher ist klar:

- Wer sich an die Dinge dieser Welt verliert...,
- wer sich von seinem Besitz, seinem Erfolg, seiner (vermeintlichen) Schönheit oder durch sonstige Äußerlichkeiten erhofft, den Sinn des Lebens zu finden...,
- wer meint, dass das, was der Mensch im Leben erwerben und besitzen kann, seinen Reichtum bedeutet...,

...wird mit Vorletztem abgespeist und immer wieder neu die Leere und die Sinnlosigkeit in all diesen „Dingen" spüren. Der verliert letztlich seine Freiheit und versklavt sich selber unter etwas, was weder im Leben noch für das Sterben trägt. Deshalb gibt es hier keine Kompromisse, es gilt hier wirklich zwischen Gott oder den Götzen zu wählen. So kann Jesus im Neuen Testament folgern:

> „Ihr könnt nicht beiden dienen, Gott und dem Mammon."
>
> [Mt 6.24]

Jesus stellt in diesem Wort Gott und den Reichtum dieser Welt gegenüber als **sich ausschließende Alternativen**. Das Wort, das Jesus hierbei für die verabsolutierten Dinge dieser Welt verwendet ist „**Mammon**"[100]. Ge-

---

[99] Küng, Hans: Existiert Gott, S. 359

[100] Joachim Gnilka führt dazu aus: „Die etymologische Ableitung von Mammon ist umstritten. Sie erfolgt entweder von *mun* = zerteilen... oder von *ma^{e}mon* = das

meint ist damit **all das, was man erwerben und besitzen** kann. Das kann natürlich, wie schon gesagt, Vielfältigstes sein: das neue Auto, das Traumhaus, die Traumfigur, der Traumpartner, teuere Urlaubsreisen, viel Geld und Kapital, hochbewertete Aktienpakete, Macht, erfolgreiche Karriere, Ansehen und Geltung bei Mitmenschen und in der Gesellschaft. All das kann gut und sinnvoll sein, aber es kann sich **auch verselbstständigen** und zu einer **Quasi-Gottheit** werden, zu einem Götzen. Nur wenn der Mensch die Dinge von Gott her sieht und sie daher nicht selbst zu Göttern bzw. Götzen macht, kann er alles sinnvoll und gut gebrauchen. Der frühere Mainzer Alttestamentler Rudolf **Mosis** (*1933) hat diesen Gedanken sehr treffend wiedergegeben, wenn er sagt: „Wann immer der Mensch Gott vergisst, bleibt er mit sich und seiner Welt allein. Er steht dann unter dem Zwang, an sich zu raffen, was immer in seine Reichweite kommt, um damit die leere Stelle zu füllen, die der entschwundene Gott zurückgelassen hat.“[101] Dann ist das, was so sehr gesucht wird, „Mammon“ und zwischen ihm und Gott gilt es nach Jesus zu wählen. Hier **bleibt nur ein entweder – oder**, denn Jesus ist realistisch genug zu sehen, dass der Mensch, der im Letzten den „Mammon“ erwählt, sich selbst seinen eigenen Gott macht und von daher keinen Platz mehr hat für den wirklichen und lebendigen Gott. Für ihn ist klar:

- Wer sich an den Reichtum verliert, der hat Gott vorher bereits verloren.
- Wer sein Leben an Äußerlichkeiten klammert, ist letztlich davon umklammert.
- Wer nur noch besitzen will, gerät in Gefahr davon besessen zu werden.
- Wer seinen Sinn in dem sucht, was er sich kaufen oder leisten kann, hat darin seinen „Gott“ vermeintlich gefunden, den wahren Gott aber längst aus den Augen, und was wohl noch viel schlimmer ist, aus dem Herzen verloren.

Hinterlegte. Das Wort bezeichnet dann die Habe, den Besitz, nicht nur das Geld.“, zitiert in: ders.: Das Matthäusevangelium, Bd. 1, S. 243

[101] Mosis, Rudolf: Ich lege mein Wort in deinen Mund, S. 43

Dennoch werden, wie bereits ausgeführt, durch den möglichen Missbrauch die **„Dinge dieser Welt“ nicht einfach schlecht**. Wie sollten sie dies auch, wenn wir sie doch auf Gott selbst zurückführen, der als Schöpfer hinter allem steht. Und tatsächlich: Vieles von dem, was wir in dieser Welt vorfinden und erleben können, kann unser Leben bereichern und beglücken. Es gibt also durchaus einen **vernünftigen Umgang** mit den „Dingen dieser Welt“. Wie ein solch richtiger Umgang möglich ist, zeigt der heilige **Augustinus**, der im Umgang mit den Dingen der Welt treffend mahnt: „Der alles schuf, ist besser als alles... Lerne im Geschöpf den Schöpfer lieben, ... dass dich nicht halte, was gebildet ist und du darüber den verlierest, von dem du selber gebildet bist.“[102] Es gilt demnach, **durch alles hindurch zu Gott zu finden;** in den Dingen, Gott zu lieben. Wir müssen also nicht die „Welt“ fliehen, aber wir dürfen auch nicht bei der „Welt“ stehen bleiben. Die Dinge dieser „Welt“ sind so lange gut, wie wir sie sinnvoll gebrauchen und sie uns den Blick auf den wahren Gott nicht verstellen. Gefährlich wird es dann, wenn wir sie vergöttlichen und meinen, sie könnten uns Erfüllung für das Leben bringen. Dann besitzen sie uns und nicht wir sie, dann halten sie uns und nicht wir sie, dann verlieren wir über sie Gott, statt durch sie Gott zu finden. Letztlich führt das Streben danach, immer mehr besitzen zu wollen zu einer wahren „Be-sessen-heit“. Hier werden die Dinge vom Menschen nicht mehr besessen (im aktiven Sinn des Wortes), hier wird der Mensch von den Dingen besessen (in der passiven Formulierung). Doch gerade so verliert sich der Mensch und gibt seine Freiheit auf. Die **ganze Botschaft Jesu ist wie ein großer Einspruch gegen die Haltung der falschen Vergötzung von Dingen**.

- Der Mensch ist unendlich viel mehr, als er leistet oder sich leisten kann...
- Der Mensch ist größer als alles, was man besitzen oder kaufen kann...
- Der Mensch ist wertvoller als alles, was man anhäufen und verbuchen kann...

[102] Augustinus, Aurelius: Über die Psalmen: Psalm 39,8, S. 63

- Der Mensch greift weiter als alles, was er mit seinen oft armseligen Händen ergreifen und besitzen kann....

Dieser **Einspruch Jesu gegen die Verkürzung des Menschseins** war der Traum, den er mit seiner Botschaft und in seinen Begegnungen den Menschen ins Herz hinein senken wollte. Jesus wollte, dass wir **frei werden von dem Streben, besitzen zu müssen oder unsere Berechtigung, leben zu dürfen, in der Anhäufung von materiellem Reichtum erkaufen zu wollen**. Er wollte uns den Blick weiten, der hinter der vordergründigen Not das wirklich Wesentliche und Not-wendige entdeckt. Er wollte uns einen Weg aufzeigen, der befreit vom Zwang des „Haben-müssens" zu einem „Besitzen-können" und „–dürfen", das letztlich nicht versklavt, sondern frei macht[103]. Damit ertönt aus seinem Mund eine liebliche und harmonische Melodie, die uns erlaubt, in Einklang zu leben mit sich selbst und allem, was uns umgibt. Für sich hat Jesus diesen Weg gelebt und er hat ihn uns als die Möglichkeit aufgezeigt, wie auch unser Leben gelingen kann. Einen schönen Hinweis, was das für unser Leben bedeuten kann, liefert die Fortsetzung des Textes aus der Bergpredigt von oben. Nach der Alternative „Gott oder Mammon" heißt es unmittelbar:

„Deswegen sage ich euch: Sorgt euch nicht um euer Leben und darum, dass ihr etwas zu essen habt, noch um euren Leib und darum, dass ihr etwas anzuziehen habt. Ist nicht das Leben wichtiger als die Nahrung und der Leib wichtiger als die Kleidung? Seht euch die Vögel des Himmels an: Sie säen nicht, sie ernten nicht und sammeln keine Vorräte in Scheunen; euer himmlischer Vater ernährt sie. Seid ihr nicht viel mehr wert als sie? Wer von euch kann mit all seiner Sorge sein Leben auch nur um eine kleine Zeitspanne verlängern? Und was sorgt ihr euch um eure Kleidung? Lernt von den Lilien, die auf dem Feld wachsen: Sie arbeiten nicht und spinnen nicht. Doch ich sage euch: Selbst Salomo war in all seiner Pracht nicht gekleidet wie eine von ihnen. Wenn aber Gott schon das Gras so

---

[103] Auf die näheren Zusammenhänge an dieser Stelle werde ich beim Fall „Dativ" noch eingehen.

prächtig kleidet, das heute auf dem Feld steht und morgen ins Feuer geworfen wird, wie viel mehr dann euch, ihr Kleingläubigen! Macht euch also keine Sorgen und fragt nicht: Was sollen wir essen? Was sollen wir trinken? Was sollen wir anziehen? Denn um all das geht es den Heiden. Euer himmlischer Vater weiß, dass ihr das alles braucht. Euch aber muss es zuerst um sein Reich und um seine Gerechtigkeit gehen; dann wird euch alles andere dazugegeben. Sorgt euch also nicht um morgen; denn der morgige Tag wird für sich selbst sorgen. Jeder Tag hat genug eigene Plage."

[Mt 6,25-34]

Dieser Text ist meines Erachtens eine große **Magna Charta der Freiheit**, wie sie **Jesus verkündet**. Es geht dabei um eine **wirkliche Befreiung** des Menschen, denn wenn zutrifft, was der Mann aus Nazaret verkündet, braucht er sich **nicht mehr ängstlich zu sorgen** um das, was er anscheinend doch so nötig braucht. Vollkommen zu Recht benennt Eugen Drewermann diese Stelle als „die ruhigsten, lyrischsten, einladendsten Worte aus dem Munde Jesu im ganzen Neuen Testament"[104]. Und er fährt nicht minder zu Recht fort: „Aber gerade darum stellen sie all das in Frage, was wir für gewöhnlich tun und was wir von allen Seiten wie eine eherne Vorschrift an uns herangetragen sehen."[105] Sehen wir uns diese Worte, die unglaublich beruhigen können, aber auch zutiefst durcheinander zu werfen vermögen, einmal genauer an:

Ganz am Anfang und an **zentraler Stelle** steht ein Satz, der wie eine **Umschreibung des Gottesnamens Jahwe** wirkt und der das damit Gemeinte genau auf den Punkt bringt: „Euer himmlischer Vater weiß, dass ihr das alles braucht." Es geht gleich wie mit einem Paukenschlag los: **„Gott ist Vater"**. Schon diese Bezeichnung, die im Sinne Jesu die **liebende Zuwendung Gottes zu den Menschen** umschreibt, und die von daher durchaus auch als **„Gott ist Mutter"**, ausgesagt werden könnte, holt zutiefst die Bedeutung von Jahwe ein: Gott ist **für uns da**, **wie ein treusor-**

[104] Drewermann, Eugen: Das Matthäus-Evangelium, 1. Teil, S. 571
[105] Ebd.

gender Vater und eine liebende Mutter. Diese Zusage will befreien und eine Atmosphäre von Geborgenheit und Akzeptanz aufschließen, die die Grundlage sein wird, für alles weitere. Daher auch die folgerichtige Fortsetzung dieser Einleitung: „Er weiß, was wir brauchen". Das zeigt in die soeben angedeutete Richtung: **Gott weiß um uns**, er kennt und liebt uns. Deswegen sind wir bei ihm geborgen und dürfen uns zutiefst auf ihn verlassen. Was Jesus hier verkündet, ist nichts weniger als eine der größten **Revolutionen im Gottesbild von Menschen. Gott wird einzig und allein im Bild des liebenden Vater und der liebenden Mutter** gesehen. Alles Zweideutige und Widersprüchliche, alles Ängstliche und Bedrückende ist aus diesem Gottesbild verschwunden und buchstäblich herausgestrichen. **Gott wird von Jesus in unerhörter Weise eindeutig gemacht: Er ist die Liebe, die uns frei machen kann und will**. Er ist die Liebe, die von jeher ein liebendes Ja zum Menschen, zu jedem Einzelnen, zu Dir und mir sagt. Diese Liebe kümmert sich um den Menschen und umfängt ihn mit einer Geborgenheit, in der er wirklich aufgefangen ist und leben kann. Wer das im Herzen ergriffen hat, wem dieses Wort unter die Haut gegangen ist und wer von diesem Wort im Herzen ergriffen wird, der kann **frei werden von der ängstlichen Sorge**, sich beweisen zu müssen und sein Leben selber zu begründen. Der wird aufhören, sich falsche Sorgen zu machen, um das wirklich Wichtige und Wesentliche in den Blick zu bekommen.

- Ein solcher Mensch macht sich **keine Sorge um die Nahrung** und wird **nicht krampfhaft und ängstlich nach »Lebens-mitteln« suchen**, nach »Mitteln«, die ihn anscheinend »leben« lassen, die aber doch nur letztlich schal und leer bleiben. Er **weiß, dass Gott sein Lebens-mittel** ist. Er spürt, dass er nur durch die Liebe Gottes leben kann und dass er bei und durch Gott nicht zu kurz kommen wird. Dann kann er aufhören, sich gegenüber anderen einen Vorsprung zu erkämpfen oder sich gegen andere behaupten zu wollen. Die Liebe Gottes meint ihn, genauso wie all die anderen. Bei ihm hat jeder Mensch einen unvertretbaren Wert und vollkommene Würde. Vor den Augen Gottes, der uns wie ein Vater oder eine Mutter annimmt, werden wir so untereinander zu Geschwistern, die sich nicht neidisch gegeneinander stellen müssen, sondern die miteinander das Leben und alles darin teilen können. Das alles meint Jesus, wenn er uns auffordert, nicht zu fragen: „Was sollen wir essen?". Das wirklich Wichtige im Leben kann man nicht in sich hineinstopfen. Man kann sich vielleicht den Bauch voll schlagen, aber nicht das Herz. Das Entscheidende wird nicht gemacht, sondern geschenkt.

- Und ein Mensch, der von der Botschaft Jesu zuinnerst befreit ist, macht sich **keine Sorgen um die Kleidung**. Er braucht sich **nicht ständig in einer Maskerade seines Lebens zu verkriechen**. Er wird merken, dass Kleider keine Leute machen. Er wird nicht zwanghaft jeder neuen Mode anhängen und sich ihrem Diktat unterwerfen, nur um in und angepasst zu sein. Er wird aufhören, Rollen zu spielen und sich zu verstecken, nur um möglichst nie das Gesicht zu verlieren. Ein solcher Mensch wird den Mut haben, zu sich zu stehen, seine Fähigkeiten und Begabungen sinnvoll zu gebrauchen und seine Grenzen zu akzeptieren. Er wird anderen gegenüber offen und echt begegnen und authentisch leben. Das alles meint Jesus, wenn er uns auffordert, nicht zu fragen: „Was soll ich anziehen?" Das wirklich Wichtige im Leben kann man nicht äußerlich auftragen oder zur Schau stellen. Das Entscheidende ist nicht, wie man sich gewandet oder wie man daherkommt, sondern wie man von innen heraus ist.

Die **Suche nach Gott und seinem Reich macht den Menschen wirklich und wahrhaft frei**. Das ist der Kern der Botschaft Jesu. Paulus wird diesen Gedanken förmlich feierlich uns vor Augen stellen, wenn er im Brief an die Gemeinden von Galatien schreibt:

> „Zur Freiheit hat uns Christus befreit. Bleibt daher fest und lasst euch nicht von neuem das Joch der Knechtschaft auflegen!"
>
> [Gal 5,1]

Christus hat uns **zur Freiheit befreit**. Nichts anderes wollen seine Worte, die vordergründig zu einer Sorglosigkeit ermutigen, die fast romantisch anmutet. Wir sollen frei werden von den Äußerlichkeiten unseres Lebens.

Nichts darf sich so sehr wichtig nehmen, dass wir darunter uns verlieren. Nichts ist so sehr nötig, dass es das Leben belasten darf. „Sorgt euch nicht…" um letztlich Belangloses, das ist die befreiende Botschaft Jesu:

- Euer Leben ist schon reich – ihr braucht es nicht künstlich reich zu machen.
- Euer Leben hat schon einen unendlichen Wert – ihr braucht seinen Wert nicht an Börsen und Aktienkursen zu verrechnen.
- Euer Leben ist schon gewollt und akzeptiert – ihr müsst euch nicht ständig beweisen und so erst akzeptabel machen.
- Euer Leben ist liebens-wert, weil es zutiefst von Gott liebens-würdig ist – ihr braucht euch keine Liebe zu erkaufen oder zu verdienen.

Wem diese Botschaft ins Herz gesprochen ist, der kann wirklich frei werden. Doch ich höre schon den Einspruch: Ist das nicht zu billig? Wer kann schon leben in dieser Welt, wenn er sich nicht sorgt um ein Auskommen? Ist diese Botschaft nicht zutiefst weltfremd und unrealistisch – etwas für Träumer und Spinner? So oder so ähnlich wird wohl auch Jesus angefragt und angefeindet worden sein. Doch dass er letztlich **keine weltfremde Botschaft** verkündet, zeigt der **Abschluss** des großartigen Textes aus der Bergpredigt: „Euch aber muss es zuerst um sein Reich und um seine Gerechtigkeit gehen; dann wird **euch alles andere dazugegeben**." Die Welt wird also in der Botschaft Jesu nicht einfach geflohen oder verleugnet, nein sie wird **eigentlich erst gefunden**. Das, worum wir uns zu Recht tagein tagaus sorgen, wird nicht einfach ignoriert oder als unwichtig beiseite getan. „Es wird euch alles andere dazugegeben…" besagt, dass der Mensch in der Sicht Jesu auf nichts verzichten muss oder braucht, dass es ihm an nichts mangelt oder dass er ein Habenichts oder ewiger Verlierer sein muss. **Jesus weiß, dass wir vieles zum Leben brauchen**. Er weiß um den Wert des Essens und der Kleidung und um die Bedeutung all der anderen Dinge, die unser Leben schöner und besser machen. Aber es ist in der Sicht Jesu doch alles ganz anders, als nach den sonstigen Maßstäben dieser Welt. Denn er beurteilt die Dinge in einer **anderen Gewichtung** und bringt sie so in die **richtige Ordnung**: **Zuerst das Reich**

bringt sie so in die **richtige Ordnung**: **Zuerst das Reich Gottes – dann alles andere**. In dieser Ordnung bleiben dem Menschen alle Dinge erhalten, aber im richtigen Maß und in der richtigen Wertigkeit.
Und noch einen zweiten **gewaltigen Unterschied** gibt es zwischen der Botschaft Jesu und dem, was in unserer Welt so oft zählt:

- Wenn die Dinge im Mittelpunkt stehen, dann muss sie der Mensch selber machen. Die Bibel sagt dazu: „Machwerk von Menschenhand".
- Wenn er aber Gott in den Mittelpunkt rückt, dann werden ihm die Dinge einfach so dazugegeben, also geschenkt. Damit ist alles ganz anders.

Mit wunderschönen Worten hat **Romano Guardini** (1885-1968) diesem Gedanken Ausdruck verliehen: „Daran hängt alles. Der Mensch wird aufgefordert, das Suchen nach dem Reiche Gottes zu seinem ersten und ernstesten Suchen zu machen. Vor allem anderen danach zu trachten, dass das Reich Gottes anlange und in seinem Dasein Raum bekomme. Seine erste Sorge soll sein, dass alles werde, wie Gott es will – der große Gott, von dem gesagt ist, dass »so weit der Himmel ist über der Erde, so hoch Seine Gedanken sind über denen der Menschen«. Wie der es plant und schaffenswillig will, so soll es werden, trotz Welt und irdischer Vernünftigkeit. Daraufhin soll der Mensch es wagen. Er soll die Mitte seines Lebens umlegen, aus dem Selbst in Gott hinein. Soll von dem her denken, urteilen, handeln, was in Christus redet. Das ist aber schwer; sehr, sehr schwer! Wie Torheit kommt es einem vor; wie ein Loslassen alles festen Standes. Geschieht es aber, tritt der Mensch mit Gott in das Einvernehmen der Sorge um sein Reich, dann sorgt Gott in einer neuen schöpferischen Weise für ihn. Sein Dasein – welches ja doch samt all seiner vernunftgerühmten Ordnung sich gar nicht um den Menschen kümmert – es sammelt sich um ihn und auf ihn zu. Ein Wunder also? Ja, ein Wunder vom bloß Weltmäßigen her. In Wahrheit eine neue Schöpfung, hervorgehend aus der Kraft, die solches zu schaffen vermag, aus der freigegebenen Liebe Gottes. Die Welt und ihre Gestalt ist nicht fertig. Sie liegt bildsam und gehorchend in

Seiner Hand. Wird durch die liebende Sorge und das Vertrauen des Christen Gottes schaffende Liebe aufgenommen, öffnet sich die Freiheit des Menschen und gibt ihr Raum, dann wächst eine neue Gestalt der Wirklichkeit."[106] Es ist sehr schön und absolut stimmig, dass Guardini in diesem Zusammenhang von der Freiheit des Menschen spricht. Tatsächlich hat Jesus durch diese Botschaft vom unbedingten Vertrauen auf den uns umsorgenden und liebenden Gott, der sich selbst als Jahwe vorgestellt hat, die **entscheidende Botschaft der Freiheit** verkündet.

- Nichts ist mehr so wichtig, dass der Mensch ohne es nicht leben könne.
- Nichts mehr verdient den Platz Gottes einzunehmen.

Geschieht dies dennoch, wird der Mensch unfrei, denn er verliert sich an etwas, was für ihn keine »Sinne« und daher erst recht keinen »Sinn« hat. Doch für die Bibel ist genau dies entscheidend: Gott hat einen Namen – er ist Jahwe. Er hat Auge, Ohr und Herz für uns. Das Gegen-Göttliche erscheint genau anders. Die Götzen sind letztlich blind, stumm und taub für uns und unser Leben. Sie haben keinen Sinn und keine Sinne für das, was uns wirklich trägt und erhält. Daher sind sie wahrhaft letztlich „Sinn(e)-los".
Einen sehr schönen Anschluss und auch Abschluss findet alles bisher Gesagte in einer **Stelle aus dem Buch Deuteronomium**. Dort wird in Kapitel 28,69 bis 29,28 eine sehr eigentümliche Erzählung von einem „Moabbund" zwischen Gott und dem Volk Israel angeführt. Kurz der Hintergrund dieser Geschichte: In der Fremde, unmittelbar vor dem Einzug ins Gelobte Land, inmitten des Landes Moab, schließt Gott mit seinem Volk nochmals einen durch Mose vermittelten Bund. Der Alttestamentler Gerhard von Rad führt dazu aus: „Sehr überraschend ist nun die Vorstellung von einem Bundesschluss im Lande Moab, der ausdrücklich als ein Ereignis besonderer Art von dem Bundesschluss am Sinai unterschieden wird. Davon ist sonst nirgends im Alten Testament die Rede."[107] Es muss daher

---

[106] Guardini, Romano: Das Gebet des Herrn, S. 58f
[107] Rad, Gerhard von: Das 5. Buch Mose – Deuteronomium, S. 128

eine Besonderheit darin liegen und sie fasst nochmals das bisher Gesagte sehr gut zusammen. So heißt es in diesem Text:

> Das sind die Worte, mit denen der Bund geschlossen wurde, den Mose im Auftrag des Herrn in Moab mit den Israeliten schloss, zusätzlich zu dem Bund, den er mit ihnen am Horeb geschlossen hatte. Mose rief ganz Israel zusammen und sagte zu den Israeliten: Ihr habt alles gesehen, was der Herr in Ägypten vor euren Augen mit dem Pharao, mit seinem ganzen Hof und seinem ganzen Land getan hat. Mit eigenen Augen hast du jene schweren Prüfungen, die großen Zeichen und Wunder gesehen. Aber einen Verstand, der wirklich erkennt, Augen, die wirklich sehen, und Ohren, die wirklich hören, hat der Herr euch bis zum heutigen Tag nicht gegeben.
>
> [Dtn 28,69-29,3]

Ich kann und möchte jetzt nicht auf alle Einzelheiten dieser Stelle eingehen. Das ist für den jetzigen Zusammenhang auch nicht nötig. **Entscheidend** für hier ist die **Aussage in Vers 3**, in dem es heißt: „...einen Verstand, der wirklich erkennt, Augen, die wirklich sehen, und Ohren, die wirklich hören, hat der Herr euch bis zum heutigen Tag nicht gegeben." Wenn wir genauer hinsehen, heißt das doch: Die **Menschen können das, was Gott mit ihnen vorhat, wie er ihnen hilft und beisteht, nicht von sich aus verstehen**. Sie sind **ohne Sinn und ohne »Sinne«** für das, was Gott ihnen tat. Damit sind sie von sich her ganz anders zu Gott, als er zu ihnen.

- Während er sie mit liebenden Augen sieht, übersehen sie ihn.
- Während er ihnen ganz zuhört, sind sie für ihn taub.
- Während Gott sie zutiefst liebt, verkennen sie ihn.

All das ist bereits mehrfach angeklungen. Jetzt aber geht die Stelle im Buch Deuteronomium ja noch weiter. Es folgt nach der Einführung nun der eigentliche Bundesschluss. Und hier ist die **Nahtstelle des Textes mit**

unserem Thema. Gott **verlangt** nämlich vom Bundespartner, dem Volk Israel, **nur Eines**:

> „Es soll keinen unter euch geben, weder Mann noch Frau, weder Sippe noch Stamm, der heute sein Herz vom Herrn, unserem Gott, abwendet und anfängt, den Göttern dieser Völker zu dienen."
>
> [Dtn 29,17]

Damit ist ein **guter Abschluss und eine gute Zusammenfassung** des bisher Gesagten gegeben. **Gott ist ein Gott für die Menschen**, er ist da für uns, indem er uns sieht, hört und liebt. Die **Antwort des Menschen** auf dieses Liebesangebot Gottes besteht nun ebenfalls darin, **Gott zu sehen, ihm gut zuzuhören und ihn zu lieben**. **Doch dies gelingt dem Menschen nicht von sich aus** und schon gar nicht, wenn er sich vom lebendigen Gott abwendet und stattdessen sein Heil in den Dingen dieser Welt sucht, die die Bibel als Götzen oder Gegengötter bewertet. Die **entscheidende Antwort des Menschen auf Gott Jahwe** ist, in **negativer Formulierung: „Nicht sein Herz von ihm abwenden"**, oder in **positiver Formulierung: „Ihm sein Herz schenken".** Die lateinische Sprache gibt uns hierfür noch einen wichtigen Wink. Das lateinische Wort **„credere = glauben"** kommt vom lateinischen **„cor dare"** und besagt, das **Herz geben oder schenken**[108]. Im **Glauben an Gott**, schenkt der Mensch ihm sein Herz und findet er seine **eigentliche Bestimmung**, entspricht er seinem eigenen Namen und erfüllt er den tiefsten Grund seines Wesens. Dies ist der **innerste Kern des Gedankens der oben angeführten Stelle vom Moabbund aber auch der großen Freiheitsrede Jesu**: „Suchet zuerst Gottes Reich, alles andere wird euch dazu gegeben!" Kümmert euch zuerst um Gott, dann findet ihr wie von selber das richtige Maß für die Dinge dieser Welt. Dann werden sie weder unwichtig noch überwichtig, dann dienen sie nicht als Gottesersatz, noch sind sie einfach nur überflüssig. Suchet **zuerst** Gott und das, was er mit euch vorhat, und **alles andere** wird sich schon ergeben. Euer Vater weiß, was ihr braucht. Ich meine,

[108] Vgl. dazu z. B. Fries, Heinrich: Fundamentaltheologie, S. 19

dass dies keine Träumerei ist, kein weltfremdes Phantasieprodukt oder eine unsinnige Vertröstung auf einen »Sanktnimmerleintag«. Jesus steht mit beiden Füßen in und auf dieser Welt. Aber er verliert sich nicht an sie und an das, was allzu oft so wichtig scheint. Er weiß, was zuerst zählt und von daher am Wichtigsten ist: die Liebe zu Gott, die allein uns wirklich frei zu machen vermag. Und in dieser Botschaft reiht er sich ein schon in die Vorstellung des Alten Testaments. Denn dort ist die Liebe zu Gott und zu seinem Reich schon mit Fug und Recht das **Hauptgebot Israels**, dem **Sch^{e}ma Israel** (=Höre Israel), und so wird es folgerichtig auch das **wichtigste Gebot in der Verkündigung Jesu**. Jesus macht aber noch eine **kleine und entscheidende Erweiterung**, die für seine Botschaft unbedingt wichtig ist und die damit über das bereits im Alten Testament Grundgelegte hinausgeht. Er **bindet die Liebe zu den Mitmenschen und zu sich selbst untrennbar an die Liebe zu Gott**. Für ihn gehören sie aufs Engste zusammen. Denn Gott lieben heißt für ihn, den Menschen zu ehren und umgekehrt. Weil beide Texte so wichtig sind, seien sie hier nochmals angeführt:

Sch^{e}ma Israel:

> Höre, Israel! Jahwe, unser Gott, Jahwe ist einzig. Darum sollst du den Herrn, deinen Gott, lieben mit ganzem Herzen, mit ganzer Seele und mit ganzer Kraft.
>
> [Dtn 6, 4-5]

Das Haupt- und Doppelgebot der Liebe:

> Darum sollst du den Herrn, deinen Gott, lieben mit ganzem Herzen und ganzer Seele, mit all deinen Gedanken und all deiner Kraft. Als zweites kommt hinzu: Du sollst deinen Nächsten lieben wie dich selbst. Kein anderes Gebot ist größer als diese beiden.
>
> [Mk 12,30f]

Wie in einem Brennglas ist das die **Zusammenfassung der Botschaft Jesu**. Nur darauf kommt es an: Gott, die Nächsten und sich selbst zu lieben. Mehr nicht, aber auch nicht weniger!

2.2 Das Böse und Gegengöttliche als Nummer

Doch die Bibel geht noch einen wichtigen und sehr tief durchdachten Schritt weiter in der Beschreibung des Bösen. Sie belegt im letzten Buch, der Offenbarung des Johannes, dieses **Böse mit einer Nummer**, einer Zahl[109]. Im letzten Buch der Bibel, der Offenbarung des Johannes, wird das Böse, ein zweites Tier, das aus dem Festland hervorgeht, mit der Nummer und **Zahl »666«** belegt. Damit wird der genaue Gegensatz zwischen dem Bereich des Guten und des Bösen sehr genau beschrieben. Es heißt dort im größeren Zusammenhang:

> Und ich sah: Ein anderes Tier stieg aus der Erde herauf. Es hatte zwei Hörner wie ein Lamm, aber es redete wie ein Drache. Es tat große Zeichen; sogar Feuer ließ es vor den Augen der Menschen vom Himmel auf die Erde fallen. Es verwirrte die Bewohner der Erde durch die Wunderzeichen, die es im Auftrag des Tieres tat; es befahl den Bewohnern der Erde, ein Standbild zu errichten zu Ehren des Tieres, das mit dem Schwert erschlagen worden war und doch wieder zum Leben kam. Es wurde ihm Macht gegeben, dem Standbild des Tieres Lebensgeist zu verleihen, so dass es auch sprechen konnte und bewirkte, dass alle getötet wurden, die das Standbild des Tieres nicht anbeteten. Die Kleinen und die Großen, die Reichen und die Armen, die Freien und die Sklaven, alle zwang es, auf

[109] Diesen erschreckenden, wenn auch überaus wegweisenden Gedanken, fand ich zum ersten Mal bei Joseph Ratzinger, dem heutigen Papst Benedikt XVI. Er schreibt in seinem Büchlein „Der Gott Jesu Christi", S. 19: „Was also bedeutet dies – der Name Gottes? Vielleicht können wir am ehesten vom Gegensatz her begreifen, worum es geht. Die Geheime Offenbarung spricht vom Gegenspieler Gottes, dem Tier. Das Tier, die Gegenmacht, hat keinen Namen, sondern eine Nummer. Seine Zahl ist 666, sagt der Seher (13,18). Es ist Nummer und macht zur Nummer."

> ihrer rechten Hand oder ihrer Stirn ein Kennzeichen anzubringen. Kaufen oder verkaufen konnte nur, wer das Kennzeichen trug: den Namen des Tieres oder die Zahl seines Namens. Hier braucht man Kenntnis. Wer Verstand hat, berechne den Zahlenwert des Tieres. Denn es ist die Zahl eines Menschennamens; seine Zahl ist sechshundertsechsundsechzig.
> [Offb 13,11-18]

Der ehemalige Freiburger Bibelwissenschaftler **Anton Vögtle** (1910-1996) schreibt dazu: „Schon zur Zeit des aus Kleinasien stammenden Bischofs Irenäus von Lyon muss der Schlüssel für die Lösung des Zahlenrätsels verloren gegangen sein. Mit dem engeren und weiteren Kontext harmonisiert wohl noch am besten der Vorschlag, die Zahl 666 in hebräischer Schreibung als »Neron Qesar« aufzulösen und somit als Hinweis auf den als neuen »Kaiser Nero« qualifizierten Domitian zu verstehen.“[110] So gesehen wäre die Darstellung eine **Verschlüsselung der politischen Situation** der Verfolgungszeit der ersten Christen und eine **massive Kritik** an den Missständen des Kaiserkultes der damaligen Zeit. Die Christen sehen im römischen Kaiser, der sich selber wie ein Gott verehren lässt, ihren Widersacher und noch genauer einen Widersacher ihres einzigen und wahren Herrn Jesus Christus. Sie sehen so in ihm den „Anti-Christ“. Doch etwas tiefer, als nur historisch angesetzt, kommt aus dem Gesagten und Dargestellten eine **wichtige Grundbotschaft** heraus:

- Der **Gott der Bibel** – der gute Gott, hat einen **Namen**, ist ein **Du**. Er ist ansprechbar und nimmt uns in Anspruch. In seinem Bereich bekommt alles einen Namen und wird dadurch bedeutsam.

---

[110] Vögtle, Anton: Das Buch mit den sieben Siegeln, S. 111. Ähnlich urteilt auch Eduard Lohse in seinem Kommentar: Die Offenbarung des Johannes, S. 82. Auch Alfred Wilkenhauser: Die Offenbarung des Johannes, S. 110 schließt sich dieser Deutung an. Hubert Ritt ordnet in seinem Kommentar zur Offenbarung der Zahl die entsprechenden Buchstaben zu: „Der eingeweihte Leser erkennt die Summe 666 in den Zahlenwerten, die sich aus der hebräischen Schreibweise von »Kaiser Nero« ergeben (»Neron Qesar«: n = 50; r = 200; o = 6; n = 50; q = 100; s = 60; r = 200). Da Domitian als neuer Nero gefeiert wurde, ist diese... Deutung... am sinnvollsten.“, S. 73

- Das **Böse** dagegen, das **Widergöttliche**, ist eine **Nummer**, eine bloße Zahl. Daher ist es zutiefst und zuinnerst „person-los", in dem es jegliche Person los wird. Dort wo das Böse herrscht, wird alles zur bloßen Nummer degradiert. Es hört auf, einen Wert in sich zu haben, wird verzweckt und verrechnet. Dass beim Bösen also gerade die Person verloren geht, liegt offenkundig in der Linie dieser Aussage.

Diesen Gedanken, dass das **Böse »namen-los« und damit »person-los«** sei, formulierte **Joseph Ratzinger** (*1927), der heutige **Papst Benedikt XVI.**, einmal sehr schön als die ganz spezifische Eigenart dieses Bösen, das er mit dem „Teufel" identifiziert: Es ist „seine Antlitzlosigkeit, seine Anonymität. Wenn man fragt, ob der Teufel Person sei, so müsste man richtigerweise wohl antworten, er sei die Un-Person, die Zersetzung, der Zerfall des Personseins, und darum ist es ihm eigentümlich, dass er ohne Gesicht auftritt, dass die Unkenntlichkeit seine eigentliche Stärke ist."[111] Damit verbirgt sich hinter dem Bösen all das, was Menschen hindert, sie selber zu sein. Das Böse vergleichgültig die Einmaligkeit des Einzelnen und leugnet die Individualität des Menschen. Alle müssen gleich sein im Sinne einer Uniformierung und Gleichschaltung. Diese Tendenz ist in unserer Gesellschaft nicht zu verleugnen. Alle müssen das Gleiche wollen und meinen, werden auf den gleichen Geschmack getrimmt, müssen mitmachen, bei dem, was alle tun. Was nicht passt, wir passend gemacht. Anpassung und Konformismus, Herdentrieb und Unterwürfigkeit sind die Folgen.[112] **Das Böse besteht also wesentlich in der Vergleichgültigung des Einzelnen, in der Gleichmacherei von allem und jedem und in der Uniformierung aller.** Die Individualität oder die Persönlichkeit wird darüber gründlich zerstört, denn nichts steht dem Ziel, alle gleichzuschalten so deutlich im Weg, wie ein eigenes Denken oder eine eigenständiges Ich. Wenn aber alles »*gleich gültig*« ist, dann wird über kurz oder lang auch alles »*gleichgültig*«. Wenn alles gleich aussieht, gleich schmeckt, sich

[111] Ratzinger, Joseph: Abschied vom Teufel, S. 229

[112] Es sind genau diese schrecklichen Folgen, die in den düsteren Zukunftsprognosen „Schöne neue Welt" von Aldous Huxley und „1984" von George Orwell vorhergesagt werden.

gleich gewandet oder das Gleiche denkt und sagt, dann ist darüber hinaus jeglicher Wert preis gegeben und alles im Einerlei gleichgültig geworden. Die Symbole einer solchen Weltsicht sind der „Big Mac“ und „Coca Cola“, die nach einem streng geheimen Rezept, überall genau gleich hergestellt werden und dementsprechend überall auf der Welt gleich aussehen und gleich schmecken (oder auch nicht!). Diesen Prozess leuchtet die biblische Stelle aus und sie meint damit nicht irgendein historisches Datum der Vergangenheit, sondern erhebt warnend den Finger über eine Versuchung, die zu jeder Zeit über den Menschen drohend liegt und die nicht weniger als dessen Auflösung als Einzelner und eine Einebnung des Persönlichen in ein anonymes und unpersönliches Kollektiv ist. Was sich hier ereignet ist, biblisch gesprochen, die absolute Herrschaft der „Zahlen und Nummern“ über die „Namen“. Alles muss sich in dieser Weltsicht verrechnen und gewinnbringend einsetzen lassen oder aber es wird wertlos und unbrauchbar. Und diese grausame Logik zieht eine Schreckensspur durch alle Bereiche:

- So in der Natur, die nicht mehr umhegt und bebaut wird, sondern die sich der Mensch unterwirft und die er ausbeutet für seinen Profit. Die Gegebenheiten der Natur werden nach ihrem Gegenwert in Geld bemessen und verrechnet. Alles muss sich für den Menschen lohnen, seinen Gewinn steigern oder ihm Profit bringen. Was sich nicht verkalkulieren lässt, wird ausgesondert; was sich nicht zu gewinnbringenden Preisen veräußern lässt, wird preisgegeben; was nichts „bringt“, wird umgebracht oder auf die Seite geräumt.
- So auch bei unzähligen Tieren, die in den Labors oder den Schlachtbetrieben zu Tausenden grausam zu Tode gebracht werden und die sich der gnadenlosen Kalkulation von Gewinn und (Über)Produktion unterwerfen müssen, deren einziger Wert darin beruht, auf dem Schlachthof kostengünstig verwurstet zu werden und auf dem Fleischmarkt möglichst hohe Rendite zu erzielen.
- So zuletzt natürlich auch der Mensch, der nur noch gilt, wenn er etwas leistet und sich dementsprechend viel leisten kann. Sein Wert besteht

in der Produktionskraft und im Konsumverhalten. Wer nichts mehr leistet, den will und kann man sich nicht mehr leisten – das ist die grausame Logik der Zahlen.

Dass dieser Alptraum mit dem Bösen zusammenhängt, ist eine hellsichtige Einsicht der Bibel. Ich bin durchaus der Meinung, dass wir einem „persönlich gedachten Teufel" den Abschied geben sollten, aber dass es das Böse gibt, dass in unserer Welt und in ihren wirtschaftlichen und politischen Strukturen der „Un-Geist" einer bösartigen und teuflischen Verrechnungsmaschinerie am Werke ist, das kann ich leider nicht leugnen oder übersehen. Wer immer letztlich dafür verantwortlich ist, dass alles nur noch nach seinem Geldwert und seinem Beitrag zur Steigerung des Bruttosozialproduktes gemessen und gewertet werden soll, den kann ich nicht anders als teuflisch bezeichnen. Die Bibel sieht – Gott sei Dank (und das im wahrsten Sinne des Wortes!!!) – eine Alternative. Denn der Gott, den die Bibel uns vor Augen stellt, hat einen Namen und bei ihm und in seinem Umkreis soll alles in der Welt „benamt" werden. Die Natur wird in der Perspektive Gottes zur Schöpfung, die er selber ins Dasein gerufen und gut erschaffen hat. Die Tiere, die Gott dem Menschen zuführt, sollen von ihm „gerufen" werden und er will zusehen, wie er sie benenne. Kein Tier ist deshalb bloß als Produkt für irgendetwas gut. Letztlich ist auch der Mensch von Gott bei seinem Namen gerufen und darauf angewiesen, dass er eben einen Namen hat und nicht nur eine bloße Nummer ist. Doch dies erfordert einen neuen Abschnitt.

2.3 Der Mensch – braucht einen Namen

Für das biblische Verständnis vom Menschen ist es ein Grundzug, dass der **Mensch nach dem Bild und Gleichnis Gottes (Gen 1,26) geschaffen** wurde. Der Mensch ist somit das einzige Bild, das den biblischen Gott wiedergibt. Allen anderen Bildern ist dieses verwehrt, weshalb letztlich das Bilderverbot für Gott (so lautet das zweite Gebot des Dekalogs in Ex 20,4 bzw. Dtn 5,8) die folgerichtige Konsequenz ist. Wenn der Mensch also das

Bild Gottes ist, dann darf als eine biblische Grundforderung gelten: Der Mensch wird erst dann richtig verstanden, wenn auch Gott in den Blick kommt und umgekehrt gilt, dass Gott ohne den Blick auf den Menschen nicht richtig von uns verstanden werden kann. Wenn dies gilt, dann kann, wie schon gesagt, die Grammatik Gottes, auch etwas über eine Grammatik des Menschen aussagen. Und für den Nominativ ist dies richtig. Denn jeder Mensch erhält seine Einzigartigkeit und Einmaligkeit erst durch seinen Namen. Schon die Bibel kennt diesen Zusammenhang, wenn sie beim Propheten Jesaja schreibt:

> „Ich kenne dich, ich habe dich bei deinem Namen gerufen, du gehörst mir!“
>
> [Jes 45,3f]

Wie wichtig ist es für einen Menschen zu erfahren:

- ich bin wer...,
- ich bin gemeint...,
- ich bin für andere wichtig...,
- ich bin einmalig und unvertauschbar...

Alle **diese Erfahrungen verbinden sich – biblisch gesprochen - mit dem »Namen«**. Erst wenn Menschen das Gegenteil davon erfahren müssen, merken sie erst, wie wichtig der Name für sie ist. Ein erschütterndes und aufrüttelndes Dokument der Namenlosigkeit, genauer des „Namenlosgemachtwerdens“, erzählt der rumänisch-amerikanische Friedensnobelpreisträger **Elie Wiesel** (*1928)[113] in seiner autobiographischen Erzählung **»Die Nacht«**. Es geht hierbei um die **Schrecknisse des Konzentrationslagers Auschwitz**, die er als Jugendlicher erleben musste. Elie Wiesel

[113] Zu Elie Wiesel darf ich auf meine eigene kleine Veröffentlichung hinweisen: Völker, Andreas: „Elie Wiesel: Zeichen setzen – selbst zum Zeichen werden“. Dort versuche ich anhand von fünf Satzzeichen, das Leben und Werk des Friedensnobelpreisträgers nachzuzeichnen und so eine Grammatik eines Lebens für Frieden und Versöhnung zu entwerfen.

berichtet: Am Nachmittag des ersten Tages im Konzentrationslager „ließ man uns antreten. Drei Häftlinge trugen einen Tisch und ärztliche Instrumente herbei. Mit freigemachtem linkem Arm mussten wir am Tisch vorbeigehen. Die drei »Alten«, Nadeln in der Hand, ritzten uns eine Nummer in den Unterarm. Ich bekam die Nummer A 7713 und hatte damit keinen Namen mehr."[114] **Ohne Namen** – nur noch eine bloße Zahl und eine **bedeutungslose Nummer** zu sein, das gehört zu den **furchtbarsten Erfahrungen**, die ein Mensch machen muss. Hier ist der Mensch im tiefsten Sinn dieses Wortes wirklich verloren. Er geht unter in der Masse und verliert mit dem Namen seine Bedeutung und seinen Wert. Namenlos gemacht, hat er seine Würde verloren, ist er nur noch eine mehr oder weniger brauchbare „Masse" oder er kann gleich „aussortiert" und „entsorgt" werden. Genau diese grausame Logik bestimmte das Leben im Konzentrationslager. Hören wir noch einmal auf den Bericht von Elie Wiesel: Kaum dort angekommen, wurden die unschuldig Deportierten in zwei Gruppen getrennt. Die einen, junge und kräftige Männer, um in den Arbeitsstätten oft bis zum Zusammenbruch eingesetzt zu werden und die anderen, die Frauen und Kinder, um der Vernichtung in der gnadenlosen Todesmaschinerie zum Opfer zu fallen. Er erinnert sich: „Ein SS-Unteroffizier, einen Gummiknüppel in der Hand, kam auf uns zu und befahl: »Männer links raus! Frauen rechts raus!« Vier Worte, ruhig und gleichgültig gesprochen, unbewegt. Vier schlichte kurze Worte. Für mich zwar der Augenblick, in dem ich meine Mutter verlassen musst. Ich fand keine Zeit, nachzudenken, als ich schon den Druck meines Vaters fühlte: wir waren allein, getrennt. Den Bruchteil einer Sekunde lang konnte ich meine Mutter und meine Schwestern nach rechts heraustreten sehen. Tsipora hielt Mamas Hand. Ich sah, wie sie sich entfernten. Meine Mutter streichelte die blonden Haare meiner Schwester, wie um sie zu beschützen. Ich ging mit meinem Vater, mit den Männern weiter. Ich wusste nicht, dass ich an dieser Stelle, in diesem Augenblick, Mutter und Tsipora für immer verließ."[115]

---

[114] Wiesel, Elie: Die Nacht, S. 66
[115] Ebd., S. 50

Wie erschütternd ist diese Erzählung. Was nur ist in Menschen gefahren, die anderen solch Schreckliches antun können? Die Erfahrung hinter diesem Barbarischen ist die gleiche, die auch der Bibel vor Augen steht: Dort, wo Menschen nur noch eine bloße Nummer sind und keinen Namen mehr haben, **regiert das Böse**. Dort wird alles verkehrt, grausam, teuflisch und unmenschlich. Vielleicht ist es eine tiefe Weisheit, die in der Bibel festgehalten ist, wenn sie dem **auftretenden Bösen** gerade keinen Namen gegeben hat, sondern es unter einer **Zahl**, einer **Nummer** benannt wird. Während der gute Gott der Bibel einen „Namen" hat und vor ihm auch der Mensch unendlich wichtig und wertvoll wird, bekommt das Böse eine „Zahl" oder eine „Nummer" zugewiesen. Und auch dies wirkt sich auf den Menschen aus. Denn dort, wo das Böse regiert, werden Menschen austauschbar und beliebig. Da sind Menschen nur noch Zahlen und Nummern. Der Einzelne ist unwichtig, er zählt nicht im Gefüge der Masse. Ich meine, dass **auch unsere moderne Zeit in Gefahr steht, den Menschen zu verzwecken**, ihn auf seine Brauchbarkeit und Nützlichkeit zu reduzieren und ihn somit zur „Nummer" zu machen. Joseph Ratzinger (Papst Benedikt XVI.) schrieb über dieses Thema, fast schon prophetisch, im Jahr 1976: Das zur Nummer gemacht werden kennen alle, „die die Welt der Konzentrationslager erlebt haben: deren Schrecklichkeit gründet eben darin, dass sie das Gesicht auslöscht, dass sie die Geschichte auslöscht, dass sie den Menschen zur Nummer macht, zum ersetzbaren Teilchen einer großen Maschine. Er ist soviel wie seine Funktion, nicht mehr. Heute müssen wir fürchten, dass das Konzentrationslager nur ein Vorspiel war, dass die Welt unter dem universalen Gesetz der Maschine als Ganzes die Struktur des Konzentrationslagers annimmt. Denn wenn es nur noch Funktionen gibt, dann ist auch der Mensch nichts anderes mehr. Die Maschinen, die er baut, prägen ihm nun ihrerseits ihr Gesetz auf. Er muss für den Computer lesbar gemacht werden und das kann er nur, wenn er in Zahlen übersetzt wird. Alles andere an ihm wird belanglos. Was nicht Funktion ist, ist nichts."[116] Wir sind, denke ich, heute, gut dreißig Jahre später, von dieser Schreckensvision gar nicht mehr allzu weit entfernt. Sicher irrt Ratzinger,

---

[116] Ratzinger, Joseph: Der Gott Jesu Christi, S. 19

wenn er die Schrecken der Konzentrationslager als „Vorspiel“ bezeichnet. Die von Elie Wiesel und vielen anderen berichteten Gräuel und Schreckenstaten der Nazi-Diktatur in diesen „Höllen“ ist nicht mehr zu überbieten und bleiben ein singuläres Beispiel des Überschrecklichen. Was wir heute an „Ent-namung“ und Entpersönlichung von Menschen erleben, ist mit diesem Verbrechen nicht zu vergleichen. Der einzige Punkt, an dem unsere heutige Zeit mit dem Terror von damals übereinstimmt ist die Logik, dass man dem Menschen seine Würde und seine Ehre nehmen will, indem man ihn ent-namt und zur bloßen Nummer macht. Dies allerdings ist auch heute in vollem Gange:

- Ich denke nur an den „gläsernen Menschen“, der vom Staat oder anderen Gruppen voll überwacht und kontrolliert werden soll.
- Oder an den von der Wirtschaft so ersehnten und von der Werbung immer wieder vorgegaukelten „funktionierenden Menschen“, der das, was ihm angeboten wird, kauft und so die Maschinerie von Produktion und Konsum in Gang hält.
- Ich denke an die Meldungen der Medien, in denen nichts weiter als Zahlen aufgelistet werden: bei der Arbeitslosenstatistik, bei den Verkehrstoten, bei Entlassungen von Mitarbeitern. Dass hinter diesen oft nur abstrakt anmutenden Zahlen einzelne Gesichter stehen, mit ihren jeweiligen Geschichten, mit ihren Träumen und Hoffnungen, aber auch mit ihren Ängsten und Verzweiflungen, wird hinter der bloßen „Aufzählung“ vergessen und ausgeblendet.
- Oder ich denke auch an den „angepassten Menschen“, der nicht mehr selber denkt, weil alles bereits für ihn er- und gedacht ist, der einfach mittrottet und sich eine eigene Ansicht nicht mehr leistet. Der mitmacht, wenn alle dies tun, nur um immer „dabei zu sein“.
- Ich denke an die Fernseh- und Unterhaltungsindustrie, die es sich zum Ziel gemacht zu haben scheint, mit Blödsinn und stupider Unterhaltung die Menschen gleichzuschalten.

Wie oft bleibt bei solchen Entwürfen vom „eigentlichen Menschen“ nichts mehr übrig als ein paar Nummern unter irgendwelchen Strichcodes. Letztlich läuft diese **Tendenz auf die Abschaffung des Menschen** hinaus, denn so hört er wirklich auf, Mensch zu sein. Beim **Gott der Bibel** ist es aber **anders**, ja gerade umgekehrt. Er selber hat einen Namen und in seinem Umfeld wird alles mit Namen benannt, es wird **»be-namt«, nicht »beziffert«**. Der Einzelne, unverwechselbar nicht zuletzt aufgrund des ihm zugehörigen Namens, steht bei ihm im Mittelpunkt. Der einzelne Mensch ist zentral wichtig, aber nicht nur, weil er der Gattung Mensch zugehört, also nicht nur in seiner Wesenheit, sondern gerade weil er ein unverwechselbares Subjekt ist, ein „Einzelner“. Über die Bedeutung dieses „**Einzelnen**“ hat wohl selten jemand tiefer nachgedacht und schöner geschrieben als der dänische Religionsphilosoph **Sören Kierkegaard** (1813-1852). Er schreibt: „Ist die Menge das Böse, ist es das Chaos, das droht: so ist Rettung nur in Einem: der Einzelne werden, und ist der rettende Gedanke: jener Einzelne.“[117] Vor Gott ist **jeder Mensch unabdingbar ein Einzelner**, im Sinne dass er unaustauschbar und unersetzbar ist. Damit wird er **als Einzelner unendlich wichtig und wertvoll**, auf ihn kommt es an und zwar so, wie er ist. Niemand kann einen einzelnen Menschen letztlich vertreten. Es kommt entscheidend auf ihn an, und zwar als Einzelnen. Doch das Einzelner-sein des Menschen **braucht dringend eine Ergänzung**. Als ein Einzelner muss der Mensch sich in **Gemeinschaft mit anderen** (wiederum für sich gesehen Einzelne) begeben, um ganz er selbst zu sein. Erst im **Mit- und Füreinander** von vielen kann der Einzelne letztlich sich selbst finden und verwirklichen. Ein »Einzelner sein« ist also weit davon entfernt, zum Egoismus zu werden. Das Gegenteil ist wahr:

- Erst der Mensch, der wirklich zu sich selbst gefunden hat und darin sich selbst gefunden hat, wird fähig zu einem Leben in echter Gemeinschaft und umgekehrt:

[117] Kierkegaard, Sören: Die Schriften über sich selbst, S. 64

- Erst der Mensch, der eine liebende und ihn umgebende Gemeinschaft erleben konnte und durfte, kann wahrhaft sich selbst finden und verwirklichen.

Es ist nach all dem Gesagten schon klar zu sehen: Gott hat einen Namen – das hat Konsequenzen. Er ist ansprechbar und teilt sich selber ganz mit. **Gott ist in der Beziehung zum Menschen ein DU**[118]! Und das hat, wie uns jetzt deutlich vor Augen steht, Auswirkungen auf das Verständnis vom Menschen. Auch der **Mensch ist zuinnerst ein „Du"**. Er hat einen Namen und ist unaustauschbar und einmalig. Immer wenn das vergessen wird, herrscht das Böse und der Mensch gerät in Gefahr, verloren zu gehen.

2.4 Der Name Gottes – ins Gebet gebracht

In diesem Zusammenhang soll noch ein abschließender Blick auf die **Bitte im »Vater unser«** fallen, die ebenfalls das Thema des Namens direkt aufgreift. Gemeint ist die Bitte: „**Geheiligt werde dein Name**!" Der Text des Gebetes wird uns **zweifach im Neuen Testament** überliefert. Es steht beim Evangelist **Lukas**, der wohl die **ältere Textfassung**[119] überliefert, und im **Matthäusevangelium**, das die uns **geläufigere Form** aufbewahrt hat. Beide verorten den Text des Gebetes an unterschiedlichen Stellen in ihrem Evangelium:

---

[118] So umschreiben Martin Buber und Franz Rosenzweig in ihrer Übersetzung der hebräischen Bibel den Gottesnamen Jahwe mit dem einfachen „DU". Vgl. dies.: Die Schrift. Dort gibt im Anhang an den ersten Band (Die fünf Bücher der Weisung) Martin Buber eine Erklärung „Zu einer neuen Verdeutschung der Schrift". „Die Schwierigkeit der zulänglichen Wiedergabe steigert sich ins Paradoxe, wo es um die Verdeutschung... des Tetragrammatons, des Namens JHWH... [geht]." (Seite [28]). Er fährt fort. „Die Einsicht in den pronominalen Charakter oder Gehalt der ursprünglichen Namensform gab die Richtung an. Darum steht in unserer Verdeutschung ICH und MEIN, wo Gott redet, DU und DEIN, wo er angeredet wird, ER und SEIN, wo von ihm geredet wird." (Seite [30]).

[119] Vgl. Boff, Leonardo: Vater unser, S. 37 „Demnach wäre der lukanische Text der ursprüngliche." Boff beruft sich dabei auf Joachim Jeremias und der generell in der Exegese geltenden Regel, dass kürzere Texte als ursprünglicher gelten.

- **Matthäus** stellt die Überlieferung des Herrengebetes in die **Mitte seiner Bergpredigt** (Mt 5-7).
- **Lukas** überliefert es auf dem **Gang Jesu nach Jerusalem** (Lk 9,51-19,27).

Es lohnt sich vielleicht auch hier erst einmal die **originalen Texte** anzuschauen. **Wortgleiche Textteile sind dabei hervorgehoben**, so dass ein guter Vergleich beider Fassungen möglich wird.

Matthäusfassung

Πάτερ ἡμῶν ὁ ἐν τοῖς οὐρανοῖς
ἁγιασθήτω τὸ ὄνομά σου
ἐλθέτω ἡ βασιλεία σου
γενηθήτω τὸ θέλημά σου, ὡς
ἐν οὐρανῷ καὶ ἐπὶ γῆς·
τὸν ἄρτον ἡμῶν τὸν ἐπιούσιον
δὸς **ἡμῖν** σήμερον·
καὶ ἄφες ἡμῖν τὰ
ὀφειλήματαἡμῶν,
ὡς καὶ ἡμεῖς ἀφήκαμεν τοῖς
ὀφειλέταις ἡμῶν·
καὶ μὴ εἰσενέγκῃς ἡμᾶς εἰς
πειρασμόν,
ἀλλὰ ῥῦσαι ἡμᾶς ἀπὸ τοῦ
πονηροῦ.

[Mt 6,9-13]

Lukasfassung

Πάτερ,
ἁγιασθήτω τὸ ὄνομά σου·
ἐλθέτω ἡ βασιλεία σου

τὸν ἄρτον ἡμῶν τὸν ἐπιούσιον
δίδου **ἡμῖν** τὸ καθ' ἡμέραν
καὶ ἄφες ἡμῖν τὰς ἁμαρτίας
ἡμῶν,
καὶ γὰρ αὐτοὶ ἀφίομεν παντὶ
ὀφείλοντι ἡμῖν
καὶ μὴ εἰσενέγκῃς ἡμᾶς εἰς
πειρασμόν.

[Lk 11,2-4]

Der ehemalige Erfurter Neutestamentler **Heinz Schürmann**[120] (1913-1999) hat beide Fassungen ziemlich genau übersetzt. Auch hierbei sind die wortgleichen Passagen parallel gestellt und hervorgehoben.

---

[120] Vgl. Schürmann, Heinz: Das Gebet des Herrn, S. 17f

Matthäusfassung

Unser **Vater**, der in den Himmeln!
Geheiligt werde dein Name.
Es komme dein Königtum.
Es geschehe dein Wille, wie in dem Himmel, so auch auf der Erde.

Unser Brot, das notwendige,
gib uns heute;

und vergib uns unsere Schulden, wie **auch wir vergeben** haben unsern Schuldnern;
und wolle uns nicht in eine Versuchung führen, sondern rette uns vom Bösen.*

[Mt 6,9-13]

Lukasfassung

Vater,

geheiligt werde dein Name!
Es komme dein Königtum.

Unser Brot, das notwendige, gib uns immer wieder Tag für Tag;

und vergib uns unsere Sünden, denn **auch wir vergeben** immer wieder jedem, der uns schuldet;
und wolle uns nicht in eine Versuchung führen!

[Lk 11,2-4]

In beiden Überlieferungen des Herrengebetes, bei Matthäus und bei Lukas, steht die **Bitte um die Heiligung des Gottesnamens** gleich nach der Anrede und **eröffnet damit jeweils den Reigen der Bitten**. Allein von dieser einleitenden Stellung her lässt sich die **Bedeutsamkeit** dieser Bitte erahnen. Dabei kann wohl kaum der Mensch als Subjekt des Heiligens angesprochen sein und in Betracht kommen. Wie sollten wir Menschen den Namen Gottes heiligen? Das ist uns nicht möglich. Wir stehen nicht über Gott, um ihn und seinen Namen heiligen zu können. Und Gott braucht uns auch nicht, um seinen Namen zu heiligen. Deshalb geht es bei dieser Bitte um entscheidend mehr und wesentlich anderes als etwa um die Aufforderung an die Menschen, Gott zu loben. Es geht vielmehr um eine **Aufforderung an Gott selbst: Er soll seinen Namen heiligen**. Es geht hier also um den Wunsch, „dass Gott groß und herrlich sei“[121]. Er soll endlich wahrmachen und erfüllen, was er uns verheißen und versprochen hat. Was das heißen könnte, kann uns in einem Blick auf den **Propheten Ezechiel** aufgehen. Dort heißt es in einer großartigen Vision, in der Gott dem Propheten aufträgt, dem Volk zu sagen:

„Als sie aber zu den Völkern kamen, entweihten sie überall, wohin sie kamen, meinen heiligen Namen; denn man sagte von ihnen: Das ist das Volk Jahwes, und doch mussten sie sein Land verlassen. Da tat mir mein heiliger Name leid, den das Haus Israel bei den Völkern entweihte, wohin es auch kam. Darum sag zum Haus Israel: So spricht Gott, der Herr: Nicht euretwegen handle ich, Haus Israel, sondern um meines heiligen Namens willen, den ihr bei den Völkern entweiht habt, wohin ihr auch gekommen seid. Meinen großen, bei den Völkern entweihten Namen, den ihr mitten unter ihnen entweiht habt, werde ich wieder heiligen. Und die Völker - Spruch Gottes, des Herrn - werden erkennen, dass ich der Herr bin, wenn ich mich an euch vor ihren Augen als heilig erweise. Ich hole euch heraus aus den Völkern, ich sammle euch aus allen Ländern und bringe euch in euer Land. Ich gieße reines Wasser über euch aus, dann werdet ihr rein. Ich reinige euch von aller Unreinheit und von allen euren Götzen. Ich schenke euch ein neues Herz und lege einen neuen Geist in euch. Ich nehme das Herz von Stein aus eurer Brust und gebe euch ein Herz von Fleisch. Ich lege meinen Geist in euch und bewirke, dass ihr meinen Gesetzen folgt und auf meine Gebote achtet und sie erfüllt. Dann werdet ihr in dem Land wohnen, das ich euren Vätern gab. Ihr werdet mein Volk sein, und ich werde euer Gott sein. Ich befreie euch von allem, womit ihr euch unrein gemacht habt. Ich rufe dem Getreide zu und befehle ihm zu wachsen. Ich verhänge über euch keine Hungersnot mehr. Ich vermehre die Früchte der Bäume und den Ertrag des Feldes, damit ihr nicht mehr unter den Völkern die Schande einer Hungersnot ertragen müsst. Dann werdet

[121] Ebd., S. 34

ihr an euer verkehrtes Verhalten und an eure bösen Taten denken, und es wird euch ekeln vor euch selbst wegen eurer Gräueltaten. Doch nicht euretwegen handle ich so - Spruch Gottes, des Herrn -, das sollt ihr wissen. Errötet und vergeht vor Scham wegen eures Treibens, ihr vom Haus Israel. So spricht Gott, der Herr: Wenn ich euch von all euren Sünden gereinigt habe, mache ich die Städte wieder bewohnbar, und die Ruinen werden wieder aufgebaut. Das verödete Land wird bestellt, es liegt nicht mehr öde vor den Augen all derer, die vorübergehen. Dann wird man sagen: Dieses verödete Land ist wie der Garten Eden geworden; die zerstörten, verödeten, vernichteten Städte sind wieder befestigt und bewohnt. Dann werden die Völker, die rings um euch noch übrig sind, erkennen, dass ich, der Herr, das Zerstörte wieder aufgebaut und das Ödland wieder bepflanzt habe. Ich, der Herr, habe gesprochen, und ich führe es aus."

[Ez 36, 20-36]

Von dieser sehr eingängigen Stelle beim Propheten Ezechiel fällt meines Erachtens ein **klärendes Licht** auf den Eingang des »Vater unsers« und seiner Bitte um die Heiligung des Gottesnamens. Gott spricht zum Propheten über sein Volk Israel und **klagt es an**, dass es den **Namen Gottes vor allen anderen Völkern entweiht** habe. Dies betrifft vor allem die Katastrophe des **Exils**[122], in der das Volk ein recht armseliges Bild abgibt und die Menschen mit unsäglichem Leid überschwemmt wurden. Dies wollte Gott so nicht. Vielmehr war „es der ursprüngliche Gotteswille, dass durch ein glückliches und gesegnetes Volk der Name seines Gottes bei den Heiden mit Achtung und Ehrfurcht genannt worden wäre."[123] Nun aber fällt das schreckliche Geschehen, das das Volk erleiden musste, auch auf den Gott

[122] Im Jahr 587 v. Chr. fiel das Südreich Juda mit seiner Hauptstadt Jerusalem an die Babylonier. Von der Oberschicht wurden die Überlebenden ins Land der Sieger verschleppt und dort gefangen gehalten. Unter den Exilierten war auch der Prophet Ezechiel, auf den große Teile des gleichnamigen Buches im AT zurückgehen. Bis zum Jahr 538 v. Chr. dauerte dieses sog. „Babylonische Exil". In diesem Jahr besiegte der Perserkönig Kyrus das neubabylonische Reich und erlaubte mit einem Edikt (dem berühmten Kyrus-Edikt, das sich im Buch Esra 6,3-5 in Teilen erhalten hat), den Exilierten die Heimkehr in ihr Land.

[123] Eichrodt, Walther: Der Prophet Hesekiel, ATD 22, S. 346

des Volkes zurück. Wenn das Volk in diese fast vernichtende Katastrophe geht, dann kann es mit seinem Gott nicht allzu weit her sein. **Durch das Exil des Volkes wird buchstäblich Gottes „Name" entweiht**. Und das nicht nur nach außen hin, im Verständnis der anderen Menschen, die an der Schwäche des Volkes Israel auch die Unfähigkeit und Nichtigkeit seines Gottes ablesen wollen. Die Entweihung des Namens Gottes geht wesentlich tiefer. Denn tatsächlich steht der **Name Gottes eigentlich für sein rettendes und heilendes Dasein** - und gerade das ist in dieser geschichtlichen Stunde so verdunkelt. Denn im Exil und durch die Tragödie des Volkes Israel scheint ganz anderes zu gelten. Gott wird angesichts dieser Niederlage zutiefst fragwürdig:

- Wo ist denn Gott?
- Ist er nicht da?
- Lässt er uns in der Not allein?
- Kann oder will er uns nicht helfen?

Diese Fragen brechen überall auf. Mit ihnen und durch sie wird **der Gott des gescheiterten Volkes Israels zutiefst selbst in Frage gestellt** und somit zweifelhaft. Zeigt die Tragödie des Exils nicht augenscheinlich, dass der Gott Israels gar kein „Jahwe" ist, der „da sein wird", weil er eben gerade dann, wenn er gebraucht würde, nämlich in der Notzeit des Exils, doch nicht da ist. Bei einer solchen Verzerrung des Gottesbildes und dieser Lästerung des Gottesnamens darf und kann es nicht bleiben und so verkündet der Prophet Ezechiel einen **Neueinsatz: Gott will seinen Namen wieder wahr machen**, in dem er für die Menschen wieder da ist. War der **Exodus** – bei dem der Name Gottes als Jahwe zum ersten Mal genannt und erfahrbar wurde – der große **Weg aus der Gefangenschaft** in die Freiheit, so ist das **Exil die genaue Umkehrung** des Exodus. Wenn man so will, wird durch die **Gefangenschaft im Exil der Name Gottes geradezu auf den Kopf gestellt**. Und auch von hierher ist die „Wiederherstellung des Namens Gottes" dringend geboten. An dieser Stelle wird der Text aus dem Buch Ezechiel nun **sehr tief und wunderschön**. Denn was soll Gott tun angesichts der Katastrophe des Exils? Worin und wodurch will er seinen Namen wieder aufrichten? Welch großes Werk ist zu erwarten? Vielleicht sehnt sich jetzt so mancher nach einem kraftvollen und mächtigen Auftreten Gottes, das alle in seinen Bann zieht. Doch jene, die auf ein spektakuläres Auftreten Gottes hoffen, werden enttäuscht. Es kommt – wie es eben Gottes Art ist - **viel inniger und anrührender**. Hören wir noch einmal auf die Botschaft des Propheten:

> „Ich gieße reines Wasser über euch aus, dann werdet ihr rein. Ich reinige euch von aller Unreinheit und von allen euren Götzen. Ich schenke euch ein neues Herz und lege einen neuen Geist in euch. Ich nehme das Herz von Stein aus eurer Brust und gebe euch ein Herz von Fleisch. Ich lege meinen Geist in euch und bewirke, dass ihr meinen Gesetzen folgt und auf meine Gebote achtet und sie erfüllt. Dann werdet ihr in dem Land wohnen, das ich euren Vätern gab. Ihr werdet mein Volk sein, und ich werde euer Gott sein..."
>
> [Ez 36,25-28]

Was Gott in Aussicht stellt ist nicht ein pompöser oder überwältigender Auftritt seiner Majestät, ein offen zur Schau gestelltes Mirakel der göttlichen Allmacht und Größe. Nein, er verspricht, dass er den **Menschen von Innen her erneuert**. Und **darin wird sein Name geheiligt**. Denn er ist Jahwe – eben Dasein für andere. An den Menschen, an ihrem Wohl und ihrem Leben muss es sich erweisen, ob sein Name stimmt oder nicht. Daher, so die Verheißung ...

- wird ein neuer Geist den Menschen erfüllen...
- wird im Menschen ein neues fühlendes und liebendes Herz schlagen...
- soll der Mensch befreit sein von allem, was ihn von Gott trennt...
- soll der Mensch rein und frisch sein, weil er mit klarem Wasser besprengt wird...
- werden Gott und Menschen in einer erneuerten Beziehung miteinander leben.

Das **Heiligen des Gottesnamens** fällt in dieser großartigen prophetischen Vision mit dem **Aufrichten und Erheben des gefallenen Menschen zusammen**. Das heißt doch, dass Gottes Name im letzten und tiefsten Sinn erst dann geheiligt wird, wenn es dem Menschen gut geht, wenn er heil und darüber heil-ig wird. Das hat auch schon der große Kirchenlehrer **Irenäus von Lyon** (ca. 135-202) gesehen. Im vierten Buch seiner Schrift „Adversus haereses" (Gegen die Häresien) schreibt er einen wunderschönen Satz: „**Gottes Ruhm ist der lebendige Mensch, das Leben des Menschen aber ist die Anschauung Gottes**."[124] Für den schon genannten flämischen Theologen Edward Schillebeeckx ist dieser Gedanke ein zentraler Punkt seiner Theologie und für das ganze Christentum: „Gott wird erfahrbar im Glück und Heil von Menschen." Schon früh entdeckte er, dass in besonderer Weise das **Leben Jesu in seiner gelebten Menschenliebe,** *die* „Heiligung des Namens Gottes" ist. Denn für ihn gilt: „Die Verherrlichung Gottes und das Heil der Menschen sind innig miteinander verbunden: Gottes Herrlichkeit kommt gerade im Heil der Menschen zu ihrem Recht."[125] Aber – und hier ist ein wichtiges Problem von Schillebeeckx erkannt - was Glück oder gar Heil für Menschen bedeutet, kann nicht so ohne weiteres angegeben werden. Hier gibt es bei Menschen unterschiedliche Vorstellungen und Ansichten, die sich nicht so einfach in Übereinstimmung bringen lassen. Was aber für fast alle Menschen gilt, ist, dass sie spüren, wann und wo der Mensch verletzt und am Leben gehindert wird. Schillebeeckx nennt ein solches Erspüren „**negative Kontrasterfahrungen**". Er versteht unter diesen »negativen Kontrasterfahrungen« alle Widerfahrnisse von Leid und Enttäuschung, von Trauer und Angst. In diesem Sinn gilt für ihn: „Erfahrungen von Sinnlosigkeit, Unrecht, Leid, also von Widerspenstigkeit der Wirklichkeit, haben besondere Autorität."[126] Negative Kontrasterfahrungen sind deshalb wichtige menschliche Erfahrungen. „Sie bilden eine menschliche Grunderfahrung... nämlich: das Veto, das der Mensch erfährt gegen die Welt, wie sie ist... Deshalb ist die

---

[124] Irenäus von Lyon: Gegen die Häresien, II. Band, Buch IV, Kapitel XX, S. 66
[125] Schillebeeckx, Edward: Die Heiligung des Namens Gottes durch die Menschenliebe Jesu des Christus, S. 43
[126] Schillebeeckx, Edward: Offenbarung, Glaube und Erfahrung, S. 88

menschliche Erfahrung von Leid, Bosheit und Unglück Grundlage und Quelle eines fundamentalen Neins, das Menschen über die Faktizität ihres In-der-Welt-Seins aussprechen."[127] Gemeint ist also damit, dass von solchen Zuständen, die den Menschen erniedrigen und beleidigen, ersichtlich wird, dass es eigentlich anders um den Menschen bestellt sein sollte. Deshalb regt sich Widerstand. Und in diesem Widerstand kommen die Menschen, die sich um eine bessere Welt mühen, überein. Denn in diesem Widerstand gegen das, was schief läuft, liegt zugleich der Protest gegen alles Unrecht verborgen. Der entscheidende Punkt ist nun, dass dieser Protest einen Sinnhorizont eröffnet. Und hier ist die Stelle, bei der Gläubige ihren Glauben an Gott ins Gespräch bringen können. Deshalb sind für Schillebeeckx die „negativen Kontrasterfahrungen" ein **bevorzugter Ort, Gott zu erfahren**. Denn der Glaube an Gott eröffnet und artikuliert gerade den Sinnhorizont, der im Protest erst nur stumm mitgesetzt werden konnte. Oder, wie Schillebeeckx folgert: „Wenn das grundlegende Symbol Gottes der lebendige Mensch... ist, dann ist die Stelle, wo der Mensch entehrt, verletzt und unterdrückt wird... zugleich die bevorzugte Stelle, wo *religiöse Erfahrung* möglich wird in einer Lebenspraxis, die diesem Symbol Gestalt geben, sie heilen und befreiend zu sich selbst bringen will."[128] Nun war eben in besonderer Weise Jesus von Nazaret auf der Seite derer, die sich nicht einfach mit den Verhältnissen abfinden. **Sein ganzes Leben war ein Protest im Namen Gottes gegen das Unrecht**, das Menschen anderen Menschen antun. „Die Lebenspraxis Jesu" eröffnet den Menschen, die ihm begegnen, neue Perspektiven. Helfend und heilend tritt er in ihr Leben. Darin und dadurch können und sollen sie erfahren, dass Gott es gut mit ihnen meint und dass er ihnen durch seine Liebe das Heil eröffnen will. Dieses **Heil-von-Gott-her heißt für ihn „Reich Gottes" und besagt, dass Gott das Sagen hat, um alles zu vollenden und zu heil(ig)en**. Im Dienste dieser seiner grundlegenden Botschaft steht auch sein **Handeln**. Es versucht durchzubuchstabieren, was er von Gott her für den Menschen glaubt. Der „Umgang Jesu von Nazaret mit Mitmenschen ist Heilsangebot

[127] Ders.: Befreiende Theologie, S. 65
[128] Ders.: Christus und die Christen, S. 820

von Gott; es hat mit der von ihm verkündeten kommenden Gottesherrschaft zu tun.“[129] Schillebeeckx kann aus all dem Gesagten folgern: „Jesus verkündete nahendes Heil für den Menschen »von Gott her«; er trat als eschatologischer Prophet auf, der Gottes »frohe Nachricht für Arme« bringt... Er predigte die auf Menschlichkeit bedachte Gottesherrschaft, die eine entsprechende Praxis erfordert, wie sie von ihm selbst vorgelebt wurde und der in Parabeln und Unterweisungen tatkräftig Ausdruck verlieh. Persönlich identifizierte er sich mit der Sache Gottes als Sache des Menschen... und mit der Sache des Menschen als Sache Gottes. Daraus lebt er, das erfüllte ihn, und das sagt er den Menschen zu: Menschen sind »Menschen, um die Gott sich kümmert«.“[130]

Kehren wir zurück zur Bitte des „Vater unsers“. Dort heißt es: **Gott soll seinen »Namen heiligen«**. Das heißt also nach allem Gesagten zuerst, dass **Gott sich als »Jahwe« erweisen** soll, als einer, der für uns da ist, der uns hilft und uns befreit. Genau dafür ist der **Mann Jesus von Nazaret auf- und angetreten**. Sein ganzes Leben lang hat er sozusagen **durch seine Menschlichkeit und Menschenliebe den »Namen Gottes geheiligt«.** Deshalb kann das Johannesevangelium die große Abschiedsrede Jesu in ein Gebet einmünden lassen, das Jesus mit folgenden Worten beschließt:

> „Gerechter Vater, die Welt hat dich nicht erkannt, ich aber habe dich erkannt, und sie haben erkannt, dass du mich gesandt hast. Ich habe ihnen deinen Namen bekannt gemacht und werde ihn bekannt machen, damit die Liebe, mit der du mich geliebt hast, in ihnen ist und damit ich in ihnen bin.“
>
> [Joh 17, 25f]

Das letzte Wort Jesu vor seiner Verhaftung, vor seiner Verurteilung, Folter und Hinrichtung ist dieser **Schlussakkord des Gebetes**, das auch das

[129] Ders.: Jesus – die Geschichte von einem Lebenden, S. 159
[130] Ebd., S. 238f

„Hohepriesterliche Gebet“[131] Jesu genannt wird. Dort spricht Jesus, dass er den Namen Gottes „bekannt gemacht“ habe und ihn auch ferner „bekannt machen werde“. Entscheidend ist die Fortsetzung: „...damit die Liebe, mit der du mich geliebt hast, in ihnen ist und damit ich in ihnen bin.“ Der ehemalige Würzburger Neutestamentler **Rudolf Schnackenburg** (1914-2002) eröffnet uns ein richtiges Verständnis, wenn er treffend deutet: „Der Weg... zur Vollendung... führt über eine immer tiefere Offenbarung des Wesens Gottes und eine immer stärkere Einbeziehung in die Gemeinschaft mit Gott, der sich ihr liebend erschließt und sie immer mehr in seine Liebe aufnimmt.“[132] Wie in einem Brennglas fasst somit der **letzte Satz des großen Gebetes Jesu seine ganze Botschaft und sein gesamtes Wirken noch einmal zusammen** und ertönt wie ein **strahlend schöner Schlussakkord** über alles, was bisher auf so vielfältige Weise angeklungen ist. Dass die unmittelbare Fortsetzung im Johannesevangelium die **Passion** Jesu darstellt, ist nach allem Gesagten nur folgerichtig. Jetzt muss das, was bisher „nur“ verkündigt wurde, **mit dem Einsatz des gesamten Lebens wahrgemacht** und **beglaubigt werden**. Tatsächlich ist es Jesus, der durch sein ganzes Leben hindurch bis zu seinem Sterben die erste Bitte des Vater-unser-Gebetes einlöst: „Geheiligt werde dein Name.“ Doch dies ist auch ein **Ansporn für uns**. Wir Christen sollen in der Nachfolge Jesu hier mitmachen. Wenn gilt, dass Gott dort geheiligt wird, wo es

---

[131] Vgl. dazu: Schnackenburg, Rudolf: Das Johannesevangelium, III. Teil. Er überschreibt das Kapitel 17 im Johannesevangelium als „Das Gebet des scheidenden Erlösers“ (S.189). Dann führt er aus, dass dieses Gebet früher gerne als „hohepriesterliches Gebet“ bezeichnet wurde. In Anmerkung 2 auf S. 190 steht dazu: „Der Ausdruck geht auf D. CHYTRAEUS (+ 1600) zurück. Der Gedanke einer hohepriesterlichen Fürbitte Jesu findet sich schon bei CYRILL V. ALEX...., ferner bei RUPERT V. DEUTZ“. Für sich selbst ist Schnackenburg mit dieser Bezeichnung aber nicht zufrieden. Weil kein unmittelbar kultischer Zusammenhang vorläge und es als fürbittendes Gebet Jesu für seine Jünger diene, ist „die Bezeichnung »hohepriesterliches Gebet« nur eingeschränkt berechtigt und in gewisser Weise irreführend“. Dennoch gibt es auch nach Schnackenburg trotzdem einen Grund für diese Bezeichnung, denn die „Fürbitter-Rolle für seine Jünger“, die dem ganzen Gebet zugrunde liegt, kann man dann doch „in einem weiteren Sinn »hohepriesterlich« nennen“. (Alle Zitate auf S. 229).

[132] Ebd., S. 224

dem Menschen gut geht, dann ist das das **Programm für uns**. In diesem Sinn dürfen und sollen wir – oft bescheiden genug – **mitmachen am „Heiligen des Gottesnamens“**, so dass auch uns die Anfangsbitte des Herrengebetes etwas angeht. Denn nur durch unser Leben kann den Menschen etwas aufstrahlen von der Liebe Gottes zu den Menschen. Erst wenn **Menschen füreinander da** sind und sich **miteinander engagieren für eine bessere Welt**, kann etwas vom „Namen Gottes“, der Jahwe, also bedingungsloses Dasein für andere ist, erahnbar werden. Über diese Zusammenhänge müssen wir noch einmal tiefer nachdenken. Der Ort dafür wird im Fall „Dativ“ sich finden.

Bleibt als Zusammenfassung: Das Stichwort „Name“ kann uns den innersten Kern und die tiefste Mitte der Botschaft und der Lebenspraxis Jesu aufschließen:

Indem wir helfen, dass Menschen einen „Namen haben“, dass sie...

- in ihrer persönlichen Eigenart geachtet werden...
- sich und ihre Fähigkeiten voll entfalten können...
- dass sie Ansehen genießen...
- dass sie – gleich wie sie auch immer sind – etwas gelten und mit Würde behandelt werden...
- dass sie als Kinder des einen Gottes ihr eigenes Leben wagen und gestalten...

... helfen wir mit, den Namen Gottes in dieser Welt zu heiligen.

Denn nur so wird er wirklich als Jahwe, als Ich-bin-da-für-euch, erkannt. Und weiter: Indem wir helfen, dass Gott in dieser Welt zu seinem Recht kommt und wir...

- Gott ins »Gerede unter den Menschen bringen«...
- die „gefährliche Erinnerung“[133] an ihn unter uns wach halten...
- seine Befreiungsgeschichten immer wieder neu unter uns reale Geschichte werden lassen...

---

[133] Johann Baptist Metz hat diesen Ausdruck gebraucht für den christlichen Glauben an Gott. Mit ihm ist „jene gefährliche Erinnerung gemeint, die die Gegenwart bedrängt und in Frage stellt, weil sie an unausgestandene Zukunft erinnert.“ Vgl. ders.: Glaube in Geschichte und Gesellschaft, S. 192

- als Gemeinschaft der Glaubenden immer etwas spür- und erfahrbar werden lassen von seiner Liebe zu allem, was lebt...
- seine großen Taten immer wieder neu feiern, um durch sie die Kraft und die Hoffnung zu gewinnen, dass es »mehr gibt, als alles«...

... helfen wir mit, den Namen Gott in dieser Welt zu heiligen. Denn nur so haben wir den weiten Horizont eines weiten Herzens, durch das auch alle Menschen wahrhaft und wirklich einen »Namen haben«, der ihnen entspricht und sie nicht nur zur bloßen Nummer degradiert werden.

Gott hat einen Namen, das ist Inhalt des ersten Falls, des Nominativs. Wir sehen schon, wie **viele und vielfältige Bezüge** sich daraus ergeben. Wir verstehen Gott schon im ersten Fall sehr tief und zugleich haben wir vom Menschen, der auf Gottes Bild hin erschaffen ist, sehr viel verstanden. Doch dies ist nur der erste Fall". Sehen wir zu, was uns die anderen „Fälle" über Gott und über uns zu sagen haben.

3. Der schöpferische Gott – der Genitiv

3.1 Gott als Schöpfer

Um den Wortsinn des „Genitivs“ zu verstehen, müssen wir wieder zuerst das Lateinische bemühen. Das Wort „genero“[134], das dem Begriff „**Genitiv**“ zugrunde liegt, heißt übersetzt: **(er-)zeugen, hervorbringen, schaffen**. Das bedeutet, dass mit dem Wortsinn des Genitivs, eine **zweite, wichtige Perspektive** des biblischen Gottes eingefangen ist: Er ist der **Schöpfer**. Und tatsächlich beginnen alle **christlichen Glaubensbekenntnisse** wie in einer gewaltigen Ouvertüre mit dem Glauben an Gott als dem „Schöpfer des Himmels und der Erde“[135] bzw. „der alles erschaffen hat, Himmel und Erde, die sichtbare und die unsichtbare Welt“[136]. Dieser Glaubenssatz, der mit dem „Genitiv“ der Grammatik bezeichnet wird, gehört allein schon seiner Stellung in den offiziellen Glaubensbekenntnissen wegen, immerhin eröffnet er jeweils diese Texte, **zentral zur Rede über Gott** mit hinzu. Doch was ist damit gemeint? Die **ersten Grundlagen zu diesem Gedanken sind bereits im Alten Testament** zu finden. Dort schon wird von Gott als dem Schöpfer der Welt gesprochen. Dennoch ist dieser **Glaube** an Gott als den **Schöpfer**, zeitlich gesehen, **nicht die erste oder gar vordringlichste** Erfahrung im Volk Israel. Tatsächlich ist der Gedanke, dass Gott der Schöpfer der Welt sei, ein **relativ junger Gedanke** im Alten Testament. Dennoch wird gerade dieser Glaubensinhalt mehr und mehr zu einem wesentlichen Inhalt des alttestamentlichen Gottesverständnisses.[137]

---

[134] Heinichen: Lateinisch-Deutsch zu klassischen und ausgewählten mittelalterlichen Autoren, S. 193

[135] So im sogenannten Apostolischen Glaubensbekenntnis.

[136] So beginnt das so genannte Große Glaubensbekenntnis, das auch Nizäno-Konstantinopolitanisches Glaubensbekenntnis heißt.

[137] Gerhard von Rad schreibt: „Es ist schon lange aufgefallen, dass sich umfangreichere Aussagen von Jahwes Weltschöpfung erst in jüngeren Texten finden...Wahrscheinlich lag der Grund... darin, dass Israel verhältnismäßig lange gebraucht hat, den tatsächlich vorhandenen älteren Schöpfungsglauben mit der Überlieferung von den eigentlichen, d. h. den geschichtlichen Heilstaten Jahwes,

Gerade in Notzeiten, vor allem in der erschütternden Krise des babylonischen Exils (586-538 v. Chr.), treten der Glaube an und das **Bekenntnis zu Gott als den Schöpfer** in den **Mittelpunkt**. In bewegten Zeiten, in denen es schwer fällt, an ein huld- und heilvolles Eingreifen Gottes aufgrund der bedrückenden Erfahrungen in der Geschichte zu glauben, ist das Bekenntnis zu Gott als dem Schöpfer im Blick auf die Stabilität der Schöpfung sehr hilfreich. An der immer noch „funktionierenden" Schöpfung können die Menschen erahnen, dass auch Gott noch „funktioniert", dass er sie in und über allem Leid nicht vergessen hat. So wie die Schöpfung nach wie vor ihren Lauf vollzieht, so bleibt Gott – wider allen Augenschein – bei seinem Volk. Aus diesem Gedanken kann gerade in Notzeiten tiefer Trost entstehen. Die weiterhin „funktionierende" **Schöpfung Gottes verbürgt als Garant seine bleibende Treue und Zuverlässigkeit**. Doch damit ist erst ein erster Aspekt benannt. Gott ist der Schöpfer – er ist ein **schöpferischer und schöpfender Gott, kein erschöpfter Gott**, damit wird auch die **Überlegenheit des biblischen Gottes** gegenüber allen anderen, die sich wie Götter gebärden, verdeutlicht. Der Gott, der über allem und hinter allem steht, ist der Gott des Volkes Israel. Alle anderen in der Völkerwelt geglaubten Gottheiten sind in deren Augen „Nichtse". Nur in seiner Macht liegt es, dass alles am Dasein bleibt und dass die ganze Welt existiert. Deshalb muss dieser Gott Israels **ein besonderer Gott** sein. Es drängt sich sogar der Gedanke auf, dass er vielleicht sogar der höchste, wenn nicht gar der **einzige Gott** ist. Diesen Gedanken, der im Schöpfungsglauben mitgedacht ist, wird in Israel immer wichtiger. Tatsächlich sieht man in Gott Jahwe, der so mächtig ist, dass er alles erschaffen hat und darüber hinaus auch im Dasein erhält, immer mehr den einzigen Gott. Darum liegt letztlich im Glauben an Gott als den Schöpfer auch ein wichtiger Schritt hin zum **endgültigen Monotheismus** in Israel: **Es gibt nur einen Gott und**

---

theologisch ins rechte Verhältnis zu bringen." (Theologie des AT, Bd. 1, S. 149f) Horst Dietrich Preuß fasst zusammen: „Schöpfungstheologie ist... ein dem JHWHglauben zugewachsenes Element sedentärer Kulturlandfrömmigkeit." (Theologie des Alten Testamentes, Bd. 1, S. 272. Preuß betont aber darüber hinaus: „Der JHWHglauben erfährt aber durch die ihm zugewachsenen und zugeordneten Schöpfungsaussagen... eine Ausweitung und Bereicherung". (Ebd.)

dieser ist der Schöpfer von allem. Gerade in diesem Punkt ist der Glaube Israels in der Religionsgeschichte revolutionär und einmalig, so ganz anders als alles, was bei den anderen geglaubt wird.
Doch zurück zum ersten Gedanken, dass Gott der Herr hinter allem steht und es als schöpferischer Gott ermöglicht, trägt und erhält. Dass dieser sich bei seiner Schöpfung nicht verausgabt hat und als „schöpferischer" Gott nicht ein „er-schöpfter" Gott wurde, sagt eine sehr schöne Stelle im Buch Jesaja. Dort heißt es:

> „Weißt du es nicht, hörst du es nicht? Der Herr ist ein ewiger Gott, der die weite Erde erschuf. Er wird nicht müde und matt, unergründlich ist seine Einsicht."
>
> [Jes 40,28]

Gott ist eben doch ein kreativer, also schöpferischer und kein erschöpfter Gott. Er selbst ist der Ursprung der Welt und die „Quelle aller geschichtlichen Entwicklungen"[138] darin. Alles, was ist, hat seinen Grund in ihm. Damit führt die „Frage nach der Souveränität JHWHs in der Geschichtsplanung... nun zum lobenden Bekenntnis, denn so unerschöpflich JHWHs Kraft ist, so unergründlich ist auch seine Weltlenkung."[139]

3.2 Das Lied von der Schöpfung

Mit dem bisher Gesagten ist also ein wichtiges und zentrales biblische Motiv im Blick: Gott ist Schöpfer. Das lateinische Wort dafür ist „Creator". Damit ist das Wesen Gottes „creatio" oder etwas freier gesagt: **Gott ist zutiefst »kreativ«**. Das beschreibt das erste Buch der Bibel, das Buch Genesis, mit einem **faszinierenden Lied[140] von der Schöpfung durch**

[138] Berges, Ulrich: Jesaja 40-48; S. 160
[139] Ebd.; S. 161
[140] Der evangelische Alttestamentler Claus Westermann spricht davon, dass dieser Text „in einer schweren, monumentalen Sprache, die manchmal wie eine kosmische Litanei klingt mit den immer wiederkehrenden Sätzen" spricht. Vgl.

Gott (Gen 1,1-2,4a). Sicher ist dieser Text wohlbekannt. Dennoch will ich ihn hier an dieser Stelle noch einmal wiedergeben. Vielleicht gelingt es Ihnen, diesen Text nochmals ganz auf sich wirken zu lassen und nicht allzu vorschnell weiterzugehen. Ich verspreche, dass es einiges Neues und Überraschendes zu entdecken gibt. Also langsam und mit Aufmerksamkeit:

„Im Anfang schuf Gott Himmel und Erde; die Erde aber war wüst und wirr, Finsternis lag über der Urflut, und Gottes Geist schwebte über dem Wasser. Gott sprach: Es werde Licht. Und es wurde Licht. Gott sah, dass das Licht gut war. Gott schied das Licht von der Finsternis, und Gott nannte das Licht Tag, und die Finsternis nannte er Nacht. Es wurde Abend, und es wurde Morgen: erster Tag.

Dann sprach Gott: Ein Gewölbe entstehe mitten im Wasser und scheide Wasser von Wasser. Gott machte also das Gewölbe und schied das Wasser unterhalb des Gewölbes vom Wasser oberhalb des Gewölbes. So geschah es, und Gott nannte das Gewölbe Himmel. Es wurde Abend, und es wurde Morgen: zweiter Tag.

Dann sprach Gott: Das Wasser unterhalb des Himmels sammle sich an einem Ort, damit das Trockene sichtbar werde. So geschah es. Das Trockene nannte Gott Land, und das angesammelte Wasser nannte er Meer. Gott sah, dass es gut war.

Dann sprach Gott: Das Land lasse junges Grün wachsen, alle Arten von Pflanzen, die Samen tragen, und von Bäumen, die auf der Erde Früchte bringen mit ihrem Samen darin. So geschah es. Das Land brachte junges Grün hervor, alle Arten von Pflanzen, die Samen tragen, alle Arten von Bäumen, die Früchte bringen mit ihrem Samen darin. Gott sah, dass es gut war. Es wurde Abend, und es wurde Morgen: dritter Tag.

Dann sprach Gott: Lichter sollen am Himmelsgewölbe sein, um Tag und Nacht zu scheiden. Sie sollen Zeichen sein und zur Bestimmung von Festzeiten, von Tagen und Jahren dienen; sie sollen Lichter am Himmelsge-

---

ders./Gloege, Gerhard: Einführung in die Bibel, S. 12. An anderer sagt er: „das Ganze wirkt wie ein Lied von der Schöpfung“ (Abriss der Bibelkunde, S. 20).

wölbe sein, die über die Erde hin leuchten. So geschah es. Gott machte die beiden großen Lichter, das größere, das
über den Tag herrscht, das kleinere, das über die Nacht herrscht, auch die Sterne. Gott setzte die Lichter an das Himmelsgewölbe, damit sie über die Erde hin leuchten,
über Tag und Nacht herrschen und das Licht von der Finsternis scheiden. Gott sah, dass es gut war. Es wurde Abend, und es wurde Morgen: vierter Tag.
Dann sprach Gott: Das Wasser wimmle von lebendigen Wesen, und Vögel sollen über dem Land am Himmelsgewölbe dahinfliegen. Gott schuf alle Arten von großen Seetieren und anderen Lebewesen, von denen das Wasser wimmelt, und alle Arten von gefiederten Vögeln. Gott sah, dass es gut war. Gott segnete sie und sprach: Seid fruchtbar, und vermehrt euch, und bevölkert das Wasser im Meer, und die Vögel sollen sich auf dem Land vermehren. Es wurde Abend, und es wurde Morgen: fünfter Tag.
Dann sprach Gott: Das Land bringe alle Arten von lebendigen Wesen hervor, von Vieh, von Kriechtieren und von Tieren des Feldes. So geschah es. Gott machte alle Arten von Tieren des Feldes, alle Arten von Vieh und alle Arten von Kriechtieren auf dem Erdboden. Gott sah, dass es gut war. Dann sprach Gott: Lasst uns Menschen machen als unser Abbild, uns ähnlich. Sie sollen herrschen über die Fische des Meeres, über die Vögel des Himmels, über das Vieh, über die ganze Erde und über alle Kriechtiere auf dem Land. Gott schuf also den Menschen als sein Abbild; als Abbild Gottes schuf er ihn. Als Mann und Frau schuf er sie. Gott segnete sie, und Gott sprach zu ihnen: Seid fruchtbar, und vermehrt euch, bevölkert die Erde, unterwerft sie euch, und herrscht über die Fische des Meeres, über die Vögel des Himmels und über alle Tiere, die sich auf dem Land regen. Dann sprach Gott: Hiermit übergebe ich euch alle Pflanzen auf der ganzen Erde, die Samen tragen, und alle Bäume mit samenhaltigen Früchten. Euch sollen sie zur Nahrung dienen. Allen Tieren des Feldes, allen Vögeln des Himmels und allem, was sich auf der Erde regt, was Lebensatem in sich hat, gebe ich alle grünen Pflanzen zur Nahrung. So geschah es. Gott

sah alles an, was er gemacht hatte: Es war sehr gut. Es wurde Abend, und es wurde Morgen: der sechste Tag.
So wurden Himmel und Erde vollendet und ihr ganzes Gefüge.
Am siebten Tag vollendete Gott das Werk, das er geschaffen hatte, und er ruhte am siebten Tag, nachdem er sein ganzes Werk vollbracht hatte. Und Gott segnete den siebten Tag und erklärte ihn für heilig; denn an ihm ruhte Gott, nachdem er das ganze Werk der Schöpfung vollendet hatte.
Das ist die Entstehungsgeschichte von Himmel und Erde, als sie erschaffen wurden."

[Gen 1,1-2,4a]

Na, überrascht? Oder doch eher enttäuscht? Zugegeben, im flüchtigen Blick auf den Text scheint er wenig prickelnd. Deshalb lohnt es sich, genauer zuzusehen und den Text etwas unter die Lupe zu nehmen.
Wie in jedem Lied, so wird auch im vorliegenden Hymnus durch eine Art **Kehrvers** die **wichtigste Botschaft** immer wieder von neuem ausgesagt. Dabei sind es zwei Passagen, die rhythmisch wiederkehren und den vorliegenden Text damit gliedern: Zum einen ist es die Erwähnung, dass alles **durch Gottes Rufen** („Gott sprach...") ins Dasein tritt („und es geschah...") und sich dem Anspruch Gottes verdankt, dem es durch sein Dasein Antwort gibt. Eine zweite, immer wiederkehrende Wendung ist die den jeweiligen Abschnitt abschließende „Beurteilung (auch Billigungsformel genannt) »und **Gott sah, dass es gut war**« (V. 4.10.12.18.25.31)"[141]. Dort wird refrainartig festgestellt, dass alles in einem **letzten und unüberbietbaren Gutsein** von Gott her erschaffen ist. Damit wird die entscheidende Qualität der Schöpfung angesprochen, dass sie zum einen von Gott her kommt und zum zweiten von ihm her gesehen in sich gut und vollkommen ist. Blickt man sich den ganzen Text an, so ist nicht zu übersehen, dass der **Aufbau** des Liedes **sehr kunstvoll** gehalten ist. In **sieben Strophen** wird die Schöpfung der Welt besungen. Die „Siebenzahl" an sich beinhaltet dabei bereits einen wichtigen Gedanken. Sie ist selbst bereits ein Symbol.

[141] Westermann, Claus: Am Anfang – 1. Mose, Teil 1 Die Urgeschichte, Abraham, S. 16

Immer steht die **Zahl „sieben“ für die Vollkommenheit**.[142] Damit ist auch von dieser Seite her ein Hinweis auf das **zentrale Motiv** des ganzen Liedes gegeben. Dieser deckt sich vollkommen mit der Aussage, die uns bereits als Kehrvers in den feierlichen Aussagen **»Gott sah, dass es gut war«**, begegnete. Von zwei Seiten her wird also der **entscheidende Inhalt** des ganzen Liedes schon von Anfang an verdeutlicht: Sowohl die Zahl der Strophen, sieben als Symbol der Vollkommenheit, wie auch der Kehrvers, der den wichtigsten Gedanken (»Gott sah, dass es gut war!«) immer wieder aufgreift, stellen uns die **Schöpfung als gutes und vollkommenes Werk Gottes** vor Augen.
Wenn wir weitergehen und die einzelnen Strophen betrachten, merkt man eine gewisse Parallele zwischen den ersten sechs Abschnitten. Nicht minder deutlich aber wird, wie schon ein flüchtiger Blick auf den Text deutlich zeigt, dass die **siebte Strophe aus dem Rahmen** fällt. In ihr wird nicht nur kein Schöpfungswerk erzählt, wie an allen anderen »Tagen«, sie schließt auch nicht mit der Formel: „es wurde Abend, es wurde Morgen...“, um das Ende dieses Tages anzuzeigen. Tatsächlich scheint dem Text nach der letzte Schöpfungstag, der große Sabbat der Ruhe Gottes, nicht zu enden.[143] Bleiben noch die ersten „sechs Tage“. Diese lassen sich sehr gut in **zwei Gruppen aufteilen**, denn die erzählten Tätigkeiten der ersten drei Tage gehören mit denen der zweiten drei Tage untrennbar zusammen.

---

[142] So schreibt z. B. Heinz Gießen im LThK^3 , Band 10 über Zahlen und Zahlensymbolik: „7, die Summe aus 4 u(nd) 3, signalisiert als die Z(ahl) der... Wochentage Vollständigkeit u(nd) Fülle“. (Seite 1370).

[143] Dies allein müsste als deutlicher Hinweis genügen, um endlich und endgültig zu verstehen, dass dieses Lied von der Schöpfung allein und ausschließlich auf symbolisch-metaphorische Art zu verstehen ist. Niemand wollte je im Ernst behaupten, dass die Welt in sieben Tagen, also in 7 x 24 Stunden, gefertigt worden ist. Der Text mutet uns vielmehr zu, dass alles, was sich nach der anfänglichen Schöpfung durch Gott ereignete, ein Geschehen dieses nicht vergehenden siebten Tages ist. Nur wer sich der im Text verwendeten Symbolik entledigt und darüber hinaus diesen Text nur sehr oberflächlich zur Kenntnis nimmt, kann weiterhin darauf bestehen, dass hier exakte Angaben über das „Wie“ oder das „Wie lange“ der Schöpfung gemacht würden.

Schauen wir zu.[144] Die **ersten drei Tage** beschreiben die Tätigkeiten, die alle darin zusammengehören, dass in ihnen etwas getrennt wird. Es sind die so genannten „**drei Werke der Scheidung**":

- Am 1. Tag wird **Licht und Dunkelheit** geschieden. Dabei ist das Licht, von dem hier gesprochen wird, kein physikalisches Licht, denn die Gestirne, die dafür zuständig wären, werden erst später, am »vierten Tag«, erschaffen.
- Am 2. Tag erfolgt die **Scheidung von Wasser oben** (gemeint ist das Firmament, über dem ein Himmelsozean gedacht wurde, dessen Wasser immer wieder als Regen auch auf die Erde fällt) und das **Wasser unten**, womit natürlich die Meere und die Gewässer gemeint sind.
- Am 3. Tag wird dann noch **Meer und Festland** geschieden. Mit dem Festland werden die Pflanzen geschaffen, die damit zum Lebensraum gehören.

Gemeinsam ist diesen drei „Scheidungen", dass sie **Lebensräume eröffnen**. Durch das Trennen entstehen unterschiedliche Bereiche, die es ihrerseits ermöglichen, dass sie von unterschiedlichsten Geschöpfen eingenommen werden können. Sie erst „ermöglichen das Leben der Kreaturen auf der Erde."[145]

Damit sind wir bereits beim zweiten Schritt, denn diese entstandenen Räume können und müssen nun befüllt, oder, im weitesten Sinn des Wortes, belebt werden. So schließen sich folgerichtig die **drei Werke der Füllung** und der **Belebung** an. Wir könnten jetzt, an dieser Stelle, ohne noch einmal einen Blick auf den Text zu werfen, den Fortgang des Liedes selber schreiben und würden merken, dass unsere Vorstellung sich mit dem tatsächlichen Text in jedem Punkt trifft.

---

[144] Die grundlegenden Einsichten über den Schöpfungshymnus in Gen 1,1-2,4a gehen auf die Analysen von Claus Westermann zurück. Vgl. ders.: Am Anfang, S. 18ff

[145] Ders., S. 19

- Am 4. Tag wird der Lebensraum Licht mit der Sonne und der Raum Dunkelheit mit dem Mond gefüllt und „belebt".
- Am 5. Tag können für das Firmament die Vögel und für das Wasser auf der Erde alle möglichen Fische und Meeresbewohner geschaffen werden.
- Bleibt noch am 6. Tag die Erschaffung der Bewohner des Festlandes, die Schöpfung der Landtiere und des Menschen.[146]

Es ist leicht zu sehen, dass die Anordnung der Tage sich in **zwei Dreierreihen** jeweils direkt entspricht. Werden zuerst durch Scheidungen Lebensräume eröffnet und geschaffen (1.-3. Tag), so können sie in einem zweiten Schritt ganz entsprechend gefüllt und belebt werden (4.-6. Tag). Es gehören also der erste und der vierte, der zweite und der fünfte, der dritte und der sechste Tag innerlich zusammen. Von hierher wird klar, dass der **Aufbau dieses Liedes** in jeder Einzelheit gut durchdacht und kunstvoll geplant ist. Nichts ist in diesem Text dem Zufall überlassen. Alles ist wohl geordnet und gut aufeinander abgestimmt und einander zugeordnet. Damit dürfte aber auch ganz klar sein, dass dieser Text nicht eine naturwissenschaftliche Beschreibung der Weltentstehung sein will und kann. Seine Aussage liegt tiefer und auf einer anderen Ebene. Schematisch lässt sich der Text wie folgt darstellen:

[146] Dieser scheint durch die besondere Einleitung zu seiner Schöpfung als Schluss- und Höhepunkt der gesamten Schöpfung. Tatsächlich zeichnet sich der Mensch durch zweierlei Besonderheit in diesem Text aus. Zum einen ist er das „Bild Gottes". Und er ist – zum zweiten – von Gott in eine besondere Verantwortung für alles Geschaffene berufen.

»Tage der Scheidung«	**»Tage der Füllung«**
1. Tag Licht / Dunkelheit	**4. Tag** Sonne Mond
2. Tag Wasser oben / Wasser unten	**5. Tag** Vögel Fische und Meerestiere
3. Tag Meer / Festland	**6. Tag** Tiere Menschen
»Tag der Vollendung« **7. Tag** Sabbat – Ruhe-Tag Kein Schöpfungswerk – er endet nicht!	

Den **Abschluss** dieses großartigen Textes bildet der **siebte Tag**, der, wie schon erwähnt, **ganz und gar anders gelagert** erscheint, wie die vorhergegangenen. An ihm wird **nichts mehr erschaffen und er endet nicht**. Gott kommt an diesem Tag zur **„Ruhe“** und mit ihm seine Schöpfung. Das hebräische Wort für ruhen ist „nū^{a}h“ und abgeleitet davon ist das große Wort für Ruhe „**Sabbat**“[147]. Der Gedanke hinter dieser „**Ruhe**“ ist dabei ein Großartiger. Denn im alttestamentlichen Sinn meint Ruhe, dass man weiß, wer man ist, was man soll, wohin man geht und woher man kommt. **Alle existentiellen Fragen sind in der Ruhe beantwortet**.[148] Modern gesagt

[147] Vgl. dazu die Ausführungen von Christoph Dohmen in seinem zweiten Band des Kommentars zum Buch Exodus (Kapitel 19-40). Dort heißt es: „Sowohl philologische als auch sachliche Aspekte sprechen... dafür, dass das hebräische Wort »Schabbat« vom hebräischen Verb *schabat* (=aufhören, ruhen, d. V.) abgeleitet ist.“ (Seite 116). Dadurch entsteht eine große sachliche Nähe zu dem Verb nu^{a}h, das im Schöpfungshymnus das Ruhen Gottes am siebten Tag umschreibt. Tatsächlich ist der Sabbat auch der von hierher erklärte siebte Tag, unser Samstag, der Ruhetag.

[148] Stolz, F.: Art. nū^{a}h ruhen; in: Theologisches Handwörterbuch zum Alten Testament, Bd. 2, Spalte 46: Dort heißt es sehr richtig: Damit, dass Jahwe seinem Volk

könnte „Ruhe“ hier mit **„Identität“** übersetzt werden. Es geht darum, dass **alles zu seiner letzten und eigentlichen Bestimmung kommt**, dass es so wird, wie es sein soll und somit seinen ihm eigenen Sinn verwirklicht. Ruhe ist also ein Heilsbegriff, der anzeigt, dass alles, von Gott zur Vollendung geführt wird und darin ganz zu sich selber kommt. Welch schöner und großartiger Gedanke verbindet sich also mit der Aussage der „Ruhe“:

- Gott „ruht“, nicht weil er sich erschöpft hätte beim Schöpfen, nicht weil ihm der Atem ausginge oder weil er einfach nicht mehr mag.
- Er ruht, weil alles so ist, wie es von ihm her sein soll, weil einfach alles nach seiner Absicht „gut“ ist. Deshalb führt die „Ruhe“, die Gott schenkt, ins volle Ende und damit zur eigentlichen Vollendung, denn nicht umsonst ist der „Ruhe-Tag“ der „siebte“, also der vollendete Tag. Für die Menschen heißt dies: Im Sabbat, in der geheiligten Zeit, findet alles seine Identität. Erst jetzt ist die Schöpfung wahrhaft so, wie es am Ende des Liedes heißt: geheiligt von Gott (Gen 2,3).

Ruhe verschafft, ist „nicht nur ein politisch-äußerlicher, sondern ein vollständiger, das ganze Leben umfassender Heilszustand gemeint.“ Ganz ähnlich benennt Gerhard von Rad (Es ist noch Ruhe vorhanden im Volk Gottes, S. 102) die „Ruhe“ im Zusammenhang mit der Landnahme den „Inbegriff des Heilszustandes, wie ihn das Deuteronomium sieht.“ In diesem wichtigen Buch des Alten Testamentes ist die „Ruhe“, die Gott seinem Volk eröffnet, ein wesentlicher Begriff. In seinem Kommentar zum Deuteronomium schreibt von Rad deshalb: Der „Zustand der Erfüllung wird... mit den beiden Begriffen »Erbbesitz« und »Ruhe« umschrieben. Besonders der letztere, der zwar nicht häufig im Dt. anklingt, ist überaus charakteristisch für seine Vorstellungen von den Heilsgütern, die Gott seinem Volk schenken wird: es ist die Ruhe nach langer Wanderung. Diese Ruhe ist nach der Vorstellung des Dt. zweifellos ein durchaus geschichtsimmanenter Zustand, ... eine Ruhe, die den ungestörten Genuss aller natürlichen Segensgaben des Landes gewährleistet. Aber es ist eben doch zugleich nach der Vorstellung des Dt. der Zustand, in dem Israel ganz seinem Gott gehören und in ihm geborgen sein wird.“ (Rad, Gerhard von: Das 5. Buch Mose – Deuteronomium, ATD 8, S. 66) Welch großartiger Gedanke, v. a. im Blick auf unser Gebet für Verstorbene, in dem wir für sie erbitten: „Herr, gib ihnen die ewige Ruhe!“ (= Requiem aeternam). Wir wünschen ihnen damit, dass sie in Gott die Vollendung und ihre volle Identität finden. Mehr und Wichtigeres lässt sich wirklich nicht für die Verstorbenen erbitten.

Doch dies ist nur der erste Zugang zu diesem Thema, denn die Bibel spannt vom groß angelegten Schöpfungslied einen weiten Bogen vom Anfang bis zum Ende in der Darstellung in der Offenbarung des Johannes, und verbindet somit das erste Buch mit deren letzten. Im ersten Text schon ist, wie wir sahen, die ganze **Schöpfung ausgerichtet auf eine Voll-Endung in Gott**. Diesen Gedanken greift die Bibel in einem ihrer letzten Texte wieder auf. Im letzten Buch der Bibel, der **Offenbarung des Johannes**, geht wieder die Rede von einer Schöpfung, diesmal von der **Neuschöpfung**. Und so schließt sich der Kreis, denn dieses Buch legt Gott folgende Worte in den Mund:

> „Seht, ich mache alles neu!"
>
> [Offb 21,5]

Der Gott der Bibel ist nach dem Zeugnis der biblischen Schriften – von Anfang bis zum Ende, von A bis Z - ein **Gott des schöpferischen und kreativen Umgangs**. Ein Gott, der alles zum Sinn und zur Identität (=Ruhe) führt. Somit ist die ganze Welt vom „sinn-vollen" Handeln Gottes umgriffen. Das heißt ein Dreifaches, das Vergangenheit, Gegenwart und Zukunft umgreift und zu einem Ring der Zeiten zusammenschließt.

- Aus Liebe hat Gott die Welt ermöglicht und ihr so einen Sinn gegeben.
- Aus Liebe trägt und erhält er die Welt und lässt sie so an seinem Sinn teilhaben.
- In Liebe wird er alles in sich vollenden und an ein Sinn-volles Ende führen.

Dieser Gedanke ist jedoch zu weitreichend, um im vorliegenden Punkt noch ausgeführt zu werden. Also auf zum nächsten Abschnitt.

3.3 Die Welt ist »sinn-voll« von Gott geschaffen

Die Welt ist nach allem Gesagten **kein Unfall** und letztlich auch **kein bloßer Zufall**. Sie ist zuinnerst **gewollt, getragen und gehalten von Gott**. Da der **Mensch** innerhalb der Schöpfung eine **Sonderstellung** einnimmt, ist dies alles in besonderer Weise vom Menschen zu sagen.
Wenn wir von Gott als dem Schöpfer reden, dann ist dabei jedoch noch eine **wichtige Einschränkung** zu machen. Denn wie wir das **„Schaffen" Gottes** uns vorstellen können, das sagt die Bibel nicht. Im Gegenteil. Im wichtigen Schöpfungslied in Gen 1,1 - 2,4a wird im Hebräischen für das »Schaffen« Gottes ein **eigenes Wort** »gebildet«, das sonst für das schöpferische Tun, etwa von Menschen, nicht verwendet wird: Es geht um das Verbum »**bara** - ברא«. Dieses Wort wird **eigens und ausnahmslos gebraucht für das *schöpferische Tun Gottes*.** Der Alttestamentler **Werner H. Schmidt** (*1935) bestimmt von daher **vier wichtige Eigenarten** des Gebrauchs von »bara«:

- Zum einen: „Gott ist stets Subjekt der Aussage, und zwar immer Israels Gott...
- Indem das Verbum im AT Gott allein vorbehalten bleibt, wird diese Art der Schöpfung jeder Analogie entzogen und damit jeder Vorstellbarkeit enthoben...
- Nie wird ein Stoff erwähnt... aus dem Gott «schafft»...
- Die Objekte von *br´* sind verschiedenartig, häufig jedoch etwas Besonderes, Außerordentliches, Neues".[149]

Gottes Schöpfen und Erschaffen ist also, das wird durch die obige Beschreibung offensichtlich, mit nichts zu vergleichen, es bringt eine **neue und ganz eigenartige Qualität**, für die es höchstens schwache Abbilder im Innerweltlichen gibt. Tatsächlich mutet das Verbum »bara« uns eine **Singularität**, eine absolut neue und andere Weise des Hervorbringens

---

[149] Schmidt, Werner H.: Art. br` schaffen; in: Theologisches Handwörterbuch zum Alten Testament, Bd. 1, Spalte 337f

durch Gott zu. Dieses bleibt **analogielos** und daher **letztem Begreifen unzugänglich**. Das »Wie« des Schaffens Gottes ist deshalb mit der Neugier des Menschen nicht auszuloten. Und darauf kommt es auch gar nicht an. Das »Wie« der Schöpfung kann und muss durch menschliches Forschen und Nachdenken geklärt werden. Dafür ist der Glaube an Gott nicht nötig, ja er wäre bei der Erklärung des »Wie« der Schöpfung sogar Fehl am Platz. Die Bibel jedenfalls will über dieses „Wie" der Schöpfung keine Aussage machen. Auf keinen Fall dürfen also ihre bildhaften Beschreibungen im strengen Sinn „wörtlich" genommen werden. Entscheidend aus der Sicht des Glaubens ist eben eine ganz **andere Frage** an diese Welt. Es geht um die **Frage nach einem letzten Sinn der Welt**, es geht um die Frage nach dem **„Warum" des Ganzen**. Und nur hierauf wollen die biblischen Texte antworten. **Nicht »Wie« die Welt entstanden ist, wird hier also ausgedrückt, sondern das „dass..." der Schöpfung wird erklärt: durch Gott.** Damit kann und darf der Glaube an Gott als den Schöpfer **nicht in Gegensatz zu naturwissenschaftlichen Erklärungen** treten. Schon das hebräische Wort für das Schaffen Gottes, »bara«, legt dies nahe. Gottes schöpferisches Tun ist ganz anders, als alles innerweltliche Ereignen. Damit ist deutlich gemacht, dass mit dem Glauben eine ganz andere, tiefere Dimension der Schöpfung der Welt angesprochen wird, als sie vordergründig durch die Naturwissenschaften aufgeworfen und beantwortet werden kann. Sehr richtig kann daher Hans Küng zusammenfassend sagen: An Gott als „den Schöpfer der Welt glauben, heißt, in aufgeklärtem Vertrauen bejahen, dass Welt und Mensch nicht im letzten Woher unerklärlich bleiben, dass Welt und Mensch nicht sinnlos aus dem Nichts in Nichts geworfen sind, sondern dass sie als Ganzes sinnvoll und wertvoll sind, nicht nur Chaos, sondern Kosmos: weil sie nun einmal in Gott als ihrem Ursprung, Urheber, Schöpfer eine erste und letzte Geborgenheit haben."[150] **Gott** ist demnach der **Ursprung von allem**, was ist und er ist **der Sinn dahinter**, **dass überhaupt etwas ist und nicht vielmehr**

---

[150] Küng, Hans: Credo, S. 34

nichts.[151] Mit anderen Worten: Der Glaube an Gott als den Schöpfer – der Genitiv der Grammatik Gottes – tritt **nicht in Konkurrenz zur Naturwissenschaft**. Beide Weisen der Betrachtung der Weltwirklichkeit gehen von **unterschiedlichen Fragestellungen** an die Sache heran. Von daher ergibt sich zwar eine **Zuordnung** beider aufeinander, aber **keine Konkurrenz** zueinander. Denn tatsächlich lässt sich das ***„wie?"*** der Weltentstehung mit dem Glauben nicht beantworten. Aber die Frage nach dem ***„warum?"***, die letztendlich wohl die wesentlichere Frage ist, kann nun mal von den Naturwissenschaften nicht beantwortet werden. Leider waren beide Wissenschaften dennoch Jahrzehnte lang in Frontstellung gegeneinander gestanden. Die Ergebnisse der einen schienen die Ansichten der anderen Wissenschaft in Frage zu ziehen oder gar zu widerlegen. Doch diese Auseinandersetzung und gegenseitige Frontstellung war und ist nicht nötig. Ein denkender Mensch kann, ja muss, beides vereinen: er kann sowohl im Glauben bejahen, dass Gott der Schöpfer ist und zugleich alle Einsichten und Erkenntnisse der Naturwissenschaft vollständig akzeptieren. Ein gelungenes Beispiel für diese Synthese ist sicher der **Physiker und Philosoph Carl Friedrich von Weizsäcker** (1912-2007), der in diesem Zusammenhang vollkommen zu Recht über die Verbindung zwischen Naturwissenschaft und Theologie sagt: „Die Naturwissenschaft wurde zur intellektuellen Großmacht der abendländischen Neuzeit. Musste sie nicht mit der Ideologie der kirchlichen Macht, mit der Theologie in einen Machtkampf geraten?... Aber war diese Machtbezogenheit nicht auf jeder der beiden Seiten ein Missverständnis der eigenen Aufgabe, der eigenen Wahrheit? Ging es nicht beiden um die *eine* Wirklichkeit? Waren sie nicht nur zwei verschiedene Wege, diese Wirklichkeit anzuschauen?"[152] Es handelt sich bei **Theologie und Naturwissenschaften** also nicht um konkurrierende, sondern sich **ergänzende Sichten der Welt**, um **zwei verschiedene**

---

[151] Diese Urfrage: „Pourquoi il y a plutôt quelque chose que rien?" wurde als erstes vom deutschen Philosophen Leibnitz gestellt. Martin Heidegger brachte diese Frage als „Grundfrage der Philosophie" mit folgender Übersetzung in Umlauf: „Warum ist überhaupt Seiendes und nicht vielmehr nichts?", in: ders.: Was ist Metaphysik, S. 21. Vgl. zu dem Ganzen: Weismahr, Bela: Philosophische Gotteslehre, S. 67

[152] Weizsäcker, Carl Friedrich: Die Sterne sind glühende Gaskugeln, S. 100

Blickrichtungen und Perspektiven auf die eine Welt. Diese gehen unterschiedlich an die gleiche Sache heran, so dass man sagen kann: „Treffen nun Naturwissenschaften und reflektierte Religion in Form von Theologie aufeinander, so kommen zwei grundverschiedene Methodenwelten zusammen."[153] Während die eine, die **Naturwissenschaft, empirisch und analysierend** die Welt erforscht und die dabei gewonnenen Erkenntnisse kritisch auswertet, also sich dem **„Wie?"** des Weltganzen nähert, greift die **Theologie immer schon nach dem alles umgebenden Ganzen**, das sich als Frage nach dem **„Warum?"** der naturwissenschaftlichen Forschung ihrem Wesen und ihrer Methodik nach entzieht. Gerade dies aber ist die Stelle, an der der Glaube an die Schöpfung durch Gott eine Antwort, nämlich eine „**Sinn volle**" und damit **sinnvolle Antwort** gibt. Denn der Glaube an Gott als Schöpfer dieser Welt legt einen Sinn hinter alles. Um den Zusammenhang zwischen dem Wirken Gottes und den innerweltlichen Vorgängen auf unterschiedlichen Ebenen zu verdeutlichen, soll ein Beispiel[154] dies veranschaulichen:

„Stelle ich eine Reihe von Dominosteinen nahe hintereinander auf und wird durch irgendeinen Anstoß... der erste zum Kippen gebracht, so fällt er auf den zweiten, der seinerseits den dritten zu Fall bringt usw., bis schließlich die ganze Reihe liegt. Warum sind nun alle Dominosteine umgefallen? Weil der erste Dominostein mit seiner materiellen Substanz einen mechanischen Stoß durch unmittelbare Berührung auf den nächsten Stein ausgeübt hat usw. Es war somit beim Fall der Reihe eine mechanische Ursachenkette zu beobachten. War aber nun wirklich die mechanische Ursache die einzige? Keinesfalls! Dass jeder Stein durch seinen Fall den nächsten zu Fall brachte, dass also die mechanische Ursache überhaupt erst wirken konnte, ist ermöglicht durch die Schwerkraft, aufgrund derer allein Dominosteine überhaupt erst fallen können. Die Schwerkraft ist aber nun zwar eine innerweltliche Kraft, aber keineswegs eine mechanische, sondern eine Kraft qualitativ völlig anderer Art. So wie im Innerweltlichen in diesem Beispiel zwei wesensmäßig unterschiedliche Kräfte einander gegenüber-

---

153 Ganoczy, Alexandre: Unendliche Weiten, S. 15

154 Entnommen aus: Burgey, Franz: Technik und Heiliger Kosmos, S. 174f

stehen, so stehen im metaphysischen Gesamtzusammenhang weltliche Gesamtwirklichkeit dem überweltlichen Ermöglichungsgrund gegenüber!“[155]

Was dieses Beispiel sehr anschaulich vor Augen führt, meint, etwas theoretischer ausgedrückt, der Theologe Karl Rahner, wenn er schreibt, dass Gott „die Kette der Ursächlichkeiten trägt, nicht aber sich als ein Glied durch sein Handeln in dieser Kette der Ursachen als eine unter ihnen hineinschiebt... Und er selber ist in dieser Ganzheit als solcher nicht unmittelbar zu finden. Denn eben der Grund kommt nicht innerhalb des Begründeten vor, wenn er wirklich der radikale, also der göttliche Grund und nicht eine Funktion in einem Geflecht von Funktionen ist.“[156] Der zentrale Gedanke des Glaubens an Gott als den Schöpfer ist von daher die Überzeugung, dass **Gott allem Naturgeschehen zu Grunde liegt**, es **begründet**, und zwar in der dreifachen Bedeutung[157] dieses Wortes:

- nämlich als **Grundlage**, worauf es ruht, im Sinn des **Unter-Grundes**;
- als **Ursache**, der es entspringt und die alles ermöglicht
- und als **Stiftung**, die es ins Dasein ruft und erschaffen hat.

Der Glaube an Gott als den Schöpfer besagt also nicht mehr und nicht weniger, als das **alles einen Sinn hat und von daher sinn-voll ist**. Beides hält der Glaube fest, ohne dabei jedoch konkret sagen zu können, wie dies genau zu denken oder zu erkennen ist.

Vielleicht hat kaum ein zweiter diesen Gedanken von Gott als dem „Grund allen Seins“ ausgesprochen, wie Heinrich **Faust,** im gleichnamigen Drama von **Goethe**[158] (1749-1832). In seinem Studierzimmer stellt er sich die **Fragen nach einem letzten Sinn** dieser Welt. Er sucht zu erkennen, „was die Welt im Innersten zusammenhält“[159]. Getrieben von dieser zentralen

---

[155] Ebd., S. 174f
[156] Rahner, Karl: Grundkurs des Glaubens, S. 94
[157] Vgl. dazu: Heidegger, Martin: Vom Wesen des Grundes, S. 44
[158] Zitiert wird nach der Hamburger Ausgabe, Band 3, Dramatische Dichtungen I: Goethe, Johann Wolfgang von: Faust I
[159] Ebd., S. 20, Zeile 382f

Frage sieht er sich genötigt, im Neuen Testament nachzuschlagen, in dem die „Offenbarung am schönsten und würdigsten brennt"[160]. Dort bekennt er:

„Mich drängt´s den Grundtext aufzuschlagen,
Mit redlichem Gefühl einmal
Das heilige Original
In mein geliebtes Deutsch zu übertragen.
Er schlägt ein Votum auf und schickt sich an.
Geschrieben steht: »Im Anfang war das W o r t !"
Hier stock´ ich schon! Wer hilft mir weiter fort?
Ich kann das Wort so hoch unmöglich schätzen,
Ich muss es anders übersetzen,
Wenn ich vom Geiste recht erleuchtet bin.
Geschrieben steht: Im Anfang war der S i n n .
Bedenke wohl die erste Zeile,
Dass deine Feder sich nicht übereile!
Ist es der S i n n , der alle wirkt und schafft?
Es sollte stehn: Im Anfang war die K r a f t !
Doch auch in dem ich dieses niederschreibe,
Schon warnt mich was, dass ich dabei nicht bleibe.
Mir hilft der Geist! Auf einmal seh´ ich Rat
Und schreibe getrost: Im Anfang war die T a t !"[161]

Diese, in wunderschönem Versmaß gehaltenen Worte, sind vielleicht eines der tiefsten Ausdrücke für das oben schon angedeutete. Faust setzt sich in diesem Abschnitt mit dem **Beginn des Johannesevangeliums**, dem sogenannten **Prolog** des vierten Evangeliums, auseinander, das mit den Worten beginnt (Joh 1,1):

---

[160] Vgl. ebd., S. 43, Zeile 1217f
[161] Ebd., S. 44, Zeilen 1224 bis1237

„'Εν ἀρχῇ ἦν ὁ λόγος“ „En arche hen ho logos” (im griechischen Original)	„Im Anfang war das Wort“ (in der Einheitsübersetzung)

Der griechische Urtext spricht hierbei vom „**Logos**“, der **im**[162] **Anfang** war. Dieses Wort „Logos“ ist gar nicht so leicht ins Deutsche zu übertragen. Goethe greift in seiner Darstellung im Faust auf die „Erläuterungen zum Neuen Testament“ von **Johann Gottfried Herder** (1744-1803) aus dem Jahr 1775 zurück. Dort heißt es als mögliche Übersetzung von „Logos“: „Das innigst Begriffene, Heiligste, Geistigste, Wirksamste, Tiefste... Gedanke! Wort! Wille! Tat! Liebe!“[163]. Von diesen Vorschlägen Herders greift Goethe, wie im obigen Text sehr schön sichtbar wird, die meisten auf und legt sie seinem Faust als mögliche Übersetzungen in den Mund. Dass er dabei erst zufrieden ist, als er die „Tat“ als Übersetzung von „Logos“ findet, ist das „Faustische“[164] im Wesen des Menschen. Letztlich will hierbei der Mensch den Sinn des Lebens und seiner selbst aus eigenen Kräften erreichen, er will sich in der und durch die „Tat“ selbst rechtfertigen. Dieses

---

[162] Es steht hier: **Im** Anfang, nicht **am** Anfang. Es geht also nicht so sehr um einen zeitlichen Bezug (am Anfang), sondern um einen sachlichen Bezug. Entscheidend ist die Bedeutung des Wortes »Anfang« in diesem Zusammenhang. Wir können vielleicht am ehesten über die lateinischen Worte für „Anfang“ verstehen, was hier gemeint ist. Im Lateinischen gibt es zwei Worte für »Anfang«: zum einen »*initium*«, das sich in Begriffen wie Initiale oder Initialzündung u. ä. befindet. Dies meint den „zeitlichen Anfang“ einer Sache oder Begebenheit. Wenn ein Konzert vor einer halben Stunde begonnen hat, dann war das der »Anfang« im Sinn des »*initium*«. Daneben gibt es aber auch das Wort »*principio*«, das sich hinter Worten wie Prinzip oder prinzipiell verbirgt. Dieser »Anfang« meint jetzt nichts rein Zeitliches mehr. Vielmehr wird etwas ausgesagt, das immer und damit prinzipiell gilt. Das Wort »Anfang« verweist hier sachlich und qualitativ auf eine Wesenheit. Man könnte sagen, dass für die Menschheit von »Anfang« an das Sprache haben und Sprechen können wesentlich ist. Natürlich meint der Johannesprolog mit »Anfang« hier das prinzipiell. Deshalb steht folgerichtig »***im*** *Anfang*«.

[163] Zitiert in den Anmerkungen der Hamburger Ausgabe zum Faust I, S. 531

[164] Vgl. dazu die ausgezeichneten und immer noch lesenswerten Anmerkungen von Hans Urs von Balthasar: Prometheus, S. 483-514

Faustische am Menschen ist es, woran er letztlich scheitert und – im kierkegaardschen Sinn – verzweifelt. Doch der Grund warum ich die Fauststelle zitiere, liegt an einer anderen, nämlich der zweiten von Herder gebotenen und von Goethe verwendeten Möglichkeit, das griechische Wort „Logos“ zu übersetzen. Es handelt sich um die **Übersetzung von „Logos“ mit „Sinn“**. Und hierin liegt ein sehr tiefer Gedanke dieser Stelle. Wenn man diese Möglichkeit dem Anfang des Johannesevangeliums unterlegt, dann beginnt das vierte Evangelium mit den Worten: **„Im Anfang ist der Sinn!“**. Welch großartiges Wort über die Welt und über alles, was darin ist. Denn natürlich ist das Wort **„Im Anfang“**, mit dem das Johannesevangelium seinen Prolog eröffnet, eine **Rückblende** auf das **allererste Wort der Bibel** überhaupt. Denn auch hier geht es um einen Anfang, den „Anfang“ der Schöpfung und von allem, was aus der Hand Gottes hervorging. So heißt es im **Buch Genesis 1,1**:

„Ἐν ἀρχῇ ἐποίησεν ὁ θεὸς τὸν οὐρανὸν καὶ τὴν γῆν.“ En arche epoiēson ho theos ton uranon kai ten ge. (in der Septuaginta, der griechischen Übersetzung des Alten Testaments)	„Im Anfang schuf Gott Himmel und Erde“ (in der Einheitsübersetzung)

Damit ist der Beginn des Johannesevangeliums eine ganz bewusste **Rückblende auf die Schöpfungsdarstellung** im ersten Buch der Bibel und darin zugleich eine **Deutung dieser Schöpfungserzählung**. Denn der Logos, der am Anfang steht, ist es, durch den alles erschaffen wurde.[165]

[165] Vgl. dazu die wichtigsten Kommentare zum Johannesevangelium. Schnackenburg, Rudolf: Das Johannesevangelium, Bd. 1, S. 209: Die „Wendung »im Anfang«... ist in Anlehnung an Gn 1,1 gewählt, mit vollem Bedacht“. Ebenso schreibt

Wenn nun das Wort „Logos“ in diesem Zusammenhang mit „Sinn“ übersetzt wird, so ist die Aussage nichts Geringeres, als dass **alles, was geschaffen ist, letztlich und prinzipiell sinn-voll geschaffen** wurde.
Das heißt,

- dass die Welt zutiefst einem Sinn entspringt,
- zuinnerst auf Sinn hin angelegt ist
- und letztlich an ein sinnvolles Ziel geführt wird.

Von daher ist sie **grundsätzlich in Ordnung** – also kein Chaos, sondern, wie es das griechische Wort nahe legt, ein **Kosmos**. Damit berührt es sich mit dem eigentlichen Inhalt dessen, was im Schöpfungshymnus in der Siebenzahl der Strophen angedeutet und als Kehrvers immer wieder erklingt: „Gott sah, dass es **gut** war!“ Und dieser Gedanke berührt sich nun unmittelbar mit dem Gedanken der „Ruhe“, in der und aus der heraus die Schöpfung vollendet wird und zu der alles Geschaffene bestimmt ist. Denn **Ruhe heißt Identität**. Die Welt und alles in ihr, ist erst dann gut und vollkommen, wenn es seine Identität findet. Für den Menschen heißt das, dass er weiß, wohin er gehört und vor allem, wenn er die Dinge, die ihn umgeben, „in Ruhe lässt“, das heißt, wenn er sich einfügt in das harmonische Ganze der Schöpfung und nicht aus übertriebenem Wahn alles für seine Zwecke missbraucht und zerstört. Wenn also im biblischen Verständnis von Gott als dem Schöpfer die Rede geht, ist das nicht im Entferntesten ein Versuch, das „Wie“ der Weltentstehung auf Gott zurückzuführen. Das geht nicht, weil die Art und Weise der Schöpfung Gottes nach dem biblischen Zeugnis vollkommen vergleich- und analogielos ist. Seinen Ausdruck findet diese Tatsache, wie oben bereits dargelegt, durch die Verwendung des Verbums „bara“. Es wird somit beim Glauben an **Gott als den Schöpfer keine kategoriale, also innerweltliche oder gar kausale**

Rudolf Bultmann in seinem Kommentar „Das Evangelium des Johannes“: „Schwerlich beginnt der Evglist sein Werk mit dem εν αρχη, ohne an das בְּרֵאשִׁית von Gen 1,1 zu denken.“ (S. 6)

Aussage über die Weltentstehung angestrebt, sondern vielmehr eine das Ganze umgreifende, also transzendentale Aussage gemacht, die nicht nach den Möglichkeiten fragt, wie etwas geworden ist, sondern noch weiter nach den Bedingungen der Möglichkeiten sucht, warum überhaupt etwas werden konnte. Wenn die Welt also im biblischen Sinn als „Schöpfung Gottes“ angesehen wird, steckt dahinter der Glaube, dass **alles von einem letzten Sinn umgriffen** ist, einen **sinnvollen Anfang** hat und auf ein **sinnvolles Ziel** sich ausspannt. Deshalb weiß der Gläubige also auch nicht mehr über die Anfänge der Welt. Er wird genauso einen Urknall und eine Evolution akzeptieren müssen und dabei zur Kenntnis nehmen, dass ein ungeheures Netz von „Billionen seidener Fäden“ dazu geführt hat, dass heute ein Mensch da ist, der über die Größe und Schönheit, aber auch über die Leere und Eiseskälte des Universums staunen kann und dem dabei vielleicht ein kalter Schauer über den Rücken läuft. Dieser gläubige Mensch aber wird diese, seine von der Naturwissenschaft geprägte Sicht, eben in **einer großen Klammer gehalten wissen**, vor der von Gott her ein **Pluszeichen** steht. Weil er aber hinter allem innerweltlichen Geschehen dem Ganzen letztlich einen Sinn abgewinnen kann, weil er die Welt, die nach naturwissenschaftlichen Gesetzen geworden ist, darüber hinaus noch als von Gott getragen und gehalten weiß und damit einen Ausgang und ein Ziel von allem glaubt, kann er in dieser Welt leichter leben und wird vielleicht auch eines Tages leichter sterben können.
Bleibt hierbei noch ein letzter Gedanke auszuführen. Es geht um die Frage, wie denn überhaupt eine religiöse Rede zu begreifen ist? Schon in den grundsätzlichen Überlegungen habe ich angedeutet, dass das **Sprechen von Gott immer nur im analogen Sinn** geschehen kann, also in einer „Ähnlichkeit, die jeweils eine größere Unähnlichkeit einschließt“. Jetzt möchte ich kurz auf den Sinn von religiösen Aussagen eingehen und diesen am Beispiel des Satzes „Gott ist der Schöpfer der Welt“ erläutern. Dabei muss ich auf die neueren Ansätze in der Sprachphilosophie eingehen, wie sie sich vor allem in der sogenannten „linguistischen Wende“ im angloamerikanischen Raum entwickelt hat. Besonders wichtig für unseren Zusammenhang ist hierbei der Weg, der „zwar von Wittgenstein angedeutet, aber erst von J. L. Austin und im Anschluss an ihn von J. R. Searle und

anderen in ihrer Theorie der Sprechakte konsequent verfolgt worden"[166] ist. Unter solchen „Sprechakten" verstehen die genannten Autoren **„Sprachhandlungen", also solche Aussage, die nicht nur Wirklichkeit beschreiben oder erklären, sondern die als sprachliche Sätze Wirklichkeit bilden** und eröffnen. Die Bedeutung von manchen Sätzen liegt darin, dass sie eine Wirklichkeit überhaupt erst zustande bringen. Solche Aussagen werden „performativ" genannt. Ein Beispiel kann dies sehr schön verdeutlichen: Am Ende einer Konferenz erklärt der Leiter die Sitzung für beendet. Dazu sagt er: „Die Versammlung ist geschlossen!" Damit informiert er nicht in erster Linie über einen Sachverhalt, sondern er schafft eine Wirklichkeit, nämlich das Ende der Konferenz und damit eine gewisse Gültigkeit der darin entschiedenen Beschlüsse. Ein anderes, vielleicht noch schöneres Beispiel, liefert der berühmte Satz: „Ich liebe dich!" Die Liebeserklärung eines Menschen an einen anderen dient wiederum nicht zuerst einer Belehrung über einen Sachverhalt, vielmehr will sie eine Wirklichkeit, nämlich die liebende Verbindung zwischen zwei Menschen, stiften und begründen. Es ist hoffentlich deutlich geworden, dass sich „performative" Sätze von „informativen" oder „deskriptiven" Sätzen wesentlich unterscheiden: Während informative oder deskriptive Sätze eine von ihnen letztlich verschiedene Wirklichkeit beschreiben, erklären oder einfach zum Thema haben, entsteht die Wirklichkeit der „performativen" Sätze erst durch sie, das heißt, dass die Wirklichkeit eine Folge der Sprache ist und nicht das Objekt, worüber gesprochen wird. Damit haben wir einen sehr guten Zugang zum **eigentlichen Verständnis der religiösen Sprache und ihrer Worte** gefunden: Sie sind **primär als Sprechhandlungen** zu bestimmen, als **performative Sätze**, die eine neue Wirklichkeit eröffnen und erschließen. Religiöse Sätze sind erst dann sinnvoll zu verstehen, wenn man sie „mit Austin als »in Aussagesätze verkleidete Sprachhandlungen« versteht, deren Zweck nicht in der Übermittlung von Informationen besteht, sondern in der Herstellung eines neuen Verhältnisses zwischen dem Sprecher und dem Adressaten seiner Rede."[167] Dennoch ist auch in solch performativen

---

[166] Kutschera, Franz von: Sprachphilosophie, S. 166
[167] Schaeffler, Richard: Das Gebet und das Argument, S. 102

Sätzen **natürlich eine inhaltliche Aussage mitgemeint**. Aber diese Aussage bezieht sich jetzt nicht vordergründig auf die Ebene der Fakten und des innerweltlich Erfahrbaren, sie beziehen sich vielmehr auf die **Bedingungen der Möglichkeit** von etwas, sie sind also **transzendental** gemeint und nur so zu verstehen. Zurück zur Rede von „Gott als dem Schöpfer der Welt“. Wenn das Gesagte auf diesen konkreten Fall angewandt wird, kann deutlich werden: Es geht hier also um eine Sprachhandlung, in der der Mensch sich zu **Gott als dem Schöpfer von allem und darin zu einem letzten Grund und Ziel der gesamten Wirklichkeit** bekennt und sie durch seinen Glaubenssatz für sich und für andere eröffnet. Der **Glaubenssatz an Gott als Schöpfer ist**, wie bereits oben gesagt, **das Aufschließen der Wirklichkeit, dass der Mensch sich und seine Welt im Letzten gewollt, getragen, erhalten und auf ein Ziel hin ausgerichtet versteht.** Damit wird **auch inhaltlich eine Aussage** getroffen: Alles hat ein letztes Woher, es kommt nicht bloß aus einem Unfall oder einem blinden Zufall. Alles hat einen letzten Sinn. Nichts ist nur einfach so da oder könnte genauso gut auch nicht sein. Alles hat seinen Platz im Ganzen und spielt in der Symphonie der Welt seine unvertretbare und unverwechselbare Stimme. Und alles hat ein letztes Wohin, ein Ziel, worauf es zuläuft und in dem es vollendet wird. Nichts geht nur einfach so verloren, nichts ist einfach nur Müll oder Abfall und damit unbrauchbar. Sie merken sicher schon, dass sich hinter diesen Aussage wiederum die **Frage nach der Identität** von allem, nach Sinn und Wert des Ganzen erhebt und durch die angedachten Aussagen eine Lösung findet. Es ist aber auch klar, dass diese Gedanken überhaupt nicht versuchen, das „Wie?“ der Weltentstehung auszuloten oder über die einzelnen Schritte zum Werden des Ganzen etwas zu sagen. Es geht also beim **Bekenntnis zu Gott als dem Schöpfer um die Wirklichkeit eines letzten vernünftigen Vertrauens in die Wirklichkeit und um die Annahme eines alles umgreifenden Sinns des Ganzen**. Mehr nicht – aber vor allem weniger nicht. Der Gläubige weiß also nicht mehr, wenn er an Gott als Schöpfer glaubt, aber vielleicht kann er sich anders auf die Welt einlassen, vielleicht kann er im Blick auf einen alles umfassenden Sinn darin leichter leben, sich mühen, Freude finden, leiden und letztlich auch sterben. Das ist doch nicht nichts! Ich möchte für mich ganz persönlich bekennen, dass ich darauf nicht verzichten möchte. Ohne den Glauben an einen Gott, der alles erschaffen hat, es trägt und an ein gutes Ende führt, möchte ich nicht leben. Beweisen kann ich meinen Glauben nicht – das sei zugegeben. Aber als vernünftiges Vertrauen kann ich darauf hinweisen, dass es sich so sinnvoller leben und auch sterben lässt. Damit ist auch eingelöst, was der Religionsphilosoph Richard Schaeffler (*1926) als Regel festhält: „In jeder Aussage, die der religiöse Sprecher macht, spricht er zugleich von sich selbst: Er kann nicht von Gott sprechen, ohne zugleich zu sagen, dass er selber sich zu diesem Gott bekennt; er kann nicht von der Welt sprechen, ohne zugleich zu sagen, dass er an allem, was sich zeigt, die Herrlichkeit seines Gottes aufleuchten sieht... Die Weise, wie der religiöse Sprecher in allem, was er sagt, zugleich von sich selber spricht, bringt zum Ausdruck, dass er für das Gesagte einsteht, dass er sein Heil oder sein Unheil daran bindet, dass in »allem Gott verherrlicht werde«..., dass er sich selbst auf Ziele verpflichtet, die ihm in seiner religiösen Erfahrung als verbindlich aufgegangen sind."[168] Gerade für das Beispiel der Rede von Gott als dem Schöpfer der Welt gilt dies in ausgezeichnetem Sinn.

3.4 Die Schöpfung aus dem Nichts und aus Liebe

Eine alte Frage, die weiterführend immer wieder gestellt wird und bis jetzt noch nicht beantwortet wurde, ist, **woraus denn Gott die Welt erschaffen** habe. Schon bei der Verwendung des Verbums „bara" wurde angedeutet, dass das Tun Gottes, das wir mit „schaffen" oder „schöpfen" übersetzen, nicht ableitbar ist aus dem, was wir innerweltlich erfahren können. Es geht auf jeden Fall nicht um eine mit naturwissenschaftlichen Mitteln auszuleuchtende Tätigkeit, sondern um etwas, das unser Vorstellen und unser Denken grundsätzlich übersteigt. Deshalb kann auch der „Stoff" der Schöpfung natürlich nicht physikalisch-chemisch bestimmt werden. Vielmehr wird gerade ein solcher Ur-Stoff als Ursprung von allem gerade ausgeschlossen. In der ganzen Theologiegeschichte wird immer wieder auf die Frage

---

[168] Schaeffler, Richard: Religionsphilosophie, S. 230f

nach einem Urstoff als Antwort gegeben: Die Schöpfung geschieht **„aus Nichts“ – „ex nihilo“**. Dabei ist im Blick, dass gerade kein ewiger Urstoff vorhanden war, der sozusagen neben Gott, von Anfang an, da war. Somit wird jeglicher Dualismus abgewehrt, als ob die Welt aus zwei, vielleicht noch gegeneinander konkurrierende Prinzipien geschaffen sei. Die Welt entspringt ganz dem Willen Gottes, der dazu nicht auf etwas zurückgreifen musste, das neben ihm bereits da war. Biblischer Grundtext für diesen Gedanken ist die **Aussage aus dem 2. Makkabäerbuch**, in dem es in Kapitel 7 Vers 28 heißt:

> „Ich bitte dich, mein Kind, schau dir den Himmel und die Erde an; sieh alles, was es da gibt, und erkenne: Gott hat das **aus dem Nichts erschaffen**, und so entstehen auch die Menschen.“
>
> [2 Makk 7,28]

Diese Aussage des aus dem griechischen Denken übernommenen Buches des Alten Testaments will **Gott als alleinige Ursache** der Weltschöpfung bestimmen, denn „nach ihrer ursprünglichen Intention ist diese philosophisch-theologische Formel eher eine Aussage über den Schöpfer als über das Woraus bzw. Woher der Schöpfung. Sie verweist auf die absolute Unabhängigkeit und die alleinige Welt-Urheberschaft des einen Gottes“[169]. In der Theologiegeschichte wurde diese Aussage weiter verfolgt und immer mehr vertieft. Folgende Etappen sind hierbei wegweisend geworden:

- Die frühchristliche Schrift **„Der Hirte des Hermas“** enthält die erste Bezeugung der Aussage der »Creatio ex nihilo«. Diese Schrift[170] geht auf einen uns letztlich unbekannt bleibenden römischen Christen Hermas zurück, der um 100 n. Chr. geboren wurde und nach seiner Freilassung aus der Sklaverei getauft wurde. Sein Text stammt aus der Zeit um 140 n. Chr. und ist in griechischer Sprache verfasst.

[169] Ganoczy, Alexandre: Art. Creatio ex nihilo; in: Beinert, Wolfgang (Hrsg.): Lexikon der katholischen Dogmatik, S. 78

[170] Vgl. die Ausführung von Norbert Brox über den Hirt des Hermas in: Döpp, Siegmar und Geerlings Wilhelm (Hrsg.): Lexikon der antiken christlichen Literatur, S. 282f

Im vorangestellten Visionenbuch heißt es gleich im 1. Kapitel „Erscheinung der ersten Frau" im Abschnitt 6: „...höre vielmehr, was ich dir zu sagen habe. Der Gott, der in dem Himmel wohnt und der **aus dem Nichts das Seiende erschaffen** hat, erweitert und vermehrt hat um seiner Kirche willen..."[171].

- Darüber hinaus waren es noch **Irenäus von Lyon**[172] (um 200 n. Chr.) und **Origenes**[173] (um 185 bis etwa 253 n. Chr.), die die Lehre von der Schöpfung aus dem Nichts wiedergeben.
- Viele andere Zeugnisse folgten, so dass die Vorstellung der Schöpfung aus dem Nichts immer mehr „den Charakter eines Fundamentalsatzes der christlichen Schöpfungslehre"[174] annahm.
- Schließlich wurde auf dem oben schon erwähnten **Vierten Laterankonzil von 1215**, auf dem bereits die Lehre der Analogie aufgestellt wurde, die »creatio ex nihilo« als verbindlicher Glaubenssatz definiert: „Der Schöpfer... schuf in seiner allmächtigen Kraft vom Anfang der Zeit an aus nichts..." (DH 800).

Der frühere Würzburger Dogmatiker Alexandre Ganoczy (*1928) stellt zu dieser Entwicklung zusammenfassend fest: Die christlichen „Väter wollen meist heidnische polytheistische, vorab aber dualistische Auffassungen vom Weltanfang abwehren: Der Anfang wurde nicht von einem dem (Haupt-)Gott mehr oder weniger untergeordneten Demiurgen gesetzt: die Materie ist nicht gleich ewig mit Gott."[175] Damit ist die Aussage der »creatio ex nihilo« eine abwehrende Aussage, die eher sagt, was nicht geglaubt

---

[171] Die Apostolischen Väter, BKV 35, S. 179 – Hervorhebung nicht original.

[172] In seinem Werk „Gegen die Häresien" heißt es im IV. Buch 20,2: „Es gibt einen schönen Ausspruch der Schrift, welcher lautet: »Zuerst vor allem glaube, dass es einen Gott gibt, der das Weltall geschaffen und **aus dem Nichtsein alles Sein gemacht** und vollendet hat." Zitiert ist hier BKV Bd. 4: Des Heiligen Irenäus fünf Bücher gegen die Häresien, II. Band, S. 62. Hervorhebung nicht original.

[173] In seinem Hauptwerk »Von den Prinzipien« heißt es: „... dass ein Gott ist, der alles geschaffen und geordnet hat und der **alle Dinge aus dem Nichtsein ins Sein gerufen** hat"; Erstes Buch Vorrede, 4, S. 87 Hervorhebung nicht original.

[174] Scheffczyk, Leo: Schöpfung als Heilseröffnung – Schöpfungslehre, S. 137

[175] Ganoczy, Alexandre: Art. Creatio ex nihilo; in: Beinert, Wolfgang (Hrsg.): Lexikon der katholischen Dogmatik, S. 79

werden soll, als dass sie den eigentlichen Glauben positiv ausdrückt[176]. Sie besagt nichts anderes, als dass „Gott den Grund und die Voraussetzung seines Schaffens allein in sich selbst hat.“[177] Die Frage, woraus alles wurde, ist mit dieser Bestimmung zwar immer noch offen, aber uns wird bereits ein erster Wink in Richtung einer Antwort gegeben. Wir werden auf Gott selbst, auf ihn und sein „Inneres“ verwiesen. Aus ihm heraus entspringt die Schöpfung. Sie ist „Ausfluss“ seines Wesens und aus dem „Überfluss“ seiner selbst geworden. Und genau hier kommt eine Aussage der **Pastoralkonstitution des II. Vatikanischen Konzils „Gaudium et spes“** zur Hilfe. Sie reflektiert über das „creatio ex nihilo“ hinaus auf den **„Stoff“, aus dem die Welt geschaffen** ist. Im wichtigen Text Nr. 19 (GS 19)[178] heißt es (in der lateinischen Urfassung und der deutschen Übersetzung dazu):

Zum Dialog mit Gott ist der Mensch schon von seinem Ursprung her aufgerufen: er existiert nämlich nur, weil er, von Gott **aus Liebe geschaffen**, immer **aus Liebe erhalten** wird; und er lebt nicht voll gemäß der Wahrheit, wenn er diese Liebe nicht frei anerkennt und sich seinem Schöpfer anheimgibt.	Ad colloquioum cum Deo iam inde ab ortu suo invitatur homo: non enim exsistit, nisi quia, a Deo **ex amore creatus**, semper **ex amore conservatur**; nec plene secundum veritatem vivit, nisi amorem illum libere agnoscat et creatori se commitat.

---

[176] Sehr schön fasst Walter Kasper diesen Gedanken zusammen, wenn er schreibt: „Bei genauerem Zusehen erweist sich die Lehre von der creatio ex nihilo als polemische Formel, die nur negativ abgrenzt und das Nichts als negativen Grenzbegriff einführt, weil unser endliches Denken hier an eine Grenze kommt, wo es nur noch negativ abgrenzend reden kann... Die Lehre von der creatio ex nihilo bleibt bei dieser negativen Abgrenzung stehen. Hier ist ihre Grenze.“ Ders.: Das Absolute in der Geschichte, S. 238

[177] Scheffczyk, Leo: Schöpfung als Heilseröffnung – Schöpfungslehre, S. 138

[178] Zitiert nach: Wohlmuth, Josef (Hrsg.): Dekrete der ökumenischen Konzilien, Band 3, Konzilien der Neuzeit, S. 1079. Die Hervorhebungen sind nicht original.

Was das II. Vatikanum hier mit wuchtigen Worten benennt, ist eine der **wichtigsten Aussage über den Schöpfungsglauben**, ja förmlich seine **Krönung**. Denn die Frage, woraus Gott die Welt erschaffen habe, wird hier kurzerhand beantwortet: **Aus seiner Liebe – ex amore**.[179] Wir rühren damit an den **Zentralnerv des biblischen Gottesbildes**. Denn der **schöpferische und kreative Gott ist zutiefst und zuinnerst der liebende Gott**, ja er ist, mit einem der schönsten und strahlendsten Worte des Neuen Testaments gesprochen, **„die Liebe" (1Joh 4,8) selbst**. Seine Liebe ist der Grund und – wenn man so will – der »Stoff« der Schöpfung. Somit ist die Aussage der „creatio ex nihilo" unbedingt mit dem „creatio ex amore" zu ergänzen und zu vollenden. **Denn das »Nichts« der geschöpflichen Urwirklichkeit wird mit dem »Alles« der göttlichen Liebe erfüllt**. Aus der überströmenden Liebe Gottes, die er bereits als Gemeinschaft in sich lebt und ist, **„fließt" die Welt aus Gott heraus und wird aus Liebe in Eigenständigkeit und relationaler Freiheit entlassen**.[180] Natürlich – und es erübrigt sich fast dies hier nochmals zu betonen – ist damit einer naturwissenschaftlichen Erklärung, wie die Welt geworden ist, nichts genom-

---

[179] Seltsamerweise hat Goethe in seiner oben erwähnten Übersetzung des Wortes „Logos" im Zusammenhang des Nachdenkens seines Fausts über den Prolog des Johannesevangeliums das von Herder vorgeschlagene Wort „Liebe" nicht miteinbezogen. Damit hat er sich eines wesentlichen Zugangs zum innersten Geheimnis von allem beraubt.

[180] Mit diesen Formulierungen sollen zwei irrige Vorstellungen über die Schöpfung durch Gott verhindert werden. Zum einen, dass die Welt selber Gott ist. Dies wäre »Pantheismus«. Durch die Formulierung, dass die Welt in „Eigenständigkeit" geschaffen ist, soll eine Unterscheidung zwischen Gott und Welt angedeutet und damit jeglicher Pantheismus (=alles ist Gott) abgewiesen werden. Die zweite Bestimmung heißt „relationale Freiheit". Damit will ich ausdrücken, dass die Welt in ihrem „Freigelassenwerden" immer noch vollständig auf Gott bezogen ist, zu ihm in Relation, also in Beziehung, steht. Die Theologie drückt diesen Gedanken aus mit dem Begriff der „creatio continua", einer fortwährenden Schöpfung, oder eben der Erhaltung der Welt durch Gott. Damit wird jeglicher „Deismus" (=Gott hat die Welt zwar am Anfang geschaffen, seit dem existiert sie aber vollkommen unabhängig von ihm) in die Schranken gewiesen, der letztlich die Welt radikal von Gott trennt und eine Beziehung zwischen beiden leugnet. Der Theologe Peter Knauer, SJ hat m. E. hierfür eine schöne und eingängige Formel gefunden: „»Geschaffensein« bedeutet also ein »restloses Bezogensein auf... / in restloser Verschiedenheit von...«." (Der Glaube kommt vom Hören, S. 32)

men. Denn das Tun Gottes, wie jetzt schon mehrfach aufgezeigt wurde, liegt auf einer anderen Ebene und als solches allem anderen zugrunde. Seine Absicht liegt auf einer ganz anderen Ebene als die naturwissenschaftlichen Ordnungsgefüge. Gott will mit seinem schöpferischen Handeln, nach einem großen Wort des Franziskanertheologen Johannes Duns Skotus (1266-1308), **„Mitliebende" schaffen**. „Ihnen eröffnet er einen Beziehungsraum, »worin« er die, denen sein guter (Beziehungs-)Wille gilt, dazu hervorruft, seinen guten Willen zu *bejahen*, insofern er ihnen selbst gilt; worin er sie herausfordert, ihn *mitzuvollziehen*, insofern er den anderen gilt. Gott schenkt sich selbst denen, die er als Mitlieben-Sollende ins Dasein rief."[181] Damit schließt sich der Kreis: Aus Liebe ist alles geworden. In Liebe wird alles erhalten. Zur **Nachahmung dieser Liebe ist von daher die gesamte Schöpfung berufen**, insbesondere gilt dies aber für den **Menschen**. Daher ist der **tiefste „Kern der Welt", das, was die „Welt im Innersten zusammenhält", die Liebe**; sowohl die Liebe Gottes, die sie ermöglicht, trägt und hält, sowie die Liebe, die durch die Geschöpfe gelebt wird und durch die sie ihrem eigentlichen Wesen entsprechen und ihrer Bestimmung getreu werden. Nur wenn die Welt auf die Liebe hinzielt, ist sie so, wie Gott sie sich gedacht und wie er sie gewollt hat. Nur wenn in der Welt die Liebe Gottes Widerhall findet in der Liebe der Geschöpfe, kommt sie zu ihrem eigentlichen Sein und realisiert sich der tiefste Grund, warum überhaupt etwas ist und nicht vielmehr nichts. Tatsächlich findet die von Gott ins Sein gerufene Welt, die aus seiner Liebe hervorgeht, nur in der Liebe ihre Vollendung. Es ist ein sehr schönes Bild – und wie immer direkt passend – wenn das letzte Buch der Bibel, die **Offenbarung des Johannes**, die **Schöpfung in der Endzeit** als himmlische Stadt Jerusalem und im Bild der

> „Braut, die sich für ihren Mann geschmückt hat"
>
> [Offb 21,2]

[181] Werbick, Jürgen: Gott verbindlich, S. 200

beschreibt. Damit ist **die liebende Verbindung zwischen Mann und Frau, dargestellt in der Vorstellung der Hochzeit, das Bild schlechthin für die Heilszeit am Ende** und die entscheidende Vorstellung für die Vollendung der Welt. Die **Liebe führt die Schöpfung an ihr Ziel, zurück dorthin, wo sie schon ihren Ausgang genommen hat: mitten ins liebende Herz Gottes selbst**. Damit schließt sich der Kreis der Liebe und mit ihr der Ring der Zeit. Denn aus Liebe und auf Liebe hin ist alles erschaffen. Und erst in der Liebe findet alles ans Ziel und somit zurück zu ihrem gottgewollten Ursprung. Welch tröstliches Wort und welch großartiger Gedanke. Die Welt entsteht aus dem „Überfluss“ und dem „Überfließen“ der göttlichen Liebe. Damit kann es in dieser Welt letztlich nichts geben, das einfach nur sinnlos oder unbrauchbar wäre. Denn die Welt und alles in ihr ist zuinnerst aus der Liebe Gottes geschaffen, ermöglicht, getragen und gewollt. Darin soll nun alles mit einstimmen und seinen Beitrag leisten, dass es dieser Welt anzusehen und anzuspüren ist, dass sie auf Liebe gründet und sich in Liebe verwirklicht. In diese Grundmelodie sollen alle Stimmen sich einfügen, um als großartige Symphonie zu ertönen. Was dies für den Menschen heißt, soll nun in den Blick kommen.

3.5 Der kreative Mensch – berufen als Mitschöpfer

Wir sehen schon, auch beim Genitiv gilt die Feststellung aus den Vorüberlegungen: Wenn der Mensch nach dem Bild Gottes geschaffen ist, dann wirft die Grammatik Gottes auch ein klärendes Licht auf die Grammatik des Menschen. Und so gilt auch für uns: Der **Mensch** ist dazu geschaffen, wie Gott **kreativ** zu sein, wie er und mit seiner Hilfe **schöpferisch sich selbst und seine Welt zu gestalten**. Wenn Duns Skotus darüber hinaus den Menschen vor allem als den mit Gott „Mitliebenden“ bezeichnet, dann wird von daher nicht nur sein Ursprung, sondern auch sein **Auftrag in dieser Welt** sehr gut umschrieben. Er soll in Liebe dazu beitragen, das Angesicht dieser Welt zu verändern und diese so zu gestalten, dass sie immer mehr dem Willen und dem Plane Gottes entspricht. Die ersten Kapitel der Genesis sagen dies in bildhaften Worten, wenn sie beschreiben, dass der

Mensch am Anfang in einen (Paradies-)Garten gesetzt wird, den er bestellen und bebauen soll und darf (Gen 2,15). Das Wesen des Menschen ist von daher, liebevoller **Mit-Schöpfer zu sein mit Gott**. Kein Mensch ist also für den dauernden Ruhestand geschaffen. Dabei schafft, wie bereits ausgelegt, Gott aus Nichts (creatio ex nihilo), weil er selbst der Grund und die Begründung der Schöpfung ist. Und Gott schafft aus Liebe (creatio ex amore), weil die Liebe Gottes die Grundidee der Welt ist und alle Welt letztlich aus Liebe und auf Liebe hin geschehen soll.
Im Blick auf den Menschen ist ein zweiter Gesichtspunkt nicht minder wichtig: Die Schöpfung durch Gott geschieht nach biblischem Zeugnis **durch das „Wort Gottes"**. Im ersten Kapitel des Buches Genesis heißt es immer wieder: „Gott sprach... und es geschah...!" [Gen 1,3.6.9..11.14.20.24.26]. Dieser fast stereotypen Wendung entspricht eine Stelle im Buch Jesaja, genauer zum Abschluss des sogenannten Deuterojesaja, in der über das Wort Gottes gesagt wird:

> „Denn wie der Regen und der Schnee vom Himmel fällt und nicht dorthin zurückkehrt, sondern die Erde tränkt und sie zum Keimen und Sprossen bringt, wie er dem Sämann Samen gibt und Brot zum Essen, so ist es auch mit dem Wort, das meinen Mund verlässt: Es kehrt nicht leer zu mir zurück, sondern bewirkt, was ich will, und erreicht all das, wozu ich es ausgesandt habe."
>
> [Jes 55,10f]

Das Wort Gottes ist demnach ein **wirkmächtiges Wort**. Es führt aus, wozu es bestimmt ist und führt zum Ziel, worum es ausgesprochen wird. Es ist also kein leeres Wort, das nur einfach so hingesagt wird, sondern ein Wort, das schafft und verändert. Im Neuen Testament wird dieser Gedanke vom ersten Kapitel des Johannesevangeliums, im schon genannten Prolog, aufgegriffen und zusammengefasst, wenn es heißt:

> „Alles ist durch das Wort geworden und ohne das Wort wurde nichts, was geworden ist!"
>
> [Joh 1,1]

Johannes bezieht dabei das „**Wort**" oder, wie es griechisch heißt: den „Logos", auf **Jesus den Christus**. Er ist das „Wort" Gottes in Person, der den Willen des Vaters bewirkt und erfüllt.
In gleicher Weise rühmt der Hymnus des Kolosserbriefes, dessen Verfasser uns nicht bekannt ist, den Herrn Jesus Christus mit den Worten:

> „Alles ist durch ihn [Jesus Christus, AV] und auf ihn hin geschaffen!"
>
> [Kol 1,16]

Damit wird ein wesentlicher Gedanke von verschiedenen Seiten aus beleuchtet: Schöpfung im Wort und durch das Wort. Auch diese Sichtweise darf nicht dazu verleiten, im Vordergründigen und Äußerlichen stehen zu bleiben. Schöpfung durch das Wort heißt in erster Hinsicht, dass **Schöpfung** zutiefst ein **dialogisches Geschehen** ist: Im Geschehen „Gott sprach..." und „es geschah" verbirgt sich ein „Zwiegespräch": Es ist **Vor-Wort der Liebe Gottes** und sein Anruf an die **Dinge, die durch ihr Sein und Werden antworten**. In **besonderer Weise ist es auch Vor-Wort und Anruf Gottes an den Menschen**, der seinerseits auf **ganz besondere Weise antworten** kann. Denn das Vor-Wort des Schöpfers will die ihm entsprechende Ant-wort des Menschen. Worum es hierbei geht, drückt die deutsche Sprache wunderschön aus. Der Mensch gibt seine Ant-wort in seiner **Ver-ant-wort-ung**. Und diese Verantwortung muss getragen sein von der Liebe, in der der Mensch zum Mitliebenden Gottes wird. Schon die Schöpfungserzählung der Genesis nimmt diese Verantwortung des Menschen für seinen Lebensraum und den darin befindlichen Lebewesen in den Blick. In diesem Sinn ist der **Mensch wirklich „der erste Freigelassene der Schöpfung"**, wie Johann Gottfried Herder (1744-1803)[182] ihn

[182] Herder, Johann Gottfried: Ideen zur Geschichte der Menschheit, S. 211

bezeichnete. Freigelassen, weil er nicht nur, wie alle anderen Schöpfungswerke, durch sein bloßes Sein und Werden, sondern aus Freiheit und eben Verantwortung heraus die Antwort auf das schöpferische Wort Gottes geben und noch viel mehr selber sein soll. Deshalb bekommt er, nach biblischer Erzählung (Gen 2,4b-3,24), **vom Schöpfer besondere Aufgaben**:

- Er soll die **„Tiere beim Namen rufen“**. Damit entsteht auch zwischen Mensch und Tier ein Dialog. Für die Tiere, die ebenfalls benamt sind und nicht einfach nur beziffert werden sollen, muss der Mensch Verantwortung übernehmen und sich für sie sorgen.
- Er soll den **„Garten bebauen“** und die **Früchte** daraus (bis auf eine Ausnahme, die vom Baum in der Mitte des Gartens) **genießen**. Das heißt – ohne Bild gesprochen – nichts weniger, als dass der Mensch auch für die restliche Natur verantwortlich gemacht wird. Er darf sich zwar darin gestalterisch verwirklichen und durchaus daraus Nutzen und Gewinn erzielen, aber natürlich nicht zulasten seiner Umwelt. Er darf auf „seine Kosten kommen“, aber nicht „auf Kosten anderer“.
- Besonders aber wächst die Verantwortung des Menschen angesichts der Liebe und der Verbindung mit dem Mitmenschen. In der partnerschaftlichen Beziehung zwischen Mann und Frau kommt diese zu ihrem Ziel. Dabei ist das **hebräische Wortspiel für Mann und Frau** hierbei besonders aussagekräftig. Der **Mann wird »iš« genannt, die Frau aber »iša«**, also von »iš« abgeleitet, was eigentlich mit „Männin“ übersetzt werden könnte. Doch keine Angst: Dahinter steht mitnichten eine Abwertung der Frau. Es geht nicht um einen biblischen Chauvinismus oder um Machotum von Seiten des angeblich „starken“ Geschlechts. Im Gegenteil wird hier ein besonders intensives **aufeinander Bezogen- und Verwiesensein beider aufeinander** ausgedrückt. Die beiden, die in der Liebe zueinander finden und eins werden, gehen eine tiefe und innige Verbindung ein, die **fast zur „Namensgleich-**

heit“[183] führt. Über die Bedeutung des Namens für uns Menschen war schon beim Nominativ hinreichend die Rede. Im Anschluss an diese Gedanken will die besagte Bibelstelle uns also sagen, dass wir nur in der **Hingabe der Liebe** letztlich unseren **„Namen“, also unser „Wesen“ ganz erfüllen**. Erst wenn Menschen sich in der Liebe soweit vereinen, dass sie ungeschadet aller Individualität, zu einer tiefen Gemeinschaft zusammenwachsen, werden sie ganz sie selber und verwirklichen ihr wahres Wesen. Was also von aller Schöpfung gilt, dass sie erst in der Liebe vollkommen wird und zur eigenen Identität findet, gilt vom Menschen in ausgezeichneter und besonderer Weise. Wie so oft kann man erleben, dass die uralten Bilder, die die Bibel aufgreift, um vom Menschen zu reden, in ihrer Bildhaftigkeit einen ungeheuren Schatz enthalten, den es unbedingt zu heben gilt. Dieser Schatz wird aber leichtfertig verspielt, wenn die Texte statt bildlich, vordergründig wörtlich missverstanden werden.

Schöpfung, so möchte ich jetzt zusammenfassend festhalten, meint das gute Wort Gottes, der als Vater alles ins Dasein ruft und der als Du in der Kraft seines Geistes auf „Geist und Person-sein“ zielt. In diesem Sinn ist der **Mensch etwas Besonderes und Einzigartiges in der Schöpfung**. Sein Geist-sein und seine Persönlichkeit sind Bild und Gleichnis des Schöpfers. Aber der Mensch wird dabei nicht über die Schöpfung gestellt, sondern direkt in sie hinein, in mitliebender **Verantwortung für alles und vor Gott**. Das Zauberwort[184] des Menschen, unter dem ihm alles zu singen anhebt, was in der Schöpfung von Gott in einer großartigen Symphonie

[183] Es ist von daher ein schöner und auch sinnvoller Brauch, wenn Menschen beim Heiraten einen gemeinsamen (Nach-)Namen annehmen und so die innige Verbindung zwischen sich auch nach außen klar und eindeutig zeigen: Wir gehören zusammen und sind am selben Namen zu erkennen.

[184] Die Formulierung greift ein Diktum von Joseph von Eichendorff auf: „Schläft ein Lied in allen Dingen, die da träumen fort und fort. Und die Welt hebt an zu singen, triffst du nur das Zauberwort.“ Zitiert aus: Ders.: Gedichte, II. Sängerleben, Gedicht »Wünschelrute«.

bereitet wurde, ist die Verantwortung[185]. Nur wenn wir Menschen uns immer wieder neu erfahren als „Eingebundene in die Schöpfung" (vielleicht passt hier noch schöner das Wort „Ein-geborene" der Schöpfung) und als Verantwortliche für ihre Erhaltung, sind wir Bild Gottes, der sich in seiner Liebe ganz in die Welt einbinden lässt durch seinen Sohn und in seinem Geist, und der dadurch alles schafft und erhält. Und, nicht zu vergessen: Die **Schöpfertätigkeit** Gottes, eines der Grundzüge seines Wesens, muss sich im Bild Gottes, **im Menschen, wiederfinden**. Tatsächlich ist die **Fähigkeit, schöpferisch etwas hervorzubringen,** ein **grundlegender Wesenszug auch im Menschen**. Nach Paul Michael Zulehner ist ein zweites wichtiges „Lebensheiligtum" des Menschen neben dem „Ansehen" das „Wachsen"[186]. Anders könnte man dafür »mächtig sein« im Sinn von »etwas machen können« sagen"[187]. Für den Menschen ist es **wesentlich, dass er seine Fähigkeiten und Begabungen entwickeln und auch einsetzen** kann. Der Mensch ist in diesem Sinne **berufen zum Mit-Schöpfer**. Er ist von Gott her bestellt, sich **kreativ** in der Welt, der großen, wie seiner kleinen, zu engagieren. Wir brauchen, ganz in Anlehnung an Gottes Wesen, **kreative und schöpferische Menschen** und **keine erschöpften**. Immer, wenn ein Mensch dazu ermuntert und angehalten wird, **kreativ seine Fähigkeiten einzusetzen und seine Begabungen zu gestalten**, wird er zum Nachahmer der schöpferischen Kraft Gottes und beginnt zu leben, was er immer schon ist: Bild und Gleichnis Gottes inmitten dieser Welt. Deshalb sind die kreative Selbstentfaltung des Menschen mit all seinen Talenten und seine Selbstverwirklichung vor den Augen Gottes weit davon entfernt, Egoismus oder Selbstsucht zu sein. Vielmehr ist es des Menschen tiefster Auftrag und seine eigentliche Bestimmung. Nicht zuletzt fällt von hier her auch ein Blick auf den **Sinn der Arbeit des Menschen**. In den ersten Sätzen seiner **Sozialenzyklika »Laborem exercens«,** aus dem Jahr 1981, schreibt **Papst Johannes Paul II.** (1920-2005), dass „die

---

[185] Eines der wegweisenden Bücher einer „Ethik für die technologische Zivilisation" benennt Hans Jonas mit „Das Prinzip Verantwortung".
[186] Zulehner, Paul Michael: Kleine Lebenswelten, S. 25
[187] Ebd.

Bezeichnung Arbeit... für jede Art menschlicher Betätigung“[188] gilt und er fährt fort: „Nach Gottes Ebenbild und Gleichnis geschaffen... ist der Mensch von seinem Ursprung her zur Arbeit gerufen. Und diese Arbeit ist eines der Merkmale, die den Menschen von allen anderen Lebewesen unterscheidet.“[189] In seinen Ausführungen im fünften Kapitel „Zur Spiritualität der Arbeit“ sieht er ausdrücklich die **„Arbeit als Teilnahme am Werk des Schöpfers“** (Nr. 25). Es ist daher **für den Menschen wesentlich, zu arbeiten**, um so seiner **Kreativität und seiner Begabung einen angemessenen Ausdruck** zu geben. Für die kirchliche Soziallehre gehört deshalb von jeher ganz folgerichtig ein **„Recht auf Arbeit“** zu den Grundrechten des Menschen. Aus diesem Grund formulierte Papst Johannes Paul II. in der oben schon genannten Enzyklika „Laborem exercens“ den so wichtigen „Vorrang der Arbeit“ (Nr. 12) vor dem Kapital. Denn, so fährt der Papst fort, „auf jeder Stufe seiner Arbeit begegnet der Mensch dem Geschenk, mit dem unmittelbar die Natur und letzten Endes der Schöpfer ihn beschenkt. So steht am Anfang aller menschlichen Arbeit das Geheimnis der Schöpfung.“ (12,3). Arbeit ist in dieser Sicht eine, wenn nicht die entscheidende **Auszeichnung des Menschen**. Leider wird dies heutzutage von den meisten nicht mehr so gesehen. Einmal sind es die Menschen, die Arbeit haben, selber, indem sie mit dieser Gabe letztlich doch nur wenig zufrieden sind. Immer wieder zeigen Umfragen, dass viele erst dann nach ihrem eigenen Lebensgefühl richtig zu leben beginnen, wenn sie Freizeit oder Urlaub haben, also wenn sie gerade nicht arbeiten. Schon rein zeitlich gesehen leben von daher die meisten wohl nicht recht intensiv, denn die Freizeit stellt doch nur einen Bruchteil des Lebens dar. Es müsste also bereits die Arbeit, die doch den Löwenanteil der gelebten Zeit in Anspruch nimmt, dem Menschen zur erhofften Erfüllung verhelfen. Die christliche Sicht vom Menschen jedenfalls betont immer wieder, dass er **von Gott dazu berufen und begabt worden ist, sich kreativ zu entfalten und seine Fähigkeiten zum Gelingen des Ganzen einzusetzen**. Der Mensch ist förmlich von Gott berufen zur Arbeit. Mit diesem Gedanken betrat das

---

[188] Laborem exercens, Einleitung, S. 529
[189] Ebd.

Christentum in seiner Anfangszeit aber in gewisser Weise Neuland. In der **vorchristlichen griechisch geprägten Antike galt die Arbeit, und da vor allem die körperliche Arbeit, als verrufen**. Der Freie und gesellschaftlich hoch stehende Mensch kümmerte sich nicht um die Arbeit, das war Sache der Niedrigen und Sklaven[190]. Wilhelm Korff führt dazu aus: „So legen die Griechen eine grundlegende Zäsur zw(ischen) den Lebensvollzug des freien Bürgers u(nd) alle nur dienenden Tätigkeiten. Was immer an Aktivitäten erforderlich ist, um das für das Leben Notwendige herbeizuschaffen od(er) bloß das Nützliche zu produzieren..., bleibt den Unterschichten bis hin z(um) Sklaven zugewiesen."[191] Die Bibel sieht dies ganz anders und löst damit eine wahre Revolution aus. Sie geht so gar so weit, dass bei der Schöpfung sogar Gott selbst als „arbeitend" gedacht wird. Dementsprechend ist die Arbeit auch für den Menschen der Grundauftrag im „Paradies", gipfelnd in der Bestimmung, den ihm zugewiesenen „Garten zu bebauen", also seine Lebenswelt durch Arbeit zu gestalten und zu pflegen. Im Neuen Testament wird diese Linie bruchlos fortgeführt: Jesus selber war wohl Handwerker, ein Zimmermann wie sein Vater [im Markusevangelium Kapitel 6, Vers 3 sagen die Leute über ihn: „Ist das nicht der Zimmermann..."]. Von daher ist ihm die Arbeit keineswegs fremd gewesen. In vielfältigen Gleichnissen greift er auf den Bereich der Arbeitswelt zurück, die in seiner Zeit und seiner Umgebung von den meisten Menschen ausgeübt wurden. So entlehnt er seine Bilder der Landwirtschaft oder der Fischerei. Doch nicht nur bei Jesus findet sich diese eindeutige Bejahung der Arbeit. Auch sein großer Ausleger und Interpret, der Apostel Paulus, übte einen Beruf aus, er war Zeltmacher [vgl. Apg 18,3: da sie das gleiche Handwerk betrieben, blieb er (Paulus) bei ihnen und arbeitete dort. Sie waren Zeltmacher von Beruf]. In der Schule des Apostels wurde diese Haltung von Paulus erinnert. So heißt es dort:

190 Vgl. dazu Burgey, Franz: Technik und Heiliger Kosmos, S. 120ff

191 Korff, Wilhelm: Artikel Arbeit, II. Kultur- und geistesgeschichtlich, Sp. 919

> „Ihr selbst wisst, wie man uns nachahmen soll. Wir haben bei euch kein unordentliches Leben geführt und bei niemand unser Brot umsonst gegessen; wir haben uns gemüht und geplagt, Tag und Nacht haben wir gearbeitet, um keinem von euch zur Last zu fallen. Nicht als hätten wir keinen Anspruch auf Unterhalt; wir wollten euch aber ein Beispiel geben, damit ihr uns nachahmen könnt."
>
> [2 Thess 3,7-9]

Das geht soweit, dass im gleichen Zusammenhang sogar gefordert werden konnte:

> „Wer nicht arbeitet, soll auch nicht essen. Wir hören aber, dass einige von euch ein unordentliches Leben führen und alles Mögliche treiben, nur nicht arbeiten. Wir ermahnen sie und gebieten ihnen im Namen Jesu Christi, des Herrn, in Ruhe ihrer Arbeit nachzugehen und ihr selbstverdientes Brot zu essen."
>
> [2 Thess 3,10-12]

Der Neutestamentler Gerhard Friedrich führt zu dieser Stelle aus: „Arbeiten gehört zur Ordnung des Gemeindelebens. Wer nicht arbeitet, verstößt gegen die in der Kirche Christi geltende Ordnung... Die Gemeindeglieder sollen sich durch Arbeit ihren Lebensunterhalt verdienen."[192] Diese **Hochschätzung der Arbeit im Christentum** ist vor allem motiviert von der Vorstellung der **Mit-Schöpfung durch den Menschen**. In der **Kreativität** des Menschen wird ein ganz hoher Wert entdeckt und gesehen. Sie soll in der und durch die Arbeit geweckt und gefördert werden. Der Mensch ist eben berufen, wie Gott, nicht erschöpft zu sein, sondern selbst schöpferisch zu werden.

Natürlich darf beim Blick auf die Arbeit die in ihr liegende **Doppelgesichtigkeit und Ambivalenz** nicht übersehen werden. Ohne Zweifel gehört für die Bibel die Arbeit für den Menschen wesentlich dazu, sie sollte es ihm

[192] Friedrich, Gerhard: Der Zweite Brief an die Thessalonicher, S. 274

ermöglichen, sich kreativ zu entfalten und so die in ihm angelegten Fähigkeiten und Talente zu entfalten. Insofern ist die Arbeit eine Auszeichnung für den Menschen. Doch die Bibel ist auch hier keineswegs nur träumerisch. Sie kennt auch die **Gegenseite und das Problem mit der Arbeit**. Natürlich spricht auch in diesem Punkt die Bibel nur in Bildern, aber als Bilder genommen, und auch so verstanden, eröffnen sie doch wiederum einen sehr guten Blick auf die gemeinte Sache. Wieder ist es die Erzählung von den Anfangsseiten der Bibel im Buch Genesis, die uns weiterhelfen kann. Dort heißt es:

> „Zu Adam sprach er: Weil du auf deine Frau gehört und von dem Baum gegessen hast, von dem zu essen ich dir verboten hatte: So ist verflucht der Ackerboden deinetwegen. Unter Mühsal wirst du von ihm essen alle Tage deines Lebens. Dornen und Disteln lässt er dir wachsen, und die Pflanzen des Feldes musst du essen. Im Schweiße deines Angesichts sollst du dein Brot essen, bis du zurückkehrst zum Ackerboden; von ihm bist du ja genommen. Denn Staub bist du, zum Staub musst du zurück."
>
> [Gen 3,17-19]

Was hier erzählt wird, ist eine **„Folge des sogenannten Sündenfalls"** des Menschen. Nun, in seiner Abwendung von Gott, wird alles, was gerade eben noch, „im Paradies", die Auszeichnung des Menschen war, förmlich in sein Gegenteil verkehrt. Die Zusammenhänge sind wie mit Händen zu greifen: Der Mensch wird, wenn er sich von Gott trennt, auch von seiner Mitwelt getrennt. Was hier genau gemeint ist und ausgesagt werden soll, möchte ich ausführlich im vierten Fall", dem Akkusativ, zur Sprache bringen. Für jetzt genügt daher ein kurzer Blick auf die veränderte und **neue Situation der Arbeit des Menschen**. In dem der Mensch sich von Gott absondert und ihn und seine gute Lebensordnung aus den Augen verliert, geht der Mensch letztlich sich selbst verloren. **Günter Brakelmann** (*1931), der frühere evangelische Professor für Christliche Sozialethik und Zeitgeschichte in Bochum, führt dazu aus: „Dieser sich selbst wollende Mensch, der allein auf sich hört und sich nicht sagen lassen will, was »gut«

und was »böse« ist, und der ausbricht aus der Kindschaft Gottes, provoziert die Reaktion des Schöpfers. War sein Mandat zur Arbeit »im Paradies« ein menschenfreundlicher Auftrag, so bleibt auch seine Antwort auf den Ungehorsam des Menschen im Umfeld seiner Gnade. Er verflucht nämlich nicht den Menschen und seine zu ihm gehörende Arbeit, sondern macht die natürlichen Bedingungen dieser Arbeit schwerer. Arbeit bleibt das gottgewollte Proprium des Menschen, wird aber in ihrem Vollzug eine Last des Menschen. Arbeit als Notwendigkeit zur physischen Erhaltung und zivilisatorisch-kulturellen Gestaltung der Welt wird zur harten Notwendigkeit. Sosehr die Arbeit Schöpfungsauftrag bleibt, sosehr der Mensch gewürdigt bleibt, die Schöpfung durch Arbeit und Leistung zu erhalten, zu gestalten und umzuformen, so deutlich wird dieses Handeln gleichzeitig ein Handeln mit Mühsal und Last. Arbeit gerät damit unter die Ambivalenz, menschenfreundliches und menschendienendes Mandat und zugleich menschenbeschwerendes und menschenbedrückendes Faktum zu sein. Diese Doppelgesichtigkeit prägt alle Arbeit".[193] Damit ist klar, dass die Arbeit zwar zum Menschen dazugehört, dass **der Mensch aber immer mehr sein muss, als seine Arbeit**. „Arbeit ist eine fundamentale Äußerungsfom des Menschen, macht aber nicht das Menschsein des Menschen aus."[194] Nichts desto trotz **muss aus christlicher Sicht alles für eine Humanisierung der Arbeit und der zu ihr gehörenden Verhältnisse** getan werden. Jeder Mensch hat nicht nur ein Recht auf Arbeit, sondern darüber hinaus auch ein **Recht auf eine würdige und ihm und seinen Fähigkeiten entsprechende Arbeit**. Natürlich gibt es wohl keinen Beruf, der in jeder seiner Facetten nur Erfüllung mit sich bringt; aber es darf eben keinen Beruf geben, der nur stumpf und stupide macht oder der sogar gesundheitsgefährdend oder –zerstörend ist. Die Arbeit des Menschen muss also mehr sein als nur ein Mittel zur Steigerung der Rendite oder des Bruttosozialproduktes. Die Arbeit muss, wie es die christliche Soziallehre dringend empfiehlt, auf jeden Fall dem Kapital vorgezogen werden. An dieser Stelle möchte und muss ich es mit diesen wenigen Anmerkungen

---

[193] Brakelmann, Günter: Arbeit, S. 105f
[194] Ebd., S. 106

sein Bewenden belassen,[195] im Wissen, dass auch dieser Punkt noch eine Vertiefung braucht. Ich will mich darum nicht drücken, möchte aber an dieser Stelle noch um etwas Geduld bitten. Im fünften Fall – dem Vokativ, werde ich das Thema Arbeit und Beruf noch einmal aufgreifen, um dann dieses auch von der anderen, eben angedeuteten Seite aus, etwas zu beleuchten.

[195] Günter Brakelmann führt in seinem genannten Aufsatz unter dem Punkt VI. „Human-emanzipative Ziele" hinsichtlich der Arbeit an. Auf diese kann hier nur verweisen und zugleich mich ihnen voll anschließen. Vgl. Ebd., S. 124f

4. Der schenkende Gott – der Dativ

4.1 Wortbedeutung

Das lateinische Wort „do“ bzw. „datus“[196], das dem Wort „Dativ“ zugrunde liegt, bedeutet wörtlich übersetzt „geben“ oder „schenken“, aber auch „sich hingeben“ und „sich schenken“. Und auch dieser Wink der Grammatik hilft, den biblischen Gott von Innen heraus zu verstehen. Denn eines ist ohne Zweifel schon bis jetzt klar ersichtlich: Der **Gott, den die Bibel bezeugt, ist ein schenkender Gott**, ein Gott, der sozusagen »**gratis**« mitteilt.
Dies ist hoffentlich schon im „zweiten Fall“, bei der Schöpfung, deutlich geworden: Gott setzt unverdient und ohne Vorleistung die Schöpfung aus sich und seiner Liebe heraus. Jetzt soll dieser Grundzug des biblischen Gottes eigens beleuchtet und bedacht werden. Das theologische Wort für dieses „**Schenken Gottes**“ heißt „**Gnade**“. Es ist unter anderem das Verdienst von Karl Rahner gewesen, darauf hingewiesen zu haben, dass die Gnade im innersten Kern nicht etwas von Gott Verschiedenes meint, etwas, das unabhängig von ihm selbst da ist oder auch ohne ihn zur Geltung kommen könnte, sondern dass **Gnade ein Ausdruck Gottes selber ist**, seinem Wesen entspringt, so dass **Gnade letztlich mit der liebenden Zuwendung Gottes in eins fällt**. So benennt er den tiefsten Sinn von „Gnade“ mit dem Wort von der „Selbstmitteilung“ Gottes[197]. Gnade ist also nicht etwas, das Gott tut oder wie er handelt, sondern **Gnade ist die Wesensbeschreibung Gottes, so wie er ist und sich verhält**. Wer von Gnade spricht, rührt an das Innerste Gottes; wer von der Gnade spricht, bekommt ihn selbst in den Blick; wer von der Gnade spricht, blickt auf Gott selbst.

---

[196] Heinichen: Lateinisch-Deutsch zu klassischen und ausgewählten mittelalterlichen Autoren, S. 144

[197] Rahner, Karl: Grundkurs des Glaubens, S. 122ff. Er schreibt wörtlich: „Selbstmitteilung Gottes besagt also, dass das Mitgeteilte wirklich Gott in seinem eigenen Sein und so gerade die Mitteilung zum Erfassen und Haben Gottes in unmittelbarer Anschauung und Liebe ist.“ (ebd., S. 124)

4.2 Der schenkende Gott – ein Grundzug des AT

Die Vorstellung vom schenkenden und gönnenden Gott ist bereits für das Alte Testament eine wesentliche Vorstellung. Schon als Schöpfer haben wir ihn genau so erlebt: Er ruft alles ins Sein und er steht im Hintergrund von allem, was ist. Er schenkt den Dingen teil an seinem Leben und beruft sie in ihr Dasein. So ist, wie schon gesagt, bereits die gesamte **Schöpfung Ausfluss der übermäßigen Liebe Gottes** und kann im Innersten von daher nur als **Geschenk der Liebe Gottes** verstanden werden. Nichts, was es gibt, ist einfach nur so da, wie ein Zufall oder gar als Unfall. Hinter allem steht die liebende Zusage Gottes, dass es gut ist und einen Sinn ergibt. Der Glaube an Gott als den Schöpfer ist das Bekenntnis, trotz allen Widrigkeiten und Ungereimtheiten in der Welt, dass über allem und hinter allem ein Sinn sich zeitigt, dass die ganze Welt und alles in ihr sinnvoll ist und somit sein soll. Da die Liebe Gottes der „Grundstoff" ist, aus dem alles erstand, ist die Welt letztlich Ausfluss der göttlichen Liebe und somit Geschenk. **Gnade ist von daher das Wasserzeichen, das allem eingeprägt ist**. Aus Gnade ist alles geworden, auf Gnade hin ist alles geschaffen, in Gnade wird alles vollendet. Doch es geht biblisch gesehen noch einen wesentlichen Schritt weiter. Dieser Gott, der allem das Sein verleiht und alles ins Dasein ruft, will mit den Menschen in besonderer Weise in Beziehung treten. Und auch dies geschieht wesentlich als Geschenk. Die **Beziehung Gottes zu den Menschen** und seine »Selbstmitteilung« an uns sind wiederum **Ausfluss rein schenkender Liebe**: »gratis data« – umsonst und »gratis« gegeben, wie die Alten sagten! Beginnend mit Abraham, erzählt die Bibel von der besonderen Geschichte Gottes mit den Menschen. Dabei ist der **alttestamentliche Inbegriff der schenkenden Zuwendung Gottes** an die Menschen das „**verheißene Land**". In der Verheißung des Landes für das Volk findet bereits die Berufung Abrahams ihren Höhe- und Zielpunkt, wenn dem „Mondwanderer aus Ur[198]" das neue

[198] So benennt Thomas Mann Abraham in seinem Joseph-Roman, z. B. im Abschnitt: Höllenfahrt, Seite 11. Dort heißt es: „Von dort ... war vor längeren Zeiten... ein sinnender und innerlich beunruhigter Mann... ausgezogen, um es dem Monde,

Land als Verheißung zugesprochen wird. In besonderer Weise kommt dieses Thema aber erst in den Mose-Erzählungen zum Tragen, bei denen der Auszug aus Ägypten natürlich wie eine Ouvertüre für den Einzug ins „Gelobte Land“ verstanden werden muss und letztlich darauf hinausläuft, das verheißene Land (wieder) in Besitz zu nehmen. Vollkommen zu Recht kann Gerhard von Rad daher folgern: „Es gibt im ganzen Hexateuch wohl keinen Gegenstand, der in gleicher Weise allen Quellen, und zwar in all ihren Teilen, so wichtig ist wie das von Jahwe verheißene und dann verliehene Land.“[199] Die **Tradition um die Verheißung des Landes** ist förmlich der **große Bogen**, der sich von den Vätererzählungen in der Genesis bis hin zum endgültigen in Besitz nehmen des Landes unter Josua hinzieht und der daher als roter Faden durch die ersten sechs Bücher des Alten Testaments durchläuft[200]. In der Landnahme des Volkes als Einlösung der Verheißung Gottes finden daher sowohl die Abrahamsgeschichte als auch der Exodus, der Auszug aus Ägypten, ihre Vollendung. Dabei ist für die hebräische Bibel jedoch **entscheidend** wichtig, dass das Land **immer Jahwes Land** ist. **Er** ist der **eigentliche Besitzer** und er **schenkt** es den Menschen, gibt es dem Volk **Israel zum Lehen**. Als Erinnerung an die Anerkennung seines Besitzrechtes im Blick auf das Land sind dementsprechend auch die kultischen Erntebestimmungen zu sehen, so die Gesetze über den Umgang mit den Erstlingserträgen des Feldes und beim Vieh oder auch die Forderung der Abgabe des zehnten Teils der Ernte zugunsten Jahwes. Der Mensch gibt in diesen Gaben dem, von dem er alles erhalten hat, aus Dankbarkeit wieder etwas zurück. Nach all dem Gesagten ist offensichtlich, dass es **besser ist von der »Land*gabe* durch**

---

der Gottheit von Ur, gleichzutun und zu wandern, weil er das als das Richtigste und seinem unzufriedenen, zweifelvollen, ja gequälten Zustande Angemessenste empfunden hatte.“ Und kurz später heißt es, als Joseph über seine verwandtschaftlichen Beziehungen nachsann: „Zuweilen hielt er den Mondwanderer wohl gar für seinen Urgroßvater“, S. 15.

[199] Rad, Gerhard von: Verheißenes Land und Jahwes Land im Hexateuch, S. 87

[200] Da hier von den ersten sechs Büchern die Rede ist, das griechische Wort für die Zahl sechs aber hexa heißt, so spricht man auch vom Hexateuch. Dieser Ausdruck wird gerne verwendet in Abhebung vom Pentateuch, der die ersten fünf Bücher der Bibel zusammenfasst (griechisch penta = fünf) und als dessen Erweiterung.

Gott« zu reden **als von einer »Land*nahme*** des Volkes Israel«. Denn das Tun Gottes steht eindeutig im Vordergrund. Gott selber ist es, der das Land und damit die Heimat gibt. Das Land wird in dieser Sicht zum **Realsymbol der Gabe Gottes**. Es ist **sein Geschenk an das Volk Israel**. In diesem Sinn ist das geschenkte Land förmlich ein Sakrament, also Zeichen und Werkzeug der Treue Gottes zu seinem Volk, der von sich aus die Beziehung stiftet und seinen Beitrag dazu erfüllt. Diese Beziehung Gottes zu den Menschen wird im Alten Testament mit dem Begriff **„Bund“** (hebräisch »berit«) beschrieben. Dabei ist Bund zweifellos ein **zentraler Begriff** der ganzen hebräischen Bibel. Für unseren Zusammenhang ist ein Gedanke wesentlich, den ich einem Wink von dem ehemaligen Alttestamentler aus Münster **Erich Zenger** (1939-2010) verdanke. Er weist darauf hin, dass es im AT **zwei verschiedene Traditionen des Verständnisses von Bund** gibt:

- Zum einen ist die **deuteronomisch-deuteronomistische** Tradition zu benennen und
- zum andern die Tradition der sogenannten **Priesterschrift**.[201]

Entscheidend ist dabei, dass die **Konzeption und die Vorstellung vom Bund** (hebräisch »berit«) in beiden Traditionen sich **wesentlich unterscheiden** und einen jeweils anders gewichteten Bundesgedanken vor Augen stellen: In der Tradition des **Deuteronomiums** ist der **Bund ein streng zweiseitiges Geschehen** zwischen den Bundespartnern, also zwischen Gott und dem Volk Israel. Beide haben wesentlich ihren Anteil an der Verbindung und müssen etwas zum Gelingen des Bundes beizutragen. Erst wenn **beide ihren Anteil leisten und beide ihre Verpflichtungen halten,** gelingt der Bund und bleibt er bestehen. Im Hebräischen wird als **Verb** für diese Art des Bundesschlusses das Wort **„karat“ (=schneiden)** verwendet. Der Hintergrund des Gebrauchs dieses Verbs für das Schließen des Bundes ist ein archaisch anmutender Brauch gewesen. Bei einer

---

[201] Vgl. zu dem Ganzen den Artikel von Frank-Lothar Hossfeld „Bund“ im LThK[3], Sp. 781ff

gegenseitigen Vertragsverpflichtung wurde ein Tier getötet und in der Mitte auseinander geschnitten. Die Bundespartner durchschritten dieses geschlachtete und zerrissene Tier dann „zwischen den einander gegenüber gelegten Hälften“[202]. Hintergrund dieses Ritus war eine Art „Selbstverfluchung des Hindurchschreitenden in einer Analogiehandlung: das Schicksal des Tieres soll ihn treffen, falls er die... übernommene Verpflichtung nicht einhält.“[203] So wie also das Tier getötet und zerrissen wurde, so soll auch der den Tod finden, der den Bund einseitig bricht. Diese Vorstellung von Bund und Gottesbeziehung **betont sehr stark den Anteil, den beide Partner, vor allem aber auch die Menschen**, zum Halten des Bundes bzw. zu seinem Zustandekommen **leisten** müssen. Gott kann den Bund von sich aus nicht alleine halten und gewähren. Erst wenn die Menschen zustimmen und ihre Verantwortung für den Bund übernehmen, gelingt die Verbindung von Gott und Mensch. Das heißt aber auch, dass das Volk Israel im Fall des Bundesbruchs mit ernsten Konsequenzen rechnen muss. In diesem Sinn ist unter dem Bund eher an einen Vertrag zu denken, der von beiden Seiten geschlossen und mit allen Verpflichtungen zu übernehmen und einzuhalten ist.

Ganz anders und theologisch fast gegensätzlich dazu, ist die Sicht des Bundes in einer **jüngeren Schicht im Alten Testament**. Diese wird auch als **priesterschriftliche Tradition** bezeichnet. Es hat sich **hierbei das Verständnis der Verbindung von Gott und Menschen wesentlich verändert**. Vielleicht steht die Erfahrung des Exils des Volkes Israel in Babylon, die für die priesterschriftliche Traditionsschicht zentrale Bedeutung hatte, im Hintergrund der **Akzentverschiebung**. Wurde doch gerade in der **Zeit des Exils** erlebt, dass der **Mensch von sich aus den Bund mit Gott gebrochen** hat, dass er seine Seite des vertraglichen Abschlusses nicht einhielt und im Blick auf den Bund mit Gott gescheitert ist. Doch, und hier ist die unerhört neue Erfahrung, ist er trotz seiner Verfehlungen, Gott nicht „losgeworden“; denn Gott hat ihn wider Erwarten auch inmitten seines Versagens nicht im Stich gelassen oder von sich aus die Verbindung zu

---

[202] Kutsch, E.: Art. krt – abschneiden, THAT Bd. I, Sp. 858
[203] Ebd., Sp. 859

ihm aufgekündigt. Es musste also von dieser Erfahrung her, dass **Gott im Bund die Treue hält, obwohl der Mensch ihn von sich aus gebrochen hat**, das ganze Thema Bund und Verbindung von Gott und Mensch nochmals neu und anders in den Blick genommen werden. Aus dem einseitigen Verständnis eines Vertrages heraus, lässt sich die Erfahrung der Treue Gottes angesichts der Schuld der Menschen nicht verstehen. Vielleicht, so dämmert als vorsichtige Ahnung auf, geht der Bund viel tiefer und weiter, als nur eine bloße Abmachung zwischen Partnern zu sein. Vielleicht ist der Beitrag, den der Mensch zur Verbindung mit Gott leistet, zu sehr verrechtlicht gedacht und zu wenig die Liebe und Treue Gottes darin einkalkuliert, die, vor aller Leistung und trotz aller Schuld, unverbrüchlich und nicht verrechenbar zum Menschen steht. Was hier bereits im Alten Testament sich wie eine Morgenröte Bahn bricht, ist nichts weniger als die **vollkommene Umkehrung des ganzen „Gottes-Denkens“: Gott ist nicht einfach ein rechnender und kalkulierender Gott**, der darauf aufpasst, dass er nicht zu kurz kommt oder übervorteilt wird. **Er will in der Verbindung mit den Menschen ihnen seine Liebe schenken und Liebe rechnet nicht**. Es kann doch nicht darum gehen, möglichst großen Profit zu machen oder auch nur darum, etwas von der Verbindung zu haben. Liebe greift, wenn sie denn wirklich Liebe sein soll, viel weiter. Sie ist absichtslos, ungeplant, ohne Hintertür und doppelten Boden. Liebe muss schenken und freiherzig geben, wenn sie ihrem stolzen Namen entsprechen will. Genau in diese Richtung wird sich die Vorstellung vom Bund Gottes mit den Menschen verschieben und weiterentwickeln. Denn Gott ist ganz anders, als Menschen ihn sich vorstellen. Seine Gerechtigkeit ist nicht ein maßgenaues Abzählen oder ein kleinliches Verrechnen. Seine Gerechtigkeit ist geprägt von seiner Liebe, die absichtslos und ohne Hintergedanken schenkt und freiherzig gibt, ohne auf einen Lohn zu warten. Gott ist daher nicht ein Partner, der auf strenge Gegenseitigkeit bedacht wäre, sondern einer, der schenkt und gönnt, der gibt und somit im besten Sinn des Wortes ein Gott des „Dativs“ ist. Doch um diesen Gedanken aufzeigen zu können, lade ich dazu ein, zunächst einmal einen Blick auf einen wesentlichen Text aus der so genannten Priesterschrift, dem in diesem Zusammenhang besondere Bedeutung zukommt, zu werfen. Es handelt sich um die Erzählung am

Ende der sogenannten Sintflut in Gen 9. Jetzt, da die Welt bildlich gesprochen „reingewaschen" ist von allem Verderben, kann es nochmals neu und verändert losgehen. In diesem Zusammenhang heißt es:

> „Dann sprach Gott zu Noach und seinen Söhnen, die bei ihm waren: Hiermit schließe ich meinen Bund mit euch und mit euren Nachkommen und mit allen Lebewesen bei euch, mit den Vögeln, dem Vieh und allen Tieren des Feldes, mit allen Tieren der Erde, die mit euch aus der Arche gekommen sind. Ich habe meinen Bund mit euch geschlossen: Nie wieder sollen alle Wesen aus Fleisch vom Wasser der Flut ausgerottet werden; nie wieder soll eine Flut kommen und die Erde verderben. Und Gott sprach: Das ist das Zeichen des Bundes, den ich stifte zwischen mir und euch und den lebendigen Wesen bei euch für alle kommenden Generationen: Meinen Bogen setze ich in die Wolken; er soll das Bundeszeichen sein zwischen mir und der Erde."
>
> [Gen 9,8-13]

Wieder geht es um den Bund zwischen Gott und den Menschen, aber entscheidend verändert. Beim priesterschriftlichen Text verdienen vor allem die veränderten **Verben, die für den Bundesschluss in der priesterschriftlichen Tradition verwendet werden**, besondere Beachtung. Es heißt hier, dass Gott den Bund „**schließt**" (Vers 9) bzw. ihn „**stiftet**" (Vers 12). Beide Übersetzungen der Einheitsübersetzung sind aber leider nicht wortgetreu, denn für das Wort, das die Einheitsübersetzung mit ***Bund schließen*** wiedergibt, steht im Hebräischen »**qūm**«, das eigentlich soviel wie „**aufrichten**" bedeutet. Dadurch stellt die Priesterschrift „die Initiative Jahwes, der seine Herrschaft über die Welt errichtet, heraus, aber auch die unerschütterliche Gültigkeit der Heilsordnung, die den Menschen das Leben vor ihm ermöglicht."[204] Und noch wichtiger: Für den Gedanken, dass Gott mit den Menschen einen **Bund *stiftet***, steht im hebräischen Original das Wort »**ntn**«, das wörtlich übersetzt „***geben***" heißt. Damit spricht die Priesterschrift im Rahmen der Bundestheologie davon, dass **Gott (allein)**

[204] Amsler, S.: Art. qūm - aufstehen, THAT Bd. II, Sp. 640

der Geber des Bundes ist. War in der deuteronomischen Tradition noch von einem wechselseitigen „schließen" die Rede, so ist **hier eindeutig alles Tun auf Seiten Gottes.** Er allein **gibt und schenkt den Bund**. Und genau das trifft den tiefsten Kern dessen, was ich unter dem »Dativ Gottes« verstehe und darlegen möchte. Denn »do – dare« heißt ja eben schenken oder geben. **Im »Schenken und Geben des Bundes« löst Gott von sich her den Dativ ein.** Der Alttestamentler Frank-Lothar Hossfeld fasst daher sehr treffend zusammen, wenn er schreibt: „Die *Priestergrundschrift* bietet eine beträchtlich veränderte B(undes)-Theologie. Sie steht ganz im Zeichen einer theol(ogischen) Konzentration u(nd) Dämpfung der menschl(ichen) Verantwortung, des Kennzeichens der dtr. (deuteronomisitischen, AV) Vertragsbundtheologie... Typisch für diese B(undes)-Theologie ist die Initiative Gottes als Stifter des B(undes)... Der Gnaden-B(und) ist deswegen unzerstörbar u(nd) v(on) ewiger Dauer."[205] Diese **veränderte Sicht des zentralen Bundesgedankens** innerhalb des Alten Testaments halte ich für sehr beachtlich. Es handelt sich, mit der christlichen Dogmatik gesprochen, um eine **eindeutige Verschiebung der Bundesvorstellung von der Vorstellung einer Leistung des Menschen in Richtung Gnade und Geschenk von Gott**. Der Bund ist von daher nicht zuerst oder sogar überhaupt nicht mehr an das Tun des Menschen gebunden. Er wird **rein von Gott gewährt und geschenkt** und ist von daher als **ungeschuldete »Gnade«** zu betrachten. Genau darin aber besteht, wie gesagt, der »dritte Fall« Gottes, der Dativ: Er gibt und schenkt. Bei Gott liegt die Initiative. Der Mensch kann sich diesem Geschenk gegenüber verschließen und seine Annahme verweigern. Doch zerstören oder ungültig machen kann er es nicht. Wir rühren an diesem Punkt an einen **Wesenskern Gottes**. Bereits im Alten Testament läuft die Entwicklung immer mehr darauf hinaus, diesen Gedanken der Gnade Gottes zu sehen und ins Wort zu heben. **Noch mehr und vertiefter wird dies im Neuen Testament geschehen**. **Vor allem im Auftreten des Mannes Jesus von Nazaret** erahnen die ersten Christen das **große Geschenk Gottes** an die Menschen. In ihm schenkt Gott sich selbst an uns und durch ihn richtet er den **Bund neu auf,**

---

[205] Hossfeld, Frank-Lothar: Art. Bund, LThK Bd. 2, Sp. 784.

den Neuen Bund. Sehr tiefdringend meditiert der Apostel Paulus in seinem Römerbrief über diese hervorragende Eigenschaft Gottes. Es heißt dort:

> „Er hat seinen eigenen Sohn nicht verschont, sondern ihn für uns alle hingegeben - wie sollte er uns mit ihm nicht alles schenken?"
>
> [Röm 8,32]

Gott schenkt nicht irgendetwas, er **schenkt letztlich sich, in seinem Sohn, selbst hin**. Der große Exeget **Heinrich Schlier** (1900-1978) deutet in seinem Kommentar zu dieser Stelle die Sache richtig, wenn er schreibt: „Es erweist sich in seiner Hingabe »uns zugute«, »uns allen zugute«, wie betont wird. Und mit dieser Hingabe uns allen zugute gewährt er uns »alles«. In Jesus Christus, seinem Sohn, ist alles Heil beschlossen."[206] Damit erfüllt sich das tiefste Wesen des Schenkens und die eigentliche Erfüllung des Dativs: „Der Geber ist selbst die Gabe"[207]! Er schenkt nicht irgendetwas, ein Vorläufiges oder Belangloses, nein, er gibt sich selbst und wird darin selber zur Gabe. Damit wird das **tiefste Wesen Gottes**, das wir als Liebe bereits mehrfach kennen gelernt haben, noch einmal auf eindrückliche Weise uns vor Augen gestellt. **Gott liebt, in dem er sich schenkt. Seine Liebe äußert sich darin, dass er sich selbst restlos gibt.** Damit sind wir auch bei der entscheidenden Sicht auf den angelangt, den wir schon als **Ausleger und Exegeten Gottes** kennen gelernt haben: **Jesus von Nazaret**, den Christen als Sohn Gottes glauben und bekennen.

4.2 Jesus – das Geschenk Gottes

Diesen **Wesenszug Gottes**, sich **selbst rückhaltlos und ganz zu schenken**, hat in besonderer Weise **Jesus** von Nazaret beeindruckend **ausgedrückt und vorgelebt**. Er tat dies in solcher Weise, dass späteres Nachdenken über ihn erkannte, dass er **selber das „große Geschenk**

[206] Schlier Heinrich: Der Römerbrief, S. 277
[207] Rahner, Karl: Grundkurs des Glaubens, S. 126

Gottes" an die Menschen und an die Welt ist. In ihm ist Gott selber der Welt entgegengetreten, durch ihn hat Gott sich selbst dem Menschen genaht, in seiner Person sind sich „Gott und Mensch einig". Dementsprechend war das **ganze Leben Jesu ein großes Sich-Schenken und ein letztes Sich-Hingeben**. Die **Hingabe** ist das **zentrale Motiv des Lebens des Mannes aus Nazaret**. Ganz will er sich schenken, an Gott und an die Menschen. Das gesamte Leben Jesu lässt sich somit in **drei Buchstaben** beschreiben: Lateinisch »**pro**« und deutsch »**für**«. Sein Leben ist radikale **Pro-Existenz**, Sein für andere. Es verliert sich eben nicht im Egoismus, der nur das Ego, also das eigene Ich, in den Mittelpunkt rückt, sondern verwirklicht sich im Blick auf die anderen, in der Hingabe und in der Liebe. So ist es auf fast jeder Seite der Evangelien förmlich mit Händen zu greifen, wie Jesus immer wieder Menschen helfend und heilend begegnet, wie er sie herausfordert, ihr Leben selber in die Hand zu nehmen und nicht sich von anderen leben zu lassen. Immer wieder war er es, der im Namen Gottes anderen half, sich aufzurichten, den Wert des eigenen Lebens zu erkennen und zu leben und der ihnen Mut machte, mit offenen Sinnen in die Welt zu gehen. **Das Leben Jesu ist auf Schritt und Tritt realisierte Proexistenz**, Sein und Hingabe für andere. Und was für sein Leben gilt, das bestimmt auch seinen Tod, denn vor allem die Stunde von Golgotha, die endgültige Hingabe seines Lebens am Kreuz, verwirklicht und vollendet diese Grundeinstellung Jesu. Damit gilt für Jesus auf besondere Weise das, was **Rainer Maria Rilke** (1875-1926) in seinem »Stunden-Buch« für den Tod eines jeden Menschen sich wünscht: „O Herr, gib jedem seinen eignen Tod. Das Sterben, das aus jenem Leben geht, darin er Liebe hatte, Sinn und Not."[208] Bei Jesus geht das Sterben wirklich aus seinem Leben hervor. Bereits dieses, sein **ganzes Leben**, war Hingabe und Liebe, war damit, bildlich gesprochen, »**Herzöffnung**«. Immer wieder hatte er ein offenes und liebendes Herz für die Menschen. Seine Einladung erging an alle Menschen, gerade auch an solche, die in ihrem Leben an den Rand gedrängt wurden oder sich selber an den Rand lebten. Es ist ein großarti-

---

[208] Rilke, Rainer Maria: Das Stunden-Buch, Drittes Buch: Das Buch von der Armut und vom Tode, S. 94

ges Wort, wenn Jesus gerade denen, die im Leben nicht so gut zu Recht kommen, zuruft:

> „Kommt alle zu mir, die ihr euch plagt und schwere Lasten zu tragen habt. Ich werde euch Ruhe verschaffen. Nehmt mein Joch auf euch und lernt von mir; denn ich bin gütig und von Herzen demütig; so werdet ihr Ruhe finden für eure Seele."
>
> [Mt 11,28f]

Dabei geht die Einladung in diesem Text vor allem an die „**Unmündigen**". Das griechische Wort dafür ist „νηπίοις" – nēpiois. Die exegetische Literatur nennt diesen Ausspruch den „Heilandsruf"[209]. Ihm voraus geht ein Lobpreis Gottes, der ein wirklicher Jubelruf Jesu ist.

> „In jener Zeit sprach Jesus: Ich preise dich, Vater, Herr des Himmels und der Erde, weil du all das den Weisen und Klugen verborgen, den Unmündigen aber offenbart hast. Ja, Vater, so hat es dir gefallen. Mir ist von meinem Vater alles übergeben worden; niemand kennt den Sohn, nur der Vater, und niemand kennt den Vater, nur der Sohn und der, dem es der Sohn offenbaren will."
>
> [Mt 11,25-27]

Diese Stelle aus dem Matthäusevangelium ist in besonderer Weise beachtenswert. Zum einen spricht Jesus von seinem tiefsten Wesen: Er will die **Menschen zur »Ruhe« bringen**. Im griechischen Original steht hier das Verbum „ἀναπαύω" - anapauo. Dies besagt soviel wie „ausruhen lassen, Ruhe verschaffen oder auch erquicken". Damit berührt sich dieses Wort aufs Engste mit dem Wort, das die griechische Übersetzung des Alten Testaments, die Septuaginta (LXX = 70) für das Ruhen Gottes am „7. Schöpfungstag" verwendet: Dort steht „καταπαύω" – katapauo. Die unge-

[209] Vgl. dazu: Gnilka, Joachim: Das Matthäusevangelium, I. Teil, S. 432

fähre Übereinstimmung beider Worte lässt sich schon rein äußerlich sofort sehen. Hierbei muss ich kurz zurückblenden und an schon Gesagtes erinnern. Denn bereits im Fall des Genitivs haben wir von der besonderen Bedeutung der „**Ruhe**" gehört. Gemeint ist damit **»Identität«, also »wissen, wer man ist, wohin man gehört, was man soll und wohin man geht«.** Genau daran knüpft das Jesuswort an. Seine Einladung führt uns an oder, vielleicht sogar besser, in sein »Herz«, in die innerste Mitte seiner Persönlichkeit. Dort allein finden wir Ruhe – dort sind wir wirklich zu Hause. Dort beruhigt sich die brennende Frage, die wir letztlich uns selber sind. Wer bei ihm zur „Ruhe kommt", weiß um den Sinn seines Lebens und hat eine Ahnung von seinem letzten Woher und Wohin.
Zum andern aber kündet er von seiner tiefsten Überzeugung, dass seine Botschaft etwas für die „**Unmündigen**" ist, denn nur sie bekommen sein Wort vom Vater geoffenbart. Wie oben schon erwähnt, ist das griechische Wort für das, was die Einheitsübersetzung mit „Unmündige" übersetzt, „νηπίοις" – nēpiois. Damit werden zunächst die noch kleinen Kinder bezeichnet, aber auch die Unvernünftigen und Einfältigen. Dieser Begriff kommt im Matthäusevangelium zweimal vor: zum einen hier beim Jubelruf und zum zweiten beim Einzug Jesu nach Jerusalem (Mt 21,6), als Kinder ihm zujubeln. Es ist doch bezeichnend, dass Jesus ausgerechnet diese „Unmündigen" als **Empfänger der Botschaft** erwähnt. Sind sie es doch, die durch ihr **kindliches Gemüt** wohl einzig und allein **wirklich offen** sind für das Neue, das Jesus den Menschen von Gott sagen will. So kann Jesus sagen:

> Amen, das sage ich euch: Wenn ihr nicht umkehrt und wie die Kinder werdet, könnt ihr nicht in das Himmelreich kommen.
>
> [Mt 18,3]

Es stehen wohl nicht so sehr schlechte Erfahrungen mit den Reichen und Mächtigen oder Enttäuschung über die Ablehnung bei ihnen hinter dieser Sicht Jesu. Vielmehr ist „die darin ausgesprochene Erkenntnis vom Wesen des Evangeliums... grundlegend für die Predigt und das Verhalten des

Herrn. Weil Gott es so gewollt hat, weil es dem Wesen seiner Offenbarung entspricht, hat Jesus sich nicht in Macht, Reichtum und Weisheit gehüllt, sondern ist niedrig, arm und gering geworden und ist zu denen gegangen, die selbst νηπίοι (nēpioi, also Unmündige, AV) waren. In seinem Kommen wird an Kindern und Geringen, an Armen und Sündern die ganze Größe der göttlichen Gnade offenbar."[210] Diese **Liebe, die bereits Inhalt seines Lebens war, wird im Tod auf besondere Weise besiegelt und vollendet**. Es ist von daher wohl ein sehr anrührendes Bild, wenn das Johannesevangelium inmitten der unmenschlichen Grausamkeit der Hinrichtung Jesu in seiner Passionsgeschichte, von der Herzöffnung Jesu bei seinem Sterben schildert:

„Als sie aber zu Jesus kamen und sahen, dass er schon tot war, zerschlugen sie ihm die Beine nicht, sondern einer der Soldaten stieß mit der Lanze in seine Seite, und sogleich floss Blut und Wasser heraus."
[Joh 19,33f]

Bildlich verstanden wird hier Wesentliches erzählt: **Am Kreuz öffnet Jesus sein Herz für uns und vollendet in dieser Herzöffnung damit das, was er ein Leben lang tat.** Sein Tod geht wirklich aus seinem Leben hervor und krönt es. Was äußerlich anmutet wie größte Grausamkeit, ist, von innen her gesehen, wie ein **Vollzug seines Wesens: Hingabe bis zum Ende – Öffnung des Herzens bis zum Äußersten**. So wird gekrönt, was für ihn ein Leben lang galt: Jesus lebt ganz für andere, für Gott und für die Menschen.

Doch wir müssen noch einen Schritt weitergehen. Die Hingabe am Kreuz, die bei den ersten drei Evangelien, den sogenannten **synoptischen Evangelien** von Markus, Matthäus und Lukas, im **Abendmahl** und der Hingabe mit **„Leib und Blut"**[211] symbolisch vorweggenommen wird, findet

---

[210] Bertram, Georg: Art. νηπίος; in: ThWNT IV, S. 923

[211] Dies gilt als Ganzheitsaussage (=Pleroasmus) im Hebräischen und meint soviel wie „ganz und gar, vollständig". Rudolf Pesch gibt diese Sicht treffend wieder, wenn er schreibt: „Mit dem Deutewort τουτο εστιν το σωμα μου [das ist mein Leib, AV]

im **Johannesevangelium** eine anders gelagerte und besonders beredte Vorwegnahme: In der **Fußwaschung**[212]. Dabei kennt Johannes wohl auch die Tradition eines Mahls. Dies wird aber nur wie nebenbei erwähnt, wenn es heißt:

> „Es fand ein Mahl statt..."
>
> [Joh 13,2]

Dieses Mahl spielt im weiteren Verlauf der Darstellung des vierten Evangelisten keine Rolle mehr. Stattdessen rückt etwas anderes, mit diesem Mahl eng Verbundenes, ganz in die Mitte der Aufmerksamkeit: die **Fußwaschung**. Hierin geschieht nach dem Johannesevangelium das **Entscheidende** am Vorabend des Todes Jesu. Hierin findet in der Sicht des vierten Evangeliums das Geschehen des Karfreitags seine **symbolische Vorwegnahme**. Dabei verdient die **Einleitung** in dieses 13. Kapitel des vierten Evangeliums eine besondere Beachtung. Dort heißt es:

> „Es war vor dem Paschafest. Jesus wusste, dass seine Stunde gekommen war, um aus dieser Welt zum Vater hinüberzugehen. Da er die Seinen, die in der Welt waren, liebte, erwies er ihnen seine Liebe bis zur Vollendung."
>
> [Joh 13,1]

Tatsächlich geht Jesus den letzten großen Schritt seines Lebens, immerhin den Schritt in die Passion, mit **vollem Bewusstsein,** und zwar, wie es eigens heißt: **aus „Liebe" zu den Seinen.** Es ist also nicht ein blindes

---

deutet Jesus das Brot, das er bricht und austeilt, auf sich selbst, und zwar mit Emphase: Das bin ich selbst!" (ders.: Das Markusevangelium, II. Teil, S. 357). Das Selbe gilt beim Weinwort. Mit diesem „deutet Jesus den Wein, den er im Becher austeilt... auf sich selbst, seine in den Tod gegebene Person" (ebd., S. 358).

[212] So fasst Rudolf Schnackenburg die Stelle gut zusammen, wenn er schreibt: „Für den Evangelisten wird in der Fußwaschung die letzte Hingabe Jesu für die Seinigen... zeichenhaft präsent und hat die Fußwaschung ihren ganzen Sinn darin, auf den Tod Jesu und die in ihm begründete volle Gemeinschaft mit den Jüngern vorauszuweisen." (ders.: Das Johannesevangelium, III. Teil, S. 17)

Schicksal, das über Jesus hereinzubrechen droht und erst recht nicht das dunkle Geschick eines grausamen Gottes, der Blut sehen will. Nein, und nochmals nein! Jesus geht im vollen „Wissen“ um das, was er tut, seinen letzten Weg. Die Kraft, die ihn dazu drängt und die ihm dazu hilft, ist die Liebe zu den Seinen. Und diese **Liebe** wird in Joh 13,1 in **besonderer Weise** bezeichnet. Blicken wir zuerst auf den griechischen Originaltext und versuchen von dorther den Sinn tiefer zu erfassen. Es heißt dort im griechischen Text:

„ἀγαπήσας τοὺς ἰδίους τοὺς ἐν τῷ κόσμῳ εἰς τέλος ἠγάπησεν αὐτούς“
(agapēsas tous idious tous en to kosmo eis telos ēgapēsen autous)
In der Einheitsübersetzung wird dies übertragen mit:
„Da er die Seinen, die in der Welt waren, liebte, erwies er ihnen seine Liebe bis zur Vollendung.“

Entscheidend hierbei ist die Bestimmung: „**εἰς τέλος - eis telos**“. Die Einheitsübersetzung gibt dies mit „bis zur Vollendung“ wider und bleibt damit der **eigentlichen Bedeutung** dieses Wortes etwas Wesentliches schuldig. Der bekannte Neutestamentler Rudolf Schnackenburg weist in seinem Kommentar zu dieser Stelle darauf hin, dass die Wendung »eis telos« „sowohl einen zeitlichen wie einen qualitativ-eminenten Sinn haben [kann]: »bis zuletzt« oder »bis zum äußersten«.[213] Es geht also nicht nur um das zeitlich letzte Geschehen, das Jesus kurz vor seinem Tod vollzieht. Damit ist nur die Hälfte der Wahrheit erreicht. Darüber hinaus muss die besondere Qualität des Geschehens in den Blick genommen werden. **Jesus geht bis zum Äußersten in seiner Liebe**. Von daher übersetzt Luther richtiger mit: „liebte er sie bis ans Ende“. Noch treffender übersetzt aber die »Gute Nachricht«: „Jetzt gab er ihnen einen **letzten und äußersten Beweis seiner Liebe**.“ Damit ist ein wichtiger Gedanke gegeben: Die Hingabe Jesu, die symbolisch bei Johannes in der Fußwaschung vorweggenommen und am Tag darauf am Kreuz blutig ernst wird, geht tatsächlich **»bis zum Äußersten«**. Die Liebe Jesu, die ihn ein Leben lang dazu trieb, förmlich sein

[213] Ebd., S. 16f

Herz zu öffnen und ein offenes Herz für alle zu haben, wird hier ins buchstäblich Äußerste gesteigert: **In der Hingabe seines Lebens für alle!** Das letzte Wort Jesu nach dem vierten Evangelium ist von daher ganz konsequent. Und es bestätigt die oben gegebene Deutung, dass Jesus seinen Tod als Abschluss seines Lebens und als letzte Konsequenz seines Handelns verstand. Denn es heißt im Johannesevangelium, dass der **Gekreuzigte als letztes Wort** kurz vor seinem Sterben als Gebet zum Himmel sandte:

> „τετέλεσται - Es ist vollbracht bzw. vollendet!"
>
> [Joh 19,30]

Im griechischen Original, wie sehr schön oben zu sehen ist, beschränkt sich dieses Gebet Jesu auf genau **ein Wort**, das in der deutschen Übersetzung jedoch nur durch einen Satz wiedergegeben werden kann. Ein Wort beschließt das Leben Jesu – tatsächlich gibt es über dieses Leben nicht viel mehr zu sagen. **Ein Wort genügt. So tief und so voll ist dieses eine Wort.** Und auch ohne große Griechischkenntnisse ist auf den ersten Blick die enge Verwandtschaft von τε**τέλεσ**ται (te**teles**tai - »es ist vollbracht«) aus Joh 19,30 zu εἰς **τέλος** (**telos** - »bis zum äußersten«) aus 13,1 zu sehen. Beide großen Worte weisen in die gleiche Richtung: Sie verweisen auf die **Hingabe Jesu, die nichts zurückhält und sich selbst ganz und gar schenkt.** Damit schließt sich der Kreis. **Jesu Tod ist von daher gesehen die Krönung seines ganzen Lebens**. Er vollendet, was er im Leben immer schon vollzogen hat. Denn dieses Leben war nichts anderes als ein bedingungsloses Lieben, oder bildlich gesprochen, ein „Herzöffnen", das im Tod und, symbolisch vorher bereits in der Fußwaschung und der Eucharistie, bis zum Äußersten geht. So ist die Darstellung der Passion im vierten Evangelium ganz konsequent, wenn es dort heißt:

> Als sie aber zu Jesus kamen und sahen, dass er schon tot war, zerschlugen sie ihm die Beine nicht, sondern einer der Soldaten stieß mit der Lanze in seine Seite, und sogleich floss Blut und Wasser heraus.
>
> [Joh 19,33f]

In der Kunst hat dieser Gedanke einen sehr schönen und doch zugleich auch sonderbaren Ausdruck gefunden in dem **Gemälde eines unbekannten Malers mit dem Titel „Christus und Caritas“**, gemalt um 1470, das heute im Kölner Wallraf-Richartz-Museum zu sehen ist[214]. Dargestellt ist der oben im Bibeltext aus dem Johannesevangelium beschriebene Vorgang der Öffnung der Seite Jesu mit einem Speer. Aber ganz anders, als im vierten Evangelium, ist es nicht die Grausamkeit eines Soldaten, der sich durch den Lanzenstoß vergewissern will, ob er sozusagen „ganze Arbeit“ geleistet hat und der damit definitiv dafür sorgen möchte, dass ihm „niemand von der Schippe springt“ und die Hinrichtung vielleicht überlebt. Auf dem Bild ist vielmehr eine junge Frau dargestellt und Jesus hängt auch gar nicht am Kreuz. Die Frau wird mit einem Schriftband an ihrer rechten Seite als die Tugend der „Caritas“ vorgestellt, also als die Personifikation der Liebe. In ihrer linken Hand hält sie die Lanze, mit der sie die Seite Jesu geöffnet hat. Mit der rechten fängt sie mit einem Becher das hervorströmende Blut des Heilandes auf. Dieser steht ihr offen gegenüber, eingehüllt in feierlichem Ornat, ganz so, als führe er beim ganzen Geschehen die Regie und wolle alles von sich aus, als wäre es sein Entschluss, dass ihm das „Herz“ geöffnet würde. Seine rechte Hand liegt dabei unter der geöffneten Seitenwunde und die linke wirkt so, als ob sie das Geschehen förmlich segnen möchte. Eugen Biser führt dazu sehr passend aus: „Die ungewöhnliche Darstellung hat ihre Vorläufer in spätmittelalterlichen Kreuzesbildern, auf denen Jesus anstatt von seinen Henkern von den Tugenden ans Kreuz geschlagen wird. In der Frage nach dem innersten Beweggrund der Passion überschritt die Kunst aufgrund ihres intuitiven Zugangs zum religiösen Mysterium damit die im Satisfaktionsmotiv [die Vorstellung, dass Jesus durch seinen Tod die Beleidigung Gottes durch die Sünde der Menschen wiedergutmachen müsste, AV] befangene Theologie in Richtung auf die Deutung, mit der der Johannesevangelist seinen Passionsbericht überschrieb: »Da er die Seinen, die in der Welt waren, liebte, liebte er sie bis zum Äu-

---

214 Ich verdanke den Hinweis auf dieses außergewöhnliche Gemälde dem Buch von Eugen Biser: Der Lebensweg Jesu, S. 110ff. Dort kann das Bild auch angesehen werden.

ßersten«“[215]. Damit ist der **Tod Jesu** in der Darstellung dieses außergewöhnlichen Bildes, der **letzte und stärkste Ausdruck dessen, was ihn bereits im Leben erfüllte: Liebe bis zum „Äußersten“, durch die Hingabe seiner selbst, durch sein „Herz-Öffnen“ aus Liebe**. Entscheidend ist, dass aus seiner durchbohrten Seite das Blut wie ein Strahl hervorströmt. Seine Hingabe meint es ernst, sie geht förmlich bis „aufs Blut“. Dieses ist dabei im gesamten hebräischen Denken ein Ausdruck des Lebens selber. Wenn man diesen Bildgedanken weiterführt, ergibt er folgende Vorstellung: Aufgefangen in einem Kelch, von der Tugend Caritas (=von der „Liebe“), wird dieses Blut (=das Leben Jesu) und seine Hingabe an uns, zum „Quell des Lebens“ für alle. **Im „Verströmen des Blutes“ ist die Hingabe Jesu besiegelt und wird somit zum Lebensquell für die Menschen**. Daraus erwächst dann das wahre und wirkliche Leben, denn nur, was von diesem „Blut“ getränkt wird, kann wirklich leben und heil sein. Im Bild des vergossenen Blutes wird demnach ausgesagt, was vom Leben wie vom Sterben Jesu gilt: **Durch ihn haben wir das Leben**. Durch seine Hingabe sind wir geheilt. Was hier anklingt ist wiederum eine Revolution im Gottesverständnis des Menschen: Es braucht nicht mehr das Blut von Hekatomben von Opfern, um die Menschen mit Gott zu versöhnen, sondern in der Hingabe Jesu ist die Versöhnung vollzogen. Denn seine Liebe wiegt mehr als alles andere, und Liebe ist stärker als blindes opfern, weil Liebe letztlich sich selbst gibt und nicht eine Ersatzleistung vorschiebt. Liebe fordert einen selbst, wenn es sein muss sogar bis aufs Blut. Opfer – da kann etwas anderes verbluten oder muss sein Leben lassen. Liebe bringt mich ins Spiel, beim opfern kann ich mich eigentlich ganz gut auch heraushalten. Von hier wird das große Wort Jesu noch einmal sehr deutlich:

> „Darum lernt, was es heißt: Barmherzigkeit will ich, nicht Opfer!“
>
> [Mt 9,13]

[215] Ebd., S. 111

Dabei wird von Jesus nach dem Matthäusevangelium eine Stelle aus dem Buch des Propheten Hosea zitiert, die das Gemeinte fast noch etwas schöner ausdrückt. Dort heißt es (in der Einheitsübersetzung):

> „Liebe will ich, nicht Schlachtopfer, Gotteserkenntnis statt Brandopfer."
> [Hos 6,6]

Was Jesus im Leben verkündigte und selber im Umgang mit Menschen Wirklichkeit werden ließ, das bestimmt nun auch sein Sterben, so dass es wahrhaft „aus jenem Leben geht, darin er Liebe hatte, Sinn und Not". Insofern ist die Darstellung der Herzöffnung Jesu am Kreuz ein sehr sprechendes Bild für das, was sich in seinem Leben und Sterben im tiefsten Sinn ereignet hat. Natürlich handelt es sich beim beschriebenen Vorgang des Lanzenstoßes um ein grausames und makabres Sicherstellen des Hinrichtungswerkes der Henker. Natürlich ist es ein Ausdruck einer letzten Verachtung des Menschen, der hingerichtet, nicht mehr wert zu sein scheint, als ein Stück Fleisch, mit dem nach Belieben und Gutdünken verfahren werden könne. Aber die Umständlichkeit, in der das Johannesevangelium davon erzählt und die genaue Angabe von Blut und Wasser, die der geöffneten Seite des Gekreuzigten entsprangen, lässt vermuten, dass, hinter dem schrecklichen Marterdetail, eine tiefgründigere und weiter reichende Vorstellung mitgesagt werden soll. Wer also bereit ist, über den rein äußeren Verlauf einer Hinrichtung hinauszublicken, für den kann die Erzählung von der **geöffneten Seite Jesu, aus der Blut und Wasser** hervorströmten wie ein Lebensquell, eine Anspielung und Erinnerung an eine **wunderschöne Prophezeiung beim Propheten Ezechiel** sein. Ich möchte, durchaus im Wissen, dass damit der Boden der Historie verlassen wird, diese Stelle für den oben beschriebenen Zusammenhang heranziehen und vielleicht von hier her nochmals ein Licht auf das Verständnis des Todes Jesu als „Liebe bis zum Äußersten" werfen. Ich meine, dass durch diesen „geistlichen Sinn" der Bibel auch verständlich werden kann, warum der Tod Jesu für uns Heilsbedeutung haben kann. Doch zuerst einmal die Ezechielstelle:

> Dann führte er mich zum Eingang des Tempels zurück, und ich sah, wie unter der Tempelschwelle Wasser hervorströmte und nach Osten floss; denn die vordere Seite des Tempels schaute nach Osten. Das Wasser floss unterhalb der rechten Seite des Tempels herab, südlich vom Altar... Dann fragte er mich: Hast du es gesehen, Menschensohn? Darauf führte er mich zurück, am Ufer des Flusses entlang. Als ich zurückging, sah ich an beiden Ufern des Flusses sehr viele Bäume. Er sagte zu mir: Dieses Wasser fließt in den östlichen Bezirk, es strömt in die Araba hinab und läuft in das Meer, in das Meer mit dem salzigen Wasser. So wird das salzige Wasser gesund. Wohin der Fluss gelangt, da werden alle Lebewesen, alles, was sich regt, leben können, und sehr viele Fische wird es geben. Weil dieses Wasser dort hinkommt, werden (die Fluten) gesund; wohin der Fluss kommt, dort bleibt alles am Leben... An beiden Ufern des Flusses wachsen alle Arten von Obstbäumen. Ihr Laub wird nicht welken, und sie werden nie ohne Frucht sein. Jeden Monat tragen sie frische Früchte; denn das Wasser des Flusses kommt aus dem Heiligtum. Die Früchte werden als Speise und die Blätter als Heilmittel dienen.
>
> [Ez 47,1.6-9.12]

Immer schon wurde in christlicher Tradition dieser **Text des Propheten als Vorausbild auf das Wasser aus der Seite Christi am Kreuz bezogen und auf sein vergossenes Blut, durch das wir das Leben haben**. Damit wird auszudrücken versucht, dass Jesus der neue und wahre Tempel ist, aus dem das Elixier des Lebens fließt und der so für alle selber zum Lebensquell wird. Seine Hingabe, sein Herz-Öffnen im Leben wie im Sterben, ist der Quell, der das Leben bringt, das „Heilmittel" für den Tod, gegen den sonst kein „Kraut gewachsen ist". Der **Tod Jesu** war insofern in besonderer Weise, mit Joseph Ratzinger, dem heutigen Papst Benedikt XVI., gesprochen, ein „Ausdruck für die Radikalität der Liebe, die sich gänzlich gibt, als der Vorgang, in dem einer das ist, was er tut, und das tut, was er ist; als Ausdruck für ein Leben, das ganz Sein für andere ist."[216] Der letzte Weg Jesu war also **viel mehr eine Aktion, denn eine Passion**. Denn er geht

[216] Ratzinger, Joseph: Einführung in das Christentum, S. 231

mit offenen Augen und aus freien Stücken in den Tod, um darin seine Liebe bis zum Äußersten zu erweisen. Und was im Tod letzte und endgültige Wirklichkeit wurde, das hat bereits das ganze Leben, Handeln und Reden Jesu bestimmt. Denn tatsächlich lebte er eine **radikale Proexistenz**, ein wirklich bis an die Wurzel[217] gehendes Leben für andere: Er lebt ganz **für Gott**, so dass er im vierten Evangelium sagen kann:

> „Meine Speise ist es, den Willen Gottes zu tun!“
>
> [Joh 4,34]

Und ganz **für** uns **Menschen**, so dass es im ersten Evangelium heißt:

> „Denn der Menschensohn ist nicht gekommen, um sich dienen zu lassen, sondern um zu dienen und sein Leben hinzugeben als Lösegeld für viele.“
>
> [Mt 20,28]

Jesus ist daher das „Ebenbild des lebendigen Gottes“ (Kol 1,15) und das lebendige „Ja Gottes“ (2 Kor 1,20) zu allem, was lebt. In ihm und durch ihn wird erfahrbar, wer und wie Gott ist. In diesem Sinn sprechen wir von Jesus als dem „Ursakrament“ Gottes. In ihm und durch seine Art zu leben, ist Gott in der Welt erfahrbar und greifbar. Er hat Gott ein Gesicht gegeben und ihn unter den Menschen verwirklicht. Deshalb kann Jesus im Johannesevangelium sagen:

> Wer an mich glaubt, glaubt nicht an mich, sondern an den, der mich gesandt hat, und wer mich sieht, sieht den, der mich gesandt hat.
>
> [Joh 12,44f]

Es geht an dieser Stelle wohl um eine der **außergewöhnlichsten Revolutionen des Gottesbildes** durch die neue Sicht, die Jesus uns auf den Ur-

217 Das lateinische Wort für Wurzel heißt »radix«, von diesem Wort wird »radikal« abgeleitet.

und den Sinngrund allen Seins, auf Gott hin, eröffnet. Tatsächlich mutet uns diese Sicht nichts Geringeres zu, als das der **große und lebendige Gott einzig und allein im Gegenüber eines lebendigen Menschen erkannt wird**, in der **Menschheit und Menschlichkeit des Jesus** von Nazaret, den wir folgerichtig als den **„Sohn Gottes“** bekennen und glauben. Und wir alle sind in diese Beziehung mit hineingenommen. Denn in ihm sind auch wir Kinder Gottes.

An dieser Stelle wage ich einmal eine neue, vielleicht ungewöhnliche, aber wie ich meine, durchaus mögliche Deutung einer Stelle im Hebräerbrief. Zwar weist der besagte biblische Text zugegebener Weise scheinbar zuerst einmal in eine andere Richtung, aber ich bin davon überzeugt, dass er sich auch einer anderen Deutung erschließen kann, die meines Erachtens sehr lohnend ist. Schauen wir uns zuerst einmal den fraglichen Text an.

> „Wir haben einen Altar, von dem die nicht essen dürfen, die dem Zelt dienen. Denn die Körper der Tiere, deren Blut vom Hohenpriester zur Sühnung der Sünde in das Heiligtum gebracht wird, werden außerhalb des Lagers verbrannt. Deshalb hat auch Jesus, um durch sein eigenes Blut das Volk zu heiligen, außerhalb des Tores gelitten. Lasst uns also zu ihm vor das Lager hinaus ziehen und seine Schmach auf uns nehmen.“
>
> [Hebr 13,10-13]

Vielleicht ist auf den ersten Blick der Zusammenhang mit dem soeben Aufgezeigten nicht sogleich ersichtlich. Dazu gilt es, etwas genauer hinzublicken. Vornehmlich geht es um die Wendung: **„vor das Lager hinaus ziehen“** (Vers 13). Sie steht in direktem Zusammenhang mit der Aussage über den **Tod Jesu**, nämlich dass er „außerhalb des Tores gelitten“ habe. Damit ist eine Erinnerung an die tatsächliche Kreuzigung Jesu verbunden, die nach übereinstimmenden Zeugnissen im Neuen Testament auf dem Berg Golgotha, also vor den Toren der Stadt Jerusalem, stattfand. Der Hebräerbrief stellt darüber hinaus jedoch einen **merkwürdigen Zusammenhang her zu einer Opfersitte im Volk Israel** am großen Versöhnungstag. Dort war es üblich, das Blut des Opfertieres vom Fleisch des

Tieres zu trennen. Die entsprechende Anweisung dazu befindet sich im alttestamentlichen Buch Levitikus. Dort heißt es:

> „Den Jungstier und den Bock, die man als Sündopfer dargebracht und deren Blut man in das Heiligtum zur Entsühnung gebracht hat, soll man aus dem Lager hinausschaffen und ihr Fell, ihr Fleisch und ihren Mageninhalt im Feuer verbrennen."
>
> [Lev 16,27]

Das **16. Kapitel im Buch Levitikus** behandelt diesen **großen Versöhnungstag**, mit dem dazugehörigen **Ritual**[218]. An diesem hohen Feiertag, dem Jom Kippur, wurde vom Hohenpriester im Allerheiligsten ein Jungstier als Sündopfer (Vers 3) für das ganze Volk Israel dargebracht. In Vers 15 wird vorgeschrieben, dass das Blut dieses Jungstiers, das beim Schlachten eigens aufgefangen wurde, vor den Altar im Allerheiligsten gesprengt werden soll. In Vers 27, den Noth im Kontext der Verse 23-28 als „im wesentlichen wahrscheinlich literarisch sekundär"[219] ansieht, erfolgt so dann die Anweisung, was mit dem Rest des Jungstieres geschehen soll. Und hierbei ist eine wichtige Änderung gegenüber der sonst üblichen Opferpraxis in Israel gegeben. Denn am großen Versöhnungstag wird das Fleisch des Opfertieres nicht gebraten und gegessen, wie sonst bei den meisten Opferhandlungen üblich. Vielmehr soll man es „aus dem Lager" hinaus bringen, um es dort zu verbrennen. Dieses Geschehen des großen Versöhnungstages greift die **urchristliche Schrift des Hebräerbriefes** ab seinem zweiten Hauptteil auf und deutet von hierher das Auftreten und **Geschick Jesu als des einzigen und wahren Hohenpriesters**. Damit gelingt ihm eine **eigenständige und originäre Auslegung**, denn „innerhalb des Neuen Testamentes ist von einem hohenpriesterlichen Amt Jesu ausdrücklich nur im Hebräerbrief gesprochen".[220] Klaus Berger verweist

---

[218] Martin Noth führt in seinem Kommentar dazu aus: „Es ist üblich, dieses Kapitel als »Ritual des großen Versöhnungstages« zu bezeichnen.". Ders.: Das dritte Buch Mose, S. 100

[219] Ebd., S. 108

[220] Hahn, Ferdinand: Christologische Hoheitstitel, S. 231

neben dem Gebrauch dieser Wendung im Hebräerbrief noch auf zwei weitere Vorkommen der Bezeichnung Christi als Hohenpriester: Im ersten Clemensbrief (1 Clem 36,1-5) und im Brief des Ignatius von Antiochien an die Philadelphier (Phd 9,1). Beide seien „offenbar unabhängig davon und schließen parallel zu Hebr offensichtlich an die ältere Auffassung über Jesus als Fürbitter vor Gott an."[221] Und nun zu unserer Stelle in Hebr 13,10-13: Der **„Altar"** in Vers 10[222] meint sicherlich das **Kreuz Christi** und wirft zugleich einen Blick auf den Brauch des **Abendmahles und der Eucharistie** in christlichen Gemeinden. Von der Hingabe Jesu am Kreuz her, die sich im Geschehen des „Brotbrechens" in der Gemeinde immer wieder ereignet und so dort gegenwärtig wird, haben wir das Leben. Das Wort vom „essen" im weiteren Verlauf des Textes (Vers 10) zeigt diesen Zusammenhang deutlich auf. Mit dem Rückblick auf das Ritual des jüdischen Versöhnungstages begründet der Hebräerbrief nun „in bekannter typologischer Betrachtungsweise, warum der am alten Bund und seinem Opfer ausgerichtete Mensch ohne Rechte ist Blick auf die Anteilhabe an dem im Kreuz niedergelegten Heil."[223] Leider Gottes sind solche Sätze im Neuen Testament möglich geworden. Denn wenn auch auf ihm nicht das Schwergewicht liegt, so muss aus heutiger Sicht dieser Vers abgelehnt werden. Er ist unhaltbar, weil in diesem Gedanken der Ausschluss der Juden (=die dem Zelt dienen, Vers 10) aus dem von Jesus erwirkten Heil angedeutet wird. Diese Sicht kann und darf heute so nicht mehr stehen bleiben. Das II. Vaticanum hat, Gott sei Dank, ganz andere Töne hinsichtlich des Verhältnisses von Christen und Juden angeschlagen. Dort heißt es vollkommen zu Recht: „Nichtsdestoweniger sind die Juden… immer noch von Gott geliebt um der Väter willen; sind doch seine Gnadengaben und seine Berufung unwiderruflich." (Erklärung über das Verhältnis der Kirche zu den nichtchristlichen Religionen „Nostra Aetate" Nr. 4).[224] Doch auf dem Gedanken in

[221] Berger, Klaus: Theologiegeschichte des Urchristentums, S. 410
[222] Otto Michel meint in seinem Kommentar zum Hebräerbrief, dass dieser Vers zu den „schwierigsten Versen des ganzen Briefes zählt" (S. 341).
[223] Strobel, August: Der Brief an die Hebräer, S. 249f.
[224] Ich kann und vermag an dieser Stelle auf dieses schwierige und oft auch leidvolle Thema nicht näher einzugehen. Aber ich habe für mich eine sehr überzeugende

Vers 11 liegt sicher nicht der Schwerpunkt der Aussage. So müssen und dürfen wir weitergehen, nicht jedoch, ohne vorher diese Aussage über das Judentum entschieden zurückgewiesen zu haben.
Vers 12 beginnt nun mit „deshalb..." und scheint daher auf das vorher Gesagte zurückzugreifen. Doch der Vers wirkt „etwas überraschend"[225], wie August Strobel in seinem Kommentar zugibt. Wenn man aber dies erkennt, dann genügt es wohl nicht, in der Aussage, dass Jesus „außerhalb des Tores der Stadt" und damit „außerhalb des Lagers"[226] gelitten habe, rein auf die Erniedrigung und Ausstoßung Jesu durch seinen Tod vor der Stadt Jerusalem zu beziehen. Ich meine, dass hierdurch zwar eine Nuance des Gesagten ergriffen wird, aber damit noch nicht die ganze Aussage ausgelotet werden kann. Denn die **Formulierung „außerhalb des Lagers"** begegnet im **Alten Testament auch an einer anderen und ganz besonderen Stelle**. Beim **Errichten des Offenbarungszeltes**, der Stätte Jahwes also während des Wüstenzuges und dem Vorbild für den späteren Tempel, heißt es im Buch Exodus:

> „Mose nahm das Zelt und schlug es für sich **außerhalb des Lagers** auf, in einiger Entfernung vom Lager. Er nannte es Offenbarungszelt. Wenn einer den Herrn aufsuchen wollte, ging er zum Offenbarungszelt vor das Lager hinaus."
>
> [Ex 33,7]

In der griechischen Übersetzung des Alten Testaments, der Septuaginta, steht hier für „außerhalb des Lagers": „ἔξω τῆς παρεμβολῆς" (exo tes paremboles). Wenn es in Hebr 13,13 heißt: „Lasst uns also zu ihm (gemeint ist Jesus Christus, AV) **vor das Lager** hinaus ziehen", so steht im griechischen

---

Annäherung dazu bei Hans Küng in seinem Buch „Das Judentum" gefunden, die ich hiermit allen Interessierten ans Herz legen möchte. Die Gedanken befinden sich unter B IV »Die Zukunft des Gottesvolkes« auf den Seiten 610-626.

[225] Strobel, August: Der Brief an die Hebräer, S. 250

[226] Zu Recht sagt Otto Michel: „Die Ortsbezeichnung »außerhalb des Tores« wird stillschweigend mit der at.lichen Wendung »außerhalb des Lagers« gleichgesetzt." (S. 344)

Urtext ebenfalls „ἔξω τῆς παρεμβολῆς“ (exo tes paremboles), also **genau derselbe Ausdruck**, der uns soeben im Zusammenhang mit dem Ort des Offenbarungszeltes während der Wüstenzeit des Volkes Israel begegnet ist. Und von hierher wird meines Erachtens der **tiefste Sinn der Stelle aus dem Hebräerbrief** ersichtlich: **Christus ist in seiner Hingabe am Kreuz, die in der Feier der Eucharistie und im Herrenmahl sich auch mitten unter uns ereignet, das neue und eigentliche „Zelt der Gottesbegegnung[227]“**. Er hat sich „vor das Lager“ hingegeben und dort ist er zu finden, genau so wie das Offenbarungszelt während der Wüstenwanderung. Da dieses Offenbarungszelt natürlich als ein Vorausbild für den späteren Tempel verstanden werden muss, ist Jesus auch der „wahre und einzige Tempel“. Damit berührt sich das hier Ausgeführte mit der Erinnerung an die Vision des Propheten Ezechiel von der Lebensquelle, die dem wahren Tempel entspringt, und die ich mit der gesamten christlichen Tradition auf die geöffnete Seitenwunde Jesu am Kreuz bezogen habe. Oder, und jetzt ohne Bild ausgedrückt: **Wer Gott finden will, muss zu Jesus kommen** und muss zu ihm „vor das Lager“ gehen. **In ihm ist Gott ganz nah und wirklich gegenwärtig**, **durch seine Hingabe am Kreuz, und in der vergegenwärtigenden Feier dieser Hingabe in der Eucharistie, ereignet sich Gott**. Wenn der Hebräerbrief an dieser Stelle mit der Aufforderung: „Lasst uns also zu ihm vor das Lager hinaus ziehen und seine Schmach auf uns nehmen“ endet, dann will er uns miteinbeziehen. Wir müssen zu Jesus und seiner realen Hingabe am Kreuz und zeichenhaft im Abendmahl und in der Fußwaschung „gehen“, wenn wir Gott finden wollen. Das ist natürlich nur möglich, wenn auch wir bereit sind, „seine Schmach auf uns zu nehmen“, also wenn wir, wie er, **bereit sind zu vollkommener Hingabe**. Damit wird eine Brücke zu uns geschlagen. Denn Jesus ist in seiner Hingabe nicht nur das Bild Gottes, **er ist zugleich das vollendete Bild des Menschen**, wie ihn Gott von jeher erträumt und wie er ihn ursprüng-

[227] Das lateinische Wort für „Zelt“ heißt Tabernakel. Wenn heute für den Ort der Aufbewahrung des eucharistischen Brotes in katholischen Gotteshäusern ebendieses Wort verwendet wird, ergibt sich eine schöne Parallele zu dem oben Gesagten. Dort, wo wir dem sich schenkenden Gekreuzigten begegnen, ist das „Begegnungszelt“ mit Gott oder eben der „Tabernakel“.

lich gedacht und gemacht hat. Er ist – mit dem Apostel Paulus gesprochen – der »neue und endgültige Mensch« (1 Kor 15,45). Paulus spricht hier wörtlich vom „ἔσχατος Ἀδὰμ“ (eschatos adam), dem „letzten Adam“, wobei das hebräische Wort »Adam« hier ganz einfach »Mensch« bedeutet. An Jesus lässt sich also ablesen, was Menschsein heißt und bedeutet. Genau daran erinnert uns Romano Guardini in seiner kleinen Schrift »Den Menschen erkennt nur, wer von Gott weiß«: „Der Mensch ist Mensch nur in der Beziehung zu Gott. Das »Von-Gott-her« und »Auf-Gott-hin« begründet sein Wesen.“[228] Wenn das stimmt, dann ist **Jesus der erste und einzig wirklich vollendete Mensch**, denn genau darin besteht ja sein Leben, eben ganz von Gott her und vollkommen auf ihn hin zu sein. In ihm und durch sein Leben ist uns ein, oder besser, das **Modell für gelingendes Menschsein** geschenkt. Vor allem in seiner **Hingabe**, die er vollendet am Kreuz und die er zeichenhaft feiert im Letzten Abendmahl (nach den Synoptikern) und ausdrückt in der Fußwaschung (nach dem Johannesevangelium), zeigt er das tiefste Wesen Gottes, das zugleich das Herzstück des Wesens des Menschen ist: **Schenkende Hingabe bis zum Äußersten aus Liebe**, denn „Gott ist die Liebe“ (1 Joh 4,8) und der Mensch ist geschaffen als „Abbild Gottes“ seine Liebe in dieser Welt zu leben und somit zu übersetzen.

4.3 Jeder Mensch lebt von der Gnade

Was wir bisher von Jesus her bedacht haben, führt unseren Blick wie von selber wieder zurück auf uns, auf den Menschen. Es geht hierbei um die große und alles entscheidende Frage, wovon wir letztlich leben. Die ganze Botschaft Jesu will uns einzig und allein dazu öffnen, zu erkennen, dass das **Grund-Lebens-Mittel für uns alle die „Gnade“ ist, also die Zusage, dass Gott uns unbedingt und unwiderruflich liebt und sich für uns bedingungslos hingibt**. Seinen berühmten Roman „Tagebuch eines Landpfarrers“ beschließt der französische Schriftsteller Georges Bernanos

---

[228] Guardini, Romano: Die Annahme seiner selbst – Den Menschen erkennt nur, wer von Gott weiß, S. 49

(1888-1948) mit den Worten: „Alles ist Gnade!“[229] Dabei beschreibt, als eine Art Nachwort zu den Tagebucheinträgen des Landpfarrers, sein Freund Louis Dufrety, ein suspendierter Priester, in einem Brief an den Pfarrer von Torcy, was sich in den letzten Lebensminuten des Landpfarrers, des Autors des Tagebuches und jungen katholischen Geistlichen von Ambricourt, ereignet hat. Von einem Krebsleiden ausgezehrt und unheilbar krank, lag er auf dem Sterbelager. Hier erzählt Dufrety: „Gegen vier Uhr ging ich, da ich nicht schlafen konnte, leise in sein Zimmer und fand meinen vom Unglück verfolgten Freund bewusstlos auf dem Boden liegen. Wir haben ihn aufs Bett gehoben. So behutsam wir dies auch vornahmen, ich fürchte, dass die Lagerveränderung tödliche Folgen für ihn hatte. Er verlor Ströme von Blut... Während wir auf den Arzt warteten, kam unser armer Freund wieder zu Bewusstsein. Er konnte jedoch nicht reden... Ich stellte fest, dass sein Puls sehr rasch schwächer wurde. Ein Junge aus der Nachbarschaft wurde zu dem diensttuenden Priester, dem Pfarrhelfer von Sainte-Austreberthe, geschickt. Der Sterbende gab mir durch Zeichen zu verstehn, dass er seinen Rosenkranz haben möchte. Ich nahm ihn aus seiner Hosentasche, und von da an hielt er ihn gegen seine Brust gepresst. Dann schien er wieder zu Kräften zu kommen und bat mich mit fast unverständlichen Worten, ihm die Lossprechung zu erteilen. Seine Züge waren ruhiger geworden, und er lächelte sogar... Da der Priester immer noch auf sich warten ließ, glaubte ich, meinem unglücklichen Freund mein Bedauern über die Verzögerung ausdrücken zu sollen... Er schien mich nicht zu verstehn. Einige Augenblicke später jedoch legte er seine Hand in die meine, während er mir mit seinem Blick einwandfrei ein Zeichen gab, ich möchte mein Ohr an seinen Mund heranbringen. Da nun hat er deutlich, wenn auch äußerst langsam, die Worte gesprochen, die ich mit voller Sicherheit ganz genau wiederzugeben vermag: »Was macht das schon aus? Alles ist Gnade.« Und ich glaube, fast unmittelbar danach ist er gestorben.“[230]

[229] Bernanos, Georges: Tagebuch eines Landpfarrers, S. 367
[230] Ebd., S. 366f

Im Angesicht des Sterbens, als Schlusswort über das eigene Leben, dieses großartige Wort aussprechen zu können, ist wie ein Beleg dafür, dass die Einsicht stimmt: Wir leben wirklich von Gnade. Dabei hatte der junge und allzu früh verblichene Geistliche seinem Tagebuch als letzten Eintrag noch anvertraut: „Ich bedauere allerdings meine Schwäche... Ich müsste mich schämen... Aber was soll das noch! Es ist vorbei. Das eigentümliche Misstrauen, das ich gegen mich, gegen meine Person hegte, beginnt sich zu verflüchtigen, und das wohl für immer. Dieser Kampf ist zu Ende. Ich verstehe ihn nicht mehr. Ich bin mit mir selbst versöhnt, versöhnt mit dieser armen sterblichen Hülle. Es ist leichter als man glaubt, sich zu hassen. Die Gnade besteht darin, dass man sich vergisst. Wenn aber aller Stolz in uns gestorben wäre, dann wäre die Gnade der Gnaden, sich selbst demütig zu lieben als irgendeinen, wenn auch noch so unwesentlichen Teil der leidenden Glieder Christi."[231] Was wäre es um uns, wenn wir in unserem Leben auch zu dieser Einsicht kommen könnten, wenn wir verspüren dürften, dass unser Leben umwoben ist von einem „Netz der Gnade", von der Zusage, dass wir gewollt und geliebt sind, so dass wir „demütig anfangen könnten, uns auch selber zu lieben". Gnade ist von daher nichts anderes als das Wissen um das, was in einem großartigen Text der moderne Märtyrer, Dietrich Bonhoeffer (1906-1945), in seiner Gefängniszelle beschreibt: „Von guten Mächten treu und still umgeben, behütet und getröstet, wunderbar... Von guten Mächten wunderbar geborgen, erwarten wir getrost, was kommen mag. Gott ist bei uns, am Abend und am Morgen, und ganz gewiss an jedem neuen Tag."[232] Das nämlich umreißt den Inhalt dessen, was wir in christlicher Sicht unter **Gnade** verstehen, dass wir **gern gesehen sind bei Gott und dass er uns in seinen Händen trägt**, beschützt und erhält. Wir leben von Gnade, diese Einsicht ist wesentlich für den Menschen und für die Fähigkeit, sich selbst annehmen und lieben zu können, die sich dann, mit den Worten des Landpfarrers, in die „Gnade aller Gnaden" wandelt. In der Weltliteratur wird dieses Thema vor allem vom russischen Schriftsteller Fjodor Michailowitsch Dostojewski aufgegriffen. In

---

[231] Ebd., S. 364
[232] Bonhoeffer, Dietrich: Widerstand und Ergebung, S. 219

seinem großen Roman „Schuld und Sühne – Rodion Raskolnikoff" zeigt er an seinen Hauptfiguren, wie wesentlich wir Menschen von der Gnade leben, von der Erlaubnis, auch dann noch berechtigt zu sein, leben zu dürfen und uns selber annehmen zu können, selbst wenn unser Lebensentwurf schief geht oder wenn so manches im Leben nicht gelingt. Da ist zum einen der Säufer Marmeladoff, der alles Geld, das er soeben noch verdient hat, vertrinkt, während dessen seine Frau zu Hause mit den Kindern nicht weiß, wie sie über die Runden kommen soll. Er hat in seiner „Tierheit", wie er sich selbst beurteilt[233], sogar die Schuhe und die Strümpfe seiner Tochter Sonja eingelöst, nur um wieder an Schnaps zu kommen. Diese fängt an, sich zu prostituieren, um für sich selbst, aber noch mehr für ihre Familie das Notwendigste zum Leben verdienen zu können. Dabei träumt Marmeladoff sich ein anderes Leben, in dem er seiner Verantwortung, die er immer noch fühlt und die ihn förmlich um den Verstand bringt, doch noch gerecht werden könnte. So wendet er sich, in einem Wirtshaus sitzend, an Rodion Raskolnikoff, indem er ihm von seinem Traum erzählt, wie er sein Leben verbringen möchte: „»Mein Herr, verehrter Herr!« rief Marmeladoff aus, als er sich wieder völlig in der Gewalt hatte, »oh, mein Herr, vielleicht erscheint auch Ihnen das alles ebenso lächerlich, wie den anderen, und ich belästige Sie bloß mit der Dummheit all dieser erbärmlichen Einzelheiten meines häuslichen Lebens, nun, für mich aber ist es nicht lächerlich! Denn ich kann ja das alles fühlen... Und jenen paradiesischen Tag meines Lebens wie auch den ganzen Abend verbrachte ich in beschwingten endlosen Träumereien, und zwar: wie ich nun alles einrichten, den Kindern Kleidung kaufen, ihr [seiner Ehefrau, AV] ein geruhsames Leben verschaffen und meine einzige Tochter aus der Schande in den Schoß der Familie zurückbringen würde... Und vielerlei, noch vielerlei... Das ist statthaft, mein Herr, ist erlaubt.«"[234] In diesen Worten klingt ganz viel nach von der Verzweiflung, in der sich der ehemalige Titularrat befindet. Wie viel Not steckt hinter seinem Versagen und Scheitern? Wie viel Leid musste er selber ertragen, bevor er andere mit in den Sog von Abhängigkeit und Leid

---

233 Dostojewski, Fjodor M.: Schuld und Sühne, S. 34
234 Ebd., S. 32

mithineinriss? Es ist offensichtlich in diesem Leben viel mehr Tragik, denn Schuld im Spiel, und nur, wer dafür hellsichtig wird, kann Typen wie Marmeladoff verstehen. Doch der Angetrunkene ist noch nicht am Ende mit seiner Rede. Einmal in Fahrt, holt er weiter und tiefer aus. Übermannt von seinem schlechten Gewissen und schier ohnmächtig vor seiner Gefangenschaft in der Sucht, ruft er aus: „»Warum soll man denn Mitleid mit mir haben, sagst du? Ja! Da ist nichts, weswegen man denn Mitleid mit mir haben sollte. Kreuzigen sollte man mich, ans Kreuz nageln und nicht Mitleid haben! Ja, kreuzige, Richter, kreuzige ihn, aber nachdem du ihn gekreuzigt hast, habe Mitleid mit ihm! Und dann will ich selbst zur Kreuzigung zu dir kommen, denn mich dürstet nicht nach Fröhlichkeit, sondern nach Kummer und Tränen! ... Meinst du denn..., dass diese Flasche mir zur Freude gereichte? Kummer, Kummer suche ich auf ihrem Grunde, Kummer und Tränen, und die habe ich auch gefunden und habe sie verkostet.“[235] Dostojewskis Darstellung des aus Tragik zerbrechenden Menschen ist ein Meisterwerk und zugleich eine Lehrstunde. Denn das, was der große Russe uns mitgeben möchte, ist, **dass wir endlich aufhören sollten, Menschen einzig und allein nach dem zu beurteilen, was sie tun, ohne dabei tiefer zu sehen, was mit ihnen alles getan wurde**. Eugen Drewermann findet wieder einmal den richtigen Ton, wenn er schreibt: „Schon indem DOSTOJEWSKI diese Entwurzelten und Gescheiterten *als Menschen* mit menschlichen Gefühlen schildert und eben nicht als Monstren mit dem Antlitz des Viehes, breitet er einen lindernden Trost der Beruhigung über all die Opfer des Lebens: seine Darstellungsweise lindert die Scham, sie geht den verschlungenen Details der Verlorenheit nach, es so zu sehen richtet das schon Zerbrochene wieder auf.“[236] Und deshalb, obwohl schon fast am Boden zerstört, erhellt sich das Gemüt des Trinkers im Roman und er beginnt, einen ersten Ausweg aus seiner Verzweiflung zu erahnen, in der Hoffnung auf Gnade auch für ihn und sein verkorkstes Leben. Fast schon fabulierend, wie in einer Rauschvision, überkommt es ihn und er sieht Jesus als den „Richter“, vor dessen Tribunal alle gerufen

---

[235] Ebd., S. 34

[236] Drewermann, Eugen: Ich steige hinab in die Barke der Sonne, S. 48

sind. Zuerst erscheint seine Tochter Sonja, zu der er sagen wird: „»Wo ist die Tochter, die sich für die böse und schwindsüchtige Stiefmutter und für die fremden, kleinen Kinder geopfert hat? Wo ist die Tochter, die mit ihrem irdischen Vater, dem unnützen Trunkenbold, Mitleid hatte, ohne vor seiner Tierheit zu erschrecken? Und er wird sagen: Komm! Ich habe dir schon einmal vergeben... vergeben sind dir auch jetzt deine vielfachen Sünden, weil du viel geliebt hast... Und er wird meiner Sonja vergeben, wird ihr vergeben, ich weiß es, dass er ihr vergeben wird ... Das habe ich jetzt, als ich bei ihr war, in meinem Herzen gefühlt.«“[237] Wie viel Wärme klingt aus dieser tiefen Verzweiflung und wie viel Sehnsucht danach, dass das Leben letztlich doch noch, wenigstens in den Augen Jesu, für gut und richtig empfunden wird, selbst wenn es viele Irrungen und Wirrungen durchlaufen musste. Hier ist wahrlich ausgesprochen und ins Wort gebracht, was Theologen mit „**Rechtfertigung des Sünders**“ meinen, dass der ***Richt*er Jesus uns nicht verurteilt, sondern wirklich *richtet*, in dem er uns heil macht und ganz. Es geht bei ihm nicht um ein *hin*-richten, sondern um ein *her*-richten oder eben, um ein *richt*-ig machen.** Aus diesem Vertrauen heraus kann Marmeladoff in seiner Phantasie noch einen Schritt weiter gehen: „»Und er wird der Richter sein allen und wird vergeben, wie den Guten, so auch den Bösen, wie den Weisen so auch den Einfältigen... Und wenn er mit allen schon fertig sein wird, dann wird er auch zu uns sprechen: Kommet auch ihr! wird er sagen. Kommt, ihr Betrunkenen, kommt, ihr Schwächlinge, kommt, ihr Schandkerle! Und wir alle werden hervortreten, ohne uns zu schämen, und werden dastehen. Er aber wird sagen: Ihr Schweine! Ihr Ebenbilder des Tieres und vom Tiere Gestempelten; aber kommet auch ihr! Und die Weisen und die Klugen werden ausrufen: Herr! Warum nimmst du denn diese auf? Und er wird sagen: Ich nehme sie auf, ihr Weisen, ich nehme sie auf, ihr Klugen, weil kein einziger von ihnen sich dessen für würdig gehalten hat... Und er wird seine Hände uns entgegenstrecken, und wir werden niedersinken... und wir werden weinen... und alles verstehen! Dann werden wir alles verstehen! ... Und alle werden ver-

[237] Dostojewski, Fjodor M.: Schuld und Sühne, S. 34f

stehen... Herr, dein Reich komme!«"[238] Schöner und ergreifender habe ich noch nirgends sonst ausgedrückt gefunden, was es heißt, dass der **Mensch letztlich von Gnade lebt**. Auch wenn wir von uns aus nur „Schweinereien" hervorbringen, gibt es doch jemanden, der unter all dem „Dreck" und hinter allen Verstellungen und Verzerrungen, die **Perlen des Lebens eines jeden Menschen und den Goldglanz seines Herzens entdeckt**. Wir leben von der Gnade, oder eben: dein Reich komme. Diese Erfahrung der Gnade, die Dostojewski durch die „Begegnung" des „Richters Jesus" mit dem Säufer Marmeladoff schildert, ist insofern ein „Lichtpunkt einer reinen Güte, die den Menschen aufrichtet, wenn er zerbrochen ist und wenn es weder ein Mittel der Moral, noch des normalen menschlichen Trostes noch des gewöhnlichen Beistandes mehr für ihn gibt... Nur daraus kann ein Mensch leben, dass da ein Punkt ist, zu er unbedingt sich zu wenden vermag."[239] Es ist ein Geheimnis der Chemie, dass Kohlenstoff, wenn er nur lange genug unter großem Druck und damit verbundenen sehr hohen Temperaturen steht, sich in einen lupenreinen Diamanten zu verwandeln vermag. Vielleicht ist es mit uns Menschen ganz ähnlich. Auch wir sind ja „Kohlenstoff-Einheiten"[240], denn zum größten Teil besteht unser Köper aus Kohlenstoffatomen, die durch ihre besonders ausgeprägte Bindungsfähigkeit die Grundbausteine allen Lebens auf der Erde sind. Was nun, wenn auch wir „Kohlenstoff-Einheiten" unter „Druck", also unter den Unsäglichkeiten und Unglücken des Lebens, wie zum „Diamanten" gepresst würden? Wenn alles Leid und alle Umwege unseres Lebens unseren wahren Lebenswert nur noch umso kostbarer machen würden? Im Augenblick des Leidens mag dies nur ein schwacher oder auch gar kein Trost sein. Aber wenn der Schleier von Trauer und Schmerz sich etwas hebt, wenn die Augen, leergeweint von Tränen, aber dadurch zugleich

---

[238] Ebd., S. 35

[239] Drewermann, Eugen: Dass auch der Allerniedrigste mein Bruder sei, S. 162

[240] Harald Lesch und Harald Zaun sprechen in ihrer sehr unterhaltsamen und informativen Schrift „Die kürzeste Geschichte allen Lebens" von einem „Kohlenstoff-Komplott" und stellen dabei fest: „Das Element Kohlenstoff ist für die Photosynthese der Pflanzen sowie zum Aufbau komplexer, organischer Moleküle und damit für das Leben unverzichtbar." (S. 207) Und stellen abschließend fest: Ohne Kohlenstoff wäre das Leben „niemals entstanden". (S. 208)

auch gereinigt, endlich wieder klar zu sehen beginnen und somit wirklich Durchblick auf das Leben gewinnen, dann können wir vielleicht uns selber als „Diamanten" entdecken, die unter dem Druck nicht nur nicht zerstört wurden, sondern wirklich in ihrem wahren Wert und ihrer eigentlichen Würde heranreiften.
Doch es geht noch weiter: Im gleichen Roman von Dostojewski wird an einer zweiten Stelle, nicht minder ergreifend, das Thema der Gnade noch einmal zärtlich angerührt und liebevoll zum Klingen gebracht. Es ist beim Gespräch der oben schon vorgestellten Sonja, die sich aus lauter Verzweiflung und Not selber prostituiert und ihre „Haut" buchstäblich „zu Markte" trägt, nur um für ihre (Stief-)Geschwister, ihre kranke Stiefmutter und ihren versoffenen Vater das Lebensnotwendige zu verdienen. Sie trifft auf den Protagonisten des ganzen Romans, auf den Studenten Rodion Raskolnikoff, der einen Doppelmord begangen hat, nur um sich zu beweisen, dass er „keine Laus" ist. Beide sitzen sich gegenüber, und Raskolnikoff sieht für sein Pendant nur noch drei mögliche Wege, „entweder sich in den Kanal zu stürzen, ins Irrenhaus zu kommen, oder ... zu guter Letzt, sich der Ausschweifung zu ergeben, die den Verstand betäubt und das Herz versteinert."[241] Doch Sonja, weit davon entfernt sich den vermuteten Alternativen hinzugeben, holt ihr Neues Testament in russischer Übersetzung und beginnt gemeinsam mit dem Verbrecher die Geschichte von der **Auferweckung des Lazarus aus dem 11. Kapitel des Johannesevangeliums** zu lesen. „Sie schlug das Buch auf und suchte die Stelle. Ihre Hände zitterten, die Stimme versagte. Zweimal begann sie und konnte über das erste Wort nicht hinwegkommen. »*Es lag aber einer krank mit Namen Lazarus, von Bethanien...*«, brachte sie endlich mit Mühe hervor"[242]. Ihre Stimme wollte versagen, doch Rodion bat sie eindringlich, doch weiter zu lesen. So kam sie an die Stelle, in der es heißt: *„Da hoben sie den Stein ab, da der Verstorbene lag. Jesus aber hob seine Augen empor und sprach: Vater, ich danke dir, dass du mich erhört hast... und rief mit lauter Stimme: Lazare, komme heraus! Und der Verstorbene kam heraus...* (Laut

[241] Dostojewski, Fjodor M.: Schuld und Sühne, S. 433
[242] Ebd., S. 437

und verzückt las sie es, zitternd und fröstelnd, als sähe sie es mit eigenen Augen)... Weiter las sie nicht und konnte sie auch nicht lesen, sie schloss das Buch und stand schnell auf vom Stuhl. »Das ist alles über die Auferstehung des Lazarus«, flüsterte sie abgerissen und streng und blieb unbeweglich, zur Seite gekehrt stehen, ohne zu wagen, und als schäme sie sich, die Augen zu ihm zu erheben. Ihr fieberhaftes Frösteln dauerte noch an. Der Lichtstumpf im schiefen Leuchter begann auszugehen und beleuchtete trübe in diesem armseligen Zimmer den Mörder und die Dirne, die sich über dem Lesen des ewigen Buches so sonderbar zusammengefunden hatten."[243] Wie einfühlsam erzählt Dostojewski von der Lektüre der Auferweckung des Lazarus, die sich zur Auferweckung auch von Rodion Raskolnikoff und von Sonja ausweitet. Es gibt nirgendwo sonst in der gesamten Weltliteratur „ein Beispiel, das so eindringlich gegen ein Leben tödlicher Verzweiflung die Botschaft der Auferstehung setzt: als eine magische Hoffnung, als einen Lichtstrahl, der Gräber zu öffnen vermag, als eine Gewissheit, die über den Strom des Elends und der Tränen hinwegträgt an ein anderes Ufer. Es geschieht unter *Sonjas* leisen, bebenden Worten, dass die Gewichte der Welt sich auch im Leben *Raskolnikoffs* von neuem verteilen und Armut, Krankheit und Schuld ihre tödliche Macht über ihn verlieren; es geschieht, dass der Tod seine Finger löst, die er um *Raskolnikoffs* Seele und Herz gelegt hat, längst ehe er physisch nahe genug an ihn herangerückt ist; ja es kommt dahin, dass der Leser spürt, was Jesus zu Martha am Grab ihres Bruders gesagt hat: »jeder, der lebt und an mich glaubt, wird in Ewigkeit nicht sterben«".[244] **Das ist Gnade: dass man inmitten der Tode des eigenen Lebens den Ruf vernehmen kann und darf, der die Grabmauern, die einen gefangen halten, aufsprengt**; der die Eisschicht, die sich uns unter dem frostigen Anhauch der Verzweiflung ums Herz legt, zerbricht und der uns hilft, aufzustehen gegen alle Hoffnungslosigkeit, uns ermutigt, sich auf die eigenen Füße zu stellen und selbstständig Schritte in die Freiheit zu wagen. Das ist Gnade: Wie Lazarus den Ruf zu hören „komm heraus!", aus deiner Einsamkeit und Not, aus

[243] Ebd., S. 439f
[244] Drewermann, Eugen: Ich steige hinab in die Barke der Sonne, S. 69f

deiner Angst und Trauer, aus deiner Schuld und deinem Versagen. Diese Botschaft der Gnade will und wird alle Gräber öffnen, aber nicht erst am Ende der Zeiten, jenseits des Todes. Sie will schon hier und jetzt unsere „Gräber" öffnen, in denen wir unser Leben allzuschnell vorzeitig begraben: die Gräber von Angst und Schuld, von Trauer und Resignation, von Verzweiflung und Niedergeschlagenheit. **„Komm heraus...!"**, dieser Ruf Jesu an Lazarus ergeht an Raskolnikow im Roman und ebenso an uns in all unseren Lebensbezügen. „Komm heraus...! Mach dich frei von den Fesseln des Todes...! Lass dich nicht lebendig begraben...!" Dieser Glaube an Gnade ist nicht und niemals billige Vertröstung. Er will hinein gesprochen werden in unser Leben, um dort voll und ganz durchbuchstabiert zu werden. Unter diesem Ruf können und dürfen wir aufblühen, wie die Blumen, die nach langen Wintertagen und eisigen Frostnächten endlich vom Licht der Sonne zärtlich geweckt und von der Wärme des Frühlings liebevoll eingehüllt, sich langsam aufmachen, um in neuer Pracht zu knospen, um mit ihrer Farbenvielfalt der Welt einen neuen Glanz zu verleihen. Kraft dieses Rufes dürfen wir uns erheben, gleich den Vögeln des Himmels, die die Flügel ausbreiten und in die Freiheit und Weite des Himmels fliegen. Wer diesen Ruf vernehmen kann, der wird erleben, wie sich das Durcheinander seines Lebens rundet und wie die vielen Einzeltöne darin sich zu einer großartigen Symphonie zusammenfügen, deren Wohlklang das Herz erhebt und uns eine Ahnung davon gibt, wie sehr wir doch „von guten Mächten wunderbar geborgen sind, getröstet und behütet, wunderbar". Wie das gehen und gelingen kann, zeigt uns eine **Bibelstelle**, von der wir noch einmal lernen können, was es heißt, dass der **Mensch letztlich von Gnade lebt**. Es ist die bekannte Erzählung aus dem Lukasevangelium vom Oberzöllner Zachäus und wie er, getrieben von seiner Angst, sich einen unerhörten „Reichtum" zusammenstiehlt, ohne dabei seine „innere Armut" wirklich überwinden zu können. Doch schauen wir zu. Lesen Sie bitte den Text ruhig aufmerksam durch, auch wenn er Ihnen sicher schon recht vertraut sein wird. Vielleicht spüren Sie schon beim aufmerksamen Lesen, wie der Text in Ihnen zum Klingen kommt.

> Dann kam Jesus nach Jericho und ging durch die Stadt. Dort wohnte ein Mann namens Zachäus; er war der oberste Zollpächter und war sehr reich. Er wollte gern sehen, wer dieser Jesus sei, doch die Menschenmenge versperrte ihm die Sicht; denn er war klein. Darum lief er voraus und stieg auf einen Maulbeerfeigenbaum, um Jesus zu sehen, der dort vorbeikommen musste. Als Jesus an die Stelle kam, schaute er hinauf und sagte zu ihm: Zachäus, komm schnell herunter! Denn ich muss heute in deinem Haus zu Gast sein. Da stieg er schnell herunter und nahm Jesus freudig bei sich auf. Als die Leute das sahen, empörten sie sich und sagten: Er ist bei einem Sünder eingekehrt. Zachäus aber wandte sich an den Herrn und sagte: Herr, die Hälfte meines Vermögens will ich den Armen geben, und wenn ich von jemand zu viel gefordert habe, gebe ich ihm das Vierfache zurück. Da sagte Jesus zu ihm: Heute ist diesem Haus das Heil geschenkt worden, weil auch dieser Mann ein Sohn Abrahams ist. Denn der Menschensohn ist gekommen, um zu suchen und zu retten, was verloren ist.
>
> [Lk 19,1-10]

Ein wunderbarer Text, der ganz zu Recht zu den Höhepunkten und größten Kostbarkeiten des Neuen Testaments gehört. Ich möchte versuchen, diese bekannte Stelle einmal von einer **anderen Sichtweise** her auszulegen, als viele es vielleicht gewohnt sein mögen.

Fangen wir an mit dem Hauptdarsteller, mit Zachäus. Das Urteil seiner Zeitgenossen über ihn steht fest: Er ist ein „Sünder“, einer, der sein Leben unter den Augen Gottes verwirkt hat, der als Gauner und Betrüger andere aussaugt, wie ein Blutekel, und für den eigentlich nur eines übrig bleibt: Er gehört zertreten, wie eben solch ein Ungeziefer. Wahrlich, mit so einem will niemand etwas zu tun haben, so einer muss ausgestoßen und beseitigt werden. Doch sehen wir uns **Zachäus doch etwas genauer** an, ohne durch die Brille der Moralisten und unter Absehung der so ehernen Begriffe der bürgerlichen und wohlanständigen Moral. Viel erfahren wir ja nun nicht über den Oberzöllner, wäre da nicht die Notiz „**er war sehr klein**“. Ich möchte hier ansetzen, um Zachäus in seinem eigentlichen Kern zu verstehen. Dabei rekurriere ich gar nicht so sehr auf seine Körpergröße. Vielleicht ist das „Klein-sein" dieses Menschen so etwas wie seine empfundene, erlebte und wohl noch vielmehr erlittene Lebensüberschrift. Da fühlt sich **einer für zu „kurz gekommen"**, da wird jemand vielleicht schon seit Kindertagen „klein gehalten" oder „nieder gemacht" und schon bekommen wir einen ganz anderen Blick auf einen Typen, wie er uns im „Zachäus" der Bibel gegenübertritt. Was ist das für ein Leben, das nie richtig „groß" werden durfte, das nie zu seiner eigentlichen „Größe" zugelassen wurde, zum Beispiel weil es im Schatten eines fast übermächtigen Vaters aufwachsen musste und es in der Wahrnehmung immer nur bis zum „Kind eben des Vaters" gebracht hat. Niemals hat jemand in so einem „Zachäus" wirklich einen eigenen Menschen gesehen, der zwar die Gene seiner Eltern in sich trägt, der aber dennoch selbstständig ist, mit eigenen Gedanken, mit eigenen Gefühlen und einem eigenen Leben. Kein Wunder also, dass sich so ein „Zachäus" ständig „zu klein" fühlt und immer meint, „zu kurz" zu kommen. Dagegen wird er sich eines Tages entweder auflehnen oder er wird im Schatten des Vaters vertrocknen und untergehen. Der Zachäus in unserer Geschichte lehnte sich auf, indem er versuchte, sich größer zu machen, als er von anderen erlebt und wahrgenommen wurde. Damit wurde er zum **„Gerne-Groß"**. Bildlich gesprochen steht für diesen Versuch das „Steigen auf den Maulbeerfeigenbaum": Endlich einmal alle überragen, endlich einmal nicht mehr im Schatten eines anderen stehn, endlich einmal „groß raus kommen", das alles meint das Evangelium, wenn es erzählt, wie Zachäus den Baum erklimmt. Sein ganzes, „erwachsenes" Leben ist dabei wie ein verzweifelter Versuch, über sich förmlich „hinauszuwachsen", dem „Klein-sein" zu entsteigen und alle anderen zu überragen. Mit nur wenigen Andeutungen steht plötzlich mit „Zachäus" gar nicht mehr der üble Gauner und hinterhältige Schuft vor uns, sondern ein zutiefst von seiner Angst gepeinigter, ein wirklich „armer" Mensch, der seine innere Armut aufwiegen will mit äußerem Reichtum. Und so kommt er mit Hilfe der Römer wirklich an eine Stelle, an der er als Oberzöllner „etwas zu sagen hat", an den Punkt, an dem keiner mehr einfach an ihm vorbeikommt oder „über ihn hinweggehen kann". Jetzt kann er „von oben herab" die anderen behandeln. Niemand wirft mehr auf den „baum-hohen" Zachäus seinen Schatten, vielmehr stehen jetzt alle unter dem seinen. Und er wird ganz nebenbei auch noch wohlhabend. Lapidar heißt es bei Lukas: „Er war sehr reich!" Dieser sein Reichtum „hebt" ihn nun endgültig von den anderen ab und mit seinem Geld und seinen Besitz „überragt" er endlich all die anderen. Jetzt hat er es sich selbst, den anderen, aber wohl vor allem seinen Eltern (wenn auch nur noch imaginär) endlich einmal gezeigt. Er ist eben nicht „zu klein" für diese Welt, er ist nicht der „ewig Zurückgebliebene". Er ist niemand, dem man leichterdings auf den Kopf steigt oder auf den es nur milde lächelnd herabzusehen gilt. Wenn es dies jemals in seinem Leben gab, dann ist damit jetzt ein für alle mal Schluss. Doch der „baumersteigende" Zachäus verliert mit seinem zwanghaften Versuch, sich von allen anderen abzusetzen und über sie zu erheben, genau das, was er zutiefst damit erreichen wollte, denn in inmitten seiner „Größe", die er sich auf Kosten der anderen selbst erwirtschaftet, verliert er doch das, was er im tiefsten seines Herzens letztlich wollte, nur umso mehr. Ein Typ wie Zachäus möchte doch eigentlich nur einmal „ernst genommen" werden, wie er eben ist. Nichts will er sehnlicher, dass ihn jemand in seiner eigentlichen Größe wahrnimmt und ihm zeigt, dass er, so wie er ist, akzeptiert wird. Ein bisschen Liebe und Anerkennung würden bereits genügen, um die Lebenslüge eines Zachäus aufzubrechen und ihn selber zu befreien. Doch es kommt für den „Gerne-Groß" genau anders: Er, der sich alles zu leisten vermag, kann sich in Wirklichkeit gar nichts mehr leisten: er kann sich weder sehen lassen, noch hat er Freunde; er wird gemieden und ausgegrenzt, so dass er nur heimlich dem Treiben in seiner Heimatstadt beim Besuch Jesu beiwohnen kann. Das, was ihm am meisten am Herzen liegt, verhindert er gerade durch sein „Großtun" mit aller Kraft. Es ist schon tragisch, mit anzusehen, dass das, was ihm Heilung brächte, von ihm am meisten geflohen wird. Inmitten dieser Misere jedoch geschieht das Unerwartete. Jesus, der mit Spannung erwartete Ehrengast in Jericho, bleibt ausgerechnet unter dem Baum des Zachäus stehen und ruft ihm entschlossen zu: „Komm schnell herunter!" Dieses Wort allein schon ist die Heilung und Wandlung im Leben des Zachäus, besagt es doch nichts weniger als die Erfüllung der tiefsten Sehnsucht des Zöllners und die große Einladung an ihn: Verstelle dein Leben nicht ständig, versuche doch nicht dauernd, mehr zu erscheinen, als du in Wahrheit bist. Hör endlich auf, dich vor anderen aufzublasen und wichtig zu machen, nur damit du „groß herauskommst“ und andere überragen kannst. Spürst du nicht, wie das Aufgebläht-sein dich förmlich zu zerreißen droht? Fühlst du nicht, wie du vielleicht alles unter der Berührung deiner Hände in Gold verwandeln kannst, dass aber gerade dadurch nichts Lebendiges mehr in deiner Nähe ist und du selbst immer mehr verhärtest durch dein Handeln? Das alles brauchst du nicht. Denn das Gegenteil von dem, was du bisher gelebt hast und oft genug meintest, leben zu müssen, ist wahr: Dein Leben ist unendlich viel wert, ohne dass du dir erst nutzlosen Reichtum anhäufen musst. Dein Leben ist kostbar, gerade dann, wenn du mit beiden Beinen auf dem Boden stehst und dich so gibst, wie du bist. Du bist liebenswert und wirst auch geliebt werden, ohne dass du es den anderen ständig zeigen oder beweisen müsstest. Deshalb, komm herunter vom Baum und schau doch genau hin, dann wirst du sehen, dass du gar nicht „zu kurz gekommen bist“. Stell dich auf deine Füße und du wirst spüren, dass der Boden unter deinen Füßen dich trägt und sicher hält. Steig herab vom „hohen Ast“ und du wirst den wahren Reichtum deines Lebens entdecken, den Reichtum in deinem Herzen. Diese **Einladung Jesu ist wie eine große Erlaubnis** an Typen wie „Zachäus“, **dass sie sein dürfen, wer und wie sie sind und dass das in den Augen Gottes schon mehr als genug ist**. Deshalb ist es auch folgerichtig, wenn Jesus sagt: „Ich muss heute in deinem Haus zu Gast sein!“. Denn Zachäus ist es wert, dass Jesus bei ihm einkehrt. So, wie er ist, genügt bereits, dass er von ihm besucht wird. Und unter der Hand geschieht die Verwandlung: Wem der wahre Wert seines Lebens aufgegangen ist, wer die Einladung Jesu, bei ihm zu Gast sein zu wollen, in seinem Leben verspürt, der wird anfangen sich ganz von selber zu ändern. Wir erfahren zwar nicht, was die beiden hinter den verschlossenen Türen besprachen, aber ich will meinen und vermuten, dass Jesus dem Zachäus keine Gardinenpredigt hielt und ihm auch nicht die Leviten las. Das war wohl auch gar nicht mehr nötig. Vielmehr müssen es die Liebe und zärtliche Güte Jesu gewesen sein, die den Eisschild des Sich-beweisen-müssens um Zachäus weggeschmolzen haben und sein wahres Herz freilegten. Auf jeden Fall fängt dieser sogleich an, alles Schiefgegangene in seinem Leben großzügig und fast schon übertrieben zu verändern und zu korrigieren, nur um durch seine Freigebigkeit zum wirklichen Reichtum seines Lebens zu finden. Das ist wiederum genau das, was durch das Wort „Gnade" ausgedrückt wird. Jesus fasst es im Satz zusammen: „Heute ist diesem Haus das Heil geschenkt worden, weil auch dieser Mann ein Sohn Abrahams ist." **Dabei kommt alles auf das kleine Wort „geschenkt"** an, das im „Dativ" in den Blick genommen wird und uns den **tiefsten Kern der liebenden Zuwendung Gottes** in Erinnerung ruft. **Nicht verdient, nicht erleistet, nicht erarbeitet oder herbeigezwungen, sondern geschenkt – einfach so, darum geht es, wenn von der Liebe Gottes und von seiner Gnade die Rede geht. Davon leben wir!** Denn jeder Mensch – sei es Marmeladow, Sonja, Rodion, Zachäus oder auch du und ich - lebt einzig und allein von der Gnade.

4.4 Die Hingabe als Lebensmodell für Christen

Gnade, Liebe, Wohlwollen, mit diesen Worten ist das tiefste Wesen Gottes zu umschreiben. Wirkliche Liebe aber will sich schenken, will sich verströmen und hingeben.[245] Und wieder greift das Grundgesetz: Was für Gott gilt, das gilt auch für uns Menschen. Wenn wir uns von Gott her verstehen und durch ihn uns selber besser begreifen, dann hat die Hingabe Jesu, mit der er uns einen Blick ins Herz Gottes ermöglicht, wie schon beschrieben, auch **Konsequenzen für uns**[246]. Wer dem Mann aus Nazaret nachfolgen will, muss ebenso wie er, **die Hingabe leben**. Wer sich in die Spur Jesu begibt, um wahrhaft Mensch zu sein, der muss dessen Hingabe „für andere" auch in seinem Leben umsetzen. Daher ist in diesem „Stichwort »Für« das eigentliche Grundgesetz der christlichen Existenz ausgedrückt... Deshalb wird... die Existenz Jesu Christi als Existenz »für die vielen« - »für euch« erläutert, als die offene Existenz, die die Kommunikation aller durch

[245] So erläutert sehr schön Josef Pieper in seinem Traktat „Über die Liebe". Dem ganzen Büchlein stellt er voran: „Liebe ist das Ur-Geschenk. Alles, was uns sonst noch unverdient gegeben werden mag, wird erst durch sie zum Geschenk." (S.13)

[246] „Menschliche Liebe also, ist ihrer Natur nach und unvermeidlich, immer schon ein Nachvollzug und eine Art Wiederholung dieser auf vollkommene Weise und im genauen Sinn des Wortes kreatorischen Liebe Gottes." Ders.: Über die Liebe, S. 49

die Kommunikation in Ihm ermöglicht und schafft."[247] Und wieder gilt auch hier der Grundsatz, dass der Mensch als „Bild Gottes“ für sich selber und seine eigene Grammatik etwas von der Grammatik Gottes abschauen und lernen kann. Auch der Mensch, dies ist die tiefste Überzeugung des christlichen Glaubens, findet seinen **letzten Sinn** und seine **tiefste Erfüllung** in der **Hingabe aus Liebe**. Dabei ist gar nicht zuerst oder eigentlich an den Tod als Hingabe des Lebens gedacht. Vielmehr geht es um die **Hingabe aus Liebe im Leben und für das Leben**. Möglichkeiten dazu, gibt es genug. Die Höchstform und die Vollendung ist sicherlich die liebende Beziehung von Zweien, die sich trauen, vor allen anderen, öffentlich und unwiderruflich zueinander Ja zu sagen. Die aus christlicher Sicht gelebte Ehe ist eine Form der Hingabe aus Liebe, die dem, was Jesus uns vorgelebt hat, ganz nahe kommen kann. Insofern ist diese liebende Verbindung ein Sakrament für Gott, eine Weise, wie sich in dieser Welt Gott ereignet und der Weg, wie seine Liebe zu uns erfahrbar und verwirklicht wird.
Doch auch darüber hinaus gilt es, sich das Lebensprogramm Jesu zu Eigen zu machen. Das **einzige Wort Jesu** im Neuen Testament, das **nicht von den Evangelien überliefert** wird, steht in der Apostelgeschichte. Es heißt bezeichnenderweise:

„Geben ist seliger denn nehmen!“

[Apg 20,35][248].

Das ist bezeichnend und es ist eine Art **Grundgesetz der ersten christlichen Gemeinde**, die genau so lebt und die alles miteinander teilt. So zumindest schildert der Evangelist Lukas in seiner Apostelgeschichte das Leben der Urgemeinde zu Jerusalem. Dort heißt es:

[247] Ratzinger, Joseph: Einführung in das Christentum, S. 205
[248] Joachim Jeremias vermutet, es handele sich bei dieser Aussage „wahrscheinlich [um] ein aus der griechisch-römischen Welt stammendes Sprichwort, das Jesus in den Mund gelegt worden ist“; in: ders.: Unbekannte Jesusworte, S. 37

„Und alle, die gläubig geworden waren, bildeten eine Gemeinschaft und hatten alles gemeinsam. Sie verkauften Hab und Gut und gaben davon allen, jedem so viel, wie er nötig hatte. Tag für Tag verharrten sie einmütig im Tempel, brachen in ihren Häusern das Brot und hielten miteinander Mahl in Freude und Einfalt des Herzens. Sie lobten Gott und waren beim ganzen Volk beliebt. Und der Herr fügte täglich ihrer Gemeinschaft die hinzu, die gerettet werden sollten."

[Apg 2,44-47]

Sicher ist diese Schilderung der frühen christlichen Gemeinde etwas idealisiert. Doch trotzdem bleibt sie, auch als **Idealvorstellung**, für alle Zeiten **Ansporn** und **Vorbild** einer jeglichen christlichen Lebenspraxis. Der Zusammenhang ist klar ersichtlich: Der **Dativ**, das Geben und Schenken, ist das **innere Gesetz Gottes**, der notwendig seiner Liebe, die sein tiefstes Wesen ist, entspringt. Weil sich der Mensch zuinnerst erst von Gott her versteht, ist es zwangsläufig auch die **Erfüllung des Menschen und seiner Sehnsucht nach einem zufriedenen und gelungenen Leben**. Damit ergibt sich ein vollkommenes anderes Denken als das, das gerade heute sehr weit verbreitet ist. Denn nicht Raffen und Anhäufen führen demnach zum Glück, sondern allein das freimütige und selbstlose Schenken. Damit ist die Alternative angesprochen, die Erich Fromm[249] wie kein anderer als „seelische Grundlage einer neuen Gesellschaft" herausarbeitete: Es geht um **„Haben oder Sein"!** Erich Fromm stellt, vielleicht etwas überraschend, heraus, dass „der Wille zu geben, zu teilen und zu opfern"[250] dem Menschen ein „angeborenes und tief verwurzeltes Verlangen"[251] ist. Daraus zieht er die einzig mögliche Folgerung, dass der „neue Mensch" in einer „neuen Gesellschaft" ganz wesentlich folgenden Wesenszug aufweisen muss: Seinen Lebenssinn und die damit verbundene „Freude aus dem Geben und Teilen, nicht aus dem Horten und der Ausbeutung anderer zu

---

[249] Fromm, Erich: Haben oder Sein – Die seelischen Grundlagen einer neuen Gesellschaft

[250] Ebd., S. 101

[251] Ebd.

schöpfen."[252] Es ist eben schon aus psychologischer Sicht nicht wahr, dass der Mensch nur durch „haben wollen und besitzen" sein Glück findet, wie uns in unserer Gesellschaft allzu oft eingeredet wird. Diese Ideologie, die den Menschen reduziert auf ein Konsum- und Verbraucherwesen, zerstört ihn letztlich von innen her. Genau in diese Richtung zielen auch die Botschaft und das ganze Auftreten Jesu. Sein **Lebensentwurf**, der uns vorlebt, wie Gott selber ist, wird **zutiefst vom „Dativ" geprägt**. Entscheidend dabei sind Liebe, Hingabe, Wohlwollen, verschwenderische Großzügigkeit und vieles andere mehr. Dieser »neue Lebensentwurf« kann und wird auch uns befreien, wenn wir uns trauen, dieser Spur nachzugehen und ihm hierin zu folgen. Der Mann aus Nazaret wollte nämlich nichts anderes, als den Menschen ins Herz sagen: „Du bist nicht nur das, was du hast oder du dir leisten kannst. Du bist in dir bereits unendlich reich. Dein Wert kann nicht mit Geld und Vermögen aufgerechnet und mit Bilanzen und Börsenzahlen verrechnet werden. Weil Gott zu dir, aus reiner »Gnade«, sein bedingungsloses Ja sagt, bist du an sich bereits unendlich wertvoll und reich." Wie befreiend und beglückend kann doch diese alternative Botschaft wirken. An dieser Stelle kommt erneut jener Gedanke in den Blick, der schon beim Nominativ unter der Alternative Name oder Nummer bereits angedacht wurde. Die Haltung Jesu war immer ein be-*namen*, nie ein bloßes be-*ziffern*. Der Wert des Menschen liegt wesentlich darin, dass er von Gott geliebt und somit reich beschenkt ist, er liegt vor aller Leistung und bleibt trotz allem Versagen bestehen. Nicht erst durch das, was ein Mensch leistet oder sich leisten kann, wird sein Wert bestimmt und seine Nützlichkeit aufgewiesen. Deshalb kann die Botschaft des Dativs ihn gerade von diesem Zwang befreien, zu meinen, es sich selbst, aber auch den anderen beweisen zu müssen. Wir brauchen niemandem zu zeigen, wie gut wir sind oder was wir leisten und uns leisten können. Wir dürfen aufhören, unseren Wert an dem zu bemessen, was wir besitzen oder unser Eigen nennen. Das kann frei machen vom „Haben-müssen" und ein „Sein-dürfen" eröffnen. Wer dieses erleben darf, beginnt wie von selber, mit anderen zu teilen und solidarisch zu leben.

[252] Ebd., S. 167

4.5 Solidarität als Verwirklichung der Hingabe

Bis jetzt haben wir uns einzig und allein im Innenraum des Menschen bewegt. Das ist entscheidend wichtig und der bestmögliche Anknüpfungspunkt für das, was für den Fall „Dativ“ auszusagen ist. Aber natürlich muss sich die **neue Einstellung**, die ein Mensch unter dem „Dativ“ für sich selbst gewinnt, **auch in seinem Leben mit anderen auswirken**, braucht es eine Änderung des Zusammenlebens von Menschen und bedarf es einer neuen Ordnung in der Welt. Das **moderne Wort** für den „Dativ“ im Blick auf die Mitmenschen, ist nach all dem Gesagten, am ehesten der Begriff der **„Solidarität“**. Diese Solidarität muss heute mehr denn je vor allem heißen, dass die reichen Länder mit den Armen beginnen, zu teilen. In diesem Zusammenhang möchte ich an eine päpstliche Weisung erinnern, die zumindest für katholische Christen verbindlich ist, aber für jeden Christen etwas Zentrales zu sagen hat. Es war **Papst Paul VI.** (1897-1978), der im Jahr 1967 mit seinem fast schon prophetischen Rundschreiben „Populorum progressio“, für unseren Zusammenhang mit dem Thema Solidarität, eines der wegweisendsten Worte in unserer Zeit gefunden hat, wenn er im dritten Abschnitt des zweiten Teils als Überschrift für die Nummern 76 bis 80 schreibt: **„Entwicklung, der neue Name für Friede“**.[253] Dabei führt der Papst aus: „Der Friede besteht nicht einfach im Schweigen der Waffen, nicht einfach im immer schwankenden Gleichgewicht der Kräfte. Er muss Tag für Tag aufgebaut werden mit dem Ziel einer von Gott gewollten Ordnung, die eine vollkommene Gerechtigkeit unter den Menschen herbeiführt.“[254] Und der Papst nimmt alle Menschen, insbesondere aber die Christen, in die Pflicht, wenn er fordert: „Auf diesem Weg müssen wir alle solidarisch sein... Jetzt schlägt die Stunde der Tat: das Leben so vieler unschuldiger Kinder, der Aufstieg so vieler unglücklicher Familien zu einem menschlichen Leben, der Friede der Welt, die Zukunft der Kultur,

---

[253] Rundschreiben Populorum progressio von Papst Paul VI., zitiert in: Texte zur kirchlichen Soziallehre – Die sozialen Rundschreiben der Päpste und andere kirchliche Dokumente, S. 433
[254] Ebd., S. 434

stehen auf dem Spiel. Alle Menschen, alle Völker haben ihre Verantwortung zu übernehmen."[255] „Entwicklung ist der neue Name für den Frieden", wie wichtig dieses Wort ist, zeigt sich heute im 21. Jahrhundert daran, dass der Friede der Welt am ehesten durch die Unterentwicklung von weiten Teilen der Menschheit bedroht wird. Und dass jeder vermeintliche Friede, der nicht zugleich zur Entwicklung von Menschen führt, ein „fauler" Friede und eigentlich ein „versteckter" Krieg ist. Zwar hat uns die atomare Abschreckung zwischen Ost und West einen scheinbaren „Frieden" inmitten des „Kalten Krieges" beschert, aber um welchen Preis. Die Rüstungsausgaben stiegen ins Aberwitzige. Gleichzeitig öffnete sich die Schere zwischen dem reichen Norden und dem armen Süden immer mehr. Nur ein Bruchteil der Gelder, die für den Abschreckungsfrieden in der Rüstungsmaschinerie verbraucht wurden und immer noch werden, hätte schon genügt, um die allermeisten Menschen so weit zu entwickeln, dass sie wenigstens nicht mehr verhungern müssten oder ihr Leben halbwegs in Würde verbringen könnten. Was ist das für ein „Frieden", wenn zwar die Waffen schweigen, aber das Anhäufen der Waffen eine ähnlich lange Blutspur nach sich zieht, wie ihr Benutzen? Nein, es gibt keinen Frieden ohne weltweite Gerechtigkeit und es bleibt gültig, was Paul VI. uns allen ins Stammbuch schrieb: „Entwicklung ist der neue Name für Frieden". Zwanzig Jahre nach „Populorum progressio" schrieb Papst Johannes Paul II. sein Rundschreiben „Sollicitudo rei socialis" aus dem Jahr 1987. Darin greift er die Gedanken seines Vorvorgängers auf und fordert eine **Umkehr zur Solidarität**. In ihr sieht er den *„Weg zum Frieden und zugleich zur Entwicklung*."[256] In diesem Zusammenhang gibt der Papst eine **Definition von Solidarität**. Er schreibt: „Im Licht des Glaubens strebt die Solidarität danach, über sich selbst hinauszuwachsen, um die spezifisch christlichen Dimensionen eines selbstlosen Sich-Verschenkens, der Vergebung und der Versöhnung anzunehmen."[257] Damit spricht dieser wichtige Text den

---

[255] Ebd., S. 435

[256] Rundschreiben Sollicitudo rei socialis von Papst Johannes Paul II., zitiert in: Texte zur kirchlichen Soziallehre – Die sozialen Rundschreiben der Päpste und andere kirchliche Dokumente, S. 666

[257] Ebd., S. 667

Gedanken aus, den der Dativ nahe legt: **Solidarität heißt selbstloses Sich-Verschenken**. Dies darf für Christen nicht eine Nebensache sein, sondern sollte uns **alle zutiefst bewegen und erfüllen**. Es geht also nicht nur um eine Möglichkeit, den christlichen Glauben zu leben, sondern es geht um eine unbedingt zum Glauben dazugehörende Notwendigkeit. **Der christliche Glaube, soll er denn wahrhaftig und echt sein, muss sich auslegen und ausleben in der Solidarität, im Einsatz für die Mitmenschen und im Engagement für eine bessere Welt.** Erinnern wir uns nochmals an das Wort von Paul VI.: „Jetzt schlägt die Stunde der Tat...". **Solidarität will und muss gelebt werden, braucht die tägliche Anstrengung**, die dazu beiträgt, ein Stück weit diese Welt menschlicher und lebenswerter zu gestalten. Sie braucht die großen Bemühungen in Politik, Wirtschaft und Wissenschaft. Aber auch den Einsatz im Kleinen. **Jeder Mensch kann dort, wo er lebt, jeden Tag neu solidarisch handeln**. Ein Lächeln, ein kleiner Gruß, die kleine Nachbarschaftshilfe, das freundliche Wort oder ein aufbauendes Schulterklopfen. Solidarität kann auf vielfältigste Weise konkret gelebt werden und braucht dabei nicht viel zu kosten. Für Christen, in der Spur ihres Meisters, gibt es keine Alternative. Christ-sein und Solidarisch-sein sind Synonyme und müssen es für jeden Einzelnen immer mehr werden. Hier gibt es keine Ausnahme und niemand, der sich Christ nennt, darf sich davon dispensieren.

Ein **möglicher Weg**, diese Solidarität in christlicher Sicht zu leben und daraus die Welt zu gestalten, ist die so genannte **Theologie der Befreiung**. Erfunden und gelebt wurde und wird sie vor allem im Kontext von Lateinamerika, der geprägt ist von Unterentwicklung, Armut und Marginalisierung eines Großteils der Bevölkerung. Dabei ist diese neue Art der Entdeckung des biblischen Gottes „ein vielschichtiges und vielgesichtiges Phänomen... Es gibt nämlich nicht die Theologie der Befreiung, sondern nur höchst unterschiedliche Theologien der Befreiung."[258] Dennoch ist in dieser vielstimmigen Theologie so etwas wie ein „basso continuo", eine Art **Grundmelodie**, deutlich zu vernehmen. Es geht um die aus christlicher

[258] Kasper, Walter: Die Theologie der Befeiung aus europäischer Perspektive, S. 77

Sicht **motivierte Gestaltung der gesellschaftlichen Strukturen**, mit dem **Ziel, mehr Gerechtigkeit und Entwicklung für alle Menschen zu erreichen**. In diesem Verständnis leistet die Theologie also nicht nur theoretisch einen Beitrag, die Welt und das Leben der Menschen zu gestalten, sondern sie **mischt sich konkret und damit praktisch darin ein**. Mit den Worten eines der Gründergestalten dieser Ausrichtung, dem peruanischen Theologen Gustavo Gutiérrez (*1928), gesagt, gilt: „Theologie beschränkt sich... nicht mehr darauf, die Welt gedanklich zu ergründen, sondern versucht, sich als ein Moment in dem Prozess zu verstehen, mittels dessen die Welt verändert wird, weil sie – im Protest gegen die mit Füßen getretene menschliche Würde, im Kampf gegen die Ausbeutung der weitaus größten Mehrheit der Menschen, in der Liebe, die befreit, und bei der Schaffung einer neue, gerechten und geschwisterlichen Gesellschaft – sich der Gabe des Reiches Gottes öffnet."[259] Damit reflektiert *Theologie* den wahrsten Sinn ihres eigenen Wesens, denn sie verbindet Gott (=*Theos*) mit dem Begriff *Logos* (=Lehre, Wort). **Theologie ist also dem Wortsinn nach Bezeugung des Gottes**, der sich nun aber vornehmlich als Gebender und Schenkender in der Geschichte gezeigt hat, und der gerade in seinem „Wort", dem Logos Jesus, in seinem Leben und in seiner Botschaft, sich bedingungslos auf die Seite derer gestellt hat, die an den Rand gedrängt, am Leben betrogen und ausgeschlossen sind. Die beiden brasilianischen Theologen, die Brüder Clodovis und Leonardo Boff haben einige „Schlüsselthemen der Theologie der Befreiung"[260] aufgelistet, die das **Programm** dieser Richtung gut umschreiben. Sie benennen dabei:

- Der christliche Glaube muss sich ***praktisch*** **auswirken**, er muss von Liebe durchdrungen sein und sich **befreiend für die Menschen** bemerkbar machen.
- Gott selbst hat **Partei ergriffen für die Unterdrückten und die Armgemachten**. Es geht also bei ihm um die „vorrangige Option für die

[259] Gutiérrez, Gustavo: Theologie der Befreiung, S. 83
[260] Boff, Leonardo und Clodovis: Wie treibt man Theologie der Befreiung, S. 62-80

Armen“[261], die die Kirche sich in der Nachfolge Gottes zu Eigen machen muss.

- Die Kernbotschaft Jesu war die **Verkündigung des Reiches Gottes**, das **bereits in dieser Welt** sich auswirken soll: „Als vollständige und alles einbegreifende Befreiung der gesamten Schöpfung, die am Ende von allem, was sie niederdrückt, gereinigt und durch die volle Gegenwart Gottes umgestaltet wird.“[262]
- Dieses große Ziel hat *Jesus* in seinem Leben immer wieder versucht, zu *verwirklichen*. In seinem Leben nimmt die Botschaft vom Reich Gottes Gestalt an. Vor allem aber die **Auferstehung als Sieg des Lebens** und der Hoffnung über die Kräfte des Todes und der Zerstörung ist die Befreiung der Menschen, die sich in ihrem Leben bereits jetzt schon auswirken muss.
- Der **Heilige Geist ist die innere Kraft im Kampf gegen Unterdrückung** und im Einsatz für Gerechtigkeit und Leben. So trägt er zu Recht den Titel „Vater der Armen“, der Menschen dazu antreibt, sich an der Seite der Armen für ihre Rechte zu engagieren.
- **Maria**, die Mutter Jesu, teilte in ihrem Leben auf vielfältigste Weise das Leben der Armen. Darin ist sie für uns ein Beispiel eines tiefen Glaubens, der sich für Gott und für seine Pläne mit uns offen hält. Im Magnifikat stellt sie sich ausdrücklich auf die **Seite der Erniedrigten und Entrechteten** und träumt mit ihnen von der großen Veränderung, die Gott herbeiführen wird, wenn sie betet:

> „Er stürzt die Mächtigen vom Thron und erhöht die Niedrigen. Die Hungernden beschenkt er mit seinen Gaben und lässt die Reichen leer ausgehen.“
>
> [Lk 1,52f]

---

[261] Mit diesem großartigen Wort haben die II. und III. Generalversammlung des Lateinamerikanischen Episkopats in Medellin (1968) und Puebla (1979) die wichtigste Aufgabe der Kirche formuliert. Vgl. dazu den Band Stimmen der Weltkirche, Nr. 8: Die Kirche Lateinamerikas, hrsg. vom Sekretariat der Deutschen Bischofskonferenz, S. 327.

[262] Boff, Leonardo und Clodovis: Wie treibt man Theologie der Befreiung?, S. 65

- Als „Sakrament des Heils“ ist die **Kirche** „Zeichen und Werkzeug der Befreiung“[263]. Sie muss dazu mehr und mehr eine Kirche **des Volkes und für die Menschen** werden. Dies gelingt ihr umso besser, als in ihr die Teilhabe und Mitsprache aller ermöglicht wird und die **Kirche** in diesem Sinn eine **Kontrastgesellschaft** darstellt, die gerade in Lateinamerika in kleinen Basisgemeinden ganz konkrete Gestalt annimmt. Auf diese Weise lebt die Kirche der Welt vor, wie Zusammenleben in Freiheit und Gleichheit gelingen kann.
- Dabei wird jeder Einzelne mit in die Pflicht genommen. Es geht um „das Verhalten des freien und befreienden Menschen. Die Theologie der Befreiung ist wesentlich Praxis, und somit schlägt sie unmittelbar auf die Ethik und auf die Haltungen des Menschen durch. Sie hat ein neues Profil des Christseins heute hervorgebracht“[264]. Es gilt, **ungerechte Strukturen zu entlarven, als sündig zu benennen und nach Möglichkeit zu verändern**. Es braucht unbedingt die Nächstenliebe und die damit eng verbundene Arbeit der Befreiung. Vielleicht stößt dies aber auf Ablehnung und „bringt Verfolgung und Martyrium mit sich.“[265]
- Unter den wichtigsten Herausforderungen der Theologie der Befreiung benennen die beiden Brüder vor allem die **Spiritualität**. Hier wird versucht, das Engagement für die Welt vor Gott zu tragen und in Gebet und Gottesdienst die Befreiung durch Gott zu feiern, um daraus die **Kraft für den persönlichen Einsatz für eine bessere Welt** zu gewinnen.
- Letztlich kann das **Ziel** dieser besonderen Art, Theologie zu treiben, folgendermaßen umschrieben werden: „in allem waltet als Grundton die Verbindung zwischen dem Glauben in seinem dogmatischen Gehalt und seiner praktischen und gesellschaftlichen Entfaltung. Das, was den christlichen Glauben auszeichnet, und das, was historisch dringend ist, werden ständig zusammengehalten. Aus dieser Annähe-

---

[263] Ebd., S. 72
[264] Ebd., S. 76
[265] Ebd., S. 77

rung und Konfrontation erwächst die befreiende Dimension der christlichen Botschaft."[266]

Die so be- und umschriebene Theologie der Befreiung ist eine **ausgezeichnete Weise, den Einsatz der Menschen und vor allem der Gläubigen für eine bessere Welt anzuregen und kritisch zu reflektieren**. Somit wird die Theologie der Befreiung zu einem Beispiel einer **praktisch gelebten Theologie der Solidarität**, gerade am Rand der Gesellschaft, mit den Ärmsten der Armen, die die eigentlichen „Lieblinge Gottes" sind. Der »Dativ« des Christseins will und muss gelebt werden, nur so wird er eingeholt und erfüllt. Das beansprucht **wesentlich zwei Felder**: Zum einen und ersten das **Gebiet der eigenen Entwicklung** und der Selbstverwirklichung. Nur wer frei wird vom Zwang, immer mehr haben zu müssen, kann sich selbst finden und wird wirklich glücklich werden können. Zum zweiten aber, und nicht minder wichtig, muss sich diese Einsicht vom befreienden Schenken und Teilen, von der friedensstiftenden und -erhaltenden Entwicklung in den **Zusammenhängen der Politik, der Wirtschaft und des friedlichen Zusammenlebens mit allem**, was lebt auf dieser Erde, konkretisieren. Für die Befreiungstheologie geschieht das ganz konkret vor Ort, im Kontext von Lateinamerika und im Angesicht der dortigen gesellschaftlichen Situation, in die hinein sie die Botschaft vom liebenden und menschenfreundlichen Gott verkünden will und muss. Damit kann diese Art der Theologie ein Vorbild sein für andere Kontinente mit jeweils ihren besonderen Herausforderungen. Der Weg Lateinamerikas lässt sich zwar nicht einfach kopieren oder in andere Lebensräume eins zu eins übertragen. Aber er gibt trotzdem für alle Christen einen wichtigen Impuls, sich dort, wo man lebt, bedingungslos auf die Seite Gottes zu stellen und mit ihm gemeinsam dafür Sorge zu tragen, dass alle Menschen in dieser Welt in Würde und Gerechtigkeit leben können. Es gilt, was Paul Michael Zulehner über die Vorbildfunktion der Befreiungstheologie zu sagen wusste und das er mit „In die Schule der Südkirchen gehen"[267] überschrieben hat:

---

[266] Ebd., S. 79

[267] Zulehner, Paul Michael: Pastorale Futurologie, S. 267

„Diese Lektion haben wir, die Kirchen Europas und Nordamerikas, inmitten des Kontextes eines enormen Vorsprungs an Reichtum von den armen und armgemachten Völkern der einen Erde zu lernen: Die parteiische Option Gottes zugunsten der Armgemachten muss auch zur Option des Volkes Gottes werden. Dieses trägt denn auch den Ehrentitel »*Gottes* Volk« nur dann zu Recht, wenn es sich an der leidenschaftlichen Option Gottes zugunsten der Armgemachten beteiligt."[268]

---

[268] Ebd., S. 268

5. Der vergebende Gott – der Akkusativ

5.1 Wortbedeutung

Das lateinische Wort „accusativus bzw. accusator“[269] meint den Kläger und den Ankläger vor Gericht. Das Verbum „accuso“ meint **beschuldigen, anklagen** und steht im **engen Zusammenhang mit dem Thema „Schuldig werden“**. Und wieder ist damit ein zentraler Nervenpunkt des biblischen Glaubens berührt. Denn schon auf den ersten Seiten des Alten Testaments wird der Mensch als derjenige beschrieben, der das Vertrauen auf Gott verliert und aufgrund der tiefsitzenden Daseinsangst, nicht gut genug zu sein, um so sein Leben rechtfertigen zu können, schuldig wird. In den Erzählungen vom sogenannten „Sündenfall“ versucht die Bibel, dem Wesen der Verfehlung und Sünde des Menschen auf die Spur zu kommen. Dieses entdeckt sie wesentlich im Abwenden des Menschen von Gott, denn dann, wenn er sich von Gott **ab-*sond*-ert**, begeht er die ***Sünd*-e**. Diese Sicht denkt damit sehr realistisch vom Menschen und von seiner derzeitigen Befindlichkeit in dieser Welt. Sie spricht von einer eigentümlichen **Gebrochenheit** des Menschen, die aus der einen Wurzel der Gottferne entspringend, alles durcheinander bringt und letztlich **vier Dimensionen** umfasst:

- Der Mensch lebt in einem ***gestörten Selbst-Verhältnis***.
- Der Mensch empfindet eine ***Störung in der Beziehung*** zu seinem ***Mitmenschen***.
- Der Mensch ***entfremdet*** sich von der ***Natur*** und der ***Mitwelt***, in der er lebt.
- In all diesen Vollzügen ***entfernt*** sich der Mensch bereits ***von Gott***, der ihn und alles in der Welt geschaffen hat.

---

[269] Heinichen: Lateinisch-Deutsch zu klassischen und ausgewählten mittelalterlichen Autoren, S. 5

In einem Überblick ließe sich das folgendermaßen darstellen:

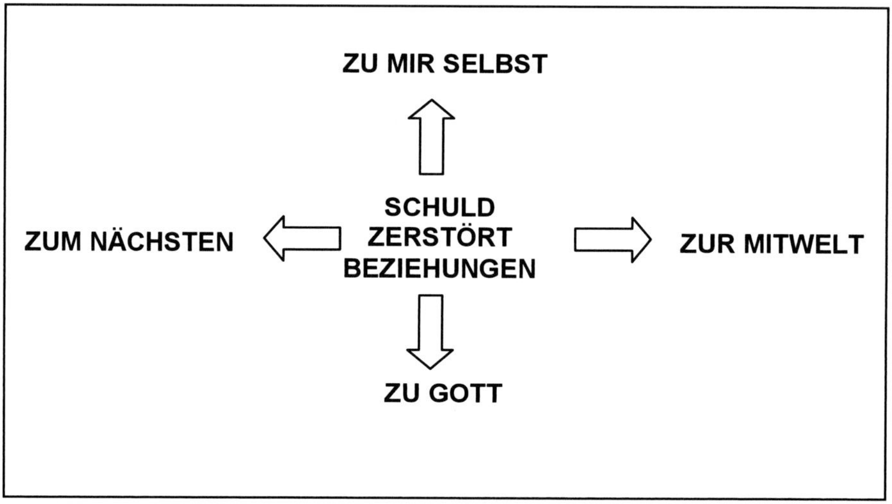

Grundlage von allem ist letztlich aber die gestörte Selbstbeziehung, die ihrerseits wiederum ein Ausdruck und die Folge einer nicht gelungenen Gottesbeziehung ist.

5.2 Der Mensch – in gestörten Verhältnissen

Mustergültig beschrieben ist diese **vierfache Entfremdung** in der **Erzählung des Buches Genesis vom sogenannten Sündenfall**. Wenn man diesen Text nicht äußerlich missversteht, als eine paläontologische Auskunft über die ersten Menschen, und sich damit jeglichen Zugang zu ihm von Haus versperrt, kann er durch seine „bildhafte Sprache" und seine zeitübergreifende Gültigkeit auch in diesem Punkt uns Menschen des 21. Jahrhunderts Wesentliches sagen.[270]

[270] Meisterhaft und tiefgründig ist dies v. a. Eugen Drewermann in seiner Schrift „Strukturen des Bösen" gelungen. Schritt für Schritt übersetzt und erklärt er die alten Texte für die heutige, ja für alle Zeit. Besseres habe ich in diesem Zusam-

Schauen wir zu, wie alle **vier Dimensionen**, in denen **sich der Mensch von Gott trennt, darüber sich selbst verliert und daher sündigt**, in der Erzählung auf den ersten Seiten der Bibel dargestellt werden.

- Als erstes die ***Störung des Selbstverhältnisses***. Sie wird im ***Bild der „Nacktheit"*** und der durch den Sündenfall bewirkten ***„Scham"*** ausgedrückt. Im ersten Buch der Bibel heißt es:

> „Da gingen beiden die Augen auf, und sie erkannten, dass sie nackt waren".
>
> [Gen 3,7]

Der Mensch „**passt**" im wahrsten Sinn des Wortes „**nicht mehr in die eigene Haut**", er fühlt sich ausgesetzt und preisgegeben. Noch im Moment vorher waren die Menschen des Paradieses ebenso nackt und sie störten sich scheinbar nicht daran. Jetzt ist das anders, nun gilt es sich zu verstellen, zu verkleiden und voreinander zu verbergen. Das eilig umgehängte „Feigenblatt" ist das armselige Symbol für diesen verzweifelten Versuch. Ohne Bild gesprochen, ist es jetzt die Bemühung, das **wahre »Ich« zu verbergen und eben anders zu »er-scheinen«**, als man eigentlich ist. Das **Verhältnis zu sich selbst ist dadurch natürlich empfindlich gestört**, denn der Mensch kann und will nicht mehr sein, wie er ursprünglich gedacht war. Er versucht sich zu verstellen, seine vordergründige Armseligkeit und Nacktheit vor dem anderen zu verdecken und sich größer zu geben, als er in Wahrheit ist. Doch genau darin beginnt die **große Selbstentfremdung**. Im Versuch, sich immer neu hinter Masken und Fassaden zu verbergen, verliert sich der Mensch letztlich selbst. Im Versuch, anders zu sein, als er eigentlich ist, geht er zugrunde. Beim verzweifelten Bemühen ein anderer zu sein oder zu werden, muss er sich selbst verlieren. An dieser Stelle liegt die Hauptwurzel aller folgenden Verfehlungen.

---

menhang noch nirgends gefunden. Ich gebe gerne zu, dass gerade diese Sicht von Drewermann, die Maß nimmt an der Philosophie des großen Dänen Søren Kierkegaard, mich selbst und mein Denken zutiefst beeindruckt und geprägt hat.

Wenn der Mensch nicht mehr mit sich selber zufrieden ist, dann wird er auch mit allem um ihn herum unzufrieden. Wenn der Friede mit sich selbst aufgekündigt wird, kann er auch nur noch im Streit mit seiner Umwelt leben. Damit ist die **»Beziehung zu sich selbst« die Wurzel und die Bedingung für das Verhältnis des Menschen zu anderen.** Nur, wenn der Mensch mit sich selbst im Reinen ist, kann er auch mit seiner Mitwelt zurechtkommen. Wenn er aber in sich gestört ist, dann ist auch sein Verhalten zur Mitwelt belastet.

Zu diesem zentralen Thema, der »Beziehung des Menschen zu sich selbst«, gibt es einen alten, schon von der Antike her überlieferten Zusammenhang. An der Vorhalle zum Tempel des Orakels zu Delphi, am Hang des Parnass bei der Stadt Delphi in der Landschaft Phokis, stand in Stein gemeißelt der **Spruch: „Gnothi sauton" – „Erkenne dich selbst"**. Dieser Satz hat wesentlich einen **doppelten Inhalt**: Zum ersten ist er die **Erinnerung des Menschen** vor dem Heiligtum zu Delphi **an seine eigene Begrenztheit**. Hans Urs von Balthasar kann daher zu Recht folgern: „Der delphische Spruch enthält in seinem Ursinn eine Ermahnung, angesichts des Gottes seiner menschlichen Beschränktheit eingedenk zu sein."[271] Das ist **sowohl Beschränkung als auch Erlaubnis** zugleich, denn der Mensch wird vom Absoluten her „an die ihm gebührende Stelle gewiesen, in seine Endlichkeit und Sterblichkeit"[272]. Er wird insofern eingeschränkt, weil das Orakel ihn daran erinnert, dass er sich **als Mensch vor Gott wissen** soll und sich **demütig nicht selbst wie Gott gebärden** darf, um sich nicht unstatthaft zu überhöhen. Aber zugleich ist dies auch eine enorme Entlastung des Menschen, eine freimachende Erlaubnis: **„Du brauchst nicht Gott zu sein**, du darfst dich mit deinen Grenzen und mit deinen Einschränkungen annehmen und du kannst dich lieben, wie du bist." Wenn der Mensch sich in diesem Sinne im Klaren darüber wird, wer er selbst vor den Augen Gottes ist, dann ist der Spruch „Erkenne dich selbst" noch von einer zweiten Seite her zu verstehen. Er ist die **Aufforderung**, sich seines **eigenen Adels und seiner Möglichkeiten** bewusst zu werden. Der

---

[271] Balthasar, Hans Urs von: Theodramatik, Prolegomena, Band 1, S. 459
[272] Ebd., S. 460

Mensch braucht sich auch und gerade als Mensch nicht zu verstecken: Er hat einen unendlichen Wert und eine unnehmbare Würde. Dieses freizulegen und sich dessen bewusst zu werden, klingt ebenfalls an in der Zusage „Erkenne dich selbst - gnothi sauton". Damit wird auch hier das Gleichgewicht angestrebt und gehalten, von dem das christliche Bild vom Menschen immer schon ausgeht: Obwohl der Mensch nicht selbst Gott ist und sich daher nie vergöttern darf, ist er als Ebenbild Gottes doch ganz nah an seine Seite genommen. Wieder gilt die jetzt schon so oft beschworene These: „Indem er [der Mensch, AV] in seine eigene Wahrheit kommt, kommt er auch in das rechte Verhältnis zu Gott"[273] und umgekehrt. Damit kann über den Satz des Orakels von Delphi ein erster und primärer Zugang zum Thema „Schuld" gefunden werden. Indem es den Menschen nämlich einerseits ermahnt, sich seines Abstands gegenüber Gott bewusst zu werden und sich somit **in seine Grenzen zu fügen**, und andererseits ihn auffordert, aus sich selbst etwas zu machen, die **eigenen Möglichkeiten zu nutzen** und sich im Rahmen der eigenen Begabungen zu entfalten, ist es ein **Schlüssel zum rechten Selbstverhältnis des Menschen**. Wenn dieser in diesem Sinne sich wirklich „selbst erkennt", seine Fähigkeiten und Begabungen lebt und gestaltet und dabei seine Grenzen akzeptiert und lieben kann, dann findet er in Wirklichkeit zu sich und beginnt, sein Selbst so zu verwirklichen, wie es von Gott her schon immer gedacht wird und gewollt ist. Gelingt ihm dieses rechte Verhältnis zu sich selbst aber nicht, verfehlt er sich an einer der beiden Seiten, in dem er entweder vergisst, dass er nicht selber Gott ist und er sich heillos überfordert, weil er seine Grenzen ständig übersteigen will oder aber in dem er hinter seinen Möglichkeiten zurückbleibt und sich gehen lässt, dann ist sein Selbstverhältnis empfindlich gestört, der Mensch bleibt sich selbst Wesentliches schuldig und wir sprechen folgerichtig von seiner „Schuld". Im Überblick dargestellt, ergibt sich folgendes Bild:

[273] Ebd.

„Du bist nicht Gott –
du darfst ganz Mensch sein!“

„Liebe deine Grenzen!“
„Nimm dich an, wie du bist!“

GNOTHI SAUTON
ERKENNE DICH SELBST

„Du kannst dein Leben gestalten –
du hast eine große Würde!“

„Nutze deine Möglichkeiten!“
„Werde immer mehr zu dem,
der du von jeher schon bist!“

Diesem Schaubild gemäß steht der Mensch also in einer **Spannung, die sein ganzes Wesen durchdringt und ausmacht**: Einerseits eben *nur ein Mensch zu sein* und nicht Gott, andererseits aber *als ein Mensch* ausgestattet zu sein mit *Würde und Fähigkeiten*, berufen zum Ebenbild Gottes. Wenn er nun beide Seiten in Einklang bringt, wenn es dem Menschen also gelingt, seine **Grenzen zu lieben** und innerhalb seiner Grenzen aber den **Raum seiner Möglichkeiten auszuschreiten und zu gestalten**, ist er mit sich selbst im Reinen und die Selbstbeziehung gelingt.
Doch bei der Selbstbeziehung lauern auch **zwei grundlegende Gefahren**: Wenn der Mensch entweder ständig **versucht, seine ihm eigenen Grenzen zu überwinden**, wenn er nicht bereit ist, sich so zu lieben, wie er ist und sich damit ständig heillos überfordert, dann ist er in Gefahr sich selbst zu verlieren und bleibt sich etwas schuldig. Genauso wenn er **ständig hinter seinen Möglichkeiten zurückbleibt**, wenn er seine Begabungen und Talente vergräbt und nicht einsetzt, wenn er sich gehen lässt und aufhört, sich und sein Leben sinnvoll zu gestalten, fällt er ebenfalls hinter sich zurück und ist nicht minder in Gefahr, sich selbst zu verlieren. **Erst wenn er beides verwirklicht, sich in die Grenzen seines Lebens fügt und innerhalb dieser seine Möglichkeiten ausschöpft, dann ist er im Reinen mit sich.**
Als sehr schönes Bild für diese doppelte Ausrichtung des Menschen wählt die Bibel auf ihren ersten Seiten die Vorstellung vom „Paradiesesgarten". Alles darin ist in Ordnung und wunderbar. Alles steht dem Menschen[274] hierin zur Verfügung und eröffnet ihm einen Raum von ungezählten Möglichkeiten. Trotzdem gibt es mitten im Paradies eine Grenze: Es ist ein Baum, der dem Menschen verwehrt bleibt: der Baum der „Erkenntnis von Gut und Böse", der Baum des Lebens[275]. Im Bild bleibend wird das **Para-**

---

[274] Wenn die Bibel hierbei von „Adam" spricht, so meint dieses Wort genau den „Menschen". Es ist also kein Eigenname und auch nicht die Rede von einem Einzelschicksal. Vielmehr wird sehr tiefgründig vom „Wesen des Menschen" gesprochen, so wie er zu allen Zeiten zu verstehen ist.
[275] Zu dieser Stelle vermerkt Gerhard von Rad in seinem Genesiskommentar vollkommen zu Recht: „Der Verdacht, dass die Zweiheit der Bäume in der Mitte erst

dies also als ein **großer Raum mit ungezählten Möglichkeiten** für den Menschen beschrieben. Aber es gibt darin auch eine **Grenze**. Im späteren Erzählverlauf wird diese Begrenzung inhaltlich beschrieben: Denn der dem Menschen verwehrte Baum verspricht, dass er „wie Gott werden kann“ (vgl. Gen 3,5). Es ist wohl kein Zufall, dass gerade angesichts dieser Grenze im Paradiesesgarten die Rede vom „Gottwerden des Menschen“ geht, von einem vermeintlichen „Sein wie Gott“. Und diese Parallele springt unmittelbar ins Auge, denn schon das Orakel von Delphi hat genau an diesem Punkt die notwendige Begrenzung des Menschen gesehen: „Du bist nicht Gott! Gib dich zufrieden damit, ein Mensch zu sein!“. Das Gleiche besagt auch, wenn auch nur im Bild erzählt, die Geschichte auf den Anfangsseiten der Bibel. **Der Mensch ist ausgespannt zwischen seiner Grenze und seinen Möglichkeiten.** Der Mensch ist berufen, sich selbst zu verwirklichen, und das wird ihm auch gelingen, wenn er dabei nicht versucht, wie Gott zu sein. Wenn er jedoch nach der „Frucht vom Baum in der Mitte“ greift und sich dabei an Gott selbst vergreift, dann geht das Paradies verloren und alles verändert sich zum Schlechten. Was die Bibel zusammen mit dem Orakel von Delphi beschreiben will, hat der Psychoanalytiker Horst-Eberhard Richter (*1923) als eine tiefgreifende psychosoziale Störung und als „Illusion der menschlichen Allmacht“ beschrieben. Bezeichnenderweise hat er dafür den **Titel „Der Gotteskomplex“**[276] gebraucht. Ausgangslage ist nach Richter, dass wir als Menschen „den Sinn für unsere Grenzen verloren“[277] haben. Anhand von wichtigen Etappen der sich vom Mittelalter emanzipierenden und lossagenden Neuzeit, beschreibt er den Weg der Individualisierung und Selbstwerdung des modernen Menschen. Doch hinter allem vermeintlichen Fortschritt gilt es tiefer auch die Not des Einzelnen zu sehen, denn „der lange Zeit als großartige Selbstbefreiung gepriesene Schritt des mittelalterlichen Menschen in die Neuzeit war im Grunde eine neurotische Flucht aus narzisstischer Ohnmacht in die Illusion

---

das Ergebnis einer nachträglichen Verbindung zweier Überlieferungen sei, lässt sich schwer unterdrücken.“ (Das erste Buch Mose – Genesis, S. 54)

[276] Vgl. dazu sein gleichnamiges Buch: Richter, Horst-Eberhard: Der Gotteskomplex

[277] Ebd., S. 5

narzisstischer Allmacht. Der psychische Hintergrund unserer so imposant scheinenden neueren Zivilisation ist nichts anderes als ein von tiefen unbewältigten Ängsten genährter infantiler Größenwahn.“ [278] Und Richter kann folgern: Auf dem Weg in die angebliche Befreiung „trägt unsere Zivilisation seit damals zahlreiche Merkmale einer krampfhaften Selbstüberforderung“ [279]. Nach vielen Buchseiten der Erklärung der Heraufkunft und Äußerung des so verderblichen „Gotteskomplexes“ im modernen Menschen, empfiehlt Richter: „Man kann sich die allmähliche Überwindung des Gotteskomplexes nur als einen *gemeinsamen Prozess* vorstellen, bei welchem man einander hilft, die Angst vor der Ohnmacht und dem Leiden und die Idealisierung der Omnipotenz abzubauen. Vom einzelnen aus gesehen ist an eine kontinuierliche Wechselbeziehung zu denken: Er kann durch offene Anteilnahme an fremder Schwäche lernen, seine eigenen Schwächen zu tragen. Aber das Akzeptieren der eigenen Schwäche stärkt wiederum als Voraussetzung die Möglichkeit, sich fremden Schwächen zuzuwenden.“[280] Das „Annehmen der eigenen Schwächen“ aber ist nichts anderes, als das, was im Orakel von Delphi mit dem Sich-Einfügen in seine Grenzen umschrieben wird. Ich halte es für sehr erstaunlich, dass von einer Seite, von der man es eigentlich gar nicht erwarten möchte, von Seiten der Psychoanalyse her, der biblischen Vorstellung vom Menschen, wie sie sich in der bildhaft-symbolischen Erzählung vom Paradies und vom Sündenfall ausdrückt, so passend und erklärend sekundiert wird. Die Überschrift des ersten Kapitels im Buch von Horst Eberhard Richter stellt dabei so etwas wie eine Zusammenfassung der Aussage vom so genannten „Sündenfall“ im ersten Buch der Bibel dar: „Gott geht verloren, der Mensch will selbst Gott sein“[281]. Wenn also der Verlust an gelingender Selbstbeziehung in wesentlichem Zusammenhang zur Beziehung des Menschen zu Gott steht, dann kann in dieser Richtung auch eine mögliche „Heilung“ gesucht werden. Entscheidend aber ist bei dieser Sichtweise: Der Mensch, der im Streben über seine Grenzen hinaus versucht, „wie

[278] Ebd., S. 29
[279] Ebd.
[280] Ebd., S. 237
[281] Ebd., S. 19

Gott zu sein", tut dies nicht deshalb, weil er böse wäre oder weil ihm das gerade einmal so in den Sinn kommt. Vielmehr ist er dabei ein Getriebener seiner Angst. Diesen Zusammenhang deutlich aufgezeigt zu haben, ist das Verdienst des dänischen Religionsphilosophen Sören Kierkegaard (1813-1855). Dies auszuführen versuche ich im Kapitel 5.4. Jetzt aber gilt es den Blick noch etwas zu weiten, denn die nun eingetretene Störung betrifft den Menschen nicht nur in seinem Selbstbezug. Auch in der Partnerschaft wird er empfindlich angeschlagen.

- Dabei wird die ***Störung in der Partnerschaft*** sehr feinspinnig im Text durch die **gegenseitige Schuldzuweisung** aufeinander beziehungsweise der persönlichen Entschuldigung ausgedrückt. Im Text heißt es:

„Adam antwortete: Die Frau, die du mir beigesellt hast, sie hat mir von dem Baum gegeben, und so habe ich gegessen."

[Gen 3,12]

Und:

„Gott, der Herr, sprach zu der Frau: Was hast du da getan? Die Frau antwortete: Die Schlange hat mich verführt, und so habe ich gegessen."

[Gen 3,13]

Aus dem ursprünglichen Miteinander des Schöpfungsmorgens wird ein **Gegeneinander** aller Beteiligten. Das Versagen der Menschen führt zu **Ausflüchten und zu einem gegenseitigen Belasten.** Das Verhältnis der Menschen zueinander wird dabei empfindlich gestört, denn jeder belastet den anderen und gibt ihm die Schuld an der Misere. So aber lässt sich nicht mehr miteinander leben. Es entsteht ein **Klima des Verdachts und der gegenseitigen Verdächtigung**, die das Vertrauen zueinander aufhebt und zerstört. Buchstäblich, um die eigene Haut zu retten, wird der andere ans Messer geliefert. Zudem meint der Mensch, dass er sich vor dem anderen nicht mehr sehen lassen kann, wie er ist. Seine vermeintliche Nacktheit, die gerade eben noch die Menschen untereinander verband und ihnen die Freuden und Wonnen der Liebe eröffnete, wird jetzt zum Makel.

Mit „Feigenblättern“ versuchen sie sich voreinander zu verstecken und sich gegenseitig etwas vorzumachen. Wie feinspinnig ist die Bibel hier, wenn sie erkennt, dass jede Störung in der Beziehung zu Mitmenschen ihre letzte und tiefste Wurzel in einer gestörten Selbstbeziehung des Menschen hat. Und wiederum erhält diese Sichtweise der Bibel eine vielleicht überraschende Bestätigung von Seiten der Psychoanalyse. Es ist das Verdienst von Carl Gustav Jung (1875-1961), den **Zusammenhang von Selbstliebe und Liebe zum Nächsten** aus psychoanalytischer Sicht beschrieben zu haben. Ausgangslage hierzu ist wiederum die Problematik der eigenen Begrenztheit und der eigenen Schwächen. „Angesichts alles dessen, was ich an mir nicht leiden kann, was mich an mir selber kränkt, was meine Idealvorstellungen von mir zerstört, sagt C. G. JUNG, »dass ich selber des Almosens meiner Güte bedarf, dass ich mir selber der zu liebende Feind bin.« In diesem Zusammenhang stellt JUNG den beachtenswerten Grundsatz auf: »Was man nicht annimmt, kann man nicht ändern.« Je mehr es mir gelingt, mich selbst mit all meinen Schwächen, meiner Schuld und meinen Sünden anzunehmen, um so mehr wird es mir gelingen, auch die Mitmenschen... anzunehmen.“[282] Es ist daher nicht von ungefähr, dass Jesus den **zweiten Hauptteil des wichtigsten Gebotes der Liebe** zusammenfasst im Satz: „**Liebe deinen Nächsten, wie dich selbst!**“. Dabei ist entscheidend: **Das Maß der Liebe zum andern wird vom Maß der Selbstliebe und der Annahme seiner selbst bestimmt, nicht umgekehrt**. Wie tiefblickend war der Mann aus Nazaret, wenn er erkannte, dass nur der, der sich letztlich selbst lieben kann, überhaupt dazu fähig ist, andere zu lieben. Diese Sichtweise bestimmt auch schon die Anfangsseiten der Bibel, allerdings unter negativem Vorzeichen: Dem Menschen, dem es nicht gelingt, sich selbst zu lieben und seine Grenzen anzunehmen, misslingen folgerichtig auch die Beziehungen zu seinen Mitmenschen. Aus dem liebenden Miteinander werden, wie im Bibeltext hellsichtig dargestellt, ein gegenseitiges „Schuld-in-die-Schuhe-schieben“ und ein kritisches Beargwöhnen.

---

[282] Stenger, Hermann: Verwirklichung des Lebens, S. 179

- Doch das Auseinanderleben beschränkt sich nicht nur auf die Beziehung der Menschen untereinander. Auch das ***Verhältnis zur Mitwelt*** wird in den Strudel der Angst und der Sünde mit hineingezogen. Wieder ist das Buch Genesis hier, wenn auch bildlich gemeint, sehr genau. So heißt es:

> „Zur Frau sprach Gott: Viel Mühsal bereite ich dir, sooft du schwanger wirst. Unter Schmerzen gebierst du Kinder. Du hast Verlangen nach deinem Mann; er aber wird über dich herrschen."
>
> [Gen 3,16]

Und kurz darauf:

> „Zu Adam sprach er: Weil du auf deine Frau gehört und von dem Baum gegessen hast, von dem zu essen ich dir verboten hatte: So ist verflucht der Ackerboden deinetwegen. Unter Mühsal wirst du von ihm essen alle Tage deines Lebens. Dornen und Disteln lässt er dir wachsen, und die Pflanzen des Feldes musst du essen. Im Schweiße deines Angesichts sollst du dein Brot essen, bis du zurückkehrst zum Ackerboden; von ihm bist du ja genommen. Denn Staub bist du, zum Staub musst du zurück."
>
> [Gen 3,17ff]

Hinter allem bildlichen Ausdruck soll damit gesagt werden: Die **Grundbegebenheiten des Menschen**, die Fähigkeit, neues Leben zu zeugen und zu empfangen und die Möglichkeit, durch Arbeit die Welt zu gestalten, um die Natur zur Kultur zu formen, **sind belastet**. Alles, was bisher als Segen gedacht war, alles, was bisher das Leben reich und sinnvoll machte, wird unter der Sünde zur Last und zur Belastung. **Das ursprünglich harmonische Verhältnis zur Mitwelt ist gebrochen**. Die Mitwelt trägt nun nicht mehr paradiesische, sondern eher feindliche und zerstörerische Züge. Vielleicht liegt es daran, dass aus der Mit-Welt, also aus der Welt *mit* der der Mensch zusammen in Harmonie lebt, immer mehr eine Um-Welt wurde, eine Welt, die sich *um* den Menschen dreht und drehen muss und die der Mensch von daher immer nach seinem Willen zu bestimmen meint. Damit geraten die Dinge in Gefahr, nur noch „Zeug" für den Menschen zu sein. Sie hören auf, einen Wert in sich zu besitzen, sondern werden von ihm nur noch nach dem Wert bemessen, den sie für seine Belange und für seine Interessen haben. Hierin liegt mit Sicherheit eine der Hauptgründe für die ökologische Krise. **Der Mensch hat als Auswirkung einer gestörten Selbstbeziehung verlernt, sich in das Ganze von Welt und Natur einzufügen.** Er hat angefangen, alles zu verrechnen und damit nutzbar zu machen. Und es ist doch klar, dass der Mensch, der sich selbst gegenüber gnadenlos ist, der immer versucht, gegen seine Grenzen aufzubegehren und so buchstäblich das „Letzte aus sich herauspressen will", genauso mit der ihn umgebenden Welt verfährt. Wer sich selbst verwüstet, kann gar nicht anders, als auch seine Mitwelt zu verwüsten. Wer sich selbst zerstört, wird zwangsläufig auch zerstörerisch in der Welt wirken. Im Verlust der Liebe zu sich selbst, mit den eigenen Möglichkeiten und in den persönlichen Grenzen, verliert der Mensch auch die Fähigkeit, sinnvoll die Möglichkeiten der Mitwelt so zu gebrauchen, dass er dabei seine Grenzen nicht verletzt. Vielmehr wird er seine Möglichkeiten jetzt nur noch dazu missbrauchen, alles, was ihn umgibt, grenzenlos auszubeuten. Eugen Drewermann hat daher vollkommen recht, wenn er schreibt: „Die Verkehrtheit in der Stellung des Menschen zur Natur ergibt sich zutiefst aus einer verkehrten Einstellung des Menschen zu sich selbst."[283]

- Letztlich, so bleibt noch zu sagen, berührt all das natürlich auch die ***Beziehung zu Gott***, ja hat darin sogar seine eigentliche Wurzel. Auch an diesem Punkt wird das Buch Genesis sehr deutlich. Aus dem ursprünglich vertrauten Umgang mit Gott werden ein Sich-Verstecken und ein Sich-Abwenden von Gott. So wird erzählt:

---

[283] Drewermann, Eugen: Der tödliche Fortschritt, S. 133

> „Als sie Gott, den Herrn, im Garten gegen den Tagwind einherschreiten hörten, versteckten sich Adam und seine Frau vor Gott, dem Herrn, unter den Bäumen des Gartens. Gott, der Herr, rief Adam zu und sprach: Wo bist du? Er antwortete: Ich habe dich im Garten kommen hören; da geriet ich in Furcht, weil ich nackt bin, und versteckte mich."
>
> [Gen 3,8ff]

Vor Gott gilt es, der Logik der Erzählung nach, nun, nach dem Sündenfall, Reißaus zu nehmen und sich zu verbergen. Aus dem liebenden Gegenüber des Menschen mit Gott, der ursprünglich als liebender und treusorgender Vater erlebt wurde, ist im Feld der Angst und in der verzerrten Sicht des Verzweifelten dieser Gott der feindliche und fremdselige Andere geworden. Die ursprüngliche Beziehung zu Gott wird dabei vollkommen verändert und auf den Kopf gestellt, denn tatsächlich muss ein solcher Gott gefürchtet werden und wird erlebt als der, der das Tor zum Paradies förmlich verwehrt und mit Keruben verstellt. Aus dem, der uns das Leben zuinnerst ermöglicht und der uns ins Paradies setzte, ist der geworden, der uns das Leben zutiefst neidet und alles daran setzt, uns aus dem Paradies zu vertreiben oder fernzuhalten. Eine **wahrhafte »Gottesvergiftung«** findet statt. Wenn der Mensch in einem gestörten Selbstverhältnis in Gefahr gerät, sein Leben auf den Kopf zu stellen und sich darüber selbst zu verlieren, betrifft dies auch Gott. Für das gestörte Selbstverhältnis des Menschen hat sich das Wort „Schuld" als hilfreich erwiesen. Der Mensch bleibt sich selbst etwas schuldig und gerät so gegenüber seiner Mitwelt immer tiefer in die Schuld. Die **Blickrichtung beim Wort „Schuld" ist der Mensch in der Beziehung zu sich selbst**. Wenn nun aber die Perspektive des Menschen vor **Gott in den Blick** gerät, dann ist das Wort dafür „**Sünde**". Wie schon gesagt, kommt „Sünde" von (ab-)sondern. Indem der Mensch sich selbst verliert, sondert er sich auch von Gott ab, der ihn geschaffen hat und ihn liebt. Wenn der Mensch in seinem Leben auf die schiefe Bahn gerät, dann ist davon auch Gott mitbetroffen. **Wenn der Mensch sich selbst zu verlieren droht, dann kann er letztlich nicht anders, als auch Gott zu verlieren. Im Blick auf Gott wird aus der**

Schuld Sünde. Dies bringt eine Vertiefung der Fragestellung mit sich und führt langsam ins Herzzentrum der Bezüge des Menschen. Deshalb gilt es noch einen Schritt weiterzugehen.

5.3 Die Frage nach der Verortung des Menschen

Im Zusammenhang der Beziehung des Menschen zu Gott, wie sie in der Geschichte vom Paradies und vom sogenannten Sündenfall auf mustergültige Weise bildhaft umschrieben wird, fällt die wesentliche Frage, die den Menschen zu allen Zeiten, aber wohl gerade in unserem 21. Jahrhundert hauptsächlich bewegt und umtreibt: **„Wo bist du, Mensch?" (Gen3,9)**[284] War für **Immanuel Kant** (1724-1804) noch die Frage „Was ist der Mensch?"[285] entscheidend, so ist es heute immer mehr die Frage „Wo bist du?". Es geht also nicht mehr so sehr darum, Fakten und Ergebnisse über den Menschen zu sammeln. Die hinter diesen Fragen stehende Auskunft nach dem „Was?" des Menschen ist mit bewundernswertem Aufwand und großartigen Ergebnissen von vielen Seiten angegangen worden und hat eine vielfältige Antwort gefunden: Psychologie, Soziologie, Pädagogik, Medizin u. v. m. haben das „Was?" des Menschen gut erklärt. Aber die Frage aus dem Buch Genesis, die Gott selber in den Mund gelegt wird, greift unendlich tiefer: Das „**Wo bist du**?" fragt nach dem **Standpunkt und nach der Verortung des Menschen**. Das „Wo bist du?" will mehr als bloße Informationen über den Menschen sammeln; es geht hier zutiefst um die Existenz des modernen Menschen, um seinen „Ort" in dieser Welt, um

---

[284] Die Gedanken dieses Abschnitts sind entscheidend von Eugen Biser und seiner „Neuen Theologie" inspiriert. Vgl. dazu zum Beispiel: Biser, Eugen: Der Mensch – das uneingelöste Versprechen, S. 36ff; ders.: Glaubensbekenntnis und Vaterunser – einen Neuauslegung, S. 182

[285] „Das Feld der Philosophie... lässt sich auf folgende Fragen bringen: 1. Was kann ich wissen? 2. Was soll ich tun? 3. Was darf ich hoffen? 4. Was ist der Mensch? Die erste Frage beantwortet die M e t a p h y s i k, die zweite die M o r a l, die dritte die R el i g i o n und die vierte die A n t h r o p o l o g i e. Im Grunde könnte man aber alles dieses zur Anthropologie rechnen, weil sich die ersten drei Fragen auf die letzte beziehen." Immanuel Kant: Logik – ein Handbuch, Einleitung, S. 33. Vgl. dazu auch: Anzenbacher, Arno: Einführung in die Philosophie, S. 37

seine **Identität**. Wie kaum ein Zweiter hat diese entscheidende Frage nach der Beheimatung des Menschen der deutsche Philosoph **Friedrich Nietzsche**[286] (1844-1900) verspürt. In seinem Gedicht „Vereinsamt"[287] heißt es:

„Die Krähe schrein
Und ziehen schwirren Flugs zur Stadt:
Bald wird es schnein –
Wohl dem, der jetzt noch - Heimat hat!

Nun stehst du starr,
Schaust rückwärts ach! Wie lange schon?
Was bist du Narr
Vor Winters in die Welt entflohn?

Die Welt – ein Tor
Zu tausend Wüsten stumm und kalt!
Wer das verlor,
Was du verlorst, macht nirgends halt.

Nun stehst du bleich,
Zur Winter-Wanderschaft verflucht,
Dem Rauche gleich,
Der stets nach kältern Himmeln sucht.

Flieg, Vogel, schnarr
Dein Lied im Wüsten-Vogel-Ton! –
Versteck du Narr,

---

[286] Eugen Biser nennt Nietzsche zu Recht, mit dessen eigenen Worten, in einer eigentümlich paradoxen Doppelung: „Besieger Gottes und des Nichts". Diese Bezeichnung entstammt dem Werk „Zur Genealogie der Moral" von Nietzsche (Ende der 2. Abhandlung, Nr. 24, S. 84). Biser schreibt in dem Vorwort zu dem gleichnamigen Buch: Diese Formel „enthält... den bündigsten Hinweis auf die Doppeldeutigkeit von Nietzsches Kritik des Christentums". (S. 9)

[287] Nietzsche, Friedrich: Gedichte, S. 24

Dein blutend Herz in Eis und Hohn!

Die Krähen schrein
Und ziehen schwirren Flugs zur Stadt:
- bald wird es schnein,
Weh dem, der keine Heimat hat!"

Hier heißt es **warnend in der letzten Strophe: „Weh dem, der keine Heimat hat**!". Damit ist ein wahrhaft **schreckendes und schreckliches Wort** gesagt, denn die **Heimatlosigkeit** und die damit zutiefst verbundene **innere Unbehaustheit** ist ein, wenn nicht das Grundthema unserer Zeit. Tatsächlich gilt hier die Frage: „Wo bist du?". Dabei hat das „Zu Hause sein" etwas mit Heimat zu tun. Wer sich „Zu-Hause-fühlt", fühlt sich heimisch oder heim-e-lich. Das Gegenteil davon ist un-heim-lich. Vielleicht hat die Bibel hier eine ganz tiefe Sicht der Zusammenhänge. Die **Unheimlichkeit** der Welt, meiner Beziehung zu den Mitmenschen, zu mir selbst und zu Gott entspringt zuinnerst und zutiefst der **Unbehaustheit** und der Suche nach einer Heimat, die der tiefste Kern dessen ist, was die Bibel „Sünde", also Abwendung von Gott, nennt. Gerade der Fall „Akkusativ" hat dies deutlich gemacht: Wer Gott verliert, weil er sich von ihm abwendet[288], der verliert darüber hinaus auch das ursprünglich ungebrochene Verhältnis zu allem anderen, dessen Leben wird im wahrsten Sinn des Wortes „un-heimlich" und ortlos. Dass dieses Problem ein Grund- und Kerndilemma des modernen Menschen ist, wird von verschiedensten Denkern der Neuzeit und unserer Tage immer wieder als Diagnose gestellt.

- **Blaise Pascal** (1623-1662) analysiert es, wenn er schreibt: Er habe „entdeckt, dass das ganze Unglück der Menschen aus einer einzigen

[288] Thomas von Aquin bezeichnet das Wesen der Sünde als „aversio a deo" (=Abkehr von Gott), zitiert in: Böckle, Franz: Fundamentalmoral, S. 132. Vgl. zum Sündenbegriff bei Thomas von Aquin die ausgezeichnete Darstellung bei Otto Hermann Pesch: Die Lehre von der Rechtfertigung bei Martin Luther und Thomas von Aquin, S. 468ff

Ursache kommt: nicht ruhig in einem Zimmer bleiben zu können."[289] Der Mensch ist bei sich selbst nicht zu Hause und hält es daher mit sich nicht mehr aus. Immer wieder braucht er die Zerstreuung und Ablenkung von sich selbst. Mit sich allein kommt er nicht mehr zu Recht. Auf sich allein gestellt, hält er es nicht mehr aus. Er hat förmlich seine „Ruhe" verloren. Das meint im biblischen Kontext, vielleicht erinnern Sie sich, dass er mit sich selbst nicht mehr im Reinen ist und seiner Identität verlustig ging.

- Der Philosoph **Theodor Wiesengrund Adorno** (1903-1969) fordert weitergehend daher zu Recht in seinen Aufzeichnungen Minima Moralia (Nr. 18) ein „Asyl für Obdachlose". Das „Nicht-mehr-bei-sich-zu-Hause-sein", das nach Adorno inzwischen zur Moral gehört[290], ist die Folge daraus, dass der Mensch entfremdet und entwurzelt ist, sich wahrhaft nicht mehr heimisch fühlt. Und genau das ist es, was das Bildwort von der „Vertreibung aus dem Paradies" meint und was die Bibel als „jenseits von Eden" Sünde nennt.
- Ein Zeitgenosse, der Priester und Dichter **Wilhelm Willms** (1930-2002), formuliert das Gemeinte so: „So schöne Häuser hatten wir nie, wie heute; so unbehaust, so heimatlos aber waren wir auch nie, wie heute."[291] Und wieder spielt er auf eine moderne Gebrochenheit des Menschen an. Äußerlich (= schöne Häuser) hat sich der Mensch gut und schön eingerichtet in seiner Welt. Tatsächlich ging es wohl kaum dem Menschen äußerlich gesehen besser, als in unseren Tagen. Innerlich aber (=so unbehaust, so heimatlos) sieht das Bild ganz anders aus. Die Kluft zwischen äußerem Wohlstand und innerer Verarmung klafft wohl auch so weit wie kaum zuvor.
- Etwas mehr humorisch, deswegen nicht minder ernst gemeint, drückte der berühmte Komiker **Karl Valentin** das Gemeinte mit dem Satz aus: „Heute Abend besuche ich mich, hoffentlich bin ich auch zu Hause!"

---

[289] Pascal, Blaise: Gedanken, Nr. 178, S. 73. Vgl. zu Pascal die immer noch sehr lesenswerte Schrift von Romano Guardini: Christliches Bewusstsein – Versuche über Pascal. Zur angegebenen Stelle: Ebd., S. 56f

[290] Adorno, Theodor W.: Minima Moralia, Nr. 18, S. 43

[291] Willms, Wilhelm: Quantitativer Irrtum; in: ders.: Der geerdete Himmel, 1.14

Es ist gerade dem **modernen Menschen** eigen, angesichts der Erforschung des Weltalls und der daraus gewonnenen Erkenntnis von den unbegreiflichen Weiten des Alls, eine **gewisse Heimatlosigkeit** und eine **tief empfundene Einsamkeit** zu verspüren. Der französische Biologe und Nobelpreisträger **Jacques Monod** (1910-1976) beschrieb diese Empfindung folgerichtig so: Wenn der Mensch die Botschaften und Erkenntnisse der Wissenschaften „in ihrer vollen Bedeutung aufnimmt, dann muss der Mensch endlich aus seinem tausendjährigen Traum erwachen und seine totale Verlassenheit, seine radikale Fremdheit erkennen. Er weiß nun, dass er seinen Platz wie ein Zigeuner am Rande des Universums hat, das für seine Musik taub ist und gleichgültig gegen seine Hoffnungen, Leiden oder Verbrechen."[292] Als Alptraum erlebte dies der „tote Christus vom Weltgebäude herab" beim Schriftsteller **Jean Paul** (1763-1825, mit bürgerlichem Namen hieß er: Johann Paul Friedrich Richter). Dort heißt es: „Ich lag einmal an einem Sommerabende vor der Sonne auf einem Berge und entschlief. Da träumte mir, ich erwachte auf dem Gottesacker. Die herabrollenden Räder der Turmuhr, die elf Uhr schlug, hatten mich erweckt. Ich suchte im ausgeleerten Nachthimmel die Sonne, weil ich glaubte, eine Sonnenfinsternis verhülle sie mit dem Mond. Alle Gräber waren aufgetan, und die eisernen Türen des Gebeinhauses gingen unter unsichtbaren Händen auf uns zu. An den Mauern flogen Schatten, die niemand warf, und andere Schatten gingen aufrecht in der bloßen Luft. In den offenen Särgen schlief nichts mehr als die Kinder. Am Himmel hing in großen Falten bloß ein grauer, schwüler Nebel, den ein Riesenschatte wie ein Netz immer näher, enger und heißer herein zog. Über mir hört´ ich den fernen Fall der Lawinen, unter mir den ersten Tritt eines unermesslichen Erdbebens. Die Kirche schwankte auf und nieder von zwei unaufhörlichen Misstönen, die in ihr miteinander kämpften und vergeblich zu einem Wohllaut zusammenfließen wollten. Zuweilen hüpfte an ihren Fenstern ein grauer Schimmer hinan, und unter dem Schimmer lief das Blei und Eisen zerschmolzen nieder. Das Netz des Nebels und die schwankende Erde rückten mich in den Tempel, vor dessen Tore in zwei Gift-Hecken zwei Basilis-

[292] Monod, Jacques: Zufall und Notwendigkeit, S. 151

ken funkelnd brüteten. Ich ging durch unbekannte Schatten, denen alte Jahrhunderte aufgedrückt waren. – Alle Schatten standen um den Altar, und allen zitterte und schlug statt des Herzens die Brust. Nur ein Toter, der erst in die Kirche begraben worden, lag noch auf seinen Kissen ohne eine zitternde Brust, und auf seinem lächelnden Angesicht stand ein glücklicher Traum. Aber da ein Lebendiger hinein trat, erwachte er und lächelte nicht mehr, er schlug mühsam ziehend das schwere Augenlid auf, aber innen lag kein Auge, und in der schlagenden Brust war statt des Herzens eine Wunde. Er hob die Hände empor und faltete sie zu einem Gebete; aber die Arme verlängerten sich und löseten sich ab, und die Hände fielen gewaltig hinweg. Oben am Kirchengewölbe stand das Zifferblatt der *Ewigkeit*, auf dem keine Zahl erschien und das sein eigner Zeiger war; nur ein schwarzer Finger zeigte darauf, und die Toten wollten die Zeit darauf sehen. Jetzo sank eine hohe edle Gestalt mit einem unvergänglichen Schmerz aus der Höhe auf den Altar hernieder, und alle Toten riefen: »Christus! Ist kein Gott?« Er antwortet: »Es ist keiner.« Der ganze Schatten jedes Toten erbebte, nicht bloß die Brust allein, und einer um den andern wurde durch das Zittern zertrennt. Christus fuhr fort: »Ich ging durch die Welten, ich stieg in die Sonnen und flog mit den Milchstraßen durch die Wüsten des Himmels; aber es ist kein Gott. Ich stieg in den Abgrund und rief: »Vater, wo bist du?«, aber ich hörte nur den ewigen Sturm, den niemand regiert, und der schimmernde Regenbogen aus Wesen stand ohne eine Sonne, die ihn schuf, über dem Abgrunde und tropfte hinunter. Und als ich aufblickte zur unermesslichen Welt nach dem göttlichen *Auge*, starrte sie mich mit einer leeren, bodenlosen *Augenhöhle* an; und die Ewigkeit lag auf dem Chaos und zernagte es und wiederkäuete sich. Schreiet fort, Misstöne, zerschreiet die Schatten; denn Er ist nicht! Die entfärbten Schatten zerflatterten, wie weißer Dunst, den der Frost gestaltet, im warmen Hauch zerrinnt; und alles wurde leer. Da kamen, schrecklich für das Herz, die gestorbenen Kinder, die im Gottesacker erwacht waren, in den Tempel und warfen sich vor die hohe Gestalt am Altare und sagten: »Jesus! Haben wir keinen Vater?« - Und er antwortete mit strömenden Tränen: »Wir sind alle Waisen, ich und ihr, wir sind ohne Vater.«"[293]

Was Jean Paul hier zeichnet ist die **Vorwegnahme der Tragik des modernen Menschen**. Denn **im gleichen Maß, wie sein Wissen und seine Erkenntnis über die Welt zunimmt, nimmt sein Vertrauen und sein Gefühl der Geborgenheit in dieser Welt ab.** Zutiefst fühlt er sich daher heimatlos. Denn die Welt in ihren unvorstellbaren Dimensionen im Raum und in der Zeit machen den Einzelnen zu einer flüchtigen Episode im Zeitenlauf, irgendwo, als „Zigeuner am Rand des Universums". Bei Jean Paul allerdings geht die Sache noch gut aus. Denn tatsächlich war das Grauen des Verlustes Gottes nur ein (Alp-)Traum. Der Träumende sieht zuletzt die bevorstehende Vernichtung von allem. Es heißt: „Und als ich niederfiel und ins leuchtende Weltgebäude blickte, sah ich die emporgehobenen Ringe der Riesenschlange der Ewigkeit, die sich um das Welten-All gelagert hatte – und die Ringe fielen nieder, und sie umfasste das All doppelt – dann wand sie sich tausendfach um die Natur – und quetschte die Welten aneinander – und drückte zermalmend den unendlichen Tempel zu einer Gottesacker-Kirche zusammen – und alles wurde eng, düster, bang – und ein unermesslich ausgedehnter Glockenhammer sollte die letzte Stunde der Zeit schlagen und das Weltgebäude zersplittern... als ich erwachte. Meine Seele weinte vor Freude, dass sie wieder Gott anbeten konnte – und die Freude und das Weinen und der Glaube an ihn waren das Gebet. Und als ich aufstand, glimmte die Sonne tief hinter den vollen purpurnen Kornähren und warf friedlich den Widerschein ihres Abendrotes dem kleinen Monde zu, der ohne eine Aurora im Morgen aufstieg; und zwischen dem Himmel und der Erde streckte eine frohe vergängliche Welt ihr kurzen Flügel aus und lebte, wie ich, vor dem unendlichen Vater; und von der ganzen Natur um mich flossen friedliche Töne aus, wie von fernen Abendglocken."[294]

Was bei **Jean Paul** sich noch als **gespenstigen Traum** entpuppt, aus dem der Mensch – wenn auch unter Schrecken – doch noch erwacht, ist **bei**

---

[293] Zitiert in: Fries, Heinrich: Abschied von Gott?, S. 16ff
[294] Ebd., S. 19f

Friedrich Nietzsche bittere Wirklichkeit geworden. Sein „toller Mensch" verkündet: „»Wohin ist Gott?« rief er, »ich will es euch sagen! Wir haben ihn getötet – ihr und ich! Wir alle sind seine Mörder! Aber wie haben wir dies gemacht? Wie vermochten wir das Meer auszutrinken? Wer gab uns den Schwamm, um den ganzen Horizont wegzuwischen? Was taten wir, als wir diese Erde von ihrer Sonne losketteten? Wohin bewegt sie sich nun? Wohin bewegen wir uns? Fort von allen Sonnen? Stürzen wir nicht fortwährend? Und rückwärts, seitwärts, vorwärts, nach allen Seiten? Gibt es noch ein Oben und ein Unten? Irren wir nicht wie durch ein unendliches Nichts? Haucht uns nicht der leere Raum an? Ist es nicht kälter geworden? Kommt nicht immerfort die Nacht und mehr Nacht? Müssen nicht Laternen am Vormittage angezündet werden? Hören wir noch nichts vom Lärm der Totengräber, welche Gott begraben? Riechen wir noch nichts von der göttlichen Verwesung? – auch Götter verwesen! Gott ist tot! Gott bleibt tot! Und wir haben ihn getötet!"[295] Doch der „tolle Mensch" befürchtet, mit seiner Botschaft „zu früh" zu kommen. Noch sind die Menschen nicht bereit, seine Botschaft an- und aufzunehmen. „Diese Tat ist ihnen immer noch ferner als die fernsten Gestirne – *und doch haben sie dieselbe getan*!"[296] Dieses **moderne Empfinden, letztlich allein und heimatlos** irgendwo in den Weiten des Alls zu sein, führt zur **Verzweiflung**. Es ist immer wieder das gleiche Grundproblem, das hier angemahnt wird:

- Der Mensch fühlt sich bei sich selbst und in seiner Welt letztlich nicht zu Hause.
- Er fühlt sich nicht wohl in seiner Haut.
- Bildlich, mit dem Buch Genesis gesprochen: er fühlt sich nackt, ausgesetzt und ausgeliefert.
- Der Mensch befindet sich wahrhaft „jenseits von Eden" und alles ist dadurch wie mit einem Grauschleier überzogen.
- Letztlich ist er von sich selbst und vor allem von Gott entfremdet, der ihm wie tot erscheint.

---

[295] Nietzsche, Friedrich: Die fröhliche Wissenschaft, Nr. 125, S. 120f
[296] Ebd., S. 121

Da ist ihm die **Frage Gottes** aus dem „Garten Eden": **„Mensch, wo bist du?", wie auf den Leib geschrieben**. Denn eine der wichtigsten Grundsehnsüchte und der „Lebensheiligtümer"[297] des Menschen ist es, »Wurzeln« zu haben, oder man könnte „statt »Wurzeln« »der Mensch muss irgendwo zu Hause sein«"[298] sagen. Mit der Frage der Beheimatung des Menschen ist nämlich engstens die alles entscheidende **Frage nach dem Sinn und nach der Berechtigung des menschlichen Lebens** und seiner Existenz verbunden. Hierbei kann uns der dänische Religionsphilosph Sören Kierkegaard entscheidende Verstehenshilfen geben.

5.4 Der Mensch in Angst und Verzweiflung

Die bisher gefundene Frage nach dem „Wo bist du?" reicht demnach noch weiter, als bisher angedeutet wurde. Denn gerade diese Frage lässt im Menschen die »**Angst**«[299] aufgehen, die Angst nämlich, letztlich halt- und sinnlos in der Welt zu sein. Die Angst, dass all das, was oder wer der Mensch ist, nicht genug sein könnte, dass sein Leben den Anforderungen nicht entspricht oder gegenüber allen anderen abfällt. Das ist es, was der große dänische Philosoph **Kierkegaard** mit der Bestimmung der „Angst" meint, dass nämlich in der „Angst" dem **Menschen** letztlich aufgeht, dass er in dieser Welt ein zutiefst **Fremder und Unbehauster** ist, unbegründet und letztlich heimatlos in einer unheimlichen Welt. Die Grunderfahrung hierbei ist, dass er sich die Berechtigung zum Dasein nicht selbst geben kann; es ist ihm nicht möglich, sich selbst zu begründen. Eine letzte Sicherheit entgleitet ihm, eine letzte Notwendigkeit, warum es ihn geben soll, kann er nicht finden. Ein letzter Sinn leuchtet ihm aus und über seinem Leben nicht auf. Damit findet er keinen Grund für sein Leben. Diese Angst, die im nachdenklichen und nach Innen gekehrten Menschen, in seinem

---

[297] Vgl. dazu: Zulehner, Paul Michael: Kleine Lebenswelten, S. 24

[298] Ebd.

[299] Die trefflichste Analyse des Themas „Daseinsangst" verdanken wir wohl dem dänischen Religionsphilosophen Sören Kierkegaard. Dieser bestimmt die Angst in seiner Schrift „Der Begriff Angst" als den „Schwindel der Freiheit" (S. 60) und als „die Wirklichkeit der Freiheit als Möglichkeit für die Möglichkeit" (S. 40).

„Geist“ aufgeht, entzieht ihm, darin besteht die grandiose Einsicht des Dänen, förmlich den Boden unter den Füßen und er droht im Letzten haltlos wie ins Nichts zu stürzen. Deshalb ist die Bestimmung der Angst bei Kierkegaard eben „der Schwindel der Freiheit, der aufsteigt, wenn der Geist die Synthesis setzen will.“[300] Aber langsam und Schritt für Schritt. In diesem inhaltsschweren Satz gilt es, jedes Wort einzeln und für sich zu betrachten. Da ist zuerst der Begriff »Synthesis«, mit dem das Wesen des Menschen beschrieben werden soll. Kierkegaard versteht darunter die eigentümliche Bestimmung des Menschen, dass er förmlich aus zwei, sich eigentlich widersprechenden Grundausrichtungen „zusammengesetzt“ ist. Diese zwei Seiten bestimmt er als „Synthesis des Seelischen und des Leiblichen.“[301] An anderer Stelle im Werk Kierkegaards, in der „Krankheit zum Tode“, wird das näherhin erläutert: „Der Mensch ist eine Synthesis von Unendlichkeit und Endlichkeit, von dem Zeitlichen und dem Ewigen, von Freiheit und Notwendigkeit“[302]. Kierkegaard meint damit, dass der Mensch aus **zwei großen Grundausrichtungen** heraus lebt:

- Die eine ist die, dass er ganz „**von dieser Welt ist**“. Das heißt nichts anderes, als dass er endlich ist, weil er sterben muss; dass er in Zwängen und Notwendigkeiten lebt, weil er Körper ist und dass er dem Zeitlichen und damit dem Vergehenden angehört. Wir könnten dies mit der traditionellen Sprache die „Leiblichkeit“ des Menschen nennen. Daran sind für den Dänen die Bestimmungen der Endlichkeit, der Zeitlichkeit und der Notwendigkeit geknüpft. Der Mensch hat nur eine befristete Zeit, er ist endlich und an Vorgaben gebunden. Doch, und dies ist entscheidend: Darin allein geht der Mensch nicht auf.
- Es gibt im Menschen eben auch das **Streben nach Unendlichkeit**. Wir nehmen unsere Vergänglichkeit und Sterblichkeit nicht einfach nur hin. Es gibt die Erfahrung von Möglichkeiten und damit verbunden einer wirklichen Freiheit. Und wir sind ausgerichtet nach dem Ewigen.

[300] Kierkegaard, Sören: Der Begriff Angst, S. 60f
[301] Ebd., S. 41
[302] Kierkegaard, Sören: Die Krankheit zum Tode, S. 8

> Bei diesen drei Bestimmungen spricht Kierkegaard auch vom „Seelischen“ des Menschen. Hier übersteigt der Mensch sich selbst und auch seine Welt, die ihn umgibt.

Der Mensch ist eben beides in eins und diese Verbindung nennt Kierkegaard „Synthesis“. Mit dieser Sicht steht er aber nicht allein da. Schon die Erzählung von der Erschaffung des Menschen drückt diese **eigentümliche Doppelnatur des Menschen** in bildhafter Sprache aus. Dort heißt es:

„Da formte Gott, der Herr, den Menschen aus Erde vom Ackerboden...“
[Gen 2,7a]

Um diesen Text in seiner bildhaften Sprache richtig zu verstehen, muss wieder ein Blick in die Ursprache getan werden. Denn in Hebräisch ist hier ein Sprachspiel verwendet. Es heißt nämlich:

וַיִּיצֶר יְהוָה אֱלֹהִים אֶת־הָאָדָם עָפָר מִן־הָאֲדָמָה
[Gen 2,7a]

Hier wird ausgesagt, dass der **Mensch (hebr. „*Adam*“)** aus dem **fruchtbaren Boden (hebr. „*Adam*ah“)** geformt und erschaffen ist. Das Wort für den Menschen „**Adam**“ ist also abgeleitet und in enge Beziehung zum Wort für Ackerboden „**Adamah**“ gestellt. Jenseits des bildhaften Ausdrucks, der wörtlich genommen natürlich nicht richtig ist, wird hier ein wesentlicher Gedanke ausgesprochen: **Der Mensch ist ein „Kind der Erde“**, er gehört zu ihr und ist förmlich „aus ihr gemacht“. Dies ist wohl die eigentliche Bedeutung dessen, was wir Evolution nennen: Der Mensch hat sich aus den Kräften der Erde heraus „entwickelt“. Wir sind Kinder dieser Welt. Der Mensch gehört ganz der Erde an und ist daher auch ganz an die Begrenztheiten der Welt gebunden. Deshalb ist es vollkommen gut und richtig, den Menschen als „Erdling“ zu sehen. Die Sichtweise der Evolution, der Biologie und Neurologie hat hier ihr Recht und trifft einen wichtigen Teil am Menschen. Viele Einsichten, die gerade in diesen Wissenschaften vor allem in letzter Zeit gefunden und oft mühselig genug erarbeitet wurden, haben viel dazu beigetragen, die alte Frage „Was ist der Mensch?" immer weitreichender und tiefsinniger zu beantworten. Darauf können und dürfen wir auch in Zukunft nicht verzichten. Kierkegaard nennt diese Seite des Menschen, wie oben beschrieben, das „Leibliche".

Doch damit haben wir nach dem biblischen Zusammenhang erst die halbe Wahrheit erreicht. Denn die „Erschaffung des Menschen" ist diesem Text nach mit der „Adamah" noch nicht vollendet. Tatsächlich fehlt dem „Erd-Gebilde" sogar noch das Eigentliche und Wesentliche. Deshalb kann und darf alle naturwissenschaftliche Erklärung vom Menschen nicht beanspruchen, schon alles über ihn gesagt zu haben. Es genügt eben nicht, dass wir auf die Frage „Was ist der Mensch?", etwas erfahren oder erforschen. Fast noch wichtiger als dieses Unterfangen ist die schon beschriebene Antwort auf die Frage nach dem „Wo bist du?". **Der Mensch ist aus biblischer Sicht eben und entscheidend mehr als nur Biologie.** Es genügt sozusagen nicht, nur nach seiner Erdgebundenheit zurückzufragen und es wäre ein großer Fehler, den Menschen allein darauf zu reduzieren. Denn damit bleibt das Wichtigste aus dem Blick. Hören wir daher noch einmal auf den Text, der folgerichtig deshalb fortfährt:

> „...und [Gott] blies in seine Nase den Lebensatem. So wurde der Mensch zu einem lebendigen Wesen."
>
> [Gen 2,7b]

Was hier, wieder in bildhafter Sprache, zum Ausdruck kommt, ist im biblischen Verständnis das Zentrale und Entscheidende. Der Mensch, der zwar ganz von der Erde genommen ist und damit als Adam von der Adamah stammt, wird erst durch den **Lebensatem Gottes (n^ešama = נְשָׁמַת) lebendig**. Damit zeigt sich das **Leben des Menschen** aus biblischer Sicht „in unlösbarer Verbindung mit Jahwe. Alles am Menschen ist irdisch-stofflich, wenn auch gestaltet von Jahwe selbst; aber als lebendiges Wesen verdankt sich der Mensch dem Einblasen des Atems durch Jahwe."[303] Diese tiefsinnige Weisheit besagt nicht weniger als dass der Mensch eben „nicht nur von dieser Welt"[304] ist. **Wesentlich ist er über seiner Herkunft aus der Welt auch und gerade von Gott her kommend.** Dies ist der Anteil, wie oben beschrieben, den Kierkegaard als „Seelischen" bezeichnet. Nun ist der Mensch also beides:

- Ganz von dieser Welt... - er ist von der „Erde genommen"!
- Er ist aber nicht nur von dieser Welt... - er trägt in sich den „Lebensatem Gottes"!

Beides muss der Mensch in sich in eins setzen. Mit beiden Grundausrichtungen gilt es zu Recht zu kommen. **Beide Dimensionen seines Menschseins muss er leben.** Nur so wird er sich selbst treu bleiben und seiner eigentlichen Bestimmung gerecht. Doch damit noch nicht genug. Jetzt kann uns Kierkegaards Sicht vom Menschen die Zusammenhänge erschließen: Wenn der Mensch diese seine **„Doppelnatur"** einsieht und sich dementsprechend beginnt, zu verhalten, gerät er **in die »Angst«. Diese stellt ihn fundamental in Frage**. Dabei ist diese Angst noch nichts Schlechtes. Sie ist, auf dieser Ebene, noch vollkommen neutral und unbestimmt. Ja, sie ist sogar insofern eine Auszeichnung des Menschen, als **er in der Angst und durch sie eigentlich erst „erwacht" und zu sich kommt**. Nun aber besteht die **große Gefahr**, dass der Mensch sich in der Angst und aus Angst **einseitig verhält** und einen Teil seiner Doppelnatur überbetont, während er den je anderen vergisst. Damit **zerreißt er die Synthesis, die er selber ist, und verliert sich dabei**. Das heißt: entweder leugnet er seine „Erdhaftigkeit" oder aber er verlernt, dass er dem „Himmel zugehört". Entscheidend ist nun: Scheitert der Mensch in der Angst, setzt

---

[303] Wolff, Hans Walter: Anthropologie des Alten Testaments, S. 97

[304] Diesen Titel gab Hoimar von Ditfurth seinem Buch über die Darstellung der Evolution. Ders.: Wir sind nicht nur von dieser Welt

er einen der Pole seiner Doppelnatur einseitig fest, so **verzweifelt**[305] er. Er verliert sich, weil er sich selber in seiner Spannung auflöst und weil er nur eine Seite dessen lebt, was in ihm angelegt ist und die andere, nicht gelebte Seite des Menschen, die doch wesentlich zu ihm gehört, damit auf der Strecke bleibt. **Deshalb ist der Mensch in der Verzweiflung zutiefst „in sich gestört"**. Das gestörte Verhältnis des Menschen zu sich selbst aber, das sich, wie oben ausführlich beschrieben, auswirken muss in einem gestörten Verhältnis zum Mitmenschen und zur Mitwelt, nennt die christliche Theologie „Schuld". Wenn das Versagen des Menschen dann noch *vor Gott* gesehen wird, dann wird aus der Schuld „Sünde". Hier gilt die klassische theologische Formel: „Sünde ist Schuld *vor Gott*."[306] Vor allem betrifft diese Störung die Beziehungsfähigkeit des Menschen, wie wir oben bereits sahen und sagten. Der Alttestamentler Norbert Lohfink (*1928) hat dafür ein großes und sehr treffendes Wort gefunden: „Die Welt des Sünders ist durch Verneinung ummauert."[307] Diese Verneinung des Menschen gegen über allem, was ihn umgibt, ist zutiefst die Verneinung gegenüber Gott und letztlich auch sich selbst gegenüber. Martin Luther (1483-1546) prägte dafür den Begriff des „**homo incurvatus in se ipsum**", des in sich selbst verkrümmten Menschen[308]. Von Augustinus herkommend, sieht er **das tiefste Wesen des sündigen Menschen in seinem Sich-Verschließen in sich und damit in seiner Abgrenzung vor Gott**. Darin besteht die tiefste und entscheidendste Dimension dessen, was wir mit dem Wort „Sünde" umschreiben. **Sünde** ist in diesem Sinn gar nicht so sehr eine einzelne Tat als vielmehr eine **grundlegende Lebensweise**, oder genauer eine **Weise der Lebensverfehlung**. Nicht dass der Mensch in einzelnen Vergehen sündigt, ist das Problem, sondern dass er **sich in sich selbst hinein verliert** und so gerade kein Selbst mehr ist, macht den innersten

---

[305] Verzweiflung ist für Kierkegaard das Wort für „Sünde". Vgl. ders.: Die Krankheit zum Tode, S. 75: „Verzweiflung ist die Sünde... Sünde ist die Potenzierung der Verzweiflung".

[306] Böckle, Franz: Fundamentalmoral, S. 126

[307] Lohfink, Norbert: Das Böse im Herzen und Gottes Gerechtigkeit in der weiten Welt, S. 333

[308] Vgl. dazu die ausgezeichnete Darstellung von Otto Hermann Pesch: Die Theologie der Rechtfertigung bei Martin Luther und Thomas von Aquin, S. 86

Kern der Sünde aus. Es geht also weniger um Sünden in der Mehrzahl, als um das Problem einer **grundsätzlichen Verkehrung des Menschen**, die als **Sünde schlechthin** zu bezeichnen oder zu verstehen ist und damit um **Sünde in der Einzahl**. Darin verliert sich der Mensch, verkrümmt er sich in sich selbst und verliert so auch Gott. Erst wenn dieser Ernst gesehen und in seiner letzten Tiefe ausgelotet wird, ist der eigentliche Kern von Sünde im Blick. Doch da erhebt sich sofort die Frage: Was bleibt dann für den Menschen noch? Worin besteht für ihn und seine buchstäblich verzweifelte Situation eine Lösung oder gar eine Erlösung. Eines ist klar geworden: Es muss etwas sein, das über ihn hinaus geht und doch ihn ganz meint und umfängt. Die Bibel weiß dies in der Vergebung durch Gott.

5.5 Die gesellschaftliche Dimension der Sünde

Bevor jedoch der Schritt zur Vergebung und Versöhnung gesetzt werden kann, bleibt noch ein Weiteres zu bedenken. Denn bei allem bisher Gesagten blickten wir nur auf die Sünde im persönlichen Missverhältnis des Menschen zu sich und sein Versagen im Selbstbezug. Dabei sind uns viele wichtige und unerlässliche Zusammenhänge bewusst geworden. Doch diese Sicht ist allein betrachtet noch zu einseitig. Es gibt in der Welt eben nicht nur das Versagen von Einzelnen. Es gibt nicht nur das Problem, dass Menschen in sich selbst verkrümmt sind. Die **Sünde hat auch eine gesellschaftliche Dimension**. Diese immer neu zu benennen, sie zu entlarven und anzuklagen, ist das **Verdienst der Theologie der Befreiung**, von der schon im „Dativ“, unter dem Punkt 3.4, schon die Rede war. Doch was ist mit dem gesellschaftlichen Anteil an Schuld gemeint? Hören wir wieder zuerst auf einen ihrer Gründerväter, den peruanischen Theologen Gustavo Gutiérrez: „Sünde ist... eine soziale und geschichtliche Tatsache. Sie besagt entzweite Geschwisterlichkeit, enttäuschte Liebe, zerbrochene Freundschaft mit Gott und den Menschen und – damit auch – innere Spaltung der menschlichen Person. Wenn man die Dinge so betrachtet, dann gehen einem die gesellschaftsbezogenen Dimensionen der Sünde wieder auf...Dann ist Sünde nicht mehr ein bloßer Anhang, der nicht fehlen darf, damit man sich nicht von der theologischen Tradition entfernt oder keine allzu eindeutigen Angriffsflächen bietet. Ebenso wenig handelt es sich um eine Flucht in einen saft- und kraftlosen Spiritualismus. Sünde wird greifbar in unterdrückerischen Strukturen, in der Ausbeutung des Menschen durch den Menschen, in der Beherrschung und Versklavung von Völkern, Rasse und sozialen Klassen. Sünde erscheint so vielmehr als fundamentale Entfremdung und Wurzel einer Situation, die durch Ungerechtigkeit und Ausbeutung gekennzeichnet ist."[309] Zu Recht sprechen er und die meisten Befreiungstheologen von **„struktureller Sünde"**. Der **Kontext** dieser Sichtweise und Aussage ist **die Welt Lateinamerikas**, in der die meisten Menschen in zum Teil äußerster Armut leben. Doch, so die führenden Denker dieser Richtung, diese an sich unerträgliche Situation ist kein „Schicksal" und auch keine „Naturgewalt". Dieser Zustand muss nicht sein und harrt dringend darauf, verändert zu werden. Nun kommt es in der Befreiungstheologie zu einer wesentlichen Einsicht. Gutiérrez schreibt dazu: „Seit einigen Jahren setzt sich in Lateinamerika ein anderer Gesichtspunkt durch. Man sieht immer klarer, dass die Situation der Unterentwicklung das Ergebnis eines Prozesses ist und deshalb in einer geschichtlichen Perspektive, d. h. im Verhältnis zu Entwicklung und Expansion der großen kapitalistischen Länder studiert werden muss. Die Unterentwicklung der armen Völker als globaler sozialer Tatbestand zeigt dann erst sein wahres Gesicht. Er ist ein geschichtliches Subprodukt der Entwicklung anderer Länder."[310] In der Befreiungstheologie wächst also mehr und mehr das Bewusstsein, dass die **große Armut** der übergroßen Mehrheit der Menschen auf dieser Erde die **Kehrseite des Reichtums** und der Entwicklung von Wenigen ist, oder nochmals anders gesagt: Der Reichtum von einigen Menschen ist erkauft mit der Armut der großen Masse. Das gilt in erster Linie innerhalb der Länder Lateinamerikas, in denen eine reiche und mächtige Minderheit das Sagen hat und die große Mehrheit der Menschen unterentwickelt ist. Das gilt aber auch im Weltmaßstab. Denn deutlich **zerfällt die Welt in zwei Teile**: einen **hoch entwickelten und reichen Norden**

---

[309] Gutiérrez, Gustavo: Theologie der Befreiung, S. 239f
[310] Ebd., S. 145

und einen absolut unterentwickelten armen Süden. Dies kann so **von Gott nicht gewollt** sein. **Vielmehr ist diese ungerechte Verteilung der Ressourcen und der mit ihnen verbundenen Lebenschancen in sich Unrecht und Sünde**. Aber eben nicht nur als Versagen von Einzelnen, das man benennen und vielleicht sogar zur Verantwortung ziehen könne. Vielmehr geht es hierbei um ein den Einzelnen und seine Absichten übersteigendes Problem. Die **Strukturen in Politik, Wirtschaft und Gesellschaft** sind es, die das **Unrecht hervorbringen** und die die Ungleichheit produzieren. Aufgrund dieser strukturellen Verschiebung entsteht eine **Abhängigkeit der armen Entwicklungsländer von den reichen Industriestaaten**. Abhängig sein heißt auf lateinisch »dependeo«. Deshalb analysieren führende Befreiungstheologen wie der Brasilianer Leonardo Boff (*1938) die Weltsituation mit der **„Dependenztheorie"**. Auch bei ihm spielt seine Verwurzelung im südamerikanischen Kontinent eine wesentliche Rolle in seiner Betrachtung der Zusammenhänge. So sieht er als spezifisches Merkmal von Lateinamerika den „Zusammenhang von Abhängigkeit, Beherrschung und Randdasein gegenüber den großen Zentren... Wenn man sich diesen Faktor von Abhängigkeit und Beherrschtwerden – von dem die hauptsächlichen Komponenten der Unterentwicklung dann im Einzelnen abhängen – nicht vor Augen hält, läuft man Gefahr, Opfer eines falschen Bewusstseins zu werden"[311]. In diesem Verständnis ist die **Armut „gemacht", ja sogar „gewollt"**. Die **Verantwortung dafür trägt der reiche Teil der Welt**, der seinen Reichtum auf Kosten der Armut der überwiegenden Mehrheit der Menschen dieser Erde „erkauft". Deshalb ist die Armut „das Produkt von Prozessen wirtschaftlicher und politischer Ausbeutung. Die Armut der großen Mehrheit der Menschheit markiert eine Situation sozialer und struktureller Sünde."[312] Es ist von daher klar, dass der Schwerpunkt im lateinamerikanischen Kontinent der Zustand der „Unterdrückung und damit der kulturellen, politischen, wirtschaftlichen und auch religiösen Abhängigkeit ist. Wir werden durch Unterdrückung und Hem-

[311] Boff, Leonardo: Erfahrung von Gnade, S. 101
[312] Ders.: Und die Kirche ist Volk geworden, S. 41

mung in einem entwürdigenden Zustand der Minderjährigkeit gehalten."[313] Dies kann und darf nicht so sein und erst recht nicht so bleiben. **Gegen diese „strukturelle Sünde" erhebt sich in der Befreiungstheologie Widerstand**, denn dies hat Gott so nicht gewollt. Diese **strukturelle Sünde muss von der Kirche benannt, angeklagt und bekämpft** werden. Deshalb hat die **Kirche ihren Platz auf der Seite der Armen und Entrechteten**.

- Nur so ist Kirche auf der Spur des Gottes, der als „Jahwe" unbedingt für die Menschen da ist, besonders für die Armen und Armgemachten.
- Nur so ist sie Kirche des Gottes, der sich immer schon auf die Seite derer gestellt hat, die von anderen an den Rand gedrängt und ausgebeutet wurden.
- Nur so wird sie wahrhaft Kirche Jesu, weil auch er ganz klar für die „Erniedrigten und Beleidigten" Partei ergriffen hat.

Leonardo Boff sieht für seine **lateinamerikanische Kirche** in der II. Generalversammlung des Lateinamerikanischen Episkopats in **Medellin im Jahr 1968** den entscheidenden **Durchbruch** in Richtung Befreiung, den er als „**Kehrtwende**" der Kirche versteht. „In Medellin sprach sich endlich auch die offizielle Kirche massiv zugunsten des Projekts der ganzheitlichen Befreiung für unseren Erdteil aus. Die Identifizierung der neuen Kirche mit Armen und ungerecht Zukurzgekommenen verlieh dem Befreiungsprozess einen bis dahin ungeahnten Impuls und Öffentlichkeitscharakter. Der Kirche wurde bewusst, dass ihre Aufgabe vom Evangelium her untrennbar mit dem menschlichen und politischen Los der an den Rand gedrängten Klassen verbunden ist... Das Heil, das sie verkündet, nimmt auch in diesen ganz konkreten innergeschichtlichen Dimensionen Gestalt an. Nur von hier aus hat es einen Sinn, eine vollere Befreiung im Reich Gottes zu verkünden."[314] Deshalb **muss die Kirche sich einmischen**, sie darf nicht wegsehen und das vielfältige Unrecht gegenüber Menschen in der Welt igno-

---

[313] Ders.: Rettung in Jesus Christus, S. 413
[314] Ders.: Erfahrung von Gnade, S. 116

rieren oder verharmlosen wollen. In diesem Sinn ist die **Kirche politisch und muss sich engagieren**, um den Menschen schon hier und heute etwas vom Reich Gottes erfahrbar werden zu lassen. Ganz in der Spur ihres Gründers nimmt die Kirche hierbei die **Rolle eines Anklägers von Ungerechtigkeit und Unrecht** ein. Indem sie die Parteinahme Gottes zugunsten der Armen in dieser Welt einklagt und vorlebt, wird sie zum „accusator", zum **Ankläger für mehr Gerechtigkeit und Chancengleichheit für alle Menschen**. Der Akkusativ bekommt in dieser Sicht noch einmal eine neue Färbung. Die Menschen, die sich von Gott anrühren lassen, müssen sich von ihm auch **anstecken lassen von seiner Vorliebe für die Armen und Unterdrückten**, für die, die sich nicht selber wehren oder nicht aus eigenem Antrieb heraus für ihr Recht sorgen können. Immer dort, wo „himmelschreiendes Unrecht", wo Menschen wegen „himmelschreiender Sünde" nicht zum Leben kommen oder am Leben gehindert werden, da wird auch Gott verletzt und beleidigt. Deshalb klagte Jesus im Namen Gottes zu seiner Zeit dieses Unrecht an und er will, dass Menschen, die sich von ihm betreffen lassen und sich auf ihn einlassen, sich ebenso wie er bedingungslos dafür einsetzen, dieses Ausbeutung und diese Sünden zu beseitigen. Im Kontext von Lateinamerika, aber auch im globalen Verständnis genügt es aber nicht, wenn nur der Einzelne sich bekehrt, so wichtig das natürlich auch immer ist. Hier muss tiefer angesetzt werden, denn die **Lage im Ganzen muss sich verändern**. Deshalb braucht es einen **strukturellen Wandel in fast allen Bereichen: Wirtschaft, Politik, Wissenschaft und Religion**. Diesen Weg beschreitet die Befreiungstheologie und sie muss allen Christen darin ein Vorbild sein. Nichts desto trotz bleibt wahr: Inmitten aller menschlichen Sündigkeit steht die Zusage, dass Gott uns in unserer Unzulänglichkeit und Fehlerhaftigkeit vergibt. Alles persönliche, aber auch das gesellschaftliche Versagen von Menschen bleibt umfangen von der je größeren Bereitschaft Gottes, uns zu vergeben. Daher müssen wir uns nun dem nächsten Punkt zuwenden.

5.6 Die Vergebung durch Gott

Für den Umgang mit Schuld gibt es, so war bisher deutlich zu sehen, verschiedene Formen. Entscheidend ist, dass **Schuld und Sünde letztlich der Vergebung bedürfen**. Und genau hier ist die Stelle, an der der **Akkusativ für die Grammatik Gottes** eigentlich greift. Der Mensch, im „Akkusativ" gesehen, wird schuldig und **Gott ist bereit, ihm zu vergeben**. Es geht in dieser Sicht also um den Gott, von dem der Psalm 130 (»De profundis« – »Aus der Tiefe«, so genannt nach den ersten Worten dieses Gebetes) bekennt:

> „Bei dir ist Vergebung, damit man in Ehrfurcht dir dient."
>
> [Ps 130,4).

Um den Inhalt dieses Wortes voll zu verstehen, müssen wir wieder in der Originalsprache, dem Hebräischen, nachschlagen. Dort gibt es für das **Vergeben durch Gott**, wie schon für das schöpferische Tun Gottes, wiederum **ein eigenes Wort: »salah«**[315]. Dies wird **nur für die Vergebung durch Gott gebraucht**[316] und beschreibt, als **Kehrseite seiner Barmherzigkeit**, seinen Umgang mit eingestandener und bereuter Schuld. Dabei ist entscheidend, dass „Vergebung" hier immer **sehr weit verstanden** wird. Vergebung umgreift und ergreift immer den **ganzen Menschen**. Wie J. J. Stamm festhält und betont, „kennt das AT Vergebung nicht im modernen Sinn als geistiges Geschehen; es kennt sie vielmehr nur als einen konkreten, umfassenden, auch im Äußeren des Einzelnen oder der Gemeinschaft sich auswirkenden Vorgang."[317] Deshalb führt **Vergebung primär zur Änderung des gesamten Lebens**, oder sie ist nicht wirkliche Vergebung. Als Alternative stellt deshalb das Alte Testament „Leben" und „Tod" gegenüber. Wer sich auf die Seite Gottes stellt, sich von seinem Ruf treffen lässt

---

[315] Stamm, J. J.: Art. *slh* vergeben, in: Theologisches Handwörterbuch zum Alten Testament, Bd. 2, Spalte 150ff

[316] Stamm stellt fest: „Es hat nur Jahwe zum Subjekt". (Spalte 151)

[317] Ebd., Sp. 152

und beginnt sein Leben zu verändern, der erwählt das „Leben“, das Gott ihm eröffnet und ihm schenkt. Wer aber sich von Gott abwendet, allein seine eigenen Interessen forciert und dabei die Mitmenschen und seine Mitwelt aus den Augen verliert, der wählt sich den „Tod“ und ist in Gefahr, sich selbst letztlich zu verlieren. Deshalb ist die **Vergebung durch Gott eine Änderung der gesamten Situation des Menschen von Grund auf**. Dieser Wandel hat dabei **zwei Seiten**: zum einen die **Beziehung des Menschen zu sich selbst**, die in der Vergebung geheilt und wiederhergestellt wird. Aber auch die **Beziehung zur Mitwelt**, die verantwortungsbewusst gelebt und gestaltet werden soll. Zum einen wird der Mensch also innerlich befreit und geheilt. Zum andern aber wirkt sich die erfahrene Vergebung in einem Leben für andere, im Einsatz für die Mitmenschen und in gelebter Solidarität mit der Mitwelt aus. Gerade diesen Gedanken greift die Theologie der Befreiung auf, wenn sie in erster Linie von den Christen, eigentlich aber von allen Menschen fordert, sich für eine gerechtere Welt einzusetzen und für bessere Lebensbedingungen für die Armen zu engagieren. Wir sahen bereits oben: **Der Mensch, der aus Angst letztlich verzweifelt, lebt wesentlich von der Vergebung**. Aber **auch die Gesellschaft**, die aufgrund ungleicher Verteilung der Ressourcen Menschen an den Rand drängt und am Leben betrügt, **braucht Versöhnung und Vergebung**. Erst wenn Fehler – persönlich und auch gesellschaftlich - nicht ignoriert oder verleugnet, aber auch nicht gnadenlos verurteilt werden, gibt es einen Lichtblick. Hauptakteur bei aller Vergebung ist und bleibt jedoch Gott selbst.

Im **11. Kapitel des Buches Hosea** ist einer der schönsten Texte des Alten Testamentes aufgeschrieben, den Heinrich Groß vollkommen zu Recht **„Das Hohelied der Liebe Gottes“**[318] genannt hat. Der Text handelt in den ersten Versen von der **erstaunlichen Liebe und Zärtlichkeit Gottes** zu seinem Volk:

[318] So lautet sein Artikel über Hosea 11 in der Festschrift „Mysterium der Gnade“, S. 83-91 für Johann Auer.

> „Als Israel jung war, gewann ich ihn lieb, ich rief meinen Sohn aus Ägypten... Ich war es, der Efraim gehen lehrte, ich nahm ihn auf meine Arme... Ich war da für sie wie die (Eltern), die den Säugling an ihre Wangen heben. Ich neigte mich ihm zu und gab ihm zu essen."
>
> (Hos 11,1.3.4b)

Gott liebt die Menschen, ganz so wie Eltern ihre neugeborenen Kinder lieben. Die Liebe Gottes ist voraussetzungslos, sie wird einfach so geschenkt, gratis, ohne Vorbedingungen. **Gott kommt mit seiner Liebe allem Tun des Menschen zuvor** und setzt den ersten Schritt. Aber die Reaktion des Volkes auf diese unbedingte Liebe Gottes zu ihm war ganz anders, als erwartet. Statt diese Liebe zu erwidern, **wandten sich die Menschen von ihm ab**. Die **Klage** und der dahinter **verborgene Liebesschmerz** brechen förmlich aus Gott heraus:

> „Je mehr ich sie rief, desto mehr liefen sie von mir weg. Sie opferten den Baalen und brachten den Götterbildern Rauchopfer dar... Mein Volk verharrt in der Treulosigkeit; sie rufen zu Baal, doch er hilft ihnen nicht auf."
>
> (Hos 11,2.7)

Wer spürt nicht hinter diesen „Worten" die ganze Enttäuschung und Verbitterung. Die bedingungslose Liebe Gottes, die er ohne jede Vorleistung den Menschen schenken wollte, wird nicht nur nicht wahrgenommen, sondern sogar noch schroff zurückgewiesen. **Die Liebe Gottes beantwortet das Volk mit Lieblosigkeit, seine Verlässlichkeit mit Treuebruch**. Dabei verrennen sie sich in etwas, was ihnen keine Hilfe bringt, sondern sie sogar noch bedroht. Wer wollte nicht angesichts dieses Verhaltens verzweifeln? In wem kämen nicht Zorn und Wut, ja sogar Rachegelüste hoch, angesichts dieser Gemeinheiten? Doch nun kommt **etwas Überraschendes**. Eigentlich könnte, ja müsste Gott nun von sich aus die Beziehung zu diesen Treulosen abbrechen und den Bund mit Israel beenden, um sich gegen sein Volk wenden. Aber es kommt überraschenderweise **ganz anders**. Die Verse 8 und 9 durchbrechen die normale Logik und nehmen einen **neuen Maßstab**, den Maßstab Gottes in den Blick. Es heißt dort, in einer **lyrischen und zärtlichen Sprache**, wie sie die Bibel kaum sonst noch verwendet:

> „Wie könnte ich dich preisgeben, Efraim, wie dich aufgeben, Israel? Wie könnte ich dich preisgeben wie Adma, dich behandeln wie Zebojim? Mein Herz wendet sich gegen mich, mein Mitleid lodert auf. Ich will meinen glühenden Zorn nicht vollstrecken und Efraim nicht noch einmal vernichten. Denn ich bin Gott, nicht ein Mensch, der Heilige in deiner Mitte. Darum komme ich nicht in der Hitze des Zorns."
>
> [Hos 11,8f]

Bei dieser **zentralen Aussage** hat Heinrich Groß auf einen wesentlichen Punkt hingewiesen. Er erinnert daran, dass in Hos 11,8 beschrieben wird, dass Gott angesichts der Treulosigkeit und der Verweigerung des Glaubens spricht: „Mein **Herz wendet sich gegen mich**, mein Mitleid lodert auf." Groß führt dazu aus: „Das Verbum *hpk*... besagt ein totales Umstürzen von unten bis oben: kein Stein bleibt... auf dem andern. Genau das gleiche Verbum ist... für den Umsturz der Liebe im göttlichen Herzen zugunsten seines Volkes gebraucht... Gott stürzt, bildlich... gesprochen, die Schichtungen seines Herzens um, um seinem Volk in einer rational nicht mehr verstehbaren Weise, über alles begreifbare Maß hinaus seine Liebe erneut zuwenden zu können." [319] Damit wird uns ein **überraschend feinsinniger Blick in die Tiefen Gottes** geschenkt, der in dieser Intensität seines Gleichen in der biblischen Botschaft nicht mehr hat. Denn der Gott der Bibel, so der zentrale Gedanke dieses Verses, „wird zuinnerst in Wesen und Persönlichkeit von der Liebe bestimmt."[320] Heinrich Groß stellt dazu treffend fest: „Eine umfassendere und gehaltvollere Aussage der Liebe Gottes durch die Propheten des AT gibt es nicht, sie ist auch nicht zu überbieten."[321] Ganz ähnlich urteilt Josef Schreiner, wenn er über diese

[319] Groß, Heinrich: Das Hohelied der Liebe Gottes, S. 89
[320] Ebd., S. 90
[321] Ebd.

Stelle sagt: „Es gibt in der Tat kaum eine andere alttestamentliche Äußerung, die mit ähnlicher Zeichnung von Herzlichkeit die elterliche Liebe auf das Verhältnis Gottes zu seinem Volk anwendet."[322] Doch auch hier gilt, wie aus christlicher Sicht generell von Texten des Alten Testaments, dass es **in seinen Aussagen immer über sich selbst hinausragt und auf die Zukunft verheißt**. Erst der **Mann aus Nazaret** wird diese Botschaft vom unbedingt liebenden Gott, die im Alten Testament immer wieder auch von anderen Gottesvorstellungen verdeckt wird, **zur Herzmitte seiner Gottesrede** machen. Was also im Alten Testament bereits anklingt und beim Propheten Hosea anfänglich ins Wort gehoben ist, wird von Jesus zum Ziel gebracht. Denn dies war wohl die entscheidendste und wichtigste Tat Jesu: **Er verkündet den bedingungslos liebenden Gott**. Deshalb kann das auf Jesus zurückgehende Christentum daraus weitreichende Folgerungen ziehen.

- Sehr schön sagt der **1. Johannesbrief**: „Denn wenn das Herz uns auch verurteilt – Gott ist größer als unser Herz, und er weiß alles." (3,20) Gott ist größer in seinem Erbarmen und Verzeihen als wir uns selbst gegenüber. Die Anklage und auch der Ankläger, lateinisch der accusativus, bestehen nicht vor Gottes Barmherzigkeit und Liebe.
- Und noch ein zweiter großer Text im Neuen Testament bringt das Auftreten des Mannes aus Nazaret mit der Vergebung der Sünden in Verbindung. Wieder einmal entspringt er der Feder des Apostels Paulus. Im **Römerbrief**, Kapitel 5 Vers 20 heißt es in wuchtiger Sprache: „Wo... die Sünde mächtig wurde, da ist die Gnade übergroß geworden." Auch hierbei wird betont, dass die Anklage der Sünde hinter der sie beendigenden Gnade vergeht und aufhört. Wieder wird also vom Ende des Akkusativs gesprochen.

Diese Botschaft vom bedingungslos liebenden Gott in ihrer ganzen Tiefe auszuloten würde heißen, das Christentum von seiner innersten

322 Schreiner, Josef: Gott liebt sein Volk - eine Botschaft des Alten Testaments, S. 26

Mitte her zu verstehen. Leider ist dies vielleicht noch nicht genügend und hinreichend genug vollzogen. **Allzu oft wirkt das Thema Sünde und Verfehlung zu zentral.** Es scheint eher so zu sein, dass im Christentum primär das gesehen wird, was nicht gelingt oder was nicht gut ist. Viele erleben die christliche Religion als eine Belastung, ganz nach dem zynischen Motto: „Alles, was Spaß macht, ist entweder Sünde oder es macht dick!". Tatsächlich ist in der Vergangenheit des Christentums **zuviel von Sünde die Rede** gewesen. Zumeist wurde gerade die christliche Religion als eine Verneinung und Blockierung des Lebens und der Entwicklung von Menschen gesehen und erlebt. Es ist wiederum das Verdienst von Karl Rahner, hier zur Klärung Wesentliches gesagt zu haben. In seiner schon erwähnten letzten Rede über „Erfahrungen eines katholischen Theologen" hat er in einer „zweiten Erfahrung", nach dem wichtigen Erschrecken über das Vergessen der Analogie aller theologischen Aussagen, über die **eigentliche Mitte des christlichen Glaubens** nachgedacht. Rahner sagt: „Die eigentliche und einzige Mitte des Christentums und seiner Botschaft ist... für mich die wirkliche Selbstmitteilung Gottes in seiner eigensten Wirklichkeit und Herrlichkeit an die Kreatur".[323] Entscheidend in unserem Zusammenhang aber ist die **Folgerung**, die Rahner aus dieser Bestimmung der Mitte des Christentums zieht. „Ich meine, dass es einem christlichen Theologen nicht verboten sei, das Thema der Sündigkeit des Menschen und der Vergebung der Schuld aus reiner Gnade gegenüber dem Thema der radikalen *Selbst*mitteilung Gottes in einem gewissen Sinn etwas sekundärer zu empfinden."[324] Tatsächlich ist der **Inhalt des Akkusativs nicht der Höhe- oder Zielpunkt der Grammatik**. Er muss **umfangen bleiben von den anderen Fällen und findet seine eigentliche Bedeutung erst im letzten Fall, dem Ablativ**. Doch hierbei gilt auch ein Gegengewicht zu beachten, denn das von Rahner Gesagte steht in Gefahr, heutzutage ins gerade Gegenteil umzuschlagen. Denn in der **Gesellschaft von heute** ist fast eine **Gegenbewegung** zum übertriebenen Sünden- und Schuldbewusstsein zu beobachten. Johann Baptist Metz (*1928), ein Schüler von Karl Rahner,

---

[323] Rahner, Karl: Erfahrungen eines katholischen Theologen, S. 109
[324] Ebd., S. 111

und das von ihm verfasste Synodenpapier „Unsere Hoffnung“ stellt fest: „Christentum widersteht mit seiner Rede von Sünde und Schuld jenem heimlichen Unschuldswahn, der sich in unserer Gesellschaft ausbreitet und mit dem wir Schuld und Versagen, wenn überhaupt, immer nur bei »den anderen« suchen, bei den Feinden und Gegnern, bei der Vergangenheit, bei der Natur, bei Veranlagung und Milieu. Die Geschichte unserer Freiheit scheint zwiespältig, sie wirkt wie halbiert. Ein unheimlicher Entschuldigungsmechanismus ist in ihr wirksam: die Erfolge, das Gelingen und die Siege unseres Tuns schlagen wir uns selbst zu; im übrigen aber kultivieren wir die Kunst der Verdrängung, der Verleugnung unserer Zuständigkeiten, und wir sind auf der Suche nach immer neuen Alibis angesichts der Nachtseite, der Katastrophenseite, angesichts der Unglücksseite der von uns selbst betriebenen und geschriebenen Geschichte.“[325] Mit dieser sehr trefflichen Analyse zeigt Metz das **Gegenteil eines übertriebenen Schuldbewusstseins**, wie es leider zum Erbe des Christentums gehört, auf. **Aus dem „alles ist Schuld“ wird hier vorschnell ein „nichts ist mehr Schuld“.** Statt einem Bewusstsein der eigenen Fehlbarkeit und Schwäche, macht sich in unserer oft gnadenlosen Gesellschaft, in der Fehler unbarmherzig bestraft werden, ein „unheimlicher Unschuldswahn“ breit, der jegliches Bewusstsein einer Schuld und des Scheiterns hinter einer Kaskade von Entschuldigungen verbirgt. Schuld gibt es, wenn überhaupt noch, nur bei anderen. Tatsächlich kehren sich hier die Dinge förmlich um. In unserer Gesellschaft ist der Begriff der Sünde dabei, zu einer Bestimmung der Kalorienmenge in einer Mahlzeit zu werden (so werden zum Beispiel mit der Floskel: „Eine kleine Sünde darf schon einmal sein!“ Pralinen verzehrt). Zwischen den Extremen einer skrupelhaften Schuldhaftigkeit und eines unheimlichen Unschuldswahns muss der Begriff der Sünde, wenn er denn ernst genommen werden soll, sich ausbalancieren. Sünde darf weder verharmlost noch übertrieben werden. Nur so bleibt der rechte Sündenbegriff bewahrt. Und nur so wird die Vergebung der Sünde verständlich, die sich im Fall des Akkusativ so dringend not-wendig, weil Not wendend erweist.

---

[325] Metz, Johann Baptist: Unsere Hoffnung, S. 93

6. Der rufende und berufende Gott – der Vokativ

6.1 Wortbedeutung

Das lateinische Wort voco[326] meint **rufen, berufen**, aber auch einladen. Mit diesem Fall der Grammatik, dem Vokativ, wird ein fünfter Grund- und Wesenszug des biblischen Gottes beschrieben: Er ist ein **rufender und berufender Gott**, der Menschen und alle Dinge in die **Gemeinschaft mit ihm** einlädt.

6.2 Das Rufen in der Schöpfung

Zuerst möchte ich wieder an die ersten Seiten der Bibel erinnern, auf denen erzählt wird, dass das „Rufen" Gottes alles ins Dasein führt. Die Einheitsübersetzung gibt im Schöpfungshymnus Gen 1,1 – 2,4a das Tun Gottes wieder mit: „Gott sprach... und es geschah!" Schon die **Schöpfung** durch Gott ist also in diesem Sinn **Be-ruf-ung: Berufung zum Sein und Leben**. Alles steht und fällt mit dem Spruch Gottes, der das, was er erschaffen hat, sehr „ansprechend" findet und mit seinem „Anspruch" eine Antwort eröffnet. Dabei ist Gottes schöpferisches Tun sozusagen das „Vor-Wort", das von den Geschöpfen die „Ant-Wort" durch ihr Sein und Werden erhält. Damit ist die **Welt zuinnerst auf Dialog angelegt**, auf das Wechselspiel von Gottes Anspruch und der Antwort durch die Geschöpfe. Diese dialogische Schöpfung wird erweitert und förmlich auf den Höhepunkt gebracht in der **besonderen Berufung des Menschen durch Gott**. Bei aller bildlichen Einkleidung der alten Schöpfungstexte schimmert daraus doch immer wieder hervor, dass der Mensch in besonderer Weise von Gott zum Leben und zur Gemeinschaft mit ihm berufen ist. Deshalb kann der Mensch auch in besonderer Weise Gott „Ant-Wort" geben. Ihm ist die Welt buchstäblich in die „Ver-*antwort*-ung" übergeben. Nur in seiner Verantwor-

[326] Heinichen: Lateinisch-Deutsch zu klassischen und ausgewählten mittelalterlichen Autoren, S. 495

tung für alles, was ist, kann der Mensch insofern letztlich die einzig adäquate Antwort auf sein Geschaffensein geben. Tatsächlich ist das grundlegende Wesen des Menschen das „Prinzip Verantwortung“[327]. Darin erfüllt er seine ihm eigene Berufung und entspricht so dem Bild, wie Gott ihn sich vorstellt. Mit dem Berufen ist also ein wichtiges Motiv angesprochen, das ganz eng mit dem biblischen Gott in Verbindung steht und hilft, diesem Gott auf die Spur zu kommen. Das griechische Wort für das (Be-)Rufen Gottes in den biblischen Schriften ist καλειν (=kalein). Mit diesem Wort hat es eine besondere Bewandtnis, denn dieser Begriff ist „im NT ein **terminus technicus** für den **Heilsvorgang**.“[328] Das „Rufen Gottes“ zielt vor allem auf das **Heil- und Ganzwerden des Menschen und der gesamten Schöpfung ab**. Gott ruft nicht aus Langeweile oder um die Dinge nach seiner Pfeife tanzen zu lassen. Er spricht sie an, weil er sie ansprechend findet und mit seinem Ruf zum Heil und zur Vollendung führen will. Deshalb hat das Rufen Gottes schon im Alten Testament eine besondere Bedeutung. Das hebräische Wort hierfür ist »qara« = קדא. „Mit Jahwe als Subjekt meint *qr´*... berufen..., wobei Jahwe als »(Be-)rufender« in intensive Beziehung zum Berufenen tritt.“[329] Mit diesen zwei Bedeutungen des Wortes „rufen“ in beiden biblischen Originalsprachen wird also wieder betont, dass **Gott die Menschen und die gesamte Schöpfung zum Heil und zur Vollendung ruft und beruft**. Dieser Ruf zum Heil ergeht, wie gesagt, grundlegend bereits in der Schöpfung, in der alles Tun wesentlich durch den Anruf Gottes erfolgt. Immer wieder heißt es im Schöpfungshymnus, der das schöpferische Tun Gottes besingt und preist: „**Gott sprach... und es geschah...**!“ Der **dialogische Charakter der Schöpfung** wird mit dieser bildhaften Einkleidung beschrieben. Tatsächlich besteht alles in dieser Welt letztlich aus dem Ruf Gottes heraus, auf das alles sein Antwort gibt. Dies gilt wohl in besonderer Weise vom Menschen. Ohne sich in

---

[327] So überschrieb Hans Jonas sein vielbeachtetes Buch „Prinzip Verantwortung“ als „Versuch einer Ethik für die technologische Zivilisation“ aus dem Jahr 1979.
[328] Schmidt, Karl Ludwig: Art. καλεω; in: Theologisches Wörterbuch zum Neuen Testament, Bd. III, S. 490. Hervorhebungen nicht original.
[329] Labuschagne, C. J.: Artikel *qr` - rufen*; in: Theologisches Handwörterbuch zum Alten Testament, Bd. 2, Spalte 670

naturwissenschaftliche Aussagen einmischen zu wollen, behauptet die Bibel, dass die Entstehung des Menschen nur erklärbar wird, wenn wir **dahinter den Ruf Gottes ins Sein** erkennen. Tatsächlich bleibt die Herkunft des Menschen im Letzten unbegründet, wenn wir nicht über uns und hinter uns den Ruf Gottes verspürten, der nichts anderes besagt als: „Ich will dass es dich gibt! Es ist gut, dass es dich gibt! Und ich möchte, dass es Dir gut geht“ Doch dieser Ruf ist nichts für unsere Ohren, vielmehr ist er ein Ruf, den wir im Herzen verspüren müssen. Die Art und Weise aber, diesen Ruf zum Sein in unser Bewusstsein zu bringen, ist die liebende Anrede durch liebende Menschen.

6.3 Das Rufen in den Bund

Darüber hinaus aber kennt die Bibel eine zweite Ebene des Rufes Gottes, denn Gott **beruft Menschen in besonderer Weise** in dem, was wir über die Schöpfung hinaus, als **Heilsgeschichte** bezeichnen. Tatsächlich will Gott mit dem Menschen nicht nur durch die Schöpfung zu tun haben. Er zielt auf eine **besondere Gemeinschaft** mit uns, die von der Schöpfung getragen und ermöglicht wird, den eigentlichen Sinn der Schöpfung aber zuallererst verwirklicht und erreicht.

Der Anfang dieser besonderen Berufung durch Gott wird in der Bibel mit **Abraham** gemacht. Und gerade die Erwählung des Urvaters, die für beide Testamente, dem Alten Testament, wie dem Neuen Testament, von entscheidender Bedeutung sind, markiert einen gewaltigen Einschnitt. Dabei geben uns bereits die Stellung der **Erzählungen um Abraham**, im Buch Genesis ab Kapitel 12 bis Kapitel 25, hier einen eindeutigen Wink. Unmittelbar dem Abrahamszyklus vorangegangen, in den Kapitel 2 bis 11, sind die Texte der sogenannten „**Jahwistischen Urgeschichte**“. Der große Tenor in dieser Urgeschichte ist die **ständige schrittweise Entfremdung und Entfernung des Menschen von Gott**. Von Seite zu Seite, von Kapitel zu Kapitel und von Text zu Text wird erzählt, wie der Mensch seiner ursprünglichen Berufung zur Gemeinschaft mit Gott untreu wird und sich in Schuld und Sünde immer weiter ins Unheil verrennt.

Der Höhepunkt dieses Abfalls wird mit dem gescheiterten Unternehmen des Turmbaus zu Babel erreicht, der im hybrischen Versuch, den Himmel zu erstürmen, beginnt, und im totalen Desaster endet. Denn nun haben sich die Menschen endgültig verloren. Sie zerstreuen sich, haben sich nichts mehr zu sagen und verstehen sich nicht mehr[330]. Weiter kann sich der Mensch nicht mehr von Gott, von der Mitwelt, vom Mitmenschen und von sich selbst entfernen. Tatsächlich gilt wohl die traurige Wahrheit: »rien ne va plus – nichts geht mehr!« Vom Menschen her gesehen, geht es an dieser Stelle nicht mehr weiter. Er hat sich verrannt und in seinem Unglück festgelaufen. Doch die Möglichkeiten Gottes sind, Gott sei Dank, noch nicht zu Ende. **Wenn der Mensch sich immer mehr von ihm entfernt, dann muss halt dieser sich auf die Suche nach ihm begeben und ihm von sich aus einen neuen Weg anbieten**. Und genau das geschieht nun auch: Mit dem 12. Kapitel des Buches Genesis, der Berufung Abrahams, wird tatsächlich neu eingesetzt. Damit ist Gerhard von Rad[331] Recht zu geben, der darauf hinweist, dass der eigentliche Abschluss der sog. „Jahwistischen Urgeschichte“ in den ersten drei Versehn des 12. Kapitels der Genesis zu suchen ist, in der Berufung des Urvaters. Jetzt, mit Abraham, wird sozusagen ein **neuer Anfang gemacht**; die ursprüngliche Absicht Gottes mit seiner Schöpfung und die dazugehörige Berufung des Menschen zur intensiven Verbindung mit Gott, werden wieder hergestellt. Gerade dies ist das **Wesentliche am Abrahamszyklus**: Hier **vertraut ein Mensch bedingungslos auf Gott** und findet so in der **Beziehung mit Gott** (die Bibel spricht vom **„Bund“**) sein letztes Ziel. In diesem Sinn gehören Berufung und Schöpfung ganz eng zusammen. Was dort grundgelegt wird, findet hier seinen Ausdruck und was hier gelebt wird, ist getragen von der Ermöglichung dort. Sehr richtig hat daher der große reformierte Dogmatiker Karl Barth (1886-1968) diesen Zusammenhang ausgedrückt mit seinem Ausdruck: „Die Schöpfung als äußerer Grund des Bundes, der

330 Das ist wohl der eigentliche Sinn der dort erzählten „Babylonischen Sprachverwirrung“.

331 Vgl. ders.: Gesammelte Studien zum Alten Testament, S. 72. Darin geht von Rad sogar noch einen Schritt weiter, wenn er feststellt, dass Gen 12,1-3 nicht nur der Abschluss der Urgeschichte sei, „sondern der eigentliche Schlüssel für sie.“

Bund als innerer Grund der Schöpfung"[332]. In der Gestalt des Abraham fließen diese beiden Perspektiven, die der Schöpfung und die der Berufung zum Bund, zusammen. Wenn man so will, fängt Gott sein Projekt mit dem Menschen, das er in der Schöpfung anlegte und das durch die Sünde desselben Menschen empfindlich gestört wurde, in Abraham noch einmal neu an. In ihm wird die Entfremdung des Menschen aufgrund seiner Absonderung (=Sünde) von Gott rückgängig gemacht. Sein Antworten auf den Ruf Gottes ermöglicht einen **neuen Einsatz Gottes mit den Menschen**. Es erneuert sich das, was die Bibel „Bund" nennt und was eigentlich von Anfang an von Gott erdacht und erträumt wurde: Die innige und liebende Verbindung von Gott und Mensch, der Dialog zwischen Schöpfer und Geschöpf. Damit antwortet der „Vokativ", im eben eröffneten Verständnis, direkt auf den ihm vorangehenden Akkusativ. War dort noch das Versagen des Menschen das vorherrschende Thema, so ist es hier die freie Berufung durch Gott, die immer wieder neu versucht, die Verbindung zwischen Gott und Menschen zu eröffnen und damit das Versagen umzukehren und zu heilen. Es geht also bei Abraham, der von Gott berufen wird, ihm zu folgen in das Land, das er ihm zeigen und schenken will, um nichts weniger, als um den Rückweg in das verloren gegangene „Paradies". Es geht um die Wiederherstellung der liebenden Gemeinschaft zwischen Gott und den Menschen, die durch dessen Sünde gestört und aufgehoben wurde.

Dabei hat die Vorstellung vom Bund Gottes mit den Menschen seine Geschichte bereits vor Abraham: Einen ersten Bund schloss Gott bereits mit Noah (Gen 9,9-17). Das Bundeszeichen dafür war der Regenbogen (Vers 13). Dabei ist gerade dieser Noahbund wie ein Beleg dessen, was ich gerade über den Zusammenhang von Schöpfung und Bund darstellen wollte. Die „Sintflut" ist nach biblischem Verständnis der Versuch Gottes, die fehl-

---

[332] Barth, Karl: Die Kirchliche Dogmatik III, S. 103 und 258. Dort sind diese beiden Aussagen als Kapitelüberschriften gebraucht. Einer der größten Barth-Kenner und –Ausleger, Hans Küng, fasst diese Sicht Barths zusammen: „Es kommt viel darauf an zu sehen, dass es schon im ersten Gotteswerke, in der *Schöpfung*, um denselben Gnadenbund geht, der nachher in der Rechtfertigung des Sünders neu und entscheidend bestätigt wird." (ders.: Rechtfertigung, S. 35)

geleitete und aus den Ufern gelaufene Schöpfung wieder zurückzunehmen. Ausdrücklich heißt es, dass Gott es bereut habe, den Menschen geschaffen zu haben. Deshalb will er dieses Projekt jetzt abbrechen. Nur einer, Noah mit seiner Sippschaft, fällt aus dem negativen Urteil heraus. Als dieser am Ende der Flut den ersten Neuanfang Gottes mit den Menschen wagt, steht der Noahbund, den Gott über ihn auch mit allen Lebewesen schloss. Dieser mündet dann in den Abrahams-Bund. Und dieser Abrahams-Bund weitet sich letztlich auf alle Menschen.[333] So steht an prominenter Stelle die Aussage:

„Durch dich sollen alle Geschlechter der Erde Segen erlangen."
[Gen 12,3]

Die Geschichte mit Abraham ist also nicht auf eine Gruppe oder eine Nation beschränkt. Sie hat von Anfang an universale und alle einschließende Bedeutung. Doch letztlich bleibt aber auch der **Abraham-Bund noch unvollständig und damit nach vorne offen**. Schon im Alten Testament wird dieser Bund als vorläufig betrachtet. Der Bundesschluss zwischen Gott und seinem Volk Israel, der vor allem über Mose am Sinai eine Vertiefung erfuhr (vgl. Ex 19ff), zielt über sich hinaus.

6.4 Der Neue Bund

Es ist die große Vision des Propheten **Jeremia** von einem **„neuen Bund"**, der den Bundesschluss als ein **Geschehen im Innern des Menschen** erwartet. Durch diesen großartigen und unerhörten Gedanken, dass Gott seinen Anspruch *im* Menschen verlauten lassen wird, verliert das Gesetz seinen „heterogenen Charakter…, [so] dass Gott es den Menschen zum Gesetz ihres eigenen Inneren macht und… die Gehorsamspflicht umwan-

[333] Vgl. dazu: Kuschel, Karl-Josef: Streit um Abraham. Kuschel verweist vollkommen zu Recht darauf, dass alle drei großen monotheistischen Religionen, das Judentum, das Christentum und der Islam, sich von Abraham herleiten und dass sie zusammenfinden könnten im Glauben an den einen Gott Abrahams.

delt in das Gehorsamsbedürfnis des eigenen Herzens."[334] Der wichtige Text vom neuen Bund, den Gott mit den Menschen schließen will, heißt (in der Einheitsübersetzung):

> Seht, es werden Tage kommen – Spruch des Herrn –, in denen ich mit dem Haus Israel und dem Haus Juda einen neuen Bund schließen werde,
> 32 nicht wie der Bund war, den ich mit ihren Vätern geschlossen habe, als ich sie bei der Hand nahm, um sie aus Ägypten herauszuführen. Diesen meinen Bund haben sie gebrochen, obwohl ich ihr Gebieter war – Spruch des Herrn. Denn das wird der Bund sein, den ich nach diesen Tagen mit dem Haus Israel schließe – Spruch des Herrn: Ich lege mein Gesetz in sie hinein und schreibe es auf ihr Herz. Ich werde ihr Gott sein, und sie werden mein Volk sein. Keiner wird mehr den andern belehren, man wird nicht zueinander sagen: Erkennt den Herrn!, sondern sie alle, klein und groß, werden mich erkennen – Spruch des Herrn. Denn ich verzeihe ihnen die Schuld, an ihre Sünde denke ich nicht mehr.
>
> [Jer 31,31-34]

Auf dieses Ziel hin blickt also bereits das Alte Testament. Dabei handelt es sich hier um eine **Spitzenaussage**, die ihres gleichen dort vergeblich sucht. Artur Weiser folgert also mit vollem Recht, wenn er sagt: „Mit dem Wort vom neuen Bund erreichen die Heilsweissagungen ihre letzte Höhe und Abrundung."[335] Auch Georg Fischer sagt in seinem Kommentar zu dieser Stelle: „Gottes Ansage, einen »neuen Bund« ... zu schließen, war offensichtlich eine derart *ungewohnte und herausfordernde Vorstellung*, dass sie weder zuvor noch später in der Hebräischen Bibel so formuliert oder wiederholt wurde."[336] Diese, für das Alte Testament einzigartige Vorstellung vom „Neuen Bund", hat jedoch gewaltige Konsequenzen. Ganz bewusst wird eine Parallele zum ersten Bund, der Bundeserneuerung auf dem Berg Sinai beim Exodus (Ex 19ff), gezogen. Dort hatte Gott seine

[334] Weiser, Artur: Das Buch Jeremia – Kapitel 25,15-52,34, ATD 21, S. 287
[335] Ebd., S. 285
[336] Fischer, Georg: Jeremia 26-52, S. 171

Tora[337] auf zwei Steintafeln geschrieben und dem Mose als Mittler gegeben.

> „Mose kehrte um und stieg den Berg hinab, die zwei Tafeln der Bundesurkunde in der Hand, die Tafeln, die auf beiden Seiten beschrieben waren. Auf der einen wie auf der andern Seite waren sie beschrieben. Die Tafeln hatte Gott selbst gemacht, und die Schrift, die auf den Tafeln eingegraben war, war Gottes Schrift."
>
> [Ex 32,15f]

Damit wird dem Menschen die Weisung Gottes auf den „Steintafeln" förmlich vorgesetzt und der Wille Gottes, in Stein gemeißelt, bleibt ihm letztlich äußerlich. Deswegen verwundert es nicht, wenn er gleich im Anschluss an die Bundeserneuerung vom Sinai gegen das grundlegende Gebot verstößt, dass er keine anderen Götter haben oder verehren soll. Im selbst gemachten „Goldenen Kalb" schafft er sich seinen eigenen Gott und entfernt sich damit vom einzigen und wahren Gott.

In Jer 31,33 ist ebenfalls die Rede von der **Tora Gottes** (die Einheitsübersetzung gibt dieses Wort leider erneut mit »Gesetz« wieder). Jetzt aber entscheidend anders. Es gibt zwar einen Zusammenhang mit dem Sinaibund, denn es besteht eine direkte „Kontinuität... über die gleichen Elemente »Tora schreiben«...; als massive Unterschiede... treten jedoch die direkte Übergabe, ohne den Umweg über Mose, und die doppelt betonte Unmittelbarkeit (»Inneres, Herz«) hervor."[338] Es geht hierbei also beim „Neuen Bund" um nichts Geringeres als darum, dass **Gott dem Menschen innerlich nahe kommen will und ihn von innen her durch seine Weisung verwandeln** wird. Deshalb braucht ein Mensch über Gott letztlich keine Belehrung von außen, wie es in Jer 31,34 deutlich heißt. **Gott** ist dieser Vision nach **kein Fremdwort mehr für den Menschen**, sondern die Er-

---

[337] Die Einheitsübersetzung übersetzt etwas unglücklich mit „Gesetz". Dabei meint Tora vielmehr »Weisung«.

[338] Fischer, Georg: Jeremia 26-52, S. 172

kenntnis[339] Gottes **entspringt dem tiefsten und eigentlichen Wesen des Menschen**. Wie von selber hat der Mensch durch die „Erkenntnis Gottes" eine ganz enge Verbindung mit ihm und weiß aus sich selbst heraus, was gut und sinnvoll ist. Gott hat sich, dieser Erwartung gemäß, dem Menschen förmlich „eingeschrieben" und erfüllt ihn von Innen her.
Für das Neue Testament findet diese **Erwartung eines neuen Bundes ihre Erfüllung im Kommen Jesu**. Er ist es, der den **„Neuen Bund" stiftet**. Ja noch mehr: In ihm und durch ihn sollen **alle Menschen direkten Zugang zu Gott**, als ihrem Vater erhalten. In diesem Sinn ist Jesus selbst der „Neue Bund". Von hierher kann das „Jesus-Ereignis" noch einmal ganz neu gesehen und in seiner letzten Tiefe verstanden werden. In Jesus eröffnet sich das, was bis dahin nur dem Volk Israel in besonderer Weise galt, für alle Menschen. Vielleicht hat wiederum keiner diesen Gedanken tiefer verstanden und ins Wort gebracht als der Apostel Paulus. Im Brief an die Galater schreibt er folgende bemerkenswerte Zeilen:

> „Als aber die Zeit erfüllt war, sandte Gott seinen Sohn, geboren von einer Frau und dem Gesetz unterstellt, damit er die freikaufe, die unter dem Gesetz stehen, und damit wir die Sohnschaft erlangen. Weil ihr aber Söhne seid, sandte Gott den Geist seines Sohnes in unser Herz, den Geist, der ruft: Abba, Vater. Daher bist du nicht mehr Sklave, sondern Sohn; bist du aber Sohn, dann auch Erbe, Erbe durch Gott."
>
> [Gal 4,4-7]

Sieht man von der einseitig unglücklichen Bezeichnung „Söhne" ab, die zweifelsfrei auch die Frauen als Töchter Gottes einschließen soll, und die statt dessen besser mit „Kinder" wiedergegeben würde, ist hier von einem zentralen Gedanken des Christentums die Rede, wie er so, meines Erachtens, kein zweites Mal vorliegt. Durch die einmalige Gottes-Sohnschaft Jesu haben wir die **Kindschaft Gottes in besonderer Weise** erlangt. Durch ihn sind wir in eine **einmalige Beziehung mit Gott** hineingenom-

[339] Wieder geht es also um ein „Kennen" im biblischen Verständnis, um ein inneres Verstehen und fast schon intimes Vertrautsein.

men, die der seinigen in nichts mehr nachsteht. Wir sind durch Jesus **mit Gott auf „gleiche Augenhöhe“** gekommen. Dies aber nicht deshalb, weil wir so „groß“ geworden wären, sondern weil Gott sich in Jesus so „klein“ gemacht hat und einer von uns wurde. Was hier bei Paulus zu Worte kommt, klingt also wie eine Übersetzung der Rede vom Neuen Bund. Dort, so kündet Jeremia, hört Gott auf, ein Fremdwort für den Menschen zu sein, über das er von anderen belehrt werden müsste. Nein, Gott wird vielmehr im Innersten des Menschen, also in seinem Ureigenen erleb- und erfahrbar. Kann man dies schöner ausdrücken als mit dem Wort der Kindschaft, in dem die liebende Nähe und innere Vertrautheit mit Gott den wohl dichtesten Ausdruck findet? Doch obwohl also die Sache vom „Neuen Bund“ für das christliche Verständnis von Anfang an da ist, taucht die Redewendung vom neuen Bund im Rahmen der Jesusüberlieferung erst relativ spät auf. Tatsächlich ist erst beim Geschehen des letzten Abends im Leben Jesu davon ausdrücklich die Rede. Vor allem in zwei der vier neutestamentlichen Überlieferungen vom **Letzten Abendmahl** Jesu, wird das Thema vom „Neuen Bund“ aufgegriffen. Es handelt sich um die Darstellung im Lukasevangelium (22,20) und des Apostels Paulus im 1. Korintherbrief (11,25). Markus und Matthäus sprechen in ähnlicher Weise, aber sie verwenden das Bild vom „Blut des Bundes“, das dem Exodusgeschehen entnommen ist. Bleiben also die beiden anderen: Lukas und Paulus. Ein Blick auf die Texte kann hier einiges erhellen:

„Ebenso nahm er nach dem Mahl den Kelch und sprach: Dieser Kelch ist der **Neue Bund** in meinem Blut. Tut dies, sooft ihr daraus trinkt, zu meinem Gedächtnis!“ [1 Korinther 11,25]	„Ebenso nahm er nach dem Mahl den Kelch und sagte: Dieser Kelch ist der **Neue Bund** in meinem Blut, das für euch vergossen wird.“ [Lukas 22,20]

Die Erwartung des **neuen und diesmal ewigen Bundes** wird in der **Hingabe Christi**, die zeichenhaft am Abend vor seinem Leiden und real am

Kreuz Wirklichkeit wurde, mit der Hingabe seines „Blutes“ eingelöst. In dem er sich stellvertretend mit seinem Leben für die Menschen hingibt, fangen diese an, aus sich heraus Zugang zu Gott zu finden und mit ihm aufs Innigste verbunden zu sein. Da diese Sehnsucht des Menschen nach einer intensiven Gottesbeziehung bereits mit Abraham begann, ist schon das Berufungsgeschehen **von Abraham letztlich auf seine Vollendung in Christus ausgerichtet**. Er, der Nachkomme Abrahams (Mt 1,1), ist die eigentliche Erfüllung des Geschehens von damals. In ihm werden die Verheißungen des „neuen Landes“ und der „zahlreichen Nachkommen“ wahrhaft erfüllt. Er wird den Menschen das „Land Gottes“, seine liebende Nähe und Gemeinschaft, in dem sie ihre wahre Heimat finden, aufschließen. Und er ist der eine und einzige „Nachkomme“, in dem sich der Segen, den Abraham von Gott empfangen hat, über alle Geschlechter der Erde ausbreitet. Vielleicht hat das Johannesevangelium diese Zusammenhänge vor Augen, wenn es Jesus sagen lässt:

> „Euer Vater Abraham jubelte, weil er meinen Tag sehen sollte. Er sah ihn und freute sich.“
>
> [Joh 8,56]

In Jesus, dem menschgewordenen Sohn Gottes, sind das **Berufungsgeschehen** und damit das **Bundesgeschehen** zwischen Gott und den Menschen endgültig und unüberbietbar zur **Voll-Endung** gekommen. Deshalb kann sich schon Abraham auf den Tag Christi freuen. Denn auf ihn hin zielt die Heilsgeschichte, die mit Abraham beginnt. In ihm findet die alte Verheißung, die noch recht dunkel über Abraham lag, dass in ihm und durch ihn alle „Geschlechter der Erde Segen erlangen sollen“ (Gen 12,3), eine **wirkliche Erfüllung**. Nun endlich ist der »Segen Gottes« wirklich bei allen Menschen angekommen. Im »Neuen Bund« sind durch Jesus alle Menschen miteingeschlossen. Damit wird auch das **dramatische Geschehen des Anfangs**, dass sich die Menschen dieser Welt nicht mehr verstehen und daher sich über die ganze Erde verstreuten (vgl. den Abschluss der Geschichte vom Turmbau zu Babel in Gen 11,7f) **im Christusereignis zurückge-**

nommen. Haben dort die Menschen von sich aus sich voneinander getrennt und sich auseinander gelebt, werden sie nun in Christus neu vereinigt und zu einer neuen Lebens- und Liebesgemeinschaft gerufen. Der Epheserbrief meditiert diesen Vorgang sehr richtig, wenn er über das Christusereignis sagt:

> „Denn er [Jesus, d. V.] ist unser Friede. Er vereinigte die beiden Teile (Juden und Heiden) und riss durch sein Sterben die trennende Wand der Feindschaft nieder. Er hob das Gesetz samt seinen Geboten und Forderungen auf, um die zwei in seiner Person zu dem einen neuen Menschen zu machen. Er stiftete Frieden und versöhnte die beiden durch das Kreuz mit Gott in einem einzigen Leib. Er hat in seiner Person die Feindschaft getötet."
>
> [Eph 2,14-16]

Es ist die Stunde des Todes Jesu, seiner menschlich gesehenen Vernichtung, die für die Menschheit zu einer neuen und diesmal endgültigen »Geburtsstunde« wurde. Denn auf der **Einheit des ganzen Menschengeschlechts liegt bereits das Ziel der Erschaffung des Menschen**. Anfänglich war es von Gott so gedacht. Durch die Sünde des Menschen ging sie dann immer mehr verloren. Schon in Abraham wurde ein Neuansatz begonnen. In und durch Christus wurde das, was mit Abraham begonnen hat, nun Wirklichkeit. Darauf freute sich Abraham bereits und er jubelte, als er dieses Geschehen als Christi „Tag" sah.

Welch ein **großartiger Bogen**, den die Bibel hier spannt und den der christliche Glaube umgreift. Tatsächlich findet **in Jesus der Ruf Gottes, der, vom Schöpfungsmorgen an, die Menschen ins Dasein rief und der durch die Geschichte hindurch Menschen mit Gott verbindet und verbündet, sein volles Ende und seine Vollendung**.

Wieder ist es ein Text aus dem Umfeld und der Schule des Apostels Paulus, der hier für eine wünschenswerte Klarheit sorgt. Es ist ein großes Wort aus dem 2. Timotheusbrief, in dem es heißt:

> „Gott hat uns gerettet; mit einem heiligen Ruf hat er uns gerufen, nicht aufgrund unserer Werke, sondern aus eigenem Entschluss und aus Gnade, die uns schon vor ewigen Zeiten in Christus Jesus geschenkt wurde; jetzt aber wurde sie durch das Erscheinen unseres Retters Christus Jesus offenbart. Er hat dem Tod die Macht genommen und uns das Licht des unvergänglichen Lebens gebracht durch das Evangelium"
>
> [2 Tim 1,9f]

Der Ruf Gottes, der von Anfang an alles, was ist, ins Dasein ruft; der Ruf Gottes, der von Abraham an mit dem Volk Israel und später mit dem neuen Gottesvolk eine Beziehung eröffnet und einen Bund schließt; dieser Ruf führt letztlich alles zur Vollendung. **In Christus Jesus ist der Ruf Gottes zum endgültigen Durchbruch gekommen.** Haben die Menschen aller Zeiten bis dahin den Ruf Gottes als etwas sie Übersteigendes, ihnen aus undenklicher Ferne zukommend empfunden, so ist der Abschluss des Rufes, seine »Offenbarung«, wie der 2. Timotheusbrief sagt, in Jesus förmlich auf ihrer Augenhöhe angekommen und ihnen von innen heraus eröffnet. Denn Jesus ist ein Mensch unter Menschen. Er ist einer von uns. In unserer Sprache, auf unserer Augenhöhe, in unserer Hinfälligkeit und Vergänglichkeit, ist der Ruf Gottes an uns zur Vollendung gebracht. In ihm, unserem Freund und Bruder, ist Gott uns förmlich unter die Haut gegangen. Durch seinen Ruf an uns, den er durch ein Leben des bedingungslosen „Für" lebte, den er durch seine Menschlichkeit zum Ausdruck brachte und den er durch seinen Tod und durch seine Auferstehung besiegelte, sind wir gerettet, erlöst und befreit. Damit wäre bereits der Weg eröffnet zum sechsten und letzten Fall der Grammatik: zum Ablativ.

6.5 Der Blick auf den Menschen

Doch bevor wir hier weitermachen, gilt es erneut noch einen **Blick auf den Menschen** zu werfen. Denn, wie schon mehrfach gesagt, muss eine Grammatik Gottes sich auch auf das Verständnis vom Menschen auswirken. Und auch hier sehe ich eine Entsprechung. Der **Mensch ist von Gott**

berufen. Eine bevorzugte Weise dieser Berufung lebt der Mensch in seinem »**Beruf**«. „Mit dem Wort Beruf war ursprünglich die Berufung besonders im geistlichen Sinn gemeint, Luther hat das Wort in der weltlichen Bedeutung im Sinn von Amt und Stand in den deutschen Sprachgebrauch eingeführt."[340] Natürlich ist die damit gemeinte Sache wesentlich älter als ihr Wortgebrauch. Als erstes gilt es jedoch, den **Beruf von der Arbeit zu unterscheiden**. „Der Begriff Arbeit sagt nichts darüber aus, ob eine Tätigkeit dauernd oder gelegentlich oder gar nur einmal, ob sie mit Lust und Liebe oder lustlos und lieblos ausgeübt wird, ob sie ein geeignete Grundlage für die Sicherung der materiellen Existenz darstellt, ob sie auf Neigung und Eignung gegründet ist, ob sie Dienstleistung an der Gemeinschaft und Gesellschaft ist. Der Begriff Arbeit ist ein rein sachlicher Begriff, der im Bereich des Technischen verbleibt, der Begriff Beruf dagegen gründet wesenhaft in der Anthropologie und umschließt Antworten oder doch Bescheide auf Fragen, die der Arbeitsbegriff offenlassen muss."[341] Bei aller Unterschiedenheit besteht aber auch eine bleibende Verbindung beider Themen. War bereits die Arbeit (vgl. den „Genitiv") als wichtig für den Menschen erwiesen, so gilt dies in besonderer Weise auch von seinem Beruf. Denn es ist dem Menschen **wesentlich**, sich **in einem Beruf zu verwirklichen**. Hierin liegt eine seiner **Grundsehnsüchte**, die von Paul Michael Zulehner als »Lebensheiligtümer«[342] bezeichnet werden. Wir sprachen bereits von „Ansehen" und „Wurzeln" als solche Grundsehnsüchte. Ein drittes solches „Lebensheiligtum" ist das »**Wachsen**«, zu dem „man [auch, AV] »mächtig sein« im Sinn von »etwas machen können« sagen"[343] könnte. Und genau hierhin gehört das Thema Beruf. Denn im Beruf sollte der **Mensch sich mit seinen Fähigkeiten (=Eignungen) und seinen Interessen (=Neigungen) verwirklichen** können und dürfen. Dabei sollte ein Beruf **fünf Gesichtspunkte**[344], wie die fünf Finger der Hand bzw. die fünf Zehen der Füße, erfüllen, wenn er „Hand und Fuß haben" soll:

---

340 Zsifkovits, Valentin: Beruf, S. 75
341 Auer, Alfons: Christsein im Beruf, S. 107
342 Zulehner, Paul Michael: Kleine Lebenswelten, S. 24
343 Ebd., S. 25
344 Vgl. dazu: Zsifkovits, Valentin: Beruf, S. 76

a) Er dient der „Sicherung des Lebensunterhaltes".
b) Er soll beitragen zur „Erhaltung und Entfaltung der Natur".
c) Er ist „Teilnahme am Schöpferwirken Gottes".
d) Er ist ein „Weg zur Selbstverwirklichung".
e) Er ist „Dienst der Liebe für den Nächsten".

Damit ist der Mensch im Beruf in besonderer Weise auf seine Berufung durch Gott ausgerichtet. Nicht nur zufällig besteht hier eine genaue wörtliche Entsprechung. **Wirklicher *BERUF* muss *BERUF*UNG sein.** „So erhält der Beruf seine christliche Sinndeutung und Sinnbestimmung vom umfassenden Daseinssinn des Menschen her, nämlich von der Vereinigung des Menschen mit Gott, mit Gottes Willen und mit Gottes Liebe. Der irdische Beruf bekommt demnach seine Ausrichtung auf Gottes Willen und seine Bestimmung von Gottes Liebe her."[345] Deshalb **unterscheidet sich der Beruf auch wesentlich vom Job**. Es geht beim Beruf um viel mehr als nur darum, möglichst viel Geld zu verdienen, bei gleichzeitig möglichst geringer Belastung. Tatsächlich soll der **Beruf zur Berufung werden** und die **Berufung sich im Beruf auswirken**.
Vom Schriftsteller und Literaturnobelpreisträger Hermann Hesse (1877-1962) stammt ein großartiges Wort: „Mein Dienst und göttlicher Beruf ist der der Menschlichkeit."[346] Mit diesem Satz begründete er seine Ablehnung einer beruflichen Mitarbeit innerhalb der württembergischen Landesregierung zur Aufbauarbeit im Jahr 1918. »**Mein Beruf ist die Menschlichkeit**«, großartiger lässt sich die christliche Berufsvorstellung nicht zusammenfassen und ausdrücken, ist doch der Mensch zu nicht mehr, aber auch nicht zu weniger als **zur Menschlichkeit berufen**. Das verspürte Hermann Hesse zu seiner Zeit. Deshalb wollte er sich keiner konkreten Partei anschließen. Hier wäre nur das zu tun, was die Interessen der Partei von ihm erforderten. Dies jedoch verbietet die echte Menschlichkeit, die strikt unparteiisch bleiben muss, wenn sie sich nicht selbst ad absurdum

[345] Ebd.
[346] Hesse, Hermann: Politik des Gewissens I, S. 275; zitiert in: Küng, Hans: Nahezu ein Christ? Hermann Hesse und die Herausforderung der Weltreligionen, S. 175

führen will. Menschlichkeit ist einzig und allein dem Guten und Humanen verpflichtet, jenseits aller parteilichen Zwänge. Mit dieser Einstellung erweist sich Hermann Hesse als ein „Anwalt der Humanität“[347]. Sein Beispiel kann und soll uns lehren. Auch **unser Beruf ist die Menschlichkeit**. Und nur, wenn wir bei allem, was wir tun, dazu beitragen, dass es den Menschen besser geht, werden wir unserer Berufung gerecht. In ganz ähnlicher Weise formulierte Therese von Lisieux ihren Auftrag. In ihren Aufzeichnungen „Geschichte einer Seele“ spricht sie, wie als Zusammenfassung ihres Lebens, ein großartiges Wort aus. Ergriffen von großer innerer Bewegung schreibt sie: „Im Übermaß meiner Freude rief ich aus: »O Jesus, meine Liebe, endlich habe ich meine Berufung gefunden! *Mein Beruf ist die Liebe*! Ja, ich habe meinen Platz... gefunden, und diesen Platz, o mein Gott, hast du mir gegeben: im Herzen der Kirche, meiner Mutter, *werde ich die Liebe sein*!«[348]

Damit sind wir im Blick auf die Ordensfrau Therese von Lisieux inmitten der **Nachfolge des Mannes aus Nazaret**, der genau auch in der Liebe seine Berufung und seinen Beruf fand. In seiner Liebe und durch seine Menschlichkeit lebte er dem Ruf entsprechend, der an ihn erging. Seine **radikale Proexistenz machte seinen »Beruf« aus**, denn dazu war und ist er berufen. Beim Fall Dativ haben wir diese Zusammenhänge bereits bedacht.

Es gilt aber noch einen anderen Blick auf das Thema Beruf zu werfen. Es ist doch bezeichnend, dass **Jesus** bei seiner **ersten Berufung von Menschen** in seine Nachfolge, zwei seiner Jünger direkt von ihrer Arbeit, ihrem bisherigen Beruf, wegholt. Im Markusevangelium heißt es dazu:

---

[347] So betitelten Walter Jens und Hans Küng die Veröffentlichung ihrer Vorlesungen über Thomas Mann, Hermann Hesse und Heinrich Böll.

[348] Martin, Therese: Geschichte einer Seele, S. 225. Vgl. zur „kleinen Therese“ die sehr schönen und tiefgehenden Gedanken des emeritierten Bischofs von Würzburg, Paul Werner Scheele, in seinem kleinen Büchlein: Meine Berufung ist die Liebe – Die kleine Therese für uns alle.

> „Als Jesus am See von Galiläa entlangging, sah er Simon und Andreas, den Bruder des Simon, die auf dem See ihr Netz auswarfen; sie waren nämlich Fischer. Da sagte er zu ihnen: Kommt her, folgt mir nach! Ich werde euch zu Menschenfischern machen. Sogleich ließen sie ihre Netze liegen und folgten ihm."
>
> [Mk 1,16-18]

Von ihrem bisherigen Erwerbsleben, von dem, was bis dahin wesentlich ihr Leben bestimmte und von dem und durch das sie lebten, werden Simon und Andreas weg berufen. Sie sollen eine neue Aufgabe, einen »**neuen Beruf**« wahrnehmen und erfüllen: den Beruf des »Menschenfischers«. Diese »berufliche« **Neuorientierung** der ersten Jünger deutet dabei etwas Wichtiges und Entscheidendes an. Eugen Drewermann erschließt diesen Gedanken sehr schön und treffend, wenn er schreibt: „Dabei hören die Jünger ja nicht auf zu sein, was sie sind: *Fischer*, die sie waren; nur dass ihr bisheriger Beruf mit einemmal eine völlig andere Qualität bekommt: er vermenschlicht sich. Die Fähigkeiten, die bis dahin während ihrer beruflichen Tätigkeit rein äußerlich gelebt wurden, verwandeln sich nunmehr in Weisen, einander menschlich zu begegnen: Geduld, Wachsamkeit, Ausdauer, Zielstrebigkeit, eine gewisse Langsamkeit der Bewegungen, ein Gespür dafür, den anderen nicht durch Unachtsamkeiten zu verschrecken; all das, was einen guten Fischer ausmacht, werden diese Jünger auch in Zukunft benötigen und brauchen; aber es wird Teil einer menschlichen Haltung, eines menschlichen Austauschs, es hört auf, nur eine berufliche Verfahrensweise zu sein."[349] Tatsächlich führen wir als Christen vielleicht ***keinen anderen*** Beruf aus, als die anderen. Aber wir führen ihn hoffentlich ***wesentlich anders*** aus. Es ist also in christlicher Sicht **zuerst und vorrangig die Frage** danach entscheidend, ***wie* ich meinen Beruf ausübe**.

- Ob er getragen ist vom Geist Jesu und damit von der Menschenliebe. Oder ob er letztlich nur mir und meinen Zielen dienlich ist.

[349] Drewermann, Eugen: Das Markusevangelium, 1. Teil, S. 167

- Ob ich ihn nur zum Gelderwerb oder als Prestige gebrauche. Oder ob ich in ihm versuche, der Berufung durch Gott in meinem Leben Raum zu geben und so mithelfe, etwas von seinem Heilswillen in meiner kleinen Welt zu leben.

Auf einer Karte las ich einmal einen Spruch, der der hl. Theresia von Avila zugesprochen wurde, und der das Gesagte auf seine Weise nochmals gut zum Ausdruck bringen kann. Auf ihr stand: „Es ist dem Herrgott zuliebe genauso gut, Kathedralen zu bauen, wie Kartoffeln zu schälen." Vielleicht ist es diese Weisheit, dass das Tun erst und nur dann sinnvoll und gut wird, wenn es „dem Herrgott zuliebe" geschieht. Was dann getan wird, ist dagegen nebensächlich und zweitrangig.
Doch zurück zur biblischen Erzählung. Es ist bei der Geschichte der Erstberufung von Jüngern schon erstaunlich, dass sie, die wohl in ihrem Beruf am See Gennesaret voll und ganz aufgegangen waren, **mitten in ihrem Tun** (als sie „auf dem See ihr Netz auswarfen") von Jesus fort gerufen werden. Und, was noch erstaunlicher ist: **Sie lassen alles stehen** und liegen und folgen ihm **„sogleich"** nach. Ein bisschen erinnert mich diese Szene der Berufung am See von Galiläa an den im Buch Genesis bildreich beschriebenen **Schöpfungsmorgen**. Dort heißt es immer wieder: „Gott sprach... und so geschah es...". Auf den Ruf Gottes antworten die Dinge durch ihr Sein, und zwar „sogleich". Sie lassen sich nicht lange bitten und betteln, sie brauchen nicht zuerst eine Bedenkfrist oder eine Wartezeit. Nein, sie sind sogleich da und antworten damit dem an sie ergangenen Ruf. Und nun zurück ans Ufer des Sees Gennesaret. Auch dort **ergeht ein Ruf**: Jesus beruft die Menschen. Vielleicht übertreibe ich nicht, wenn ich diesen Ruf im Sinne einer **„Neuschöpfung"** auffasse. Denn die Berufenen werden – wie oben aufgezeigt - neu zu Fischern gemacht, von »Fischefischern« zu »Menschen-fischern«. Nichts weniger als eine **vollkommen neue Ausrichtung** wird ihnen abverlangt. Und da nun geschieht es: **Sie folgen sogleich**! Wie immer man sich das nun praktisch vorstellen mag, daran ist wohl, wie so oft, dem biblischen Text überhaupt nicht gelegen. Was die Geschilderte erzählt, ist erstaunlich genug: Auf einen einfachen Ruf eines für sie doch noch wildfremden Menschen, stehen sie sogleich

auf und folgen ihm. Sie gehorchen dem Ruf ohne Bedenkzeit oder Einspruch, sie **folgen sogleich; ähnlich wie die Geschöpfe am »Tag ihrer Schöpfung«,** sind sie bedingungslos sofort zur Stelle, am »Tag ihrer Neuschöpfung«. Von hierher verstehen wir vielleicht den oben ausgeführten Gedanken noch einmal auf andere Weise: Berufung und Beruf gehören untrennbar zusammen. Unter dem Blickwinkel der Berufung können wir also eine vollkommen neue und andere Perspektive auf das, was wir Beruf nennen, gewinnen. Es geht tatsächlich im Beruf um unser Sein. Der Beruf soll und kann dazu beitragen, uns in unserem Sein zu bestimmen. Der Beruf soll und kann gelebte Berufung sein.
Aber es gehört noch ein **zweiter Gedanke** unbedingt zur Berufung der ersten Jünger im Markusevangelium dazu. Denn trotz aller Wertschätzung des Berufs, muss notwendig auch von der Begrenztheit des menschlichen Berufs gesprochen werden. Und genau dies geschieht in dieser Erzählung. Denn der **Mensch ist mehr als sein Beruf**. Der Mensch ist mehr und muss mehr sein, als das, was er leistet und sich zu leisten vermag. Wieder findet Eugen Drewermann die passenden Worte, wenn er folgert: Bei dieser Geschichte geht es auch „um das Ende, um die vollkommene Widerlegung des Aberglaubens, das Wesen eines Menschen sei identisch mit der Weise seiner Tätigkeiten und Beschäftigungen... Die deutsche Sprache hat insofern Unrecht, wenn sie glaubt, sie könne Menschen einfachhin nach ihrem Beruf nennen: als Schuster, Schneider, Meier, Müller, Schmied, Bäcker, Fischer, was man will. Ein Mensch lebt nicht von dem, was er erarbeitet, um zu leben. Was ein Mensch ist, ergibt sich aus der Wahrheit, die in ihm liegt und zu der er berufen ist.“[350] Sicher hat Beruf etwas mit Berufung zu tun, aber er wird damit nicht einfach identisch. Er ist nur eine – wenn auch die bevorzugte – Weise, die je eigene Berufung zu leben. **Aber das, wozu wir berufen sind, geht doch unendlich über unseren Beruf hinaus.** Wird das übersehen, dann kann auch der Beruf zu einem Götzen werden, der den Blick auf Gott und damit auch auf die eigene Berufung verstellt. Wie oft scheinen Menschen darunter zu zerbrechen, wenn sie ihrem Beruf nicht mehr nachkommen können, weil sie entweder

---

[350] Ebd., S. 166

alt genug sind, um aus dem Berufsleben auszusteigen oder weil sie vielleicht ihre Arbeit verloren haben. Das **moderne Drama** des Menschen, der **sich in seinem Beruf verliert** und darüber hinaus nichts anderes mehr wahr- und aufnehmen kann, was das Leben letztlich wirklich reich macht, ist der „**Homo faber**“[351] vom schweizerischen Schriftsteller **Max Frisch** (1911-1991). Hauptakteur darin ist der Ingenieur Walter Faber[352]. Er ist, in der Deutung eines berühmten Literaturlexikons, „der Typ eines rationalitätsgläubigen, diesseitsorientierten modernen Menschen, dessen technisch-mathematisches Weltverständnis ihn blind macht für die Erkenntnis, dass das Leben mit all seinen Unwägbarkeiten und schicksalhaften Zufällen sich den Gesetzen der Logik entzieht.“[353] In seinen Aufzeichnungen, die er 1957 auf einem Flug von Caracas nach Athen, wo er sich bald einer Operation unterziehen muss, niederschreibt, erinnert sich Walter Faber an die Ereignisse seiner letzten Monate und Tage. Er erinnert sich an die Jüdin Hanna, die er heiraten wollte. Er schreibt: „Was Hanna betrifft: Ich hätte Hanna gar nicht heiraten können, ich war damals, 1933 bis 1935, Assistent an der Eidgenössischen Technischen Hochschule Zürich, arbeitete an meiner Dissertation (Über die Bedeutung des sogenannten Maxwell´schen Dämons) und verdiente dreihundert Franken im Monat, eine Heirat kam damals nicht in Frage, wirtschaftlich betrachtet, abgesehen von allem anderen.“[354] Als sich durch den Nazi-Terror für Hanna als Jüdin, die in München lebte, die Lage in Deutschland immer mehr zuspitzte, „ihr Vater, Professor in München, kam damals in Schutzhaft“[355], kam es für Walter Faber „nicht in Frage, Hanna im Stich zu lassen. Ich war kein Feigling,

---

[351] Geschrieben wurde dieser Roman in den Jahren 1955 bis 57. Ich zitiere nach der Sonderausgabe in zwei Bänden des Suhrkamp-Verlags „Max Frisch erzählt“ Band 1: Stiller – Homo Faber, Frankfurt 1994

[352] Schon dieser Name verweist auf das Thema, von dem Max Frisch erzählen möchte. Das lateinische Wort „faber“ heißt „Arbeiter“. Beim Protagonisten dieses Romans ist also seine grundlegende Einstellung, dass sein Leben einzig und allein durch das, was er leistet, seinen Wert gewinnt, zu seinem Namen geworden.

[353] Kindlers Neues Literaturlexikon, Band 5: Homo Faber von Max Frisch, S. 854

[354] Frisch, Max: Homo Faber, S. 457

[355] Ebd., S. 470

ganz abgesehen davon, dass wir uns wirklich liebten."[356] Er versuchte Hanna mit in die Schweiz zu nehmen. Doch dazu sollte es nicht kommen. Rückblickend muss er feststellen: „Eigentlich weiß ich nicht, warum es damals nicht zur Heirat kam. Es kam einfach nicht dazu."[357] Vor allem zwei Ereignisse, die sich zufällig kreuzten, verhinderten wohl die endgültige Verbindung. Zum einen wurde Hanna von ihm schwanger und zum zweiten erhielt Walter Faber ein verlockendes berufliches Angebot in Bagdad. Er erinnert sich: „... ich war nur zu jung wie die meisten Männer unter dreißig, zu unfertig, um Vater zu sein. Ich arbeitete noch an meiner Dissertation, wie gesagt, und wohnte bei meinen Eltern, was Hanna durchaus nicht begriff. Wir trafen uns immer in ihrer Bude. In jener Zeit kam das Angebot von Escher-Wyss, eine Chance sondergleichen für einen jungen Ingenieur, und was mir dabei Sorgen machte, war nicht das Klima von Bagdad, sondern Hanna in Zürich. Sie erwartete damals ein Kind. Ihre Offenbarung hörte ich ausgerechnet an dem Tag, als ich von meiner Besprechung mit Escher-Wyss kam, meinerseits entschlossen, die Stelle in Bagdad anzutreten, sobald als möglich."[358] Die beruflichen Möglichkeiten und der damit verbundene hohe Verdienst, standen Walter Faber im Weg. Sie verbauten die Möglichkeit, Hanna zu heiraten, das Kind gemeinsam zu erziehen und miteinander als Familie zu leben. Stattdessen verlieren sich Walter und Hanna aus den Augen. Vom gemeinsamen Kind ging Faber aus, dass Hanna es abgetrieben habe. Später wird er, bereits fünfzigjährig, sich genau in dieses Kind, seine Tochter Sabeth, von der er glaubte, dass sie nie zur Welt gekommen sei, als in eine inzwischen zwanzigjährige Studentin verlieben und sogar mit ihr schlafen. Durch tragische Umstände kommt Sabeth zu Tode, woran Walter Faber wiederum nicht ganz unschuldig war. Die Tragik ist: Walter Faber „der alles, was nicht berechenbar ist, als bedeutungslos denunziert, der Stimmungen, Liebe, Religion, Kunst nicht kennt, nicht wahrhaben will oder nur »wissenschaftlich« erklärt und abtut, muss erfahren, dass seine technologische Weltorientierung nicht ausreicht,

[356] Ebd.
[357] Ebd., S. 471
[358] Ebd.

um menschlicher Schuld und schicksalhaftem Verhängnis zu entgehen."[359] In diesem **modernen Drama eines „Ödipus-Komplexes"** wird die **schreckliche Maske eines Menschen** gezeichnet, der **nur „Homo Faber", also nur arbeitender Mensch** ist und sein will. Dieser lässt nichts gelten, außer dem, was er selber zu Wege bringt, was er messen, wiegen und zählen kann. In dieser **Verkürzung des Mensch-seins** gefangen, kann er sich dem eigentlichen Leben nicht öffnen und muss erleben, wie letztlich alles, was er Leben nennt, ihm wie zwischen den Fingern zerrinnt und wertlos wird. Tatsächlich, so lehrt uns Max Frisch und natürlich auch die Botschaft Jesu, darf der Mensch niemals nur auf den „Homo Faber" reduziert werden. **Der Mensch ist immer mehr, als was er leistet oder sich leisten kann.** Das **Gegenwort** zum „Homo faber", zum arbeitenden Menschen, ist der **„Homo ludens", der spielende Mensch**. Das **Spiel ist wesentlich zweckfrei und „bringt" genau genommen nichts**. Und gerade in dieser Nutz- und Absichtslosigkeit ist das Spiel für den Menschen wesentlich. Niemals darf die Berufung zum Menschsein allein auf den Beruf und der damit verbundenen Arbeits- und Leistungsfähigkeit beschränkt werden. **Der Mensch ist entscheidend zu mehr berufen, als zu dem, was er kann und leistet.** Deshalb muss er eben auch **„Homo ludens", spielender Mensch,** sein können und dürfen. Dabei ist „Spiel... eine Grundhaltung, aus der das Leben sich gestaltet. Spiel ist da nicht nur ein Einüben in Lebensabläufe, sondern vor allem eine Lebensleitlinie. Diese grenzt nichts aus, weder Trauer noch Jubel, weder Fest noch Krieg. Spiel umfasst im weitesten Sinn alles, was das Leben ausmacht... Zum Spiel gehört die Freiheit, die Fülle der Lebenserfahrungen an sich heranzulassen und das Leben mitformen zu lassen. Das Spiel mutet dem Menschen eine spannungszerrende Vielfalt zu – offenbart aber auch eine Tiefe an Lebenskräften, wie sie in zweckverschnittener Erfahrungswelt niemals entdeckt werden dürfte."[360] Berühmt in diesem Zusammenhang ist das große Wort von Friedrich Schiller aus seinem 15. Brief über die „Ästhetische Erziehung des Menschen", in dem er schreibt: „Denn, um es endlich auf ein-

---

[359] Kindlers Neues Literaturlexikon, Band 5: Homo Faber von Max Frisch, S. 854
[360] Schnegg, Matthias: Spiel/spielen, Sp. 1167f

mal herauszusagen, der Mensch spielt nur, wo er in voller Bedeutung des Wortes Mensch ist, und er ist nur da ganz Mensch, wo er spielt.“[361] Das **zweckfreie Spiel gehört, so gesehen, wesentlich zum Menschen,** und nur auf diese „spielende Weise“ kann er sein Wesen eigentlich vollziehen. Deshalb gehören Arbeiten und Spielen ganz eng zusammen. Nur in beiden kann der Mensch kreativ (vgl. den Genitiv) und mit Phantasie seine Welt gestalten. „Es zeigt sich, dass der Mensch stets durch Arbeiten und Spielen zugleich (und nie ausschließlich nur durch eines von beiden) seine Bedürfnisse, Wünsche und Fähigkeiten erfährt und verwirklicht.“[362]

Berufung und Beruf gehören also innerlich engstens zusammen. Jeder Mensch soll seine Berufung durch die Ausübung eines ihm gemäßen Berufs verwirklichen. Hier ist das **Recht des Menschen auf Arbeit** unbedingt zu beachten, von dem die kirchliche Soziallehre sehr eindringlich spricht[363]. Doch, und auch dies ist für die christliche Beurteilung dieses Themas wichtig, der Beruf und die damit verbundene Arbeit dürfen nicht absolut gesetzt werden. Walter Faber ist das literarische Vorbild, dass ein solches Leben scheitert, ja scheitern muss. Es braucht die Ergänzung durch das Zweckfreie, also durch das Spiel, das genauso entscheidend zur Berufung des Menschen gehört. Vielleicht ist die Berufung der ersten Jünger durch Jesus das Modell, um dieses In- und Miteinander der beiden sich ergänzenden Aspekte zu verstehen: Sie bleiben, was sie sind, nämlich Fischer. Aber sie werden dabei zugleich vollkommen verändert, denn sie werden Menschenfischer. Sie machen nicht einfach etwas anderes, aber sie tun das, was sie tun, anders.

---

[361] Schiller, Friedrich: Über die ästhetische Erziehung des Menschen, 15. Brief, S. 245

[362] Schneider, Jan Heiner: arbeiten/spielen, S. 338

[363] Zu nennen sind hier z. B. die Pastoralkonstitution des II. Vatikanums »Gaudium et spes« (GS) Nr. 67 oder das schon erwähnte Schreiben von Papst Johannes Paul II. aus dem Jahr 1981 »Laborem exercens«, in dem unter der Nr. 18 (3) die Arbeit als ein „Grundrecht aller Menschen“ bezeichnet wird. Vgl. dazu die Sammlung „Texte zur katholischen Soziallehre“.

6.6 Der (An-)Ruf zum vollen Sein

Bleibt noch ein letzter Gedanke im Blick auf den „Vokativ" auszuführen. Hier muss ich zuerst an bereits Gesagtes erinnern. Wir haben beim zweiten Fall vom Ruf Gottes zum Sein und Leben in der Schöpfung gehört. Dieser Anruf zum Sein wird beantwortet durch das Sein und Wirken der Dinge und insbesondere durch das verantwortete Sein und Leben des Menschen. Tatsächlich sind das **Leben des Menschen und das Dasein von allem**, was existiert, kein Zufall und erst recht kein Unfall. Vielmehr ist es **Antwort** auf das Vorwort, auf den Ruf Gottes zum Leben. Wenn nun noch festgehalten wird, dass die biblische Tradition die gesamte Schöpfung als „sehr gut" bezeichnet, wie es abschließend als Quintessenz im Schöpfungshymnus von Gott selber ausgesprochen wird, dann muss sich dieses **„Sehr-gut-Sein" doch irgendwie und irgendwo in den Geschöpfen widerspiegeln**. Dann muss sich doch eine Art Reflex oder Nachklang dieses ursprünglichen Anrufes in den Dingen und vor allem im Menschen ausfindig machen. Vielleicht ist bereits zu verspüren, worauf ich abhebe: **Auf das Gewissen**. In einer scharfsichtigen Beobachtung hat John Henry Kardinal Newman (1801-1890) das **Gewissen als „Echo der Stimme Gottes"**[364] bezeichnet. Im Gewissen **hallt sozusagen der Ur-Anruf Gottes zum Sein nach**. Was im Schöpfungsgeschehen insgesamt gilt, wird wahr im Leben eines jeden Menschen: Der Ruf ins Leben und zum Sein. Im Buch Jesaja wird dieser Gedanke besonders tief und schön reflektiert:

> „Jetzt aber – so spricht der Herr, der dich geschaffen hat, Jakob, und der dich geformt hat, Israel: Fürchte dich nicht, denn ich habe dich ausgelöst, ich habe dich beim Namen gerufen, du gehörst mir."
>
> [Jes 43,1]

[364] Vgl. dazu den Aufsatz von Jörg Splett: Gewissen und Glaubensbegründung bei John Henry Newman, S. 39. Dort führt Splett aus: „Darum kann Newman das Gewissen »eine in uns sprechende göttliche Stimme« nennen..., die »Stimme Gottes«... Dann freilich nimmt er sich korrigierend zurück: »eine Stimme oder das Echo einer Stimme«".

Hier wird die Schöpfung des Menschen direkt mit einem „Rufen beim Namen" durch Gott verbunden und letztlich identisch gesetzt. Dieser **Ruf hallt als Echo im Menschen wider, und zwar das ganze Leben hindurch**. „**Ort**" dieses Widerhalls ist das **Gewissen**. In ihm liegt sozusagen eine **Urerinnerung an den Ruf Gottes**, er ist die **Verlängerung und die Verlebendigung des Schöpfungswortes Gottes in das Leben des einzelnen Menschen hinein**. Tatsächlich ist das Gewissen von hierher betrachtet das „Echo der Stimme Gottes", der Widerhall des Rufes am Schöpfungsmorgen, der Nachklang des Rufes Gottes zum Sein im einzelnen Menschen. Doch dies ist nur ein erster Schritt. Entscheidend wichtig ist der Hinweis, den wir **Eugen Biser** verdanken, und der auch meine eigene Sicht vom Gewissen zutiefst verändert und erweitert hat. In seiner schon erwähnten Modalanthropologie mit dem bezeichnenden Titel „Der Mensch – das uneingelöste Versprechen" verweist Biser auf eine gewisse Verkürzung in der Lehre und der Vorstellung vom Gewissen.[365] Er beklagt vollkommen zu Recht, dass das Gewissen vordergründig auf das sittliche Gewissen reduziert und verkürzt worden sei. Dabei wurde der sittliche Anteil am Gewissen einseitig herausgestellt. Natürlich ist schon dabei etwas Richtiges im Blick, denn das Gewissen ist ein sittlicher Anruf an den Menschen, eine Ausrichtung oder besser, ein von Gott her gesehenes Ausgerichtetwerden des Menschen auf das Gute. Denn nur so kann der Mensch wahrhaft sein »Sein« ausfüllen und leben. Jedoch hat man in dieser Sicht von Gewissen übersehen, dass die Bestimmung „das Gute" zwar eine wichtige, aber doch nur eine Wesensbestimmung des Seins ist. An dieser Stelle muss ich etwas ausholen. Es ist gute Tradition, dem **Sein bestimmte Wesenseigenschaften zuzuschreiben**. Diese werden „**Transzendentalien**" genannt. Johann Baptist Lotz, SJ (1903-1992) führt dazu aus: „Transzendentalien werden jene Bestimmungen genannt, die unmittelbar u(nd) notwendig aus dem Wesen des Seins folgen u(nd) es deshalb untrennbar in alle seine Abwandlungen hinein begleiten... Sie stellen die innere Selbstauslegung, gleichsam das in allen seinen Zügen ausgeprägte Antlitz des Seins dar, das in ihnen sein Wesen

[365] Biser, Eugen: Der Mensch – das uneingelöste Versprechen, S. 191ff

entfaltet u(nd) offenbart."[366] Aus der Tradition werden insgesamt vier solcher Wesensbestimmungen des Seins übernommen. „Seit Thomas v(on) Aquin hat sich meist eine Dreizahl durchgesetzt: Einheit, Wahrheit, Gutheit. In neuerer Zeit geht man immer mehr dazu über, eine vierte beizufügen, nämlich Schönheit. Darnach ergibt sich folgendes Wechselverhältnis: in dem Maße u(nd) in der Weise, wie einem Seienden Sein zukommt, besitzt es diese vier Eigenschaften; u(nd) umgekehrt: in dem Maße u(nd) in der Weise, wie ein Seiendes diese vier Eigenschaften besitzt, kommt ihm Sein zu."[367]

Es sind also diese **vier Transzendentalien**, die das **Sein von innen heraus bestimmen, sein Wesen begründen und es überhaupt erst zum Sein machen**. Natürlich hat auch der Mensch durch sein Leben am Sein Anteil, sofern er ist bzw. lebt. Nun muss also auch **des Menschen Sein auf diese vier großen Eigenschaften hin angelegt und ausgespannt** sein. Der Widerhall und das Echo dieses Rufes zum Sein ist, wie oben gesagt, das Gewissen. Deshalb **ruft das Gewissen notwendig zu allen vier Bestimmungen des Seins an**. Einer dieser **Rufe** ist der **zum Gutsein**. Dies ist Aufgabe des **sittlichen oder moralischen Gewissens**. Wenn nun das gesamte Phänomen des Gewissens auf diesen Bereich beschränkt bleibt, dann verlieren wir die anderen Wesensbestimmungen unter Umständen aus den Augen, zu denen das Gewissen nicht minder ruft. Der Mensch kann und darf eben nicht nur auf seine Sittlichkeit und auf Moral beschränkt werden. **Das Gewissen ruft zum vollen Sein insgesamt**. Deshalb muss das sittliche Gewissen dringend ergänzt und erweitert werden. Wenn dieses den Ruf zum Gutsein darstellt, dann braucht es genauso den **Ruf zum Wahrsein** des Menschen. Dieses Wahrsein geht aber über die ethische Bemühung um Wahrhaftigkeit hinaus. Es war **Martin Heidegger** (1889-1976), der in seinem Hauptwerk „Sein und Zeit" von 1927, eine sehr **tiefsinnige Erklärung von Wahrheit** gab. Dort führt er den Begriff der Wahrheit auf den ursprünglichen Sinn des griechischen Wortes für Wahrheit »aletheia« zurück. Am Besten wird es im nach mit

[366] Lotz, Johann Baptist: Art. Transzendentalien, S. 411
[367] Ebd.

„Unverborgenheit“[368] übersetzt. Von daher kann Heidegger schließen: „Wahrsein (Wahrheit) besagt entdeckend-sein.“[369] In diesem Sinn ist Wahrheit als ein Existential und Wesensbestimmung des Seins im eigentlichen und tiefsten Verständnis des Wortes die „Lichtung des Seins“[370]. Dieser Begriff führt nun noch einen ganzen Schritt weiter: **Die Wahrheit bringt buchstäblich „Licht ins Sein“ und bringt das „Sein ans Licht“**. Bei Heidegger sind deshalb die Begriffe Wahrheit, Lichtung und Endecktsein letztlich synonym gebraucht und bezeichnen den gleichen Sachverhalt. Den Menschen bezeichnet er als „Dasein“. Dieser jedoch erfasst sich und sein Wesen erst letztlich ganz in der „Wahrheit“, in der er sich und sein **eigentliches Wesen zutiefst selber ent-deckt**, in dem er „**Licht in sein Leben“ hinein bringt und es somit lichtet**. Wahrheit ist für Heidegger also nicht vordergründig ein Problem der Erkenntnistheorie, also des richtigen Verstehens, Erkennens oder Begreifens. Wahrheit zielt in erster Linie nicht auf wahre Sätze oder bewiesene Dinge, sondern ist vielmehr eine Bestimmung des Seins, in der Sprache Heideggers ein »Existential« und gehört damit in die Seinslehre, in die Ontologie[371]. Der inzwischen emeritierte Eichstätter Philosoph Alexius Jakob Bucher (*1938) fasst diese Sicht Heideggers in seiner Promotionsschrift sehr gut und richtig zusammen, wenn er schreibt: „Entdecken, lichten, erschließen kennzeichnen aber das Wahrheitsgeschehen des Daseins. Lichtend vollzieht das Dasein seine Wahrheit. Das Dasein wahrheitet heißt: es entdeckt, es lichtet... Wahrheit des Seienden ist Seiendes in seiner Gelichtetheit, und Wahrheit des Daseins ist Dasein als Gelichtetsein.“[372] **Wahrheit ist also ein Grundzug des Seins. Der Mensch ist auf Wahrheit angelegt und wird in seinem Gewissen immer wieder dazu gerufen**. Diese Seite des Gewissens als

---

[368] Vgl. Heidegger, Martin: Sein und Zeit, § 44 b, S. 212ff

[369] Ebd., S. 219

[370] Vgl. ebd. §28, S. 133

[371] Genau so wollte Heidegger sein ganzes Hauptwerk „Sein und Zeit“ verstanden wissen: Als eine grundlegende Seinslehre, eine „Fundamentalontologie“, um der von ihm bedauerten und angeklagten Seinsvergessenheit im Abendland einen Gegenpol zu setzen.

[372] Bucher, Alexius J.: Martin Heidegger – Metaphysikkritik als Begriffsproblematik, S. 126

Wahrheit bezeichnet Eugen Biser als „kognitives Gewissen“ und weist ihm als Aufgabe die Unterscheidung zwischen einem „guten oder schlechten Urteil“ zu.[373] Doch trotz aller Hochachtung Eugen Biser gegenüber muss ich sagen, dass er an diesem Punkt die Wahrheit, die doch eine Wesensbestimmung und ein Existential des Seins ist, zu kurz fasst. Er verbleibt zu sehr bei der verstandesmäßigen Wahrheit stehen, die zutreffender wohl mit Wahrhaftigkeit zu umschreiben ist. Ich möchte daher auf eine solche Umschreibung dieser Seite des Gewissenrufes verzichten und nenne es ganz einfach „**Wahrheitsgewissen**“. Es ist die Erinnerung im Menschen daran, dass er zutiefst **„gelichtet“** sein soll und dementsprechend sich selbst auch bis in die **letzten Tiefen auszuleuchten** hat. Es ist der Weckruf, alles „Dunkel“ in sich zu erhellen und ein „Kind des Lichtes“ zu sein.
Doch das Phänomen des Gewissens ist damit immer noch nicht voll ausgeschöpft. Denn es **ruft auch zur „Schönheit“** und kann in dieser Sicht mit Eugen Biser als **„ästhetisches Gewissen“**[374] benannt werden. Dieses wirkt sich in einem „guten oder schlechten Geschmack“ aus. Dabei bezieht sich dieser „nicht auf Fragen des Stils und der Faktur, wohl aber auf die Grunddifferenz von Kunst und Kitsch, und das ganz unabhängig vom kunstgeschichtlichen Bildungsniveau des Urteilenden.“ [375] Auch eine grundsätzliche Ausrichtung auf das „Schöne“ gehört somit unaufgebbar zum vollen und ganzen Sein. Der Mensch soll sich eben nicht mit bloßem Kitsch und oberflächlichem Zeug abspeisen lassen und zufrieden geben. Dies ist eine **Herausforderung an die Kunst**, die sich im besonderen Maße um das „Schöne“ müht. Johann Baptist Lotz stellt von daher vollkommen zu recht fest: „Mit der Frage nach dem Schönen ist die nach der Kunst verknüpft; obwohl von einer Korrelativität beider keine Rede sein kann. Nicht jedes Schöne ist nämlich ein Kunstschönes; umgekehrt gehört nicht jedes Werk der Kunst dem Bereich des Schönen an.“[376] Obwohl beide also nicht identisch sind, besteht doch ein offenkundiger Zusammenhang zwischen ihnen, denn „wahre Kunst steht ganz im Dienste des Schö-

[373] Biser, Eugen: Der Mensch – das uneingelöste Versprechen, S. 192
[374] Ebd.
[375] Ebd.
[376] Lotz, Johann Baptist: Die Grundbestimmungen des Seins, S. 83

nen, statt von ihm wegzuführen, weil sie das Schöne als die Vollendung... des Seins sieht und so als das Höchst-Wirkliche erfährt und gestaltet."[377] Ich denke, dass **Hans Küng** vollkommen zu Recht die **Kunst an die Sinnfrage bindet**. Sie vermag als „bildende Kunst mit ihren sinnenhaften Chiffren, Zeichen und Symbolen, mit Farben oder Formen und Gestalten zu mehr Lebenssinn und Lebensfreude beizutragen."[378] Von daher erwartet Küng von der Kunst eine Stellungnahme zu einem grundsätzlichen Vertrauen in die Wirklichkeit. **Kunst muss zutiefst vom Grundvertrauen geprägt sein**, wenn sie dem „Schönen" dienen will. Deshalb muss sie nicht nur heile Welt malen oder gestalten. Die Kunst kann und muss natürlich auch die Schreckensseiten der Welt vor Augen führen. Aber entscheidend ist für Küng die Frage, aus welcher letzten Motivation heraus dies geschieht. Geschieht dies aus einer tiefen Verzweiflung über die Welt und als Ausdruck der innerlich empfundenen Sinnlosigkeit und Leere von allem, dann muss die Kunst letztlich scheitern, denn sie führt den Menschen nicht aus seiner Not heraus, sondern eher noch tiefer hinein. Es bleibt aber auch noch als Alternative, dass das Schreckliche, das in der Kunst nicht ausgeblendet werden muss, umfangen und getragen bleibt von einem letzten Vertrauen in diese Welt und in den Menschen. Der Künstler „kann trotz aller sich aufdrängenden Absurdität, Leere, Sinnlosigkeit an einer grundlegenden Werthaftigkeit und Sinnhaftigkeit seines Lebens, der Welt überhaupt, festhalten. Er kann so...doch ein grundsätzliches Ja sagen zur Wirklichkeit in all ihrer Fraglichkeit: ohne allen billigen Optimismus, ohne alle affirmative (zustimmende und bejahende, AV) Lüge, also statt eines Grundmisstrauens ein Grundvertrauen! Und er kann dieses Grundvertrauen in seiner Kunst – auch in bewusst hässlichen, kritischen, provokativ-negativen Bildern – zum Ausdruck bringen"[379]. Wenn Kunst in diesem Verständnis der **„Erhellung von Sinn"** dient, dann ist sie **„Dienst am Menschen"**, in dem sie **ihm hilft, das „Schöne" zu vernehmen und sich darauf hin auszurichten**. Noch einmal Hans Küng: Der besondere Dienst

[377] Ebd., S. 85
[378] Küng, Hans: Musik und Religion, S. 14
[379] Ebd., S. 216

der Kunst „am Menschen besteht darin, ohne schlechten Trost und falsche Weihe das zu versinnbildlichen, was noch nicht ist, wie Mensch und Gesellschaft sein könnten, worauf menschliche Sehnsucht wartet: in dieser Welt der Zwecke und Zwänge ein Freiraum des Spielerischen, der alle Möglichkeiten offen lässt. Denn das große Kunstwerk ist ja mehr als »Erscheinung einer Idee«, mehr als nur »scheinendes Spiel«, gar bare »Lüge«. Es ist, gerade wenn es ästhetisch immanent vollendet ist, Hinweis und Vorgriff auf eine Welt, die ihre Vollendung noch vor sich hat."[380]
Ganz ähnlich beschreibt der ehemalige Bischof von Würzburg, Paul Werner Scheele (*1928), ein „Jahrgangsgenosse" von Hans Küng, den **tiefsten Zweck der Kunst**, wenn er feststellt: „In der Tat hat die Kunst nicht nur mit dieser oder jener von vielen Gegebenheiten zu tun; sie ist in einzigartiger Weise mit der Urgegebenheit, mit Gott, dem Herrn, und mit der göttlichsten aller Gaben, mit seiner Gnade verbunden. Die Kunst ist ein herausragendes Abbild des Gnadengeschehens; sie gehört wesenhaft zu dessen Zielen, wie zu dessen Medien. Die Freiheit und Dynamik der Kunst bieten uns ebenso wie die in ihr gestaltete Schönheit und Liebe einen *Schlüssel* zum Verständnis der Natur und der Übernatur."[381]
Treffender und schöner kann die wahre Bedeutung der Kunst nicht ausgedrückt werden. Darin aber wird sie zu einem **Ausdruck des „ästhetischen Gewissens" im Menschen**, das genau dazu ruft: zum Schönen, zum tieferen Verständnis von Natur und Welt und den sie umgreifenden Gott. Damit erinnert wahre Kunst an das eigentliche Sein, das Gott selber ist und zu dem er uns einlädt, um daran Anteil zu erhalten. Der Ruf zur „Schönheit", der wesentlich in der und durch die Kunst geleistet werden kann, ist **im tiefsten Kern ein Ruf auf Hoffnung hin**. In ihr verwirklicht sich dies in hervorragender Weise, „weil die Kunst wesenhaft ein hoffnungsrelevantes Ereignis ist."[382] Bischof Scheele unterscheidet dabei folgende Ebenen[383]:

- „Musik als klingende Hoffnung"

---

[380] Ebd., S. 231f
[381] Scheele, Paul Werner: Begnadete Kunst, S. 6f
[382] Ebd., S. 16
[383] Vgl. zu dem Ganzen: ebd., S. 16ff

- „Die bildende Kunst als verkörperte Hoffnung“
- „Dichtung als sprechende Hoffnung“

In all ihren verschiedenen Ausformungen kann und soll die Kunst dazu beitragen, dass die Menschen etwas von der Hoffnung verspüren und erahnen, die allein uns letztlich leben lässt. Der **Hoffnung, dass unser Leben im Ganzen sinnvoll und getragen, weil gewollt ist und dass unser Leben nicht in ein leeres Nichts hineinmündet, sondern umfangen bleibt von der Liebe Gottes.** Das ist der wahre Ruf zur Schönheit, die sich weitet auf Hoffnung hin. Die Kunst erschließt uns die eigentliche und oft verborgene Schönheit der Schöpfung und verhilft uns so, etwas vom Schöpferwirken Gottes zu erahnen, das auf Schönheit hinzielt.
Doch mit der Schönheit hat es noch eine weitere, beachtliche Bewandtnis. In seinem Artikel zum Thema „Schönheit“ verweist Johann Baptist Lotz auf die Sichtweise des mittelalterlichen Theologen Albertus Magnus. Dieser bestimmte Schönheit als das „Leuchten der Form (splendor formae)“[384]. Lotz führt dazu aus: „Form meint... den Seins-Kern des Seienden... Sch[önheit] ist also jene Weise der Vollendung, in der ein Seiendes das Sein in der ihm eigenen Form oder nach der ihm innewohnenden Idee ganz ausprägt u[nd] so seine Idealgestalt wenigstens annähernd erreicht, wobei diese wiederum in der sinnlich anschaulichen Gestalt möglichst greifbar aufleuchtet.“[385] **Damit hat die Schönheit mit dem Ganzsein des Seins zu tun**. Der Ruf zur Schönheit besagt also, dass der Mensch sich ganz verwirklichen soll, dass er – wenigstens anfanghaft – sein ihm von Gott geschenktes und aufgegebenes Wesen verwirklichen soll und somit sein ihm überantwortetes Selbst verwirklichen soll. Der Ruf zur Schönheit ist im Tiefsten ein Ruf zur „Selbstverwirklichung“. Wirkliche Schönheit hängt an der gelungenen Gestaltung des eigenen Wesens, oder in der Sprache von Albertus Magnus: im »Leuchten der Form«. Der Mensch ist, um wirklich sein Leben in Fülle zu gestalten, aufgerufen, das „Beste“ aus sich zu machen und so in seiner ihm eigenen Schönheit zu leuchten. Bei

---

[384] Lotz, Johann Baptist: Artikel Schönheit, S. 337
[385] Ebd., S. 337f

der Schönheit geht es also in erster Linie um die Identität des Menschen. „Je mehr... die volle Identität zum Durchbruch kommt, desto deutlicher prägt sich im endlichen Seienden das Schöne aus. Im Gegensatz dazu wird das Schöne um so mehr verdunkelt, je weniger die Quasi-Identität als Widerspiegelung der Voll-Identität erreicht wird.“[386] Die Übereinstimmung von außen und innen, von Wesen und Erscheinung, von dem, was mich bewegt und umtreibt mit dem, wie ich mich zu erkennen gebe und mich verhalte, ist das Maß der eigentlichen Schönheit. Von daher ist der Ruf zur „Schönheit“ wieder ein wichtiger Ruf an den Menschen: „Sei der, der du bist und verwirkliche dein Wesen!“ Die hier angesprochene „Selbstverwirklichung“ hat dabei nichts mit Egoismus oder schlechter Selbstüberschätzung zu tun. Vielmehr ist **echte Selbstverwirklichung das Erlangen der je eigenen Schönheit**, eine immer vollkommenere Angleichung des Selbstentwurfs mit dem von Gott erdachten Plan mit mir. „Schön ist das Seiende, sofern sein Erscheinen, sein Aussehen, in vollkommener Weise sein Wesen, seine substantiale Form zum Ausdruck bringt.“[387] Weil die Schönheit letztlich also auf Identität zielt, wird darin schon der Bogen gespannt hin zum letzten Ruf des Gewissens zum vollen Sein: dem **Ruf zur Einheit** des Menschen mit sich selbst. Wieder leihe ich mir eine Bezeichnung von Eugen Biser, der in diesem Zusammenhang vom **„Existenzgewissen“**[388] spricht. Und er führt dazu aus: „Es urteilt... über das Verhältnis des Menschen zu sich selbst, über seine gewonnene oder verfehlt Identität und den Grad der jeweils erreichten Selbstakzeptanz“[389]. **Dieser Anruf des Gewissens umfasst die anderen Rufe und führt sie letztlich zu einer Einheit zusammen.** Denn das **Sein ist wesentlich auf Einheit angelegt. Und auch der Mensch kann nur er selbst sein und werden, wenn er zutiefst eine Einheit in sich ist**. Fühlt sich der Mensch zerrissen oder gespalten, dann findet er nie zu sich. Vielmehr ist und wird er sich immer mehr entfremdet. Das **literarische Vorbild** für einen solch in sich

[386] Lotz, Johann Baptist: Die Grundbestimmungen des Seins, S. 80
[387] Anzenbacher, Arno: Einführung in die Philosophie, S. 82
[388] Biser, Eugen: Der Mensch – das uneingelöste Versprechen, S. 192
[389] Ebd.

zerrissenen Menschen befindet sich in Goethes **Faust**. Dort bekennt der Protagonist:

> „Zwei Seelen wohnen, ach! in meiner Brust,
> Die eine will sich von der andern trennen".
> [Faust I, S. 41,Verse 1112f]

Es ist dies ein Ausdruck für die bedrückende Erfahrung, dass der **Mensch letztlich in sich selbst keine Einheit ist, dass er sich in einem tiefsten Punkt innerlich zerrissen und gespalten** weiß. Es gibt Widerstrebendes im Menschen, die ihn bis zum Zerreisen spannen und ihn bis zur Zerstörung und Selbstauflösung treiben. Dieses Grundgefühl ist schon einmal beim Thema Angst und Verzweiflung zur Sprache gekommen. Verzweiflung wurde dort bestimmt als der Versuch, die innere Spannung, die der Mensch in sich selber darstellt und ist, einseitig aufzulösen. Dabei müsste es doch gerade gelingen, die innere Spannung auszuhalten und in eine Balance zu bringen, denn der Mensch kann und darf, wenn er sich nicht verfehlen will, nicht in sich auseinander fallen. Deshalb ruft ihn das Gewissen zur „Einheit" und darin zum eigentlichen und ganzen Sein. Dass diese innere Einheit aber keineswegs selbstverständlich ist, greift wohl kaum ein Schriftsteller tiefgründiger auf, als **Hermann Hesse** in seinem Roman **„Der Steppenwolf"**. Es handelt sich hierbei um die **Aufzeichnungen von Harry Haller**, der sich nach eigenem Bekunden **innerlich zerrissen und zerspalten** erlebt: er ist halb Mensch und halb Wolf. So kleidet er sein Leben in die Chiffre vom „Steppenwolf". Im Kapitel »Tractat vom Steppenwolf«, der ausdrücklich »Nur für Verrückte« geschrieben ist, wird dieser Gedanke ausgeführt: *„Bei unserem Steppenwolf nun war es so, dass er in seinem Gefühl... bald als Wolf, bald als Mensch lebte, ... dass aber, wenn er Wolf war, der Mensch in ihm stets zuschauend, urteilend und richtend auf der Lauer lag – und in den Zeiten, wo er Mensch war, tat der Wolf ebenso. Zum Beispiel, wenn Harry als Mensch einen schönen Gedanken hatte, eine Tat verrichtete, dann bleckte der Wolf in ihm die Zähne und lachte und zeigte ihm mit blutigem Hohn, wie lächerlich dieses ganze edle Theater einem Steppentier zu Gesicht steht... Aber ganz ebenso war es, wenn*

Harry sich als Wolf fühlte und benahm, wenn er andern die Zähne zeigte, wenn er Hass und Todfeindschaft gegen alle Menschen und ihre verlogenen und entarteten Manieren und Sitten fühlte. Dann nämlich lag das Menschenteil in ihm auf der Lauer, beobachtete den Wolf, nannte ihn Vieh und Bestie und verdarb und vergällte ihm alle Freude an seinem einfachen, gesunden und wilden Wolfswesen".[390] Dabei wird dieser Harry vorgestellt als einer, der vor allem nicht gelernt hatte, „*mit sich und seinem Leben zufrieden zu sein. Dies konnte er nicht, er war ein unzufriedener Mensch. Das kam wahrscheinlich daher, dass er im Grunde seines Herzen jederzeit wusste (oder zu wissen glaubte), dass er eigentlich gar kein Mensch, sondern ein Wolf aus der Steppe sei… Der Steppenwolf hatte also zwei Naturen, eine menschliche und eine wölfische, dies war sein Schicksal*"[391]. Hesse greift bei seiner Betrachtung ausdrücklich auf die oben zitierte Stelle in Goethes Faust zurück und mit der Klage Fausts von den „zwei Seelen in seiner Brust".[392] Doch genau gesehen, ist dies viel zu vereinfachend. Denn „*die Brust, der Leib ist… [zwar, AV] immer eines, der darin wohnenden Seelen aber sind nicht zwei, oder fünf, sondern unzählige; der Mensch ist eine aus hundert Schalen bestehende Zwiebel, ein aus vielen Fäden bestehendes Gewebe… Betrachten wir von diesem Standpunkt aus den Steppenwolf, so wird uns klar, warum er so sehr unter seiner lächerlichen Zweiheit leidet. Er glaubt, wie Faust, dass zwei Seelen für seine einzige Brust schon zu viel seien und die Brust zerreißen müssten. Sie sind aber im Gegenteil viel zu wenig, und Harry vergewaltigt seine arme Seele furchtbar, wenn er sie in einem so primitiven Bilde zu begreifen sucht.*"[393] In sehr beeindruckender Weise wird dieser Gedanke noch einmal von Hesse gegen Ende seines Romans aufgenommen, in dem Kapitel vom »magischen Theater«. Dort gilt als erstes, seine „geehrte Persönlichkeit freundlichst hier in der Garderobe abzulegen"[394], um sich selbst wahrhaft kennen lernen zu können. Wenn die „Persönlichkeitsbrille" weggeworfen ist, wenn man beginnt,

---

[390] Hesse, Hermann: Der Steppenwolf, S. 48
[391] Ebd., S. 46f
[392] Vgl. ebd., S. 67
[393] Ebd., S. 67f
[394] Ebd., S. 192

sich mit „neuen Augen“ zu sehen und nicht immer nur mit dem gewohnten Blick, dann erst gelingt es – so Hesse – sich wirklich zu sehen und wahrhaft zu entdecken. Tatsächlich lernt Harry Haller, nach dem er seine Steppenwolf-Persönlichkeit hinter sich gelassen hat, ganz neu sich im Spiegel der Selbstschau zu betrachten. Und was nun erzählt wird, beschreibt die ganze Tragik des so zu sich gekommenen und erwachten Menschen: „Ich sah einen winzigen Moment lang, den mir bekannten Harry, nur mit einem ungewöhnlich gutgelaunten, hellen, lachenden Gesicht. Aber kaum, dass ich ihn erkannt hatte, fiel er auseinander, löste sich eine zweite Figur von ihm ab, eine dritte, eine zehnte, eine zwanzigste, und der ganze Riesenspiegel war voll von lauter Harrys oder Harry-Stücken, zahllosen Harrys, deren jeden ich nur einen blitzhaften Moment erblickte und erkannte... und alle waren ich, und jeder wurde blitzschnell von mir gesehen und erkannt und war verschwunden, nach allen Seiten liefen sie auseinander, nach links, nach rechts, in die Spiegeltiefe hinein, aus dem Spiegel heraus.“[395] Welch schreckliches Szenario: Da zerfließt der Mensch in die Vielfalt und Mannigfaltigkeit seiner Rollen und der an ihn gerichteten Erwartungen. Da sieht sich ein Mensch förmlich ins Grenzen-lose aufgelöst und deshalb nach allen Richtungen buchstäblich auseinander laufen. Da spürt einer, dass es letztlich nichts gibt, das alle seine Lebensäußerungen zusammenhält, dass er unförmig und formlos wird, weil alles ohne eine erkennbare Mitte in viele Einzelteile zerfällt. Der Steppenwolf ist von daher das vielsagende literarische Vorbild für das Auseinanderfallen der Persönlichkeit. Vielleicht berührt dieser schon 1927 erschienene Roman deshalb schon von Anfang an so viele Menschen, weil er einem dumpfen, letzten Lebensgefühl Ausdruck verleiht: dem **Gefühl einer inneren Zerrissenheit und dem Gespür um ein Fehlen einer inneren Einheit mit sich selbst.** Es ist sehr spannend zu sehen, dass die **Bibel** mit einer ganz ähnlich gelagerten Erzählung wie der Steppenwolf sich genau dieses Themas annimmt. Es handelt sich auch hier um die Grunderfahrung von innerer Zerrissenheit und vom Auseinanderfließen in heillose Vielheit. Vielleicht wissen viele jetzt gar nicht, von welcher Erzählung ich hier

---

[395] Ebd., S. 194f

ausgehe. Deshalb möchte ich sie als ganze Geschichte hier wieder geben. Sie steht im **5. Kapitel des Markusevangeliums**. Dort heißt es:

> „Sie kamen an das andere Ufer des Sees, in das Gebiet von Gerasa. Als er aus dem Boot stieg, lief ihm ein Mann entgegen, der von einem unreinen Geist besessen war. Er kam von den Grabhöhlen, in denen er lebte. Man konnte ihn nicht bändigen, nicht einmal mit Fesseln.
> Schon oft hatte man ihn an Händen und Füßen gefesselt, aber er hatte die Ketten gesprengt und die Fesseln zerrissen; niemand konnte ihn bezwingen. Bei Tag und Nacht schrie er unaufhörlich in den Grabhöhlen und auf den Bergen und schlug sich mit Steinen. Als er Jesus von weitem sah, lief er zu ihm hin, warf sich vor ihm nieder und schrie laut: Was habe ich mit dir zu tun, Jesus, Sohn des höchsten Gottes? Ich beschwöre dich bei Gott, quäle mich nicht! Jesus hatte nämlich zu ihm gesagt: Verlass diesen Mann, du unreiner Geist! Jesus fragte ihn: Wie heißt du? Er antwortete: Mein Name ist Legion; denn wir sind viele. Und er flehte Jesus an, sie nicht aus dieser Gegend zu verbannen. Nun weidete dort an einem Berghang gerade eine große Schweineherde. Da baten ihn die Dämonen: Lass uns doch in die Schweine hineinfahren! Jesus erlaubte es ihnen. Darauf verließen die unreinen Geister den Menschen und fuhren in die Schweine, und die Herde stürzte sich den Abhang hinab in den See. Es waren etwa zweitausend Tiere, und alle ertranken."
>
> [Mk 5, 1-13]

Wieder trifft Eugen Drewermann mit seiner Auslegung genau den Kern der ganzen Erzählung, wenn er feststellt: „Im ganzen Neuen Testament begegnen wir keiner Darstellung von solch unheimlicher Zerrissenheit, Ohnmacht und Ausgeliefertheit. Folgen wir den einleitenden Sätzen dieses Berichts bei Markus, so wird uns ein **Mensch vor Augen gestellt, der auf das tiefste an sich selber leidet** und dessen gesamtes Handeln nur aus Widersprüchen und aus unheilbaren Gegensätzen besteht."[396] Der Beses-

[396] Drewermann, Eugen: Das Markusevangelium, 1. Teil, S. 360f. Hervorhebung nicht original.

sene gleicht also ganz dem Empfinden des „Steppenwolfs“. In der Erzählung des Markusevangeliums wird das ganze Drama des „Besessenen“ offenkundig, als Jesus den Gequälten **nach seinem »Namen« fragt**. Dabei geht es nicht um eine neugierige Informationsfrage. Wie schon im „ersten Fall, dem Nominativ“ angedeutet, hat der Name im biblischen Verständnis eine tiefe Bedeutung, er ist **Ausdruck des Wesens eines Menschen**. Wenn Jesus hier also nach dem Namen fragt, dann stellt er das Wesen dieses Menschen und seine ganze Art zu leben, oder besser zu vegetieren, denn leben kann man dies wohl nicht mehr nennen, in Frage. Was hat er auch schon von seinem Leben? Unbändigbar muss er allen erscheinen, nicht in Griff zu bekommen, nicht einfügbar in die Schemata des „Normalen“. Man versucht ihn mit Ketten zu binden, doch die zerreißt er. So wirkt er auf alle abschreckend und hat wohl auch alles dafür getan, dass die Menschen ihn meiden wie eine Pestilenz. Vielleicht liegt aber genau darin sein Problem. Die Bibelstelle wird sehr feinnervig, wenn sie die Wohnstätte dieses Besessenen in die „Grabhöhlen“ verlegt. Da ist ein Mensch – unbehaust und unheimlich – so sehr „anders“, dass die anderen ihn meiden und förmlich schon „lebendig begraben“. Für die anderen ist er „abgeschrieben“ und „gestorben“. Was muss das für ein Leben sein, das nirgendwo noch eine Heimat hat, als mitten im Bereich des „Toten“, das nichts Lebendiges mehr in sich spürt und nicht zum Leben zugelassen wird. Ist dieses Leben nicht selbst schon lange tot und abgestorben? Kein Wunder also, dass die anderen ihn meiden. Aber dennoch gibt sich der Mann mit dem „unreinen Geist“ **nicht zufrieden**. Mitten in seiner todverfallenen Umgebung „schreit“ er, bei Tag und bei Nacht. Ein **solches (Un-)Leben schreit förmlich um Veränderung und um Hilfe**. Aus einem solchen Lebendig-Begrabensein bricht sich der **Schrei nach Leben** nur noch so heraus. Ein solches Dasein **schreit buchstäblich nach Heilung**. Doch die, und darin liegt die eigentliche Tragödie, wäre **nur möglich in einer echten und von Liebe getragenen Begegnung** mit einem Menschen, der es ernst meint mit solch einem Getriebenen. Und jetzt schließt sich der Teufelskreis, denn der Besessene ist in seinem Verhalten zutiefst zwiespältig, so dass sich seine innere Zerrissenheit in äußerer Widersprüchlichkeit entlädt. „Er, der jeden anderen von weitem abwehrt, ist es zugleich, den wir des Nachts und am Tage schreien hören, lang gezogen, wie um unadressiert Kontakt aufzunehmen mit jedem Menschen; kaum aber traut sich jemand in seine Nähe, da stößt er ihr wütend und empört zurück."[397] Das also, was er in seiner Not am meisten bräuchte, das flieht er durch sein Verhalten wie nichts in der Welt. Das, was ihm Heil und Heilung brächte, wird durch ihn bereits durch sein Schreien auf Distanz gehalten. Er, der dringend einen Menschen sucht, der ihn akzeptiert und bejaht, sondert sich durch sein ganzes Verhalten von allen ab. Doch die Erzählung ist noch nicht zu Ende. Es gibt auch hier eine Lösung, die zu einer echten Erlösung werden kann. **Entscheidend** dabei ist nun für den Besessenen die ihm **geschenkte und von Jesus eröffnete Begegnung**. Endlich einer, der nicht vorbeigeht an seiner „Grabhöhle". Endlich einer, der nicht Reißaus nimmt vor seinem Schreien. Endlich einer, der sich nicht von der unbändigen Wut in Panik versetzen lässt. Endlich jemand, der es wagt, ihm unter die Augen zu treten, weil er fest davon überzeugt ist, dass auch dieser Verlorene sich sehen lassen kann und anderen unter die Augen treten darf. Obwohl also der wichtigste Schritt zur Veränderung der Lage des „Besessenen" in der Zuwendung Jesu zu ihm bereits getan ist, gibt es einen letzten Fluchtversuch des Geplagten und einen letzten Rückfall in die alte Gewohnheit, genau das, was ihm helfen könnten, am meisten abzulehnen. So ruft er verzweifelt: „Was habe ich mit dir zu tun... Quäle mich nicht!" Wie wenn er den Besucher los werden oder vertreiben wollte, fährt er ihn an. Doch – Gott sei Dank – ist Jesus nicht zimperlich. Entgegen dessen Anordnung beendet er die Begegnung nicht. Und an dieser Stelle kommt es zur entscheidenden Frage: „Wie heißt du?" Diese Frage gilt es sehr tief zu hören, zielt sie doch darauf ab, diesen „armen Teufel" in seiner Grabesexistenz zutiefst in Frage zu stellen. Es gilt hier vieles mitzuhören, das zwar nicht ausdrücklich gesagt, aber doch zuletzt gemeint ist. Denn die Frage nach dem „Namen" besagt doch:

- Was ist dein Lebensentwurf?
- Wer möchtest du eigentlich sein oder werden?

[397] Ebd., S. 361

- Was hat man mit dir gemacht, dass dein Leben schon längst wie begraben ist?
- Wie sehr muss man dir wehgetan haben, dass du dir selber immer wieder Schmerzen zufügst, in dem du dich mit Steinen schlägst?
- Warum brichst du nicht aus aus dem Gefängnis und Grab deines Lebens?

Auf die **Frage nach dem Namen des Besessenen und damit nach dem tiefsten Wesen dieses Menschen,** kommt die erschreckende und doch zugleich alles erklärende Antwort: „Mein Name ist Legion; denn wir sind viele." Wieder gelingt es Eugen Drewermann dieser scheinbar wirren Antwort einen tiefen Sinn abzugewinnen, wenn er schreibt: „Es ist erschütternd zu hören, wie der »Besessene« auf die Frage vollkommen wahr zu artikulieren versucht, dass er überhaupt kein Ich hat, mit dem man reden könnte. Statt dessen existiert in ihm eine Vielzahl von verselbstständigten Handlungs- und Denkgewohnheiten, von abgeschnürten Komplexen, die alle in Widerspruch miteinander liegen und dennoch gemeinsam wie eine römische Militärabteilung auftreten, organisiert nach einem einheitlichen Befehl und wie mit breiten Stiefeln in dem psychischen Terrain des Besessenen herumtrampelnd"[398]. Das ist also die **tiefste Not dieses Menschen**, dass **er in sich keine Einheit ist**, dass er, wohl unter dem Erwartungsdruck der anderen und einer Überforderung durch sich selbst, **zerspalten und zerrissen** ist, ganz so wie der von Hermann Hesse beschriebene Steppenwolf. Folgerichtig ist er „Legion", eine Zersplitterung in Viele!
Bleibt noch ein Blick auf das sehr seltsam anmutende Ende dieser Erzählung. Die Heilung des Mannes scheint bereits gelungen in dem Moment, in dem Jesus sich wirklich nach ihm erkundigt, als zum ersten Mal wohl jemand wirklich ihn meint und sich seiner annimmt. All das versteckt sich hinter der Frage nach dem Namen. Endlich will einmal jemand wissen, wer und wie er wirklich ist. Endlich braucht er anderen und vor allem sich selber nichts mehr vorzumachen. Doch was – um Himmels willen – soll das Ende mit den Schweinen. Noch einmal kann uns Eugen Drewermann hel-

[398] Ebd., S. 363

fen, Licht in diese Sache zu bringen. „Entscheidend ist, dass Jesus es dem Besessenen von Gerasa erlaubt, *seine Dämonen in die Schweine zu schicken*. Die Dämonen selber flehen Jesus zur Erlösung dieses Besessenen gewissermaßen um die Gunst eines solchen letzten Vernichtungswerkes an – ein furchtbares Ausagieren aller bisher verinnerlichten Aggression und Gewalt, die jetzt endlich nach außen drängt und mit Macht sich dort entladen will.“[399] Mit anderen Worten wird dem **Umgetriebenen und innerlich Zerbrochenen erlaubt, ohne dass andere Schaden nehmen, die ganzen aufgehäufte „Schweinereien“ seines Lebens sich entladen und austoben zu lassen**. Ich kann mich hier sehr gut einfühlen. Denn manchmal brauche auch ich etwas, um „Dampf abzulassen“, sonst würde ich zerplatzen. Wenn mich vieles belastet und mir die Luft zum atmen zu nehmen droht, dann muss ich etwas finden, um mich abzureagieren. Doch um damit niemand zu verletzen oder zu schädigen, muss ich Formen finden, die mir zwar helfen, von den Belastungen frei zu werden und die trotzdem niemanden in Mitleidenschaft ziehen. Vielleicht schreie ich, wenn ich alleine im Auto unterwegs bin oder ich hacke Holz. Andere treiben Sport oder verausgaben sich sonst irgendwie. So muss es auch dem Besessenen ergangen sein, denn »Schweinereien« hat dieser Mann aus Gerasa wohl viele in seinem Leben erfahren:

- Verletzungen durch Unachtsamkeiten;
- das Gefühl, nicht gewollt oder gar störend zu sein;
- manch böses Wort, das ihn bis ins Herz hinein verwundet hat
- und vor allem das Gefühl, eigentlich nie richtig gelebt zu haben, ständig nur am Rand des Todes oder buchstäblich in den Grabkammern der eigenen Existenz gewesen zu sein.

Das Leben dieses Mannes war wirklich **von vielen solcher »Schweinereien« belastet**. Vielleicht ist das **Austreiben** dieses „unreinen Geistes“, die **Lösung** der inneren Gespalten- und Zerrissenheit mit der „**Ausfahrt in die Schweine**“, also dorthin, wo die Schweinereien hingehören, der einzig

[399] Ebd.

wirklich angemessene und **befreiende Weg** dazu. Also keine Angst, wenn man Mitleid mit den armen Tieren empfinden möchte, die ja nun wirklich nichts zu der beschriebenen Misere können. Die Geschichte erzählt nicht vom Verenden und Ertrinken von unschuldigen Schweinen, sondern zeigt einen Weg auf, wie mit den „Schweinereien" des Lebens aufgeräumt werden kann und darf. Doch zurück zur Erzählung: Am Grunde dieser Geschichte aus Mk 5 erscheint entgegen der Auflösung des Ichs in viele Masken und Rollen die **tiefe Sehnsucht nach einer innerlichen Einheit**. Der Mensch will und soll doch nicht in eine Vielzahl von „Harrys" oder in eine „Legion" von unterschiedlichen Facetten und Gesichtern zerfallen. Es ist der **Ruf des Gewissens**, der **Ruf zum vollen und vollendeten Sein**, der zutiefst und zuinnerst ein **Anruf zur inneren Einheit und Ganzheit** ist. Dazu wollte der Mann aus Nazaret die Menschen führen. Er wollte sie befreien aus den Grabhöhlen ihrer Angst und aus dem Leichendienst ihrer ständigen Anpassungen an die Umwelt. Seine Zusage an jeden Menschen war:

- Du bist mehr als nur ein Träger einer Rolle, die dir jeweils in den unterschiedlichsten Lebensbereichen zugemutet wird.
- Du bist mehr als nur eine manövrierbare Masse der unterschiedlichen Erwartungen, die andere an dich herantragen oder die du selbst auf dich bürdest.
- Du musst aus deinem inneren Unheilsein ausbrechen, wie aus einem Grab aufstehen, ja förmlich auferstehen, um endlich du selbst zu sein.
- Höre auf, dir und anderen ständig etwas vormachen zu wollen und dabei letztlich in tausend Ichs zu zerfallen.
- Höre damit auf, ständig es allen Recht machen zu wollen und so dich andauernd zu verbiegen.
- Sei du selbst – nicht mehr, aber vor allem nicht weniger!

Das ist der An-Ruf des Gewissens zur Einheit im Sein, das ist der tiefste An-Spruch des Existenzgewissens an dich. „Sei du selbst - und das ganz!" Und wieder ist es eine biblische Stelle, die uns diesen Gedanken von innen her aufschließt. Es handelt sich um eine kleine Begebenheit in der Abrahamsgeschichte, die vielleicht vordergründig nicht sofort auffällt. Er steht im 17. Kapitel des Buches Genesis. In der Einheitsübersetzung steht hier folgendes:

> „Als Abram neunundneunzig Jahre alt war, erschien ihm der Herr und sprach zu ihm: Ich bin Gott, der Allmächtige. Geh deinen Weg vor mir, und sei rechtschaffen!"
>
> [Gen 17,1]

Bei aller Liebe zur Einheitsübersetzung, so muss ich doch auch an dieser Stelle einräumen, dass sie uns wieder einmal im Stich lässt und eher daran hindert, den tiefen und eigentlichen Sinn dieses Textes verstehen zu können. Bleibt also wieder zuerst ein Blick in das hebräische Original. Dort steht in dem Satz, der oben mit: „Geh deinen Weg vor mir, und sei *rechtschaffen*" wiedergegeben wurde, eigentlich etwas ganz anderes und unvergleichlich Schöneres. Entscheidend ist dabei das letzte Wort dieses Verses, das in der Einheitsübersetzung fälschlich mit „rechtschaffen" übertragen wird. Hebräisch steht hier das Wort **„tamim" – תָּמִים**, das am Besten mit **„vollständig sein"**[400] übersetzt wird. Es ist hierbei zu beachten, dass „in der überwiegenden Mehrzahl der Belege *tāmim* Näherbestimmung zur kultischen Darbringung ist... Demnach meint *tāmim* eine nachprüfbare einwandfreie körperliche Beschaffenheit"[401] des Opfertieres. Seltener wird diese Bestimmung im AT für Menschen verwendet „und dann auf das Gottesverhältnis bezogen."[402] Es geht bei allen Fällen, in denen tāmim innerhalb des Pentateuchs im Blick auf den Menschen gebraucht wird, um eine **„ungetrübte menschliche Gottesbeziehung"**. Aus diesem Grund meint das „Geh deinen Weg vor mir und sei *tāmim*!" sicher mehr, als nur ein moralisches Rechtschaffensein des Menschen. Es geht also gar nicht so sehr um das, was ein Mensch tut oder tun könnte, sondern es bezieht sich auf

[400] Koch, K.: Art. תמם - *tmm* – vollständig sein, Sp. 1045
[401] Ebd., Sp. 1048
[402] Ebd.

sein Sein, wie er ist oder wie er sein könnte. Der Auftrag an Abraham wird durch die Übersetzung von tamim mit „rechtschaffen" also überhaupt nicht verständlich, wenn nicht gar in seinem Sinn genau verdreht. Es geht nämlich bei dem, was Gott vom Menschen erwartet, nicht um das, was der Mensch zu tun imstande ist oder was er aus eigener Kraft leisten kann. Wesentlich tiefer und der Sache deutlich angemessener übersetzt **Martin Buber** diese Stelle, wenn er schreibt:

> „Ich bin der Gewaltige Gott. Geh einher vor meinem Antlitz! Sei ganz!"
> [Gen 17,1]

Es geht bei dem Wort „tamim", das Buber mit „ganz sein" übersetzt, also überhaupt nicht um das „Tun" des Menschen, sondern um dessen „Sein". **Nicht, was er tut, steht im Vordergrund, sondern das, wie und vor allem wer er ist.** Darin liegt seine **Berufung von Gott her: „Ganz" zu sein**, sich selber zu verwirklichen und gerade dadurch, unter den Augen Gottes, zu sich selbst und letztlich auch zu ihm zu finden. „**Ganz sein**!" Schöner lässt sich der Anruf Gottes an Abraham und über ihn an uns alle, nicht übersetzen. Und Schöneres lässt sich für uns gar nicht wünschen. Es ist der **tiefe Ruf zum vollen Sein**, das sich in der inneren Einheit äußert und darin auslegt.

- „Sei ganz!" – dieser Ruf steckt letztlich hinter der Frage Jesu „Wie heißt du?" an den Besessenen von Gerasa.
- „Sei ganz!" – das wäre wohl die Lösung für den Steppenwolf Harry Haller und auch seine Erlösung.
- Für uns ist es der Ruf des Existenzgewissens, der Anruf, eine innere Einheit zu sein und immer mehr zu finden und zu leben.

Doch dies, und darin erweist sich die Bibel wieder einmal sehr feinsinnig, **gelingt nur vor dem Antlitz Gottes**, das aber ein Angesicht ist, das uns aus und in großer Liebe anschaut. Sein „ansehen" gibt uns das nötige „Ansehen", das uns ermächtigt, uns ganz anzunehmen und das eigene

Leben zu wagen. Im Blick auf Gott und in der Ausrichtung unseres Lebens auf ihn, kann unser „Lebens*weg*" (darauf spielt das „Geh einher" aus dem Buch Genesis an) gelingen.
Das also ist der tiefste Kern des Gewissens: Es ruft zum vollen Sein, mit seiner Hilfe **können und dürfen wir „ganz" sein und wirklich leben** und es erinnert den Menschen, aus seinem eigenen Inneren, an die Fülle des Seins:

- Es ruft ihn als *moralisches* Gewissen zum *guten Handeln* heraus. Denn nur, wenn der Mensch sich gut verhält, wird er seinem Wesen gerecht, das vom Guten her und auf das Gute hin erschaffen ist.
- Als *ästhetisches* Gewissen weckt es im Menschen immer wieder das *Verlangen nach Schönheit und Harmonie*. Denn nur, wenn er sein ihm eigenes „Innen" mit seinen „Äußerungen" übereinbringt, erblüht er in der ihm eigenen Schönheit.
- Im *Wahrheits*gewissen will es *„Licht in den Menschen* bringen", seine Wahrheit im Leben und Handeln offen legen und so das Dunkel verwandeln und erleuchten. Denn nur so bleibt sich der Mensch treu und findet zu sich.
- Letztlich bündelt es als *Existenz*gewissen all diese Impulse noch einmal und verhilft dem Menschen, hinter und durch alle Unterschiedenheit hindurch, *eine Einheit* zu werden. Denn als Einheit ist er geschaffen und „ganz" soll er sein vor seinem Schöpfer.

Im Schaubild könnte man das Gesagte so darstellen:

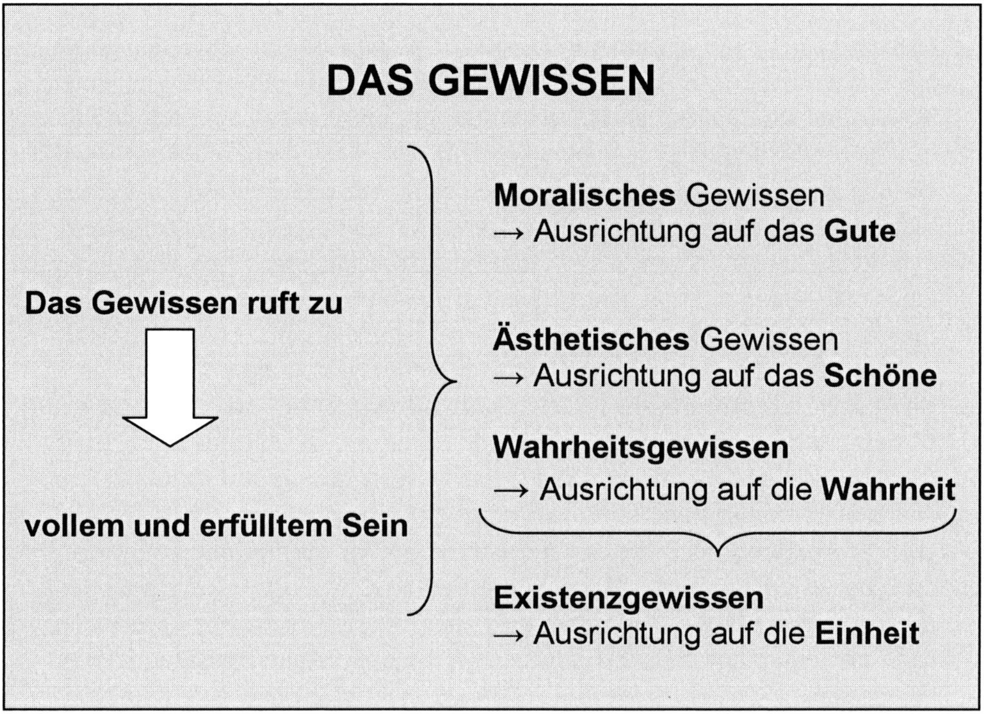

Der **Ruf des Gewissens hat das volle und erfüllte Sein zum Ziel**. Dieses soll in seinen **Wesenseigenschaften** sich auslegen und verwirklichen können und so seinem eigentlichen Ziel und seiner von Gott her gewollten Bestimmung entsprechen. Diesem Ziel fühlte sich auch **Jesus von Nazaret** verpflichtet. Als eine zusammenfassende Schau seiner Botschaft ruft er an einem der Höhepunkte des Johannesevangeliums einen wichtigen und zentralen Satz aus:

> „Ich bin gekommen, damit sie das Leben haben und es in Fülle haben!“
> [Joh 10,10]

Wie in einem **Brennglas fasst dieser Satz das gesamte Auftreten Jesu zusammen:** Er will immer wieder, durch all sein Reden und Tun, durch sein Lehren und Zuhören, durch seine Botschaft und durch seine heilende Nähe, dass die Menschen das Leben haben, und zwar das „Leben in Fülle". Zurecht betont Rudolf Schnackenburg hier, dass die „komparativische Bildung περισσον εχειν [perisson echein, AV]... nicht etwas [meint, AV], das mehr wäre als Leben, sondern das Leben in seiner höchsten Steigerung, das ewige Leben."[403] Jesus will nicht nur, dass die Menschen einfach so leben. Sie sollen in Fülle, ja im Überfluss leben, was das griechische Wort „perisson" ursprünglich andeutet.[404] Die Vorstellung vom „Leben im Überfluss" spielt dabei im biblischen Zusammenhang eindeutig auf die **Vollendung** an. **Überströmende Fülle ist ein Kennzeichen der von Gott eröffneten und ermöglichten Heilszeit**. Somit ergibt sich ein **Blick über die Grenzen und Begrenzungen unserer Welt hinaus auf das Ziel**, das von Gott her auf uns wartet. Er will, dass wir leben, und zwar voll und ganz. Was er Abraham mit auf den Weg gab: „Geh vor mir her und sei ganz!", das sagt er auch uns zu. Jesus ist die Person-Gewordene Zusage Gottes an uns, dass das geht und dass wir dazu berufen und befähigt sind. In allen neutestamentlichen Zeugnissen, wird diese Erfahrung bezeugt: Wer immer diesem Jesus begegnete, und sich nicht von Haus aus dieser Begegnung mit ihm verschloss, der konnte etwas spüren von dem An-Spruch, der von ihm ausging, ganz und heil zu sein. Der wurde durch sein Wort oder durch eine zärtliche Berührung verwandelt und innerlich zur Einheit geheilt. Damit erfüllte Jesus das, was Gott mit den Menschen von jeher vorhatte und übersetzte sozusagen den Ruf zum vollen und erfüllten Sein Gottes vom Schöpfungsmorgen in alle Zeitläufte hinein. Das Gewissen nun, ist der „Ort" in uns, oder besser der „Lebensruf" in uns, der seit den „Tagen der Schöpfung", an denen Gott alles ins „Leben rief", in unserem Inneren, in der Mitte unserer Persönlichkeit widerhallt und der in uns die Erinnerung wach hält an das, wie Gott sich unser Leben vorstellt und wie es seine eigentliche Erfüllung, nämlich seine Fülle findet. Das **zeichnet**

[403] Schnackenburg, Rudolf: Das Johannesevangelium, II. Teil, S. 369

[404] Vgl. dazu den Artikel περισσευο von Friedrich Hauck im ThWNT, Bd. VI, S. 58ff

uns Menschen aus, dass wir berufen sind zum Leben, zum vollen und erfüllten Leben. So will es Gott. So ist es der Plan und das Ziel der Schöpfung. Gott will nicht, dass wir nur so dahinvegetieren. Er will nicht, dass wir vor uns hindümpeln, sondern dass wir wirklich leben und aus unserem uns geschenkten Leben etwas machen. Diesen Zusammenhang haben wir schon im Fall „Genitiv" kennen gelernt, bei dem uns klar geworden ist, dass der schöpferische Gott sich nicht minder kreative Menschen wünscht.

Einen wunderschönen und sehr tiefsinnigen Ausdruck dieses Anrufs zum vollen und erfüllten Sein, den das Gewissen letztlich darstellt, findet sich bei **Nikolaus von Kues** (1401-1464). In seiner kleinen Schrift „De visione Dei" oder „Vom Sehen Gottes", die er für die Mönche vom Tegernsee verfasste, kommt er im Kapitel VII zu einer **Aussage, die all das bisher Gesagte noch einmal zusammenführt und uns ein tiefes und letztes Verständnis eröffnet von dem Ruf Gottes in uns** zum vollen und erfüllten Sein. Hören wir auf die Stimme dieses großen Mannes, der, nach einer Aufzählung von Richard Heinzmann, „Kanonist, Mathematiker, Philosoph und Theologe, Bischof und Kardinal"[405] war und der – seiner Zeit weit voraus – eine erste Tür vom Mittelalter in Richtung Neuzeit aufgestoßen hat, in seiner Wende hin zum Menschen und zum Subjekt, von denen aus er Philosophie betreibt. „Du, o Gott, bist die Wahrheit und das Urbild... Wem es also vergönnt ist, Dein Angesicht zu schauen, sieht alles offen und nichts bleibt ihm verborgen. Er weiß alles. Alles hat jener, o Herr, der Dich hat, und alles hat der, der Dich sieht. Denn niemand sieht Dich als nur derjenige, der Dich besitzt; niemand vermag sich Dir zu nahen, da Du unnahbar bist. Niemand also wird Dich erfassen, außer Du schenkst Dich ihm. Wie aber habe ich Dich, o Herr, der ich nicht wert bin, vor Deinem Angesicht zu erscheinen? Wie gelangt mein Gebet zu Dir, der Du auf keine Weise erreichbar bist? Wie soll ich Dich bitten? Denn was ist sinnloser, als zu bitten, Du mögest dich mir schenken, da Du doch alles in allem bist. Und wie wirst Du Dich mir geben, wenn Du mir nicht zugleich Himmel und Erde gibst und alles, was in ihnen ist? Ja, noch mehr: wie wirst Du Dich mir

[405] Heinzmann, Richard: Philosophie des Mittelalter, S. 288

geben, wenn Du mich nicht mir selbst gibst? Und wenn ich so im Schweigen der Betrachtung verstumme, antwortest Du mir, Herr, tief in meinem Herzen und sagst: Sei du dein und ich werde dein sein. O Herr, Du Wonne aller Süßigkeit, Du hast es in meine Freiheit gelegt, dass ich mein sein kann, wenn ich es nur will. Gehöre ich darum nicht mir selbst, so gehörst auch Du nicht mir. Du machst die Freiheit notwendig, da Du nicht mein sein kannst, wenn ich nicht mein bin. Und weil Du das in meine freie Entscheidung gelegt hast, zwingst Du mich nicht, sondern erwartest, dass ich mein eigenes Sein erwähle."[406]

Der **Anruf**, den der große Denker **im Schweigen aus seinem Innersten hört**, der wohl nichts anderes als der **Ruf des Gewissens zum vollen und erfüllten Sein** ist, führt ihn zu sich zurück: **„Sei du dein und ich werde dein sein."** Welch großartiges Wort, das noch einmal von einer anderen Seite das ausdrückt, was im Verlauf bisher immer wieder angesprochen wurde: Der Mensch, der sich selbst findet, findet auch Gott und umgekehrt. **Das Gewissen ist die innwendige Erinnerung von Seiten Gottes her, dass wir das nie vergessen oder verlernen**. So „spricht" sich Gott immer wieder neu in uns aus und in diesem „Zuspruch" und „Anspruch" Gottes im Innern des Menschen, erkennt der Theologe Eugen Biser vollkommen zu Recht eine wesentliche Bestimmung des Menschen, die er als **„neue Kardinaltugend"**[407] bezeichnet. Diese ist wie der Unterbau und das Fundament unter den klassischen Kardinaltugenden, denn wenn „Klugheit, Mäßigkeit, Starkmut und Gerechtigkeit eingeübt werden sollten, dann nur unter der Voraussetzung, dass der darum Bemühte in ein affirmatives [sich bejahendes, AV] Verhältnis zu sich selbst gekommen, dass ihm also... die »Annahme seiner selbst« geglückt war. Doch damit verschob sich die ganze Hierarchie der Tugenden in Richtung auf eine sie unterbauende Vorstufe, von deren Zustandekommen die Tragfestigkeit des Ganzen abhängig war."[408]

---

[406] Nikolaus von Kues: Vom Sehen Gottes, Kap. VII, S. 34f
[407] Biser, Eugen: Der Mensch – das uneingelöste Versprechen, S. 278
[408] Ebd., S. 280

Im Zuspruch „Sei dein eigen" erfährt der Mensch von Gott her die **Erlaubnis, sein zu dürfen und den innersten Grund für sein Leben** – Grund in der dreifachen Bedeutung[409] des deutschen Wortes:

- Zum einen: „Grund" als **Ursache**, also warum und **wor*aus*** das Leben gründet und was es letztlich ermöglicht;
- Zum zweiten: „Grund" und gründen als **Stiftung**, die ins Leben ruft, also der Grund, **wo*her*** das Leben stammt und worauf es letztlich zurückgeführt werden kann;
- Zum letzten: „Grund" als **Untergrund**, also als das, **wor*auf*** das Leben gründet und stehen kann.

„Sei du dein und ich werde dein sein!", das fasst den Ruf des Gewissens sehr treffend zusammen. Im Selbstbesitz, der sich zutiefst auch als Gottesbeziehung zeigt, findet der Mensch das wirkliche, volle und erfüllte Leben, nach dem er sich sehnt und auf das er hin geschaffen ist. Das Gewissen ist der Ruf dazu und die ständige Erinnerung daran. Vom „Schöpfungsmorgen" an hallt er unbeirrbar durch alle Zeiten hindurch im Innersten eines jeden Menschen wider und erinnert ihn an seine eigentliche und ursprüngliche Bestimmung.
Es ist wohl nicht verkehrt, hierbei noch einmal auf die **Sinnfrage** zu sprechen zu kommen. Denn letztlich ist die eigentliche Bestimmung des Lebens eines Menschen doch, dass es Sinn hat und dass es „Sinn-voll" wird. Von daher ist noch ein Blick auf **Viktor E. Frankl** (1905-1997), dem Begründer der Logotherapie zu werfen. Seine **Bestimmung des Gewissens** erlaubt uns einen vertieften Blick auf das schon Gesagte. In seinem Büchlein „Der unbewusste Gott – Psychotherapie und Religion" kommt er mehrfach auf das Gewissen zu sprechen. Nach der „Existenzanalyse des Gewissens" (Kapitel 3) und den Ausführungen über „Die Transzendenz des

---

[409] Auf diesen Zusammenhang hat Martin Heidegger in seinem Büchlein: „Vom Wesen des Grundes", S. 44 hingewiesen. Dort heißt es wörtlich: Es sind drei Weisen, das Gründen zu bestimmen: „1. das Gründen als Stiften; 2. das Gründen als Boden-nehmen; 3. das Gründen als Begründen".

Gewissens" (Kapitel 5) kommt er im 10. Kapitel ausdrücklich dazu. Dort heißt es: „*Sinn muss aber nicht nur, sondern kann auch gefunden werden,* und auf der Suche nach ihm leitet den Menschen das Gewissen. Mit einem Wort, das Gewissen ist ein Sinn-Organ. Es ließe sich definieren als die Fähigkeit, den einmaligen und einzigartigen Sinn, der in jeder Situation verborgen ist, aufzuspüren."[410] Das **Gewissen als „Sinn-Organ**" – schöner lässt sich das von mir Aufgezeigte wohl kaum noch beschreiben. Im Gewissen geht dem Menschen eine **Ahnung seines letzten und endgültigen Sinnes** auf, weil in ihm der Ruf Gottes zum sinn-vollen Sein ein Echo und einen Widerhall findet. Es ist daher selber der Ruf zum vollen und gelingenden Sein und von daher das „Organ", in dem der Sinn erspürt wird. Wie dieser Sinn zu finden ist, wurde uns beispielhaft vorgelebt, denn der Weg dorthin ist das **Lebensmodell und –vorbild Jesu**, der aus einer unerhörten inneren wie äußeren Freiheit heraus, so vieles, was uns nur allzu selbstverständlich war und ist, in Frage stellt und uns einen neuen Weg zeigt, den **Weg des gläubigen Vertrauens auf die Liebe Gottes**, der allein vermag, unsere uns eingeschriebene Angst zu beruhigen und einen letzten Lebenssinn zu garantieren. Was hier angesprochen ist und schon langsam in den Blick kommt, ist bereits ein Vorgriff auf die Erlösung, auf eine endgültige Befreiung des Menschen. Damit mündet der Vokativ wie von selbst in den letzten Fall, in den Ablativ. Diesem gilt es sich nun zuzuwenden und damit zu einem gewissen Ziel zu kommen, in dem und bei dem alles noch einmal neu zu strahlen beginnt und von dem her die Grammatik Gottes und die des Menschen aufscheint.

---

[410] Frankl, Viktor E.: Der unbewusste Gott, S. 71. Vgl. dazu die ansprechenden Erklärungen von: Riedel, Christoph: Grundlagen der Existenzanalyse und Logotherapie, S. 89ff

7. Der befreiende und rettende Gott – der Ablativ

7.1 Wortbedeutung

Wieder kann uns zuerst die Wortbedeutung dieses Falles einen Wink geben, das Geheimnis Gottes zu erahnen und einen tieferen Blick auf uns selber zu finden. Das Wort »Ablativ« entstammt dem mittelalterlichen lateinischen Wort »ablativus« und hat dort die **Bedeutung »Befreier«**[411]. Mit diesem letzten Fall wird wohl der **zentralste Nerv und die innerste Mitte** des biblischen Gottesbildes angerührt: **Gott ist der Retter und Befreier**. Wir werden sehen, dass **alle bisher gezogenen Linien und gesponnene Fäden in diesem Punkt zusammenlaufen und hier ihren Ziel- und Höhepunkt finden**. Für alle Zeugnisse der Bibel ist die mit dem Ablativ umschriebene Eigenschaft Gottes, der »sechste Fall«, von entscheidender Bedeutung. Dies beginnt bereits im Alten Testament, findet aber seine endgültige Vollendung im Auftreten Jesu und damit im Neuen Testament. Doch auch hier gilt: Alles erst einmal der Reihe nach.

7.2 Der befreiende Gott des Exodus

Bereits beim zweiten Fall, dem Genitiv, war vom Schöpfer-Gott die Rede. Dort bereits wurde festgestellt, dass die Vorstellung von Gott als dem Schöpfer für die biblische Rede von Gott zwar wesentlich, aber doch, zeitlich und inhaltlich gesehen, zweitrangig ist. Das liegt daran, dass etwas anderes zentral im Mittelpunkt der Erfahrung der Menschen mit dem biblischen Gott steht. Denn die **Grund- und Urerfahrung** der Menschen mit ihrem Gott war sein **rettendes und befreiendes Eingreifen** zugunsten der Menschen. Sie erlebten Gott nicht primär als eine Idee oder als Erklärungsgrund für das, was sie umgibt. Nein, das Erste und Wichtigste war, dass sie ihren **Gott als ihren Retter und Befreier erlebten**. Vor allem das **Geschehen des Exodus**, des Auszugs und der Rettung aus der Gefan-

---

[411] Heinichen, F. A.: Lateinisch-Deutsch, S. 2

genschaft in Ägypten, drängt sich hier als **Mitte des Alten Testamentes** auf. Die Grunderfahrung des „Namens Gottes" – betrachtet im ersten Fall, dem Nominativ – war, dass Gott für die Menschen da ist, besonders in Zeiten der Not und der Unterdrückung. Diese Erfahrung des Exodus, des befreienden Handelns Gottes zur Rettung seines Volkes aus dem Sklavenhaus in Ägypten, ist das **Paradigma für dieses Gottesverständnis**, das Urbild, um Gott Jahwe zu verstehen. Dabei bietet die **Ausgangsposition**, die der Befreiung durch Gott vorausgeht, ein **erschreckendes** Bild:

Da sind die **Menschen unterdrückt und ihrer Freiheit beraubt**. Es heißt:

> „In Ägypten kam ein neuer König an die Macht, der Josef nicht gekannt hatte. Er sagte zu seinem Volk: Seht nur, das Volk der Israeliten ist größer und stärker als wir... Da setzte man Fronvögte über sie ein, um sie durch schwere Arbeit unter Druck zu setzen. Sie mussten für den Pharao die Städte Pitom und Ramses als Vorratslager bauen."
>
> [Ex 1,8.9.11]

Da wird ein **ganzes Volk um seine Zukunft betrogen**, denn alle männlichen Neugeborenen sollen sofort getötet werden. Wieder heißt es:

> „Daher gab der Pharao seinem ganzen Volk den Befehl: Alle Knaben, die den Hebräern geboren werden, werft in den Nil! Die Mädchen dürft ihr alle am Leben lassen."
>
> [Ex 1,22]

Da werden **ganze Generationen in Ketten** gehalten. Die Bibel erzählt:

> „Daher gingen sie hart gegen die Israeliten vor und machten sie zu Sklaven. Sie machten ihnen das Leben schwer durch harte Arbeit mit Lehm und Ziegeln und durch alle möglichen Arbeiten auf den Feldern. So wurden die Israeliten zu harter Sklavenarbeit gezwungen."
>
> [Ex 1,13f]

Bei dieser Lage ist klar: **So kann und darf es nicht bleiben**! So hat Gott es nicht gewollt. Deshalb tritt dieser Gott als »Jahwe« auf den Plan. Er beruft Mose und schickt ihn mit dem Auftrag zum Pharao:

> „Führe mein Volk, die Israeliten, aus Ägypten heraus!"
> [Ex 3,10]

Damit spricht Gott – der Gott der Bibel – sein **verbindliches NEIN zu aller Unterdrückung der Menschen durch Menschen**. Der Gott des Exodus ist also ein **Gott des leidenschaftlichen Neins**:

- Nie darf ein Mensch über einen anderen herrschen...
- Nie darf einer den anderen unterdrücken...
- Nie darf einer dem anderen die Zukunft rauben...
- Nie darf einer einen anderen an die Kette legen...

Dieses leidenschaftliche Nein Gottes zu allem, das die Menschen versklavt und sie am Leben hindert, muss auch uns Menschen bestimmen. Auch wir **Menschen müssen dieses NEIN mit Gott sprechen**. Es war **Wolfgang Borchert** (1921-1947), der in seinem „Testament", das er wenige Tage vor seinem allzu frühen Tod niedergeschrieben hat, im Angesicht der Schrecken des gerade erst beendeten Zweiten Weltkrieges, uns als Vermächtnis zurief:
„Du. Mann an der Maschine und Mann in der Werkstatt. Wenn sie dir befehlen, du sollst keine Wasserrohre und keine Kochtöpfe mehr machen – sondern Stahlhelme und Maschinengewehre, dann gibt es nur eins: Sag NEIN!
Du. Forscher im Laboratorium. Wenn sie dir morgen befehlen, du sollst einen neuen Tod erfinden gegen das alte Leben, dann gibt es nur eins: Sag NEIN!
Du. Pfarrer auf der Kanzel. Wenn sie dir morgen befehlen, du sollst den Mord segnen und den Krieg heilig sprechen, dann gibt es nur eins: Sag NEIN!

... Mütter in allen Erdteilen, Mütter in der Welt, wenn sie morgen befehlen, ihr sollt Kinder gebären, Krankenschwestern für Kriegslazarette und neue Soldaten für neue Schlachten, Mütter der Welt, dann gibt es nur eins: Sagt NEIN! Mütter, sagt NEIN!
Denn wenn ihr nicht NEIN sagt, wenn IHR nicht NEIN sagt, Mütter, dann... wird der Mensch sich selbst zerstören und das Antlitz der Erde verwüsten...
All dieses wird eintreffen, morgen, morgen vielleicht, vielleicht heute Nacht schon, vielleicht heute Nacht, wenn - - wenn - - wenn ihr nicht NEIN sagt!"[412]
Es gibt eben Situationen, da kann und darf man sich nicht heraushalten, da **muss Farbe bekannt werden**, auch wenn es etwas kostet. Es gibt Umstände, in denen **wir unser „Nein" sagen oder sogar schreien müssen**. Nur so sind wir dem Gott der Bibel auf der Spur, der gegenüber dem himmelschreienden Unrecht in Ägypten sein „Nein" spricht und durchsetzt.
Doch die Bibel bleibt nicht beim NEIN Gottes stehen, denn zugleich wird **hinter dem NEIN das tiefere JA Gottes zum Leben und zur Freiheit sichtbar**. **Sein NEIN zur Unterdrückung ist zugleich sein JA zum befreiten Leben.** So ist er ein **Gott der Befreiung**. Dies zielt er an. In diesem zentralen Gedanken, der zutiefst das Wesen des biblischen Gottes offenbart, fließen alle anderen Gedanken und »Fälle« zusammen.

Denn um die Befreiung zu ermöglichen...:

- ...gibt Gott dem Mose seinen **Namen kund** (=Nominativ), stellt sich als Jahwe – als der, der für die Menschen da ist – vor und erfüllt so den „Nominativ" durch sein Eintreten und sein rettendes Handeln.
- ...erinnert er sich an sein unwiderrufliches **JA zur Schöpfung** (=Genitiv), die er in die Freiheit entließ und über das das Buch der Weisheit für Gott das großartige Wort fand:

[412] Borchert, Wolfgang: Das Gesamtwerk, S. 347f

> „Du liebst alles, was ist, und verabscheust nichts von allem, was du gemacht hast... Du schonst alles, weil es dein Eigentum ist, Herr, du Freund des Lebens."
>
> [Weish 11,24.26]

Damit bringt Gott sein eigenes Werk, das er als „sehr gut" beurteilte, an sein Ziel und zu seiner Vollendung.

- ...**gibt** sich Gott **selbst für sein Volk hin** (=Dativ), um es der Hand der Unterdrücker zu entreißen und eröffnet somit das größte und eigentliche Geschenk an die Menschen: Die Freiheit und das Leben im verheißenen Land als wahrer Heimat.
- ...ist er bereit, die **Unterdrücker anzuklagen** und dem **Volk die Vergebung** zu schenken (=Akkusativ), in dem er allen, die Unrecht tun, die Macht entreißt und denen, die gefangen sind, seine Freiheit schenkt.
- ...**beruft** er den Mose (=Vokativ), um als sein Bote für die Unterdrückten einzustehen und für Gott selber die Stimme zu sein, die das „Nein" zu allem Unrecht und das „Ja" zu allem, was das Leben fördert, ausspricht.

Wenn alle „Fälle" zusammenlaufen und Gott sich wahrhaft als ein „Gott für alle Fälle" erweist, kann die ersehnte **Befreiung gelingen**. Zwar gibt es noch einige Hindernisse zu überwinden, aber die Mächte dieser Welt müssen sich letztlich doch der Macht Gottes beugen. Diese beeindruckende Geschichte der Rettung und Befreiung des Volkes Israel aus der Sklaverei in Ägypten, die mit manchen legendarischen und nur bildhaft zu verstehenden Einzelzügen ausgestaltet ist, zeigt uns in besonderer Weise, wie die Bibel Gott versteht: **Er ist der Retter und Befreier – er ist zutiefst nur verstehbar durch den »Ablativ«.** Doch auch hier gilt es etwas Wesentliches zu lernen. Der Jubel über die Befreiung ist noch nicht ganz verklungen, da **beginnt im Volk der Befreiten das »Murren«**. Dabei ist zu beachten, dass das hebräische Verbum »lūn«, das dem Wort »murren« zugrunde liegt, bis auf zwei Ausnahmen im Alten Testament (Jos 9,18 und

Ps 59,16) „nur in Erzählungen von Ereignissen während der Wüstenwanderung verwendet wird."[413] Und das ist tatsächlich beachtlich, wenn nicht gar verwunderlich. Denn eigentlich sollte man in diesem Kontext doch eher ein anderes Verhalten erwarten. Waren die Israeliten nicht eben noch in der Gefangenschaft, ohne Aussicht auf Freiheit und Würde, Gerechtigkeit und Zukunft? Wäre hier ein Murren nicht viel eher zu vermuten oder gar zu erwarten gewesen. Wie denn, gerade jetzt, nach der Befreiung, fängt das „Murren" erst an? Jetzt, wo es eigentlich Grund zur Freude und zum Jubel gäbe, beginnt das Volk unzufrieden zu werden und aufzubegehren. Da scheint doch einiges auf dem Kopf zu stehen. Doch es hilft kein herumreden, tatsächlich wird die neue Freiheit mit dem „Murren" der Menschen begleitet, denn die **neue Freiheit „schmeckt" dem Volk nicht so recht**. Einschränkungen und Gefährdungen, die die Freiheit mit sich zu bringen scheinen, werden ihnen schnell schon zu viel. Und kaum befreit, beginnen sie auch schon zu klagen:

> „Wären wir doch in Ägypten durch die Hand des Herrn gestorben, als wir an den Fleischtöpfen saßen und Brot genug zu essen hatten. Ihr habt uns nur deshalb in diese Wüste geführt, um alle, die hier versammelt sind, an Hunger sterben zu lassen."
>
> [Ex 16,3]

Die Haltung dahinter ist: „Freiheit - schön und gut, aber mit Freiheit allein lässt sich der Magen nicht füllen". Ist es nicht so, wie immer? Da ersehnt man nichts mehr, als endlich an den Punkt zu kommen, an dem man frei zu sein scheint, der die Ketten sprengt und neue Wege aufschließt, schon muss man aber auch sich „auf die Socken machen", das Gewohnte, Eingefahrene verlassen und wirklich „neue Wege" beschreiten. Doch das scheint gar nicht so einfach. Plötzlich fängt bisher Selbstverständliches an, zu wanken, muss man beginnen, auf den eigenen Füßen zu stehen und selbst-ständig Entscheidungen treffen, und merkt auf einmal, dass man-

---

413 Knierim, R.: Art. *lūn* rebellieren, in: Theologisches Handwörterbuch zum Alten Testament, Bd. 1, Spalte 870

ches über die Kraft zu gehen droht, dass es Zeiten der Leere und des buchstäblichen Hungers gibt. Und schon beginnt der wehmütige und verklärende Blick zurück: Damals war ja doch nicht alles so schlimm. Sicher, es musste auf manches verzichtet werden, aber satt wurde man allemal. Es geht hier um jene Einstellung, die Bertold Brecht im Text der Dreigroschenoper in seiner Ballade „Denn wovon lebt der Mensch" auf den Punkt bringt: „Erst kommt das Fressen, dann kommt die Moral!"[414] Wie schwer kann es sein, wirklich frei zu sein gegenüber der Erfahrung, von anderen zwar abhängig, aber doch wenigstens versorgt zu sein; wie belastend ist der Aufbruch gegenüber dem Sitzen bleiben im Gewohnten; wie schmerzlich kann es sein, das eigene Leben zu wagen, statt sich von anderen leben zu lassen und dabei jegliche Verantwortung an andere abgeben zu können. Es sind eben immer wieder „die Fleischtöpfe Ägyptens" verlockender als die „Freiheit der Wüste", die oft mit Leere und Mangel einherzugehen scheint. Tatsächlich jedoch führt genau diese Einstellung geradewegs zum Gegenteil vom eigentlich Gewünschten und es zerstört eine solche Haltung den tiefsten Sinn der Freiheit. Denn unter dem Diktum, hauptsächlich „satt zu werden", koste es, was es wolle, **herrscht ein neuer Zwang**. Die eben erst mühsam errungene Freiheit geht unter im Bedürfnis, den Hals und den Magen voll kriegen zu müssen und damit als Freiheit gleich wieder verloren. Jetzt ist man zwar den „Pharao" los geworden, nicht aber die Sklaverei unter das Haben- und Besitzen wollen. Es gibt wohl kein erschütternderes Dokument über die Verweigerung der Freiheit von Menschen als die **„Parabel vom Großinquisitor"** von **Fjodor Michailowitsch Dostojewski** (1821-1881) in seinem Roman „Die Brüder Karamasoff". Dort wird der wiedergekommene Christus von der Inquisition in Sevilla ins Gefängnis geworfen. Der Kardinal Großinquisitor, „ein fast neunzigjähriger Greis, groß und aufrecht, mit vertrocknetem Gesicht, eingesunkenen Augen, in denen aber noch ein Glanz blinkt, ein Feuerfunke"[415], sucht den Gefangenen in der Nacht in seiner Zelle auf und fragt:

---

[414] Brecht, Bertolt: Dreigroschenoper, Zweites Dreigroschen-Finale am Ende des 2. Aktes, Ballade: Denn wovon lebt der Mensch?, in: Ders.: Stücke I, S. 103
[415] Dostojewski, F. M.: Die Brüder Karamasoff, S. 406

„»Bist Du es? Du?« Und da er keine Antwort erhält, fügt er schnell hinzu: »Antworte nicht, schweige. Und was könntest Du auch sagen? Ich weiß es nur allzu gut, was Du sagen kannst“[416]. Was nun folgt ist die schreckliche Zuspitzung des Verhörs in der Frage: „»Warum also bist du gekommen, uns zu stören?«“[417] Der Großinquisitor wirft im weiteren Verlauf des Verhörs dem Gefangenen vor allem vor, dass er den Menschen zwar die Freiheit bringen wollte, sie damit aber hoffnungslos überfordern musste. Und es ist ganz klar, dass er dabei scheitern werde. So wie die Menschen sind, ersehnen sie ich im Tiefsten keine Freiheit; sie wollten doch nichts anderes, als satt zu werden. Fast zynisch kann er schließen: „Keine Wissenschaft wird ihnen Brot geben, solange sie frei bleiben, und so wird es denn damit enden, dass sie ihre Freiheit uns zu Füßen legen und sagen werden: »Knechtet uns lieber, aber macht uns satt«. Sie werden schließlich begreifen, dass Freiheit für alle unvereinbar ist mit genügend irdischem Brot für jeden, denn nie, nie werden sie unter sich zu teilen verstehen. Sie werden auch einsehen, dass sie nie werden frei sein können, denn sie sind schwach, lasterhaft, nichtig, und sind Rebellen!“[418] Es ist wohl ein schöner Zufall, dass Dostojewski in der Kennzeichnung der Menschen als „Rebellen“ genau den biblischen Begriff *lūn (=rebellieren)* verwendet, der uns als Aufbegehren gegen Gott im Zusammenhang mit der Befreiung aus Ägypten bekannt ist. Dieses Wort hat im biblischen Zusammenhang „immer den Charakter offenen und anklagenden Aufruhrs gegen eine Person… mit dem Ziel des Umsturzes.“[419] Es richtet sich letztlich in der Bibel immer gegen Gott selber. Die Rebellion gegen Gott „gründet in einer totalen Fehlinterpretation der Befreiungsgeschichte als Verderbensgeschichte und zielt damit auf ihre Rückgängigmachung… sie bekennt Jahwe als Verderbensbringer statt als Retter.“[420] Hier eröffnet sich eine verblüffende Parallele

---

[416] Ebd., S. 407
[417] Ebd.
[418] Ebd., S. 412
[419] Knierim, R.: Art. *lūn* rebellieren, in: Theologisches Handwörterbuch zum Alten Testament, Bd. 1, Spalte 870
[420] Ebd., Spalte 871

zwischen dem „Murren“ des Volkes Israel in der Wüste gegen Gott und dem Vorwurf des Großinquisitors gegen den wiedergekommenen Christus:

- „Du hast uns betrogen, du wolltest uns frei machen, wir aber wollen lieber satt werden!“
- „Du wolltest uns vielleicht retten, wir aber fühlen uns von dir ins Verderben gebracht!“

In diesem Jahr – 2010 - jährt sich der 20. Jahrestag der Wiedervereinigung Deutschlands. Am 3. Oktober ereignete sich ein wahrhaftiges Wunder der Weltgeschichte. Nach 40 Jahren der Teilung in zwei Staaten, wurde unser Volk und Vaterland ohne Blutvergießen, durch eine „sanfte Revolution“, wieder zur Einheit zusammengeführt. Dabei versammelten sich die Menschen zuerst in den Kirchen, um dann, mit Kerzen in den Händen und dem Ruf „Wir sind das Volk!“ auf den Lippen, das zu bewirken, was Soldaten und Rüstung, Verträge und Finanzleistungen nicht zu Wege brachten. Noch kurz zuvor – im August 1987 – war ich in der damaligen DDR. Bei der Ausreise dachte ich daran, dass vielleicht in vierzig bis fünfzig Jahren, so Gott will, einmal keine Grenze mehr unser Land teilen und die Menschen voneinander trennen würde. Dass schon knapp zwei Jahre später genau das erreicht wurde, und zwar ohne einen Toten, ohne Blutvergießen und Gewalt, das hätte ich in meinen kühnsten Träumen nicht zu hoffen gewagt. Und heute, es klingt fast unglaublich, nur knappe zwanzig Jahre später, sehnen sich die meisten Deutschen den Umfragen zufolge wieder die frühere Lage zurück. Die „Wessis“ jammern über die Kosten und die Belastungen durch die Einheit, die „Ossis“ wünschen sich ihre ach so heile Welt in der DDR zurück, in der vermeintlich alles so viel besser war. Das ist doch verrückt. Alle Völker der Erde beneiden uns um unsere jüngste Geschichte. Fragen wir doch einmal die Koreaner, für die die Einheit genauso weit entfernt zu sein scheint, wie sie für mich noch 1987 auch für unser Land schien. Natürlich hat die Einheit etwas gekostet, natürlich musste sich in den neuen Bundesländern so mancher gegenüber einer größeren Konkurrenz auf dem Arbeitsmarkt behaupten, natürlich haben sicher auch viele auf falsche Weise von der Einheit profitiert und Gelder abgeschöpft, die an anderer Stelle dringender gebraucht worden wären. Dennoch ist das Geschenk der Freiheit ein wirkliches Wunder der Geschichte. Nach unendlich viel Leid, das Deutschland und die Deutschen über ihre Nachbarn und unzählige Menschen in aller Welt gebracht haben, vor allem unter dem Wahnsinn der Hitler-Diktatur und der nationalsozialistischen Verbrechen, haben Deutschland und die Deutschen der Welt auch etwas Großartiges gezeigt, nämlich, wie eine Revolution geht und wie man das macht: das Alte umzustoßen, um für das Neue Platz zu machen, ohne dass dabei Köpfe rollen mussten, ohne dass dabei knietief durch Blut gewatet wurde und ohne dass der Mob brutal und schonungslos über alles hinwegging, was sich nicht anpasste oder mitmachte. Es ist wohl eine schöne geschichtliche Fügung, wenn die wahre und letztlich einzig gelungene Revolution in Deutschland im Jahr 1989 genau 200 Jahre nach der französischen Revolution von 1789 geschehen ist. Im Sommer 1989 feierten die Franzosen den 200. Jahrestag ihrer Revolution, die letztlich in die Schreckensherrschaft der Jakobiner umschlug, vor aller Welt, pompös und mit stolz geschwellter Brust. Im Herbst 1989 konnten sie Anschauungsunterricht bei ihren östlichen Nachbarn nehmen, wie eine Revolution wirklich geht und damit auch funktioniert. Dass man dies heute nicht mehr genug würdigt, sondern von den Meisten inzwischen sogar hinterfragt wird oder gar zurückgenommen werden möchte, macht mich traurig. Vor noch nicht allzu langer Zeit hätten die größten Künstler die Wiedervereinigung unseres Vaterlandes mit einem großen Werk gewürdigt und gefeiert. Vielleicht hätte ein Beethoven seine „zehnte Symphonie“ geschrieben, ein Mozart uns ein „Te Deum“ geschenkt oder ein Schiller ein großes Theaterwerk. Das alles blieb bisher im Großen und Ganzen aus. So ist und bleibt es wohl auch in unserer Zeit wahr: **Freiheit ohne Brot – ohne „Fressen“ – wollen die Menschen nicht. Sie sind eben lieber an den »Fleischtöpfen Ägyptens“ und in Sklaverei, als in Freiheit, aber in der Wüste.** Doch Gott weiß nun mal - und hier meine ich ehrlich: Gott sei dank - besser, was gut für die Menschen ist. Deshalb belässt er es nicht bei der Gefangenschaft. Nein, die Menschen sollen wirklich frei sein. So greift er rettend und befreiend ein und führt sein Volk durch die Wüste in das gelobte

Land. Dieses Geschehen, das die **Herzmitte der alttestamentlichen Gotteserfahrung** darstellt, **weist jedoch wieder über sich hinaus**. Noch ist der Mensch, auch trotz Exodus, nicht endgültig erlöst. Noch ist die Freiheit immer wieder bedroht und zerbrechlich. Noch ist das gelobte Land keine bleibende Heimat. Tatsächlich verweist der Exodus im Alten Testament auf eine Erfüllung, einen **endgültigen Exodus**. Noch ist das Pascha des Alten Bundes unvollständig und harrt auf ein neues, vollendetes Pascha.

7.3 Der befreiende Gott über den Tod hinaus

Natürlich ist dieses neue „Pascha" und der endgültige Exodus im Neuen Testament die **Auferweckung**[421] Jesu aus dem Tod und diese ist tatsächlich die **Kernbotschaft des ganzen Christentums**. Der Apostel Paulus bringt dies – wie so oft – auf den Punkt, wenn er im ersten Korintherbrief schreibt:

> „Ist aber Christus nicht auferweckt worden, dann ist unsere Verkündigung leer und euer Glaube sinnlos."
>
> [1Kor 15,14]

Die **Auferweckung Jesu ist das zentrale Ereignis des biblischen Glaubens**. Gott hat Jesus, wie es in den ältesten Zeugnissen heißt, von den Toten auferweckt, er hat ihn aus dem Tod befreit und ihn zu sich erhöht. In dieser Auferweckung Jesu kommt der **Plan Gottes an sein Ziel**, wird alles Geschehen unter dem Himmel an ein **sinnvolles Ende** geführt, erfüllt sich alles, was in den Fällen bisher angesprochen war und wird zu seiner Vollendung gebracht. Tatsächlich ist die Auferweckung des Gekreuzigten **das** Ereignis der Geschichte. Aber in einer eigentümlichen Dialektik.

[421] Die österlichen Tage heißen in der Liturgie „Dies paschalis". Damit ist der Bezug von Ostern zum jüdischen Pascha unübersehbar ausgedrückt.

- Obwohl die Auferweckung die Geschichte an ihr Ziel führt, gehört sie **doch nicht einfach der Geschichte an**. Sie sprengt alles Geschichtliche, das wesentlich ein vorher und nachher kennt.
- Obwohl das Ganze letztlich auf die Auferweckung zuläuft, ist sie doch zugleich **das alles Überbietende und Übersteigende**. Nichts kann das Geschehen, das wir Auferweckung nennen, ganz ausleuchten. Vieles gibt uns zwar eine Vorahnung davon, was damit gemeint wird und worauf wir dabei hoffen, aber ganz begreifen können wir dieses „Ereignis“ noch nicht.

Entscheidend ist: In der Auferweckung Jesu greift Gott selbst ein und es beginnt darin bereits die **Erlösung von allem und die Vollendung des Ganzen**. Damit muss die Auferweckung das Ganze der Geschichte übersteigen, denn dann, wenn alles ans Ziel gekommen ist und vollendet wird, ist naturgemäß auch der Ablauf der Geschichte zu Ende, der, wenn er weitergehen würde, immer wieder neue Veränderungen mit sich bringen müsste. Was aber alles umgreifen und übersteigen soll, kann selbst nicht ein Teil im Ganzen sein und muss sogar noch die Summe aller Teile des Ganzen übersteigen. Nur wenn es über jedes einzelne Ereignis und sogar über die Summe all dieser einzelnen Geschehen wesentlich hinausgeht, ist die Auferweckung Jesu der Höhe-, Ziel- und Schlusspunkt des Ganzen. Für unseren bisherigen Gedankengang ist jetzt entscheidend, dass im sechsten Fall, dem **Ablativ**, alle anderen **vorausgegangenen fünf Fälle nochmals aufgegriffen, zusammengefasst und darin zu ihrer Vollform geführt werden.** Damit ist eine Parallele zum Exodus gegeben, denn bereits beim alttestamentlichen Rettungsgeschehen konnte sehr schön aufgezeigt werden, wie alle „Fälle“ in dieses Geschehen zusammenlaufen und sich zu einer Einheit verbinden. Umso mehr jetzt hier, bei der Auferweckung Jesu, die seit alters her als neuer und diesmal endgültiger Exodus verstanden wurde. Doch machen wir die Probe aufs Exempel:

Betrachten wir den **ersten Fall, den Nominativ**. Hierbei geht es – wir erinnern uns - um den „Namen“. Eine der beeindruckendsten Deutungen der Auferstehung befindet sich im Philipperbrief des Apostels Paulus. In Phil 2, 6-11 befindet sich ein Christuslied, das aller Wahrscheinlichkeit nach bereits dem Apostel vorlag und auf älteste christliche Überlieferungen zurückgeht.[422] Dort heißt es in der Strophe der Erhöhung (Vers 9):

„Darum hat ihn Gott über alle erhöht und ihm den Namen verliehen, der größer ist als alle Namen“.

καὶ ὁ θεὸς αὐτὸν ὑπερύψωσεν καὶ ἐχαρίσατο αὐτῷ τὸ ὄνομα τὸ ὑπὲρ πᾶν ὄνομα,

Die **Auferweckung und Erhöhung Christi wird in diesem frühchristlichen Lied mit einer »Namensgebung« in Verbindung gebracht und so gedeutet**. Der Auferweckte erhält den „Namen, der größer ist als alle Namen“. Der Neutestamentler Joachim Gnilka deutet diese Stelle sehr richtig, wenn er uns an bereits Gesagtes (vgl. die Ausführungen beim Nominativ) erinnert: „In der Namensverleihung bekundet sich uralter Namensglaube, für den der Name etwas Wirkliches ist, »ein Stück des Wesens der benannten Persönlichkeit, das Teil hat an deren Eigenschaften und Kräften«.“[423] Tatsächlich wird in der Auferweckung letztlich deutlich, was es mit dem „Namen“ auf sich hat. Bei Jesus gilt: Er **bleibt in der Auferweckung ganz er selbst oder noch besser: er wird eigentlich erst ganz er**

---

[422] Gnilka, Joachim: Der Philipperbrief, HThKNT; Bd. X/3, S. 131: „Die Interpretation des Textes VV 6-11 hat bereits zur Erkenntnis geführt, dass wir es mit einem dem Apostel vorgegebenen Überlieferungsstück zu tun haben.“ Ähnlich urteilt Bernhard Meyer in seinem Kommentar, wenn er feststellt, dass der Hymnus „ein sehr frühes Christuslied darstellt“. (ders.: Philipperbrief/Philemonbrief, Stuttgarter Kleiner Kommentar NT 11, S. 29).

[423] Gnilka, Joachim: Der Philipperbrief, HThKNT; Bd. X/3, S. 125f

selbst. Alles, was seine **Person** war, bleibt in der Auferweckung **erhalten**. Aber es wird darin **geöffnet** und den engen Koordinaten von Raum und Zeit entrissen. Damit findet die Person, die auf Erden allein schon durch die Körpergebundenheit doch immer auch abgegrenzt und den anderen gegenüber verschlossen bleibt, **zur eigentlichen Weite** und zu ihrer **vollgültigen Bestimmung**. **Die Person wird also in der Auferweckung im eigentlichen und tiefsten Sinn erst sie selbst**. Sie wird den engen Bedingungen dieser Weltzeit mit ihren wenigen Dimensionen entrissen und geweitet in die Weite, die Gott selbst eignet. Dabei verliert sich die Person aber nicht, sondern findet sich vielmehr erst wirklich. Dieser Gedanke wird mit dem **Bildwort vom »neuen Namen«** sehr deutlich ausgedrückt. In der Auferweckung verwischen nicht die Grenzen des Persönlichen, zerfließt nicht alles, was bisher die Person ausmachte und umschrieb, aber die Person wird geöffnet und geweitet aus der Enge des „Ichs" auf die große Gemeinschaft mit Gott und den Vollendeten (die wir als Heilige bezeichnen) hin. Der **Anfang** damit ist **in Jesus Christus gemacht**, der den „größten Namen" trägt und vor dessen Namen „alle im Himmel, auf der Erde und unter der Erde ihre Knie beugen" (Phil 2,10). Er ist von Gott auferweckt und bleibt der, der er war. Die „Wunden der Kreuzigung", die der Auferweckte trägt und an denen er zu erkennen ist, geben davon Zeugnis. Aber diese Wunden sind verklärt, sie schmerzen nicht mehr und haben ihren Schrecken verloren. Damit ist, wenn auch unzulänglich und höchst bildhaft, umschrieben, dass Auferweckung Veränderung und Bleiben, Kontinuität im Wandel besagt. Wie auch immer wir uns dieses Geschehen jetzt vorstellen mögen. Ich weiß hier auch keinen Rat. Aber eines möchte ich festhalten: Es muss sich in der Doppelung von „Ganz-Sich-selber-Bleiben" und zugleich „Ganz-verändert-werden" gedacht und vorgestellt werden. Ich sehe schon, dass ich Ihnen damit noch nicht wirklich weitergeholfen habe. Ich werde gleich nochmals ein Beispiel bemühen, um etwas Anschauliches als Hilfe für die Vorstellung von Auferweckung zu liefern. Zuvor aber ein anderer, nicht minder wichtige Gedanke. Denn für das Zeugnis des Neuen Testaments ergibt sich aus der Auferweckung Jesu durch Gott als Konsequenz, dass allen Menschen diese Vollendung eröffnet werden wir. In Jesus und durch ihn dürfen auch **wir mit unserem „Namen" vor Gott ste-**

hen und hoffen, dass auch für uns gilt, was im letzten Buch der Bibel geschrieben steht.

> „Wer siegt, wird ebenso mit weißen Gewändern bekleidet werden. Nie werde ich seinen Namen aus dem Buch des Lebens streichen, sondern ich werde mich vor meinem Vater und vor seinen Engeln zu ihm bekennen."
>
> [Offb 3,5]

Auch **wir**, so ist der tiefste Kern dieser Stelle zu verstehen, werden **in unserem Sterben und Auferstehen verwandelt und erneuert**. Auch für uns gilt, dass wir **zu unserer Eigentlichkeit** hin auferstehen. **Wir werden endlich so sein, wie wir von Gott von Ewigkeit her erdacht sind.** Wir werden endlich wir selber sein – in der **vollen Identität unserer Person** und allem, was dazu gehört, aber **auch vollkommen erneuert und heil, ja heilig gemacht**. So werden auch wir von Gott mit einem »Namen« bedacht, der »nie aus dem Buch des Lebens gestrichen« wird. Mit dem „Namen", mit dem er uns von jeher schon kennt und ruft und liebt. Jetzt aber zum versprochenen anschaulichen Beispiel: Einen gewissen, wenn auch nur schwachen Vergleich für das Gesagte, liefert uns die Natur. Ich denke an die Metamorphose, den Gestaltwandel der Raupe, die sich nach einer gewissen Zeit verpuppt und in einen Kokon einschließt, der äußerlich durchaus einem „Grabe" gleichen könnte. Was danach in kurzer Zeit geschieht, rührt an etwas fast schon Wunderbares und Unglaubliches. Der Kokon zerspringt, öffnet sich und gibt einem bunten und federleichten Schmetterling den Weg frei zu seinem Flug ins Leben. Was ist dabei aus der Raupe geworden? Wenn man den Körper des Schmetterlings genau beachtet, dann ist die Raupe noch schemenhaft wieder zu erkennen, aber eben ganz anders und vollständig verwandelt. Damit hält dieser schwache Vergleich aus der Biologie auch eine gewisse Balance zwischen dem „selber bleiben" und doch „vollkommen verändert werden" bei der Auferweckung. Was wäre es um uns Menschen, wenn dieses Bild der Natur sich bei unserem Sterben als Wirklichkeit erweist? Nichts aus unserem Leben ist einfach nur sinnlos oder überflüssig gewesen. Kein Lachen oder Weinen, keine Freude und auch kein Leid ist einfach nur so vergangen. Alles ist – im dreifach hegelschen Sinn – aufgehoben: Das Gute ist als kostbarer Schatz erhalten und wird bewahrt. Das nicht Geglückte, Halbfertige oder Schiefgegangene ist beendet und kann endlich abgelegt werden oder als vergeben gelten. Und als Drittes wird das ganze Leben in eine neue Dimension und eine ganz neue Weise zu leben erhoben. Fast so, wie die Raupe zum Schmetterling wurde und ihre Erdenschwere jetzt federleicht davonflatternd überwindet.

Schauen wir nun auch auf den **zweiten Fall, den Genitiv**. Hierbei geht es um die Schöpfung bzw. wie es jetzt genauer heißen müsste: um die **Neu-Schöpfung**. Schon im Alten Testament ist der **Zusammenhang zwischen dem rettenden und helfenden Eingreifen Gottes mit der Schöpfung** reflektiert. Im Buch Jesaja steht in Kapitel 43 eine der ergreifensten Stellen der hebräischen Bibel. Dort heißt es:

„Jetzt aber – so spricht der Herr, der dich geschaffen hat, Jakob, und der dich geformt hat, Israel: Fürchte dich nicht, denn ich habe dich ausgelöst, ich habe dich beim Namen gerufen, du gehörst mir."

[Jes 43,1]

In diesem Text ist dieser Zusammenhang zwischen den beiden Grunderеignissen der Schöpfung des Menschen durch Gott und dem rettenden Beistand Gottes für ihn sehr eng. **Der gleiche Gott, der den Menschen ins Leben rief („der dich geschaffen und geformt hat"), ist es, der ihm hilft und ihn rettet aus jeglicher Not („ausgelöst und beim Namen gerufen").** Ulrich Berges kann deshalb in seinem Kommentar zu dieser Stelle schreiben: „Wenn JHWH sein Volk erlöst, es aus Unfreiheit befreit, dann ist er an ihm schöpferisch tätig"[424] und er zitiert Karl Elligers Wort: „»Erlösung zur Freiheit ist Schöpfung«". Das rettende Handeln Gottes am Volk Israel, ob im Exodus oder in der Befreiung aus dem babylonischen Exil, „hat also nicht nur und in erster Linie eine geschichtliche Bedeutung,

[424] Berges, Ulrich: Jes 40-48, S. 271

sondern an ihr ist die Schöpferqualität JHWHs abzulesen: Schöpfung und Befreiung sind zwei Seiten ein und derselben Medaille."[425] Diese tiefsinnige Sicht Israels wird von der frühen Christenheit aufgenommen und auf die Erlösungstat Christi im Neuen Bund übertragen und ausgeweitet. Dabei ist es wieder ein Hymnus, diesmal aus dem Kolosserbrief, der wohl aus ältester christlicher Tradition[426] stammt und der den Zusammenhang aufzeigt. Eine wichtige Passage dieses Textes, der m. E. zu den tiefsten Texten des Neuen Testaments gehört, soll hier in vollem Wortlaut angeführt werden:

> Er [Christus, AV] ist das Ebenbild des unsichtbaren Gottes, der Erstgeborene der ganzen Schöpfung. Denn in ihm wurde alles erschaffen im Himmel und auf Erden, das Sichtbare und das Unsichtbare, Throne und Herrschaften, Mächte und Gewalten; alles ist durch ihn und auf ihn hin geschaffen. Er ist vor aller Schöpfung, in ihm hat alles Bestand. Er ist das Haupt des Leibes, der Leib aber ist die Kirche. Er ist der Ursprung, der Erstgeborene der Toten; so hat er in allem den Vorrang. Denn Gott wollte mit seiner ganzen Fülle in ihm wohnen, um durch ihn alles zu versöhnen. Alles im Himmel und auf Erden wollte er zu Christus führen, der Friede gestiftet hat am Kreuz durch sein Blut.
>
> [Kol 1,15-20]

Das Wesentliche an diesem Text ist für unseren Zusammenhang der **Bezug Jesu, des Christus, zur Schöpfung**. In Vers 15 heißt es: Er ist der „**πρωτότοκος** πάσης κτίσεως" (=der **Erstgeborene der ganzen Schöpfung**). In ihm nimmt die **Schöpfung ihren Ausgang**. Schon oben – beim Fall Genitiv – habe ich dargelegt, dass die **Schöpfung wesentlich der Liebe Gottes entspringt** (»ex amore« wurde dies genannt). Diese Liebe aber ist **ursprünglich begründet in der Beziehung vom Vater zum Sohn und umgekehrt**. Sie ist **Beziehung und Begegnung in Gott selber**. Und aus

---

425 Ebd., S. 278

426 Gnilka, Joachim: Der Kolosserbrief, HThKNT; Bd. X/1, S. 52: „Die große Mehrzahl der Interpreten geht davon aus, dass der Autor... einen vorgeprägten, in der Überlieferung der kleinasiatischen Gemeinden gegenwärtigen Hymnus mitteile."

dieser Liebe entspringt das Schöpfungsgeschehen, so dass der Sohn wirklich der „Erstgeborene" der Schöpfung ist. Doch damit nicht genug. In Vers 18 wird der Titel „Erstgeborener" noch einmal aufgegriffen, diesmal aber in einer anderen Bestimmung. Es heißt dort „**πρωτότοκος** ἐκ τῶν νεκρῶν" (=**Erstgeborener der Toten**). Im Blick ist hier eindeutig die **Auferweckung**, die damit folgerichtig als **Neu-Schöpfung** beschrieben wird, in der Gott jenseits des Todes und der Vergänglichkeit sein Ja zu allem Leben ganz neu und endgültig anbrechen lässt und deren Lebensraum er selber ist[427]. Das **doppelte „Erstgeborener", beziehungsweise „prototokos"**, stellt dabei **bewusst eine Parallele her zwischen der „ersten Schöpfung" und der „Neu-Schöpfung" durch Gott**, denn beide nehmen jeweils ihren Anfang und damit ihr Prinzip[428] und ihren Ausgang in Jesus, den wir den Christus nennen. Damit **schließt sich in Jesus der Kreis**: Was in im **als Schöpfung gut begonnen** ist, das findet seinen Abschluss und seine **Vollendung in seiner Auferweckung**, die mit Fug und Recht daher als Neuschöpfung bezeichnet werden kann. Und tatsächlich **nimmt** die Auferweckung die **Verirrung des Menschen**, die durch die Sünde auch die Schöpfung beeinträchtigte, förmlich **zurück**. Der heimatlos gewordene Mensch („Adam, wo bist du?") wird in seine neue, ja **eigentliche Heimat zurückgebracht**: zu Gott, oder bildhaft ausgedrückt: im Himmel. Wieder ist es der Apostel Paulus, der diesem Sachverhalt die treffenden Worte verleiht, wenn er schreibt:

---

[427] Der gemeinte „Lebensraum" der Auferstehung ist das, was wir mit dem deutschen Wort „Himmel" belegen. Es ist offensichtlich, dass damit nicht das Firmament über unseren Köpfen gemeint ist. Das Wort „Himmel" ist vielmehr eine Umschreibung für Gott selber.

[428] Hier wird, wie schon einmal erläutert, Bezug genommen auf die zwei lateinischen Worte, die für „Anfang" stehen können. Zum einen ist es „initium" (vgl. Initiative), das einen zeitlichen Anfang einer Sache bezeichnet. Dieser „Anfang" ist immer schon vorbei. Er gehört der Vergangenheit an. Ein zweites Wort für Anfang ist „principio" (vgl. Prinzip, prinzipiell). Das hier gemeinte drückt eine grundsätzliche Verfasstheit aus. Dieser Anfang ist kein zeitlicher, der Vergangenheit zugehöriger Beginn, sondern die bleibende und damit prinzipielle Veranlassung.

„Unsere Heimat aber ist im Himmel. Von dorther erwarten wir auch Jesus Christus, den Herrn, als Retter".

[Phil 3,20]

An dieser Stelle möchte ich an eine, meines Erachtens vielleicht zu Unrecht, etwas in den Hintergrund geratene **Interpretation bei den Kirchenvätern** anknüpfen. Zum Beispiel ist sie bei Justin (ca. 100-165), einem frühchristlichen Theologen, in seiner ersten Apologie[429] zu finden. Dort erinnert er an eine **Stelle aus dem Werk „Timaios" des Philosophen Platon**. In der Darstellung der Weltschöpfung findet sich beim großen Griechen eine interessante Ausführung, die bei Justin eine sehr hohe Beachtung gefunden hat. In der Übersetzung Schleiermachers heißt es bei Platon: „Die ganze so zusammengefügte Gebilde [der Welt, AV] aber spaltete er [Gott, AV] der Länge nach in zwei Teile, verband dieselben kreuzweise in ihrer Mitte, so dass sie die Gestalt eines Chi (X)[430] bildeten, und bog dann jeden von beiden in einen Kreis zusammen, so dass er also jeden mit sich selbst und beide mit einander in dem Punkte, welcher ihrer Durchschneidung gegenüberlag, verknüpfte".[431] Unabhängig von der ursprünglichen Bedeutung dieser Platonstelle, haben die Christen in diesem Text einen **wichtigen Hinweis auf ihre eigene Schöpfungstheologie** gesehen. Der **Buchstabe „chi" bzw. das „x" hat die Kreuzesform**. Dieses X ist nach Platon über den ganzen Kosmos gebreitet. Buchstäblich ist aus christlicher Sicht hier ein Hinweis darauf gegeben, dass die „**Form des Kreuzes über die Welt gespannt ist**" und die „Welt unter diesem Zeichen steht". Damit verbinden sich **Schöpfung und Christus**, dessen erster Buchstabe auf griechisch ebenfalls das „chi = x" ist[432]. Es wird insofern,

---

429 Justin: Erste Apologie 60, S. 73

430 Der griechische Buchstabe „ch" bzw. „chi" wird mit dem Zeichen „x" gebildet. Insofern beginnt das Wort „Christus" im griechischen mit „x" (= chi) und „p" (= rho). So entsteht das berühmte Christusmonogramm, die Initialen des griechischen Wortes „Christus", das auf zahlreichen christlichen Bildern zu sehen ist.

431 Platon: Timaios, S. 253

432 Das Wort Christus entstammt der griechischen Sprache und heißt übersetzt „Gesalbter". Damit gibt es den hebräischen Titel „Messias" wieder. Wenn aber

jenseits aller Bildlichkeit, dargestellt, dass die **Schöpfung im Innersten aus Christus hervorgegangen und auf ihn hin ausgerichtet** ist. Damit ist der gleiche Gedankengang angesprochen, den der oben zitierte Hymnus aus dem Kolosserbreif aufgreift, wenn er besingt: „alles ist durch ihn [Christus] und auf ihn hin geschaffen". Das Ausgesagte ist in seiner Kühnheit nicht zu übertreffen: **Der Gekreuzigte ist das Maß der Welt**. Unter seinem Zeichen wird die Welt neu vermessen und in ihrem tiefsten Wesen überhaupt erst verstanden. Die Welt ist eben nicht aus Zufall geworden und erst recht kein Unfall, denn sie ist von Gott gewollt und von ihm her bejaht, denn ihr ist **zutiefst das Zeichen des Christus und des Kreuzes eingezeichnet und eingeprägt**. Der frühchristliche Zeuge Justin war von diesem Gedanken bei Platon so stark erfüllt, dass er in seiner ersten Apologie darüber schreibt: „Denn betrachtet alles, was in der Welt ist, ob es ohne diese Figur [des Kreuzes, AV] gehandhabt werden oder Zusammenhang haben kann. Das Meer kann nicht durchschnitten werden, wenn nicht dieses Siegeszeichen, das hier Segel heißt, auf dem Schiffe unversehrt bleibt. Die Erde wird nicht gepflügt ohne dasselbe, Grabende und Handwerker verrichten ihre Arbeit nicht ohne Werkzeuge, die diese Form haben; die menschliche Gestalt unterscheidet sich in nichts anderem von der der unvernünftigen Tiere als dadurch, dass sie aufrecht ist, die Hände ausspannen kann... und die keine andere Form als die des Kreuzes hat"[433]. **Das Kreuz ist der Welt aufgeprägt: Wie es oben und unten, links und rechts verbindet und zusammenführt, ist es ein Zeichen für die Einheit der Welt und der Vereinigung des Menschen in ihr**. Tatsächlich weist das Kreuz vor allem dem Menschen, wie Justin sehr treffend feststellt, die **wesentlichen Dimensionen seines Menschseins** auf, denn mit seinen Balken zeigt es in vier Richtungen, die uns ermöglichen, den Menschen in seinem tiefsten Wesen zu verstehen: Da ist zum einen der Blick nach oben. Das griechische Wort für Mensch, „anthropos", wurde früher

„Christus" in der griechischen Originalsprache geschrieben wird, dann steht χριστοσ da. Dieses beginnt also mit dem „x" als Zeichen für unser „ch"

433 Justin: Erste Apologie 55, S. 69

wörtlich übersetzt „der nach oben Auf- und Ausblickende"[434]. Sicher spielt diese Deutung zunächst auf den aufrechten Gang des Menschen an. Doch warum sollte hinter dieser vordergründigen Sicht nicht mehr zu verstehen und zu entdecken sein. Nach „oben" ist nach traditioneller Ansicht die geistige Blickrichtung zu Gott. Vielleicht – und darin besteht ja eine wesentliche These dieses Buches – ist der Mensch erst von Gott her richtig zu verstehen. Vielleicht ist „Mensch-sein" eben zutiefst auf Gott hin (nach „oben") Ausgerichtetsein. Erst, wenn der Mensch Gott „in den Blick bekommt" und somit nach „oben blickt", findet er sich selber und wird, was er eigentlich ist: ein Mensch. Das Kreuz weist nur zu recht mit seinem Längsbalken in diese Richtung nach oben und führt den Menschen mit seinem Blick über sich hinaus auf Höheres. Ganz nach der Mahnung des Kolosserbriefes (in der Lutherübersetzung):

> „So sucht, was droben ist, wo Christus ist, sitzend zur Rechten Gottes"
> [Kol 3,1]

Doch nicht nur dorthin, nach oben, sondern **auch in die Gegenrichtung, nach unten,** verweist das Kreuz. Es **bindet damit den Menschen an die Erde**. Hier kommt die bereits im „Genitiv" aufgezeigte Vorstellung der Bibel in den Blick, dass der **„Mensch ganz von der Erde genommen"** ist. Bildhaft wird dies in der Schöpfungserzählung ausgedrückt, dass der Mensch (hebräisch Adam) aus der Erde (hebräisch Adamah) erschaffen wird. Tatsächlich ist der Mensch „von der Erde" und wirklich ein „Erdling". Die Evolutionstheorie erinnert uns daran. Wir sind nicht einfach „vom Himmel gefallen". Im Menschen vereinen sich die vielfältigsten Kräfte der Erde, aus denen er hervorgegangen ist. Das heißt wesentlich auch, dass er den „Boden unter den Füßen" nicht verlieren soll. Die Mahnung Nietzsches aus seinem Zarathustra: „Ich beschwöre euch, meine Brüder, *bleibt der Erde*

[434] Lotz, Johann Baptist: Art. Mensch, S. 241: „was das griech. »anthropos« ursprünglich heißt, weiß man nicht genau; heute als »Mannsgesicht« gedeutet, wurde es früher als »der Aufwärtsblickende« ausgelegt."

treu"[435], ist von daher auch christlich verstanden richtig. **Der Mensch gehört zu dieser Welt und er ist ein Teil von ihr**, deshalb gilt es dieser „Erde treu zu bleiben" und in ihr **Verantwortung** zu übernehmen. Aber die Schöpfungserzählung der Genesis geht bekanntlich noch einen Schritt weiter, wenn sie darstellt, dass der aus „Erde geformte Mensch" erst durch den „Atem Gottes" zum Leben erwacht. Wiederum ist hinter dieser bildlichen Darstellung, wie schon gesagt, ein tiefer Gedanke verborgen. Der Mensch ist zwar von der Welt, aber er ist „nicht *nur* von dieser Welt"[436]. Beides – von der Welt sein und sie zugleich übersteigen – macht das doppelgesichtige Wesen des Menschen aus. Im biblischen Bild: Der Mensch ist sowohl aus Erde geschaffen als auch vom Atem Gottes belebt. Im Blick auf das Kreuz findet das seine bildliche Darstellung im „Längsbalken", der oben und unten verbindet und konsequent in beide Blickrichtungen zeigt. Doch es gibt ja noch den anderen Kreuzesbalken. Dieser verdeutlicht das Eingebunden-sein in die Welt und ihre Zusammenhänge, in dem er den Blick nach links und rechts weitet und uns darauf verweist, dass wir inmitten dieser Welt leben, unsere Aufgaben dort so gut wie möglich zu erfüllen haben und dennoch nicht im Betrieb dieser Welt aufgehen sollen, um nicht Gott „über" uns aus dem Blick zu verlieren.

Insofern ist das Kreuz dem Menschen eingeprägt und bildet – nicht nur körperlich im Skelett - seine Grundgestalt. Nur von hier her kann die Mahnung Jesu zur Kreuzesnachfolge richtig verstanden werden.

„Wer nicht sein Kreuz auf sich nimmt und folgt mir nach, der ist meiner nicht wert."

[Mk 10,38]

Denn es geht dabei nicht um einen Leid-Masochismus, wie dieses Wort oftmals in der Geschichte des Christentums missverstanden und missgedeutet wurde. Es geht nicht darum, das Leiden zu preisen oder billig zu

[435] Nietzsche Friedrich: Also sprach Zarathustra, Vorrede Nr. 3, S. 11

[436] Mit diesem Titel überschrieb Hoimar von Ditfurth sein Buch über die Entstehung des menschlichen Bewusstseins: „Wir sind nicht nur von dieser Welt".

rechtfertigen. Vielmehr erfolgt hier die befreiende Einladung dazu, das eigene Leben zu wagen, das geprägt ist vom Zeichen des Kreuzes. Zu dieser Deutung passt die Fortsetzung des obigen Verses sehr gut, wenn es heißt:

> „Wer sein Leben findet, der wird's verlieren; und wer sein Leben verliert um meinetwillen, der wird's finden."
>
> [Mk 10,39]

Der **Bezug zwischen Schöpfung und Auferweckung** kann aber von einer **anderen Seite** eröffnet und aufgezeichnet werden. Es geht dabei um die Verwendung der **Zahl „Acht"** im christlichen Bereich. Diese nimmt sei alter Zeit dort ein sehr hohe Stellung ein. Denn die **Auferweckung Jesu** „am ersten Tag der Woche" wurde sehr früh schon auf den „**achten Tag**" datiert. Zum Beispiel heißt es im frühchristlichen Barnabasbrief: „Ferner ist auch über den Sabbat geschrieben in den zehn Geboten, in denen der Herr auf dem Berge Sinai zu Moses von Angesicht zu Angesicht gesprochen hat... Den Sabbat erwähnt er am Anfang der Schöpfung: »Und der Herr schuf in sechs Tagen die Werke seiner Hände, und am siebten Tage hatte er sie vollendet, und er ruhte an diesem Tage und heiligte ihn.«... Fernerhin sagt er: »Du sollst ihn heiligen mit reinen Händen und reinem Herzen«. Wenn nun jemand den Tag, den der Herr geheiligt hat, jetzt schon heiligen kann mit reinem Herzen... siehe, dass wir erst dann recht ruhen und ihn heiligen werden, wenn wir dazu imstande sind, weil wir selbst gerechtfertigt sind und das Evangelium empfangen haben, wenn es kein Unrecht mehr gibt, vielmehr alles vom Herrn neu geschaffen ist: erst dann also werden wir ihn heiligen können, wenn wir selbst zuerst geheiligt sind... Deshalb begehen wir auch den achten Tag (= den Sonntag, den ersten Tag der neuen Woche) in Freude, an dem auch Jesus von den Toten auferstanden ist".[437] **Der „achte Tag" als Tag der Auferweckung Jesu ist diesem alten Zeugnis zufolge der Tag der Neuschöpfung**. In ihm erst kommt alles zum vollen Ende und zur Vollendung. Dabei mündet

[437] Barnabasbrief, Kap. 15, S. 98f

der Gedanke des Sabbats, an dem alles „zur Ruhe kommt“ und darin seine eigentliche Identität findet, direkt in den Glauben an die Auferweckung ein, der die eigentliche und wahre „Ruhe“ von Gott her eröffnet und den Menschen in Gott zu sich selber und zu seiner vollen Identität führt. **Das Licht vom „ersten Schöpfungstag“ weist damit auf das „ewige Licht“ vom „achten Schöpfungstag“ voraus und das anfängliche „Es werde Licht!“ vom Anfang ist ein Vorglanz des „ewigen Lichtes“ am Ende, das Gott selbst in seiner Herrlichkeit sein wird und das Lamm**, ganz wie es in der großartigen Vision am Ende der Bibel, im Buch der Offenbarung des Johannes, heißt:

> Die Stadt braucht weder Sonne noch Mond, die ihr leuchten. Denn die Herrlichkeit Gottes erleuchtet sie, und ihre Leuchte ist das Lamm.
> [Offb 20,23]

Von hierher wird das schon alte christliche **Sterbegebet des „Requiem aeternam“** ganz neu und wunderschön verständlich. Es heißt dort: „Herr, gib ihnen [den Verstorbenen] die ewige Ruhe und das ewige Licht leuchte ihnen.“ Beide Begriffe, der der Ruhe und der des ewigen Lichtes, gehören zum in den Ablativ aufgehobenen Genitiv. **Die Verstorbenen sollen in Gott, der selber das „ewige Licht“ für sie sein wird, ganz zu sich selbst finden und ihr Leben in ihm vollenden.** Doch dies gilt nicht für den Einzelnen, sondern darüber hinaus auch für die gesamte Schöpfung. Der heilige Augustinus sieht am Ende seines großen geschichtstheologischen Werkes „Vom Gottesstaat“ die ganze Weltgeschichte in den „ewigen Sabbat Gottes“ einmünden, wenn er schreibt: „Der siebente Tag werden… auch wir selbst sein, so wie wir durch seinen Segen und seine Heiligung zur Fülle gebracht und wiederhergestellt werden… Von ihm wiederhergestellt und durch noch größere Gnade zur Vollendung geführt, werden wir auf ewig feiern, schauend, dass nur er Gott ist und erfüllt von ihm, wenn er alles in allem sein wird“.[438] Und er schließt mit einer Betrachtung über das

[438] Augustinus, Aurelius: Zweiundzwanzig Bücher über den Gottesstaat, Buch XXII, Abschnitt 30, S. 521

letzte und siebte Weltalter, in dem alles zum Ziel geführt werden wird, denn „dieses siebente Weltalter wird unser Sabbat sein, dessen Ende nicht der Abend sein wird, sondern als der ewige achte Tag der Tag des Herrn, der durch Christi Auferstehung geheiligt ist und das Ruhen nicht nur des Geistes, sondern auch des Leibes vorbildet. Da werden wir feiern und schauen, schauen und lieben, lieben und preisen. Ja wahrhaftig, so wird es sein ohne Ende am Endziel. Denn das eben ist unser Endziel, zu einem Reich zu gelangen, dem kein Ziel durch ein Ende gesetzt ist.“[439] Der „achte Tag“ und die Zahl acht haben deshalb in der Kunstgeschichte des Christentums immer schon eine Rolle gespielt als die Zahl der Auferweckung, die als Neuschöpfung die erste Schöpfung zum vollen Ende bringt. Vor allem bei achteckigen Taufbecken oder auch bei manchem achteckigen Kirchbau (z. B. beim Dom zu Aachen) hat sich dies niedergeschlagen und gibt davon bleibend Kunde.

Auch für den **dritten Fall, dem Dativ**, der im Zusammenhang mit dem Geben und Schenken steht, sollte sich von der Auferweckung her nochmals eine neue Sichtweise ergeben. Denn auch hier ist die Auferweckung die Gipfelung dessen, was im „Dativ“ bereits anklang, denn die **Auferweckung des Gekreuzigten** ist tatsächlich die **große Gabe Gottes** an die Welt und an den Menschen. **In der Auferweckung schenkt Gott sein Leben in Fülle**. Das große Geschenk der Verwandlung, Erneuerung und Vollendung, das in der Auferweckung aufleuchtet, ist die eigentliche Erfüllung aller Gaben. Vor allem die Erwartung eines „verheißenen Landes“, die das ganze Alte Testament wie ein roter Faden durchzieht, findet hier sein Ziel. Das Land, auf das die Menschen hin unterwegs sind und das sie sich so sehr ersehnen, ist letztlich Gott selbst. Er ist die wahre und ewige Heimat, zu der wir alle durch die Auferweckung gerufen und geladen sind. Den Anfang dazu macht Christus, aber wir werden ihm alle folgen. Wir werden in die Auferweckung Christi förmlich mit hineingezogen. Unser ganzes Leben ist durch ihn und durch seinen Sieg über den Tod verändert und verwandelt. Der Apostel Paulus schreibt daher sehr treffend:

---

[439] Ebd., S. 522

> „Wenn wir nämlich ihm gleich geworden sind in seinem Tod, dann werden wir mit ihm auch in seiner Auferstehung vereinigt sein...Sind wir nun mit Christus gestorben, so glauben wir, dass wir auch mit ihm leben werden. Wir wissen, dass Christus, von den Toten auferweckt, nicht mehr stirbt; der Tod hat keine Macht mehr über ihn... Denn durch sein Sterben ist er ein für allemal gestorben für die Sünde, sein Leben aber lebt er für Gott. So sollt auch ihr euch als Menschen begreifen, die für die Sünde tot sind, aber für Gott leben in Christus Jesus."
>
> [Röm 6,5.8-11]

Der endgültige Sieg des Lebens über den Tod ist das größte Geschenk Gottes an die Menschheit. Im Römerbrief schreibt Paulus daher:

> „Ist Gott für uns, wer ist dann gegen uns? Er hat seinen eigenen Sohn nicht verschont, sondern ihn für uns alle hingegeben – wie sollte er uns mit ihm nicht alles schenken?"
>
> [Röm 8,31b-32]

Tatsächlich hat Gott uns in der Auferweckung seines Sohnes reich beschenkt. Der **größte Feind des Menschen, der Tod, ist besiegt**. Von nun an können wir befreit leben.

Auch der **vierte Fall, der Akkusativ**, strebt auf den Ablativ und damit auf die Auferweckung zu. Bei diesem Fall handelt es sich, wie oben ausgeführt, um Anklage, aber auch um Schuldig-Werden und Vergebung. Und auch dieser „Fall" ist in der Auferweckung mit eingeschlossen. Auch hier helfen uns die urchristlichen Hymnen im Verstehen weiter. Im letzten Buch der Bibel steht dieser Text:

> Da hörte ich eine laute Stimme im Himmel rufen: Jetzt ist er da, der rettende Sieg, die Macht und die Herrschaft unseres Gottes und die Vollmacht seines Gesalbten; denn gestürzt wurde der Ankläger unserer Brüder, der sie bei Tag und bei Nacht vor unserem Gott verklagte. Sie haben ihn besiegt durch das Blut des Lammes und durch ihr Wort und Zeugnis; sie hielten ihr Leben nicht fest, bis hinein in den Tod. Darum jubelt, ihr Himmel und alle, die darin wohnen.
>
> [Offb 12,10-12a]

In diesem 12. Kapitel der Offenbarung wird in mythischer Erzählung vom Kampf des Guten gegen das Böse erzählt. Letztlich, so die Kernaussage hier, muss **das Böse weichen**. Seine Niederlage ist besiegelt, es gibt dafür keinen Platz mehr im Himmel (Offb 12,8). Seine Entsprechung und seinen Ausdruck findet dieser Sieg über das Böse im **Jubel der Erlösten**. Diesen jubelnden Hymnus haben wir im obigen Text vorliegen. Wichtig ist, dass das **Böse hierbei „Ankläger"** (griechisch κατήγωρ - kategor) genannt wird, „der in der Versammlung des himmlischen Hofstaates die Brüder [gemeint sind die Christen, die ihrem Glauben auch in Schwierigkeiten treu sind, AV] vor Gott bei Tag und Nacht anzuklagen versucht."[440] Doch das Danklied der Erlösten blickt schon auf das Ende des Bösen: „Seine Anklage ist abgewiesen".[441] Und jetzt der Zusammenhang: In der **lateinischen Übersetzung** der Vulgata steht für den Ankläger der Begriff „**accusator**", der fast wörtlich auf den Fall des Akkusativs verweist. Tatsächlich wird in diesem feierlichen Lied also nichts weniger behauptet, als dass durch das „Blut des Lammes", durch den Tod und die Auferweckung Jesu Christi, **der Ankläger besiegt** ist und damit der Akkusativ im bösen Sinn sein Ende genommen hat. Denn **durch die Erlösung in Christus ist das Böse – allem vorab der Tod – überwunden und beendet.** Der „Fall der Anklage", der Akkusativ, kann jetzt endgültig „zu den Akten gelegt werden". Wir sahen schon in der obigen Darstellung, dass das Versagen und die Schuldverstricktheit der Menschen nach Vergebung verlangen. Diese ist

[440] Lohse, Eduard: Die Offenbarung des Johannes, NTD11, S. 74
[441] Ebd.

mit der Auferweckung endgültig gekommen. Deshalb können wir mit dem Apostel Paulus jubeln:

> „Verschlungen ist der Tod vom Sieg. Tod, wo ist dein Sieg? Tod, wo ist dein Stachel? Der Stachel des Todes aber ist die Sünde, die Kraft der Sünde ist das Gesetz. Gott aber sei Dank, der uns den Sieg geschenkt hat durch Jesus Christus, unseren Herrn."
>
> [1 Kor 15,54b-57]

Bisher konnte für alle „Fälle" durch den Blick auf die Auferweckung eine ganz neue Dimension erschlossen werden. Dies sollte auch für den **fünften Fall, dem Vokativ**, gelten. Dieser steht mit dem Thema „rufen und berufen" in Verbindung. Und auch hier zeigt sich, dass durch die Auferweckung das volle Maß, die Voll-Endung dessen angebrochen ist, was wir oben unter dem Vokativ verstanden haben. Denn tatsächlich, so wurde schon oben deutlich, **zielt der Ruf Gottes** vom Schöpfungsmorgen an, über die Berufung Abrahams immer auf ein großes Ziel: Auf das **volle Leben**, das sich in der Gemeinschaft mit Gott und in der liebenden Beziehung zueinander entfaltet. **Gott ruft zum Leben**. Er will das Leben und ist von daher ein Freund und ein Liebhaber des Lebens, wie es treffend im Buch der Weisheit heißt:

> „Du liebst alles, was ist, und verabscheust nichts von allem, was du gemacht hast; denn hättest du etwas gehasst, so hättest du es nicht geschaffen. Wie könnte etwas ohne deinen Willen Bestand haben, oder wie könnte etwas erhalten bleiben, das nicht von dir ins Dasein gerufen wäre? Du schonst alles, weil es dein Eigentum ist, Herr, du Freund des Lebens."
>
> [Weish 11,24-26]

Sein Ruf zielt von Anfang an auf eine **bleibende Gemeinschaft alles Geschaffenen**[442] in ihm selber. Somit ist der Vokativ, der seinen Ausgang

---

[442] Es ist vor allem Jürgen Moltmann, der immer wieder darauf hinweist, dass die Auferstehung und die damit verbundene Vollendung in Gott, nicht nur auf den

nimmt im Ruf der Schöpfung (Genitiv), und einen ersten Höhepunkt findet in der Berufung Abrahams, die ihrerseits wieder hinweist auf das Kommen Christi, erst im Ablativ, in der Erlösung durch Christus, abgeschlossen. **In der Auferweckung kommt der Ruf Gottes, der alles zum Leben erweckt und einlädt, zur Vollendung**.

Damit zeigt sich, dass alle „Fälle" auf den letzten und abschließenden Fall der Erlösung und Befreiung hinzielen, um dort eigentlich zu sich selbst zu finden. Die **Auferweckung ist der Zielpunkt, auf den alles zuläuft, sie ist das große Finale, in dem alles vollendet wird.** Deshalb möchte ich noch einen anderen Anlauf nehmen, um das, was wir mit Auferweckung meinen, noch von einer anderen Seite her beleuchten. Eine sehr schöne Deutung davon liefert einer meiner Lieblingsautoren, der Schriftsteller und Nobelpreisträger Thomas Mann (1875-1955), in seinem großen Josephsroman. Eigentlich sind es ja vier Romane, in denen Thomas Mann die biblische Josephsnovelle auf einen Wink von Goethe hin nach- und auserzählt[443]. Mit meisterlicher Sprache und großer denkerischer Weite führt er

---

Menschen bezogen sind, auch wenn sie darin ihren Schwerpunkt hat. Die endgültige Auferstehung muss alles einschließen, die gesamte Welt und alle Natur. Er spricht deshalb von einer „Kosmischen Eschatologie". Vgl. dazu ders.: Das Kommen Gottes – Eschatologie, S. 287-349 oder auch ders.: Auferstehung der Natur – Ein Kapitel der kosmischen Christologie; in: Concilium 42. Jg. Nr. 5, Dezember 2006, S. 563-570

443 In einem Vortrag über seinen Joseph-Roman weist der Autor auf diesen Zusammenhang hin: „Oft bin ich gefragt worden, was mich eigentlich auf diesen abseitigen, fernliegenden Stoff gebracht und mich bestimmt habe, aus der biblischen Legende vom ägyptischen Joseph ein weit ausladendes, viele Arbeitsjahre beanspruchendes Romanwerk zu machen... Dabei verbanden sich ... innere Experimente fast sofort mit dem Gedanken einer Tradition: dem Gedanken an Goethe nämlich, der in seinen Memoiren »Dichtung und Wahrheit« berichtet, wie er, ein Knabe noch, den Joseph-Stoff, einem Freunde diktierend, zu einem breiten Erzählwerk ausgesponnen habe, das aber bald der Vernichtung anheimgefallen sei, weil es ihn nach dem eigenen Urteil des Verfassers noch allzu sehr an »Gehalt« gefehlt habe. Zur Erklärung des jugendlich verfrühten Unternehmens bemerkt der sechzigjährige Goethe: »Höchst liebenswürdig ist diese natürliche Geschichte: nur erscheint sie zu kurz, und man fühlt sich versucht, sie in allen Einzelheiten auszuführen.« Merkwürdig! Dieser Satz aus »Dichtung und Wahrheit« war mir alsbald gegenwärtig, mitten in meinen Träumereien: ich hatte ihn im Gedächtnis, brauchte

das Leben des jungen Helden vor Augen, das von der übertriebenen Bevorzugung durch den Vater, über den Neid der Brüder, bis in die Katastrophe von Verkauf und Versklavung führt. Als sich nämlich die älteren Geschwister entschlossen hatten, ihren ungeliebten Bruder „los zu werden" und nach einer ordentlichen Tracht Prügel in eine ausgetrocknete Zisterne warfen, spricht Thomas Mann sehr tiefsinnig von der „Grube", in der Joseph „hinabgefahren" sei, und spielt damit ganz bewusst auf die Erzählungen um den Tod Jesu an, wenn er dazufügt, dass Joseph „drei Tage in der Grube" verblieb. Den Überlegungen seiner Geschwister, wie denn jetzt mit dem derartig Gezüchtigten weiter zu verfahren sei, kommen midianitische Kaufleute gut zu Pass, die Joseph als ein „He da!" und einen „Dahergelaufenen" erwerben, um ihn als Sklaven in Ägypten weiterzuverkaufen. Doch wer meint, der junge Joseph sei damit am Ende, der sieht sich getäuscht. Denn im Hause Potiphars, der im Roman auch Petepre heißt, gelingt ihm schon bald der Aufstieg zum obersten Verwalter und wer weiß, in welche Position er noch hätte kommen können, wäre ihm nicht die Hausherrin mit ihrer Liebeswerbung um ihn und seine aparte Jugendlichkeit dazwischen gekommen. Und so geht es mit ihm erneut hinab in die „Grube", dieses Mal aber für drei Jahre, und zwar in das Inselgefängnis Zawi Re. Trotz dieses erneuten „Falls" ist Joseph aber immer noch nicht am Ende. Seine Fähigkeit, Träume zu verstehen und auszulegen, führt ihn letztlich über Umwege zum Pharao und als dessen Stellvertreter zum „Verwalter" Ägyptens. Jetzt, auf dem Höhepunkt seiner Karriere und nach der erfolgreichen „Haupterhebung" durch den König, wird er, der in jungen Jahren schier wie im eigenen Egoismus eingesperrt war, zum großen Versorger und Ernährer für das Volk und damit zum „Hirten" für andere. So zeigt sich, dass alle Um- und Irrwege des jungen Helden, letztlich zum Guten führen und dass über ihnen die liebende Hand Gottes waltet, die Hand, die ihn aus seiner Ich-Sucht befreit und ihn weitet in der liebenden Sorge für andere. Dass Gott seine Hand im Spiel haben muss, kommt erst recht in den Blick, als die in

ihn nicht nachzulesen, - und wirklich scheint er ja wie zum Motto geschaffen für das, was ich dann unternahm, er bietet die einfachste und einleuchtendste Erklärung für dies Unternehmen." Vgl. Mann, Thomas: Joseph und seine Brüder – Ein Vortrag, S. 654

der israelischen Heimat lebenden Familienangehörigen Josephs auch in den Sog der damaligen Hungerzeit geraten und nun ihrerseits ins Land am Nil reisen müssen, um sich das lebensnotwendige Getreide dort zu kaufen. Dabei kommt es zum Wiedersehen mit ihrem Bruder, den sie natürlich erst einmal nicht erkennen und dies auch gar nicht können, denn niemand konnte doch vermuten, dass der ehemals als Sklave verkaufte Jüngling, nun ihnen in der Person des zweiten Mannes von Ägypten gegenübertritt. Die erste Begegnung verläuft daher auch eher nüchtern. Verdächtigt, eventuell Späher aus einem feindlichen Land zu sein, muss einer der Brüder als „Pfand" in einem ägyptischen Gefängnis bleiben. Erst wenn die anderen neun ihren jüngsten Bruder Benjamin mitbrächten, der bei der ersten Fahrt aus Rücksicht auf den Vater Jakob noch zu Hause bleiben musste, sei ihre Unschuld erwiesen und der Inhaftierte könne wieder frei kommen. Also müssen sie nach ihrer Heimkehr zu ihrem Vater Jakob nochmals nach Ägypten ziehen, um die Familie wieder ganz zusammen führen zu können, diesmal aber mit dem jüngsten Bruder, mit Benjamin. Beim glücklichen Wiedersehen mit allen Brüdern, kommt es nun zu einem Festmahl, das Joseph ihnen bereitet. Dabei sitzt der noch Unerkannte direkt neben Benjamin, mit dem ihm ein Doppeltes ganz besonders verbindet: Zum einen war dieser nicht am damaligen Komplott beteiligt und von daher als einziger unschuldig an dem, was Joseph angetan wurde. Doch das Zweite wiegt ungleich schwerer, haben beide doch mit Rahel die gleiche Mutter, die lange kinderlos litt, bis sie endlich den Joseph zur Welt brachte und bei der Geburt ihres zweiten Sohnes, der Niederkunft mit Benjamin, im Kindbett verschied. An dieser Stelle, die von dem sehr innigen Gesprächs zwischen beiden Brüdern erzählt, setzt die von mir ausgewählte Stelle ein. Gerade eben haben sie sich noch über Rahel unterhalten und hat Joseph, wir dürfen nicht vergessen, dass Benjamin ihn ja noch nicht erkannt hat, ihr Grab beschrieben, da kommt dieser darüber hinaus auf sich selbst zu sprechen, allerdings unter dem Vorwand, wie von einem Unbekannten zu reden. Und auch hierbei erwähnt er die „Grube". Doch jetzt genug mit meinem Gestammel und Gestümper. Jetzt soll der Meister der Sprache, der „Zauberer", das Wort ergreifen, er kann es sowieso viel besser:

Da sagte Josef zu Benjamin: „»Und was ich vom Grabe sagte…, das darfst du so schwer nicht nehmen, nicht übertrieben ernst. Das Grab ist freilich ein ernstes Loch, tief und dunkel; aber seine Kraft, zu halten, ist wenig bedeutend. Es ist leer von Natur, musst du wissen, — leer ist die Höhle, wenn sie der Beute wartet, und kommst du hin, wenn sie sie eingenommen, so ist sie wieder leer, — der Stein ist abgewälzt. Ich sage nicht, dass sie des Weinens nicht wert ist, die Grube, sogar schrill klagen soll man zu ihren Ehren, denn sie ist da, eine ernste, tieftraurige Einrichtung der Welt und der Festgeschichte in ihren Stunden. Ich gehe so weit, zu sagen, dass man aus Ehrerbietung gegen das Loch sich gar nicht das Wissen um seine natürliche Leerheit und seine Unkraft zu halten soll anmerken lassen. Das wäre unartig gegen eine so ernste Einrichtung. Schrill soll man weinen und jammern und nur ganz unter der Hand versichert sein, dass es gar keine Niederfahrt gibt, der nicht ihr Zubehör folgte, das Auferstehn. Was wäre denn das für ein Bruchstück und für eine Halbheit von Festgeschichte, die nur bis zur Grube reichte, und dann wüsst' sie nicht weiter? Nein, die Welt ist nicht halb, sondern ganz, und ein Ganzes das Fest, und Getrostheit, unverbrüchliche, ist in dem Ganzen. Darum lass dich's nicht weiter anfechten, was ich von deines Bruders Grab sagte, sondern sei getrost!« Damit nahm er Benjamins Arm beim Handgelenk, hob ihn ein wenig auf und fächelte mit der losen Hand in der Luft, dass sie einen Wind machte[444]. Nun entsetzte der Kleine sich ganz und gar. Die Unbeschreiblichkeit seines

---

[444] Diese Stelle ist nur recht verständlich, wenn man im Roman weiter nach vorne blättert und sich an den Spaziergang von Joseph, damals siebzehnjährig, mit dem erst achtjährigen Benjamin zum Adonishain erinnert (Vgl.: Thomas Mann: Joseph und seine Brüder, Teil 2: Der junge Joseph, 3. Hauptstück, Abschnitt: Der Adonishain, S. 440ff). Um mit dem kleineren Bruder schneller und sicherer voranzukommen, griff er dessen Hand, um ihn zu führen. Dann heißt es: „Wenn Benjamins Hand in der seinen zu heiß und nass wurde, hatte Joseph die Gewohnheit, sie am Gelenk zu nehmen, das Benjamin lose machte, und mit ihr zu fächeln, damit sie im Winde trockne. Über diese Lüftung lachte der Kleine immer so sehr, dass er stolperte." (S. 443) Das Fächeln und Wedeln mit dem Handgelenk war dem Benjamin also von Joseph, seinem älteren Bruder schon seit vielen Jahren vertraut. Jetzt – bei der Begegnung mit ihm, den er bis dato noch nicht erkannte, musste diese Erinnerung in ihm wieder aufsteigen, wobei er natürlich nicht genau wissen konnte, wie ihm geschah.

Zustandes kam auf ihren Gipfel — es stand gleich fest, dass das nie jemand beschreiben würde. Es verschlug ihm den Atem, seine Augen schwammen in Tränen, und durch die Tränen starrte er dem Fürsten des Korns ins Gesicht bei angestrengt zusammengezogenen Brauen — das aber ergibt einen höchst unbeschreiblichen Ausdruck: Tränen unter zusammengewühlten Brauen —, und dabei stand der Mund ihm offen gleichwie zu einem Schrei, der aber blieb aus, und statt dessen neigte der Kopf des Kleinen sich etwas zur Seite, schloss sich der Mund, lösten sich seine Brauen, und sein Tränenblick war nur noch eine große, inständige Bitte, vor der freilich die schwarzen Augen drüben, wieder den Rückzug antraten hinter die Lider, zwar verwehrend, und doch konnte man, wenn man wollte und sich getrost getraute, in dem Lidschlag etwas wie heimlich anvertrauende Bejahung erblicken. Da komme einer und beschreibe, wie es aussah in Benjamins Brust – in eines Menschen Brust, der ganz nahe daran ist, zu glauben!“[445]

Was Thomas Mann hier im zärtlichen Brudergespräch ausführt, ist in meinen Augen eine der schönsten Umschreibungen in der modernen Literatur für den Glauben an die Auferweckung. Hören wir ihm nochmals aufmerksam zu: „Es gibt keine Niederfahrt, ohne ihr Zubehör, das Auferstehn“. Und er spricht von einer „Halbheit“, wenn wir beim Blick auf das Sterben beim Tod vordergründig stehen blieben und nicht darüber hinaus glauben und hoffen könnten. Das wäre wahrlich nicht mehr als ein „Bruchstück“, wenn die „Festgeschichte nur bis zur Grube reichte und wüsste dann nicht weiter“. Um dann mit feierlichem Ton zu schließen: „Nein, die Welt ist nicht halb, sondern ganz, und ein Ganzes das Fest, und Getrostheit, unverbrüchliche, ist in dem Ganzen. Darum lass dich's nicht weiter anfechten, was ich von deines Bruders Grab sagte, sondern sei getrost!“ Welch großartiges Wort: Die Welt ist erst ganz und vollkommen, wenn es über sie hinaus die Auferweckung gibt. Die Feststunde des Lebens ist erst dann erreicht, wenn also **nicht der Tod und die Vergänglichkeit obsiegen, sondern das Leben bei Gott das letzte und entscheidende Wort hat**.

[445] Mann, Thomas: Joseph und seine Brüder, Teil 4 „Joseph, der Ernährer“, 6. Hauptstück „Myrtenduft oder das Mahl mit den Brüdern“, S. 1657-1659

Alles andere wäre Halbheit und Fragment. Nur wenn es „jenseits der Grube" und des „abgewälzten Steins" eine Festgeschichte gibt, die das Leben feiert, wird alles abgerundet und erfüllt. In einem sehr persönlichen Text, der mit „Fragment über das Religiöse" überschrieben ist, bekennt der Autor der Buddenbrooks: „Was aber ist das Religiöse? Der Gedanke an den Tod. Ich sah meinen Vater sterben, ich weiß, dass ich sterben werde, und jener Gedanke ist mir der vertrauteste, er steht hinter allem, was ich denke und schreibe"[446]. Dabei fällt es ihm gar nicht leicht, sich und seine Haltung in Sachen Religion genau zuzuordnen, denn er bekennt: „Ich wüsste tatsächlich nicht zu sagen, ob ich mich für einen gläubigen Menschen halte oder für einen ungläubigen. Tiefste Skepsis in bezug auf beides, auf sogenannten Glauben und sogenannten Unglauben, ist all mein Ausweis, wenn man mich katechisiert. Wir sind vom ewigen Rätsel so dicht umdrängt, dass man ein Tier sein müsste, um es sich nur einen Tag lang aus dem Sinn zu schlagen. Keinen Tag, an dem ich wach bin, habe ich nicht an den Tod und an das Rätsel gedacht."[447] Doch was ist dieses „Rätsel", das ihn so umdrängt, dass es ihn nicht einmal für einen Tag zur Ruhe kommen lässt? Seine Antwort heißt: „Die Stellung des Menschen im Kosmos, sein Anfang, seine Herkunft, sein Ziel, das ist das große Geheimnis, und das religiöse Problem ist das humane Problem, die Frage des Menschen nach sich selbst."[448] Diese alles entscheidende Frage des Menschen nach sich selbst, stellt sich natürlich in besonderer Weise im Angesicht des Sterbens und des Todes. Hier ist der Mensch letztlich ganz allein auf sich selbst zurückgeworfen, hier wird er sich mehr denn je selber zur großen Frage. Und genau an dieser Stelle greift wunderschön das Gespräch zwischen den Rachelsöhnen: „Es gibt keine Niederfahrt, ohne ihr Zubehör, das Auferstehn." Mit diesem wunderschönen Wort bekennt Thomas Mann, dass **erst und allein in der Auferweckung alles Fragen und, damit untrennbar verbunden, das große Rätsel, das der Mensch sich selbst ist, zum Ziel und zur Vollendung kommt** und stimmt damit wunderschön in den

---

[446] Mann, Thomas: Fragment über das Religiöse, S. 423
[447] Ebd., S. 424
[448] Ebd.

Gedanken ein, den ich unter dem Ablativ ausführen wollte und worum es mir dabei geht. Denn jetzt ist es ganz deutlich: Im „letzten Fall", im **Ablativ**, d. h. in der Erlösung und in der Befreiung, finden alle „Fälle" des Lebens ihre Vollendung und damit auch die **ganze Grammatik des Menschen und Gottes ihren Höhe- und Zielpunkt**. Gerade hier erweist sich Gott als ein „Gott für alle Fälle". Und das gilt für beide Testamente, die jeweils in ihrer Mitte eine Erzählung der Rettung und Erlösung durch Gott stellen:

- Im **Alten Testament** ist es die Erzählung des **Exodus**, des befreienden Handelns Gott Jahwes an seinem Volk Israel.
- Im **Neuen Testament** ist es die Botschaft von der **Auferweckung** des gekreuzigten und totgemachten Jesus von Nazaret, des befreienden und erlösenden Handelns Gottes an seinem Messias.

In beiden Zusammenhängen laufen alle Linien auf jeweils einen **Endpunkt der Erlösung,** und damit auf den Ablativ, zu. Was im Alten Bund vorgezeichnet ist im Heilsereignis des Exodus, das wird im zentralen Geschehen des Neuen Testaments, der Auferweckung, aufgehoben (im oben beschriebenen dreifach hegelschen Sinn). Was dort anfanghaft erfahren und verwirklicht wurde, vollendet sich in der Auferweckung, in dem es bewahrt wird, verändert und zugleich erhöht. Somit findet also die gesamte **Grammatik Gottes ihren Schlusspunkt** im Geschehen der **Auferweckung**. Erst von hierher wird alles, was es über Gott zu sagen galt, wirklich verständlich, taucht alles noch einmal in ein ganz neues und anderes Licht. Von diesem Punkt her wird alles getragen und gehalten, ganz so, wie in einem gotischen Gewölbe alles auf den Schlussstein zuläuft. Jetzt, nach diesem Gang durch die Grammatik Gottes wird auch der **strahlende Schlussakkord der Grammatik des Menschen** vernehmbar. Immer wieder wurde versucht, die Grammatik des Menschen von Gott her zu verstehen und etwas von Gott zu erahnen, indem versucht wurde, den Mensch tiefer zu verstehen. Auch wir **Menschen sind auf das Leben hin geschaffen**, auf ein **bleibendes Leben, das in der liebenden Gemeinschaft mit Gott und den anderen Menschen besteht.**

Denn:

- Wir sind für das Leben bestimmt und nicht für den Tod.
- Wir sind zur Gemeinschaft bestimmt und nicht für den Egoismus.
- Wir sind nicht für eine „Halbheit" gedacht, sondern zum „Ganzen der Festgeschichte" berufen und bestimmt.

Somit wird klar:

- Erst in der Vollendung in und durch Gott, kommen wir wirklich ans Ziel.
- Erst in und durch Gott finden wir Menschen wirkliche und wahre Erfüllung.
- Erst in der endgültigen Begegnung mit ihm rundet sich unser Leben und wird zu der Einheit, zu der Gott uns schon von jeher ruft und führen will.
- Erst, wenn die „Niederfahrt" durch ihr „Zubehör", das „Auferstehn", ergänzt wird, kommt die „Festgeschichte" an ihr Ziel und findet der Mensch heim zu seiner eigentlichen Bestimmung.

Doch kann man das glauben? Ist hier nicht bloß der Wunsch der Vater des Gedankens? Viele Menschen heutzutage haben Schwierigkeiten mit dem Glauben an die Auferweckung und nicht wenige lehnen sie sogar ab. Es ist die gleiche Lage, in der sich auch Faust in Goethes Werk befindet, wenn er angesichts des Glockenläutens am Ostersonntag bekennt: „Die Botschaft hör´ ich wohl, allein mir fehlt der Glaube!"[449] Für diese ernsten Anfragen habe ich einen kleinen Text gefunden, von dem ich allerdings keine Angaben besitze, von wem er stammt oder wer ihn niedergeschrieben hat. Vielleicht kann er auf seine leicht humorige Art helfen, zu erahnen, was sich hinter dem Gedanken der Auferweckung verbergen könnte.
„Im Bauch einer werdenden Mutter wachsen zwei Embryos heran. Einer der Zwillinge ist ein kleiner Skeptiker, der andere voll kindlicher Gläubigkeit. So fragt der kleine Zweifler den anderen: »Sag mal, glaubst du an ein

[449] Goethe, Johann Wolfgang von: Faust I, S. 31

Leben nach der Geburt?« Der kleine Gläubige antwortet: »Ja klar, das gibt es. Unser Leben hier ist geradezu dazu gedacht, dass wir wachsen und uns auf das Leben nach der Geburt vorbereiten. Damit wir stark genug sind für das, was uns dann erwartet.« Der kleine Zweifler: »Blödsinn, das gibt es nicht. Wie soll denn das aussehen, ein Leben nach der Geburt?« Der kleine Gläubige: »Das weiß ich nicht so genau. Aber es wird sicher viel heller sein als hier, und vielleicht werden wir herumlaufen, mit offenen Augen sehen und mit dem Mund essen.« Der kleine Zweifler: »So ein Quatsch, herumlaufen und mit dem Mund essen, das geht doch nicht. Was für seltsame Ideen. Es ist die Nabelschnur, die uns ernährt. Außerdem ist das völlig unmöglich, dass es ein Leben nach der Geburt gibt, weil die Nabelschnur einfach viel zu kurz ist.« Der kleine Gläubige: »Doch es geht bestimmt. Es wird eben alles ein bisschen anders sein.« Der kleine Zweifler: »Ach was, es ist noch nie einer zurückgekommen nach der Geburt. Mit der Geburt ist das Leben zu Ende. Und das Leben hier ist ohnehin eine Quälerei – eng und dunkel.« Der kleine Gläubige: »Nun gut, auch wenn ich es eben nicht so genau weiß, wie das Leben nach der Geburt aussieht, so werden wir dann jedenfalls unsere Mutter sehen und sie wird weiter für uns sorgen.« Der kleine Zweifler: »Mutter? Du glaubst auch noch an eine Mutter? Wo ist die denn bitte?« Der kleine Gläubige: »Na hier um uns herum. Wir sind in ihr und leben in ihr und durch sie. Ohne sie könnten wir gar nicht sein.« Der kleine Zweifler: »Quatsch. Von einer Mutter habe ich noch nie etwas gemerkt, also gibt es sie auch nicht.« Der kleine Gläubige: »Manchmal, wenn es ganz still ist, kannst du sie singen hören oder manchmal auch spüren, wie sie unsere Welt streichelt.« Der kleine Zweifler denkt nach und fragt schließlich: »Und wenn es also ein Leben nach der Geburt gibt, werde ich dann bestraft, weil ich nicht daran geglaubt habe?« Der kleine Gläubige: »Das weiß ich auch nicht so genau. Vielleicht bekommst du ja nur einen Klaps, damit du endlich die Augen aufmachst du das neue Leben beginnen kann.« Der kleine Skeptiker nimmt noch einen Zug aus der Nabelschnur, kuschelt sich an sein Geschwisterchen und getröstet schlafen beide ein."

7.4 Die Auferweckung als Antwort auf die Sinnfrage

Nun endlich ist es soweit, dass der Titel des Buches vielleicht in seiner ganzen Tiefe und Aussagekraft zum Leuchten kommt: **„Ein Gott für alle Fälle!“** Denn tatsächlich hat sich hoffentlich gezeigt, dass Gott zumindest für **alle Fälle der Grammatik** etwas zu sagen hat und uns hilft, uns selber von ihm her tiefer zu verstehen. Vielleicht zeigt sich aber noch mehr, dass Gott sogar **für alle Fälle des Lebens,** auch jenseits der Grammatik, uns etwas zu sagen hat. Gott spielt demnach in unserem Leben eine Rolle, ja die Hauptrolle, ob wir das merken oder nicht, ob uns das bewusst ist oder nicht, ob wir das wollen oder nicht. Wie in einer großen Klammer ist unser Leben gewollt, getragen und erfüllt von Gott. Schon am Anfang meines Buches habe ich festgestellt, dass die Frage nach Gott zum Menschsein mit dazugehört. **Menschsein ist in seiner tiefsten Anlage die große Frage und unstillbare Sehnsucht nach Gott**; denn in sich und auf sich allein gestellt kann der Mensch sich selbst nicht richtig einholen und das, was er zuinnerst ist und sein soll, nicht vollziehen. Deshalb ist der Gott, den die Bibel uns bezeugt, und der in einzigartiger Weise im Auftreten des Mannes Jesus von Nazaret unter uns erschienen ist, ein **Gott für alle Fälle**. Mit ihm können **wir uns selbst »durchbuchstabieren«** und so unser eigentliches Wesen finden. **Denn als Menschen sind wir wesentlich von Gott geschaffen und auf ihn hin ausgerichtet.** Nur im Blick auf Gott klären sich die letzten Fragen nach unserem „Woher?“ und „Wohin?“. Und damit fällt mit der Gottesfrage auch **zutiefst und zuletzt die Sinnfrage** des Menschen. Eugen Biser stellt vollkommen zu Recht fest: „»Sinn« ist das Zauberwort unserer Zeit.“[450] Gerade die Frage nach dem Sinn des Lebens treibt den Menschen um, denn er will letztlich nicht nur seine Zeit absitzen, sondern möchte, dass sein Leben sich erfüllt und sich rundet. Dabei ist die Sinnfrage ganz anders, als alle anderen Fragen, die der Mensch hat. „Sie unterscheidet sich von der Art des durchschnittlichen Fragens, mit dem der Mensch seine Neugierde zu befriedigen, Kenntnisse zu gewinnen, Orientierung zu finden oder auch nur ein Gespräch in Gang

---

[450] Biser, Eugen: Die Sinnfrage als Gottesfrage, S. 313

zu setzen sucht. Denn diese werden schon durch eine Information, erst recht durch eine qualifizierte Auskunft beschwichtigt... Ganz anders die Sinnfrage. Sie geht aus jener Wesensunruhe hervor, die... erst im Endziel unseres Daseins zur Ruhe kommt."[451] Daher kann Eugen Biser vollkommen zu Recht folgern: „Die Sinnfrage ist, philosophisch gesehen, die anonyme Fassung der Gottesfrage."[452] Das heißt: **Wer nach Sinn fragt, fragt immer schon nach Gott und wer nach Gott Ausschau hält, begibt sich zuinnerst auf Sinnsuche.** Vielleicht liegt an diesem Punkt auch der entscheidende Begegnungspunkt für den modernen Menschen mit der Gottesfrage. Denn die Suche nach Sinn ist gerade uns Heutigen förmlich auf den „Leib geschrieben". In einer Zeit, in der die primären Bedürfnisse des Menschen in unseren Landen[453] aufgrund des erreichten Wohlstandes gesichert sind, und somit den allermeisten Menschen keine Sorgen mehr bereiten, können wir uns den Luxus leisten, mehr vom Leben zu erwarten, als lediglich satt zu werden, ein Dach über den Kopf zu haben oder unsere biologischen Wünsche zu stillen. Und die Sinnfrage spielt bei dieser „Mehr-Erwartung" die entscheidende Rolle, um den „Mehr-Wert" des Lebens auszudrücken und ins Wort zu bringen. Dabei kann die **Frage nach dem Sinn ganz unterschiedliche Gestalten** annehmen. Der früherer Münchner Fundamentaltheologe Heinrich Fries (1911-1998) schreibt dazu sehr schön: „Sinn ist Einklang, Harmonie zwischen dem, was ist, und dem, was sein soll, zwischen dem, was mir widerfährt, und dem, was ich erwarte, zwischen dem, was ich habe, und dem, was ich zu Recht wünsche. Sinn finde ich vor, wenn es, wie man sagt, »mit rechten Dingen zugeht«, wenn die von mir erwarteten Entsprechungen: etwa zwischen Verdienst und Lohn, Rechtschaffenheit und Glück zutreffen. Sinn finde ich vor, wenn ich Zuordnungen, Zusammenhänge erblicke, die in meinem Denken aufleuchten. Sinn finde ich vor, wenn ich zu dem, was ist, was mir begegnet, was ich tue, gleichsam Ja und Amen sagen kann – als Zustimmung, als Bestätigung, als das, was Glück, Erfüllung, Frieden und Freude auslöst. Sinn ist

---

[451] Ebd., S. 315
[452] Ebd., S. 318
[453] In anderen Kontinenten sieht dies für die Mehrheit der Menschen leider anders aus.

verbunden mit Erfahrungen vom Heil- und Ganzsein des Menschen in und mit seiner Welt. Die oft beschriebene und gescholtene, aber heimlich ersehnte »heile Welt« wäre die Welt, die mit Sinn erfüllt ist und in der Sinnhaftigkeit offenbar wird."[454] In der Sinnfrage wird der Mensch mit der *„Frage nach dem Ganzen, nach dem Zusammenhang des einzelnen und der Teile mit einem Größeren, mit einem Umfassenden*"[455] konfrontiert und damit wesentlich über sich und seine Welt hinausgewiesen. Wer nach dem großen Ganzen fragt, darf dabei nicht bei einem Teil des Ganzen stehen bleiben. Das **Umfassende**, das in jeglicher Form der Sinnsuche intendiert und angestrebt wird, **muss „mehr sein als alles" und ganz anders** als das, was uns innerweltlich begegnet. Letztlich rührt die Sinnfrage also an die Frage nach Gott und fällt mit ihr, als ihre „anonyme Fassung", ineins, womit sich der Gedankenkreis schließt. **Somit berühren sich die tiefsten Erwartungen des Menschen mit dem eigentlichen und entscheidenden Angebot von Gott.** Dieses In- und Miteinander von Gott und Mensch, dieses wechselseitige Erschließen und Ergreifen beider, war und ist die **Hauptthese dieses Buches.** Ich erinnere gerne nochmals daran: **Wenn wir Gott verstehen und sein Wesen von der Seite her, die er uns gezeigt hat, durchbuchstabieren, dann verstehen wir zutiefst uns selber und bekommen von Gott her den Blick auf das wahre Wesen unseres Menschseins frei. Und umgekehrt: Wenn wir uns, den Menschen, in unseren entscheidenden Bezügen begreifen und aus einer letzten Tiefe heraus verstehen, bekommen wir einen Blick frei auf Gott selber, der die Sache des Menschen zu seiner eigenen Sache gemacht hat.** Oder, etwas vereinfacht gesagt: Eine Grammatik Gottes ist eine Grammatik des Menschen und umgekehrt.

---

[454] Fries, Heinrich: Glaube und Kirche im ausgehenden 20. Jahrhundert, S. 17f
[455] Ebd., S. 17

Somit wird klar:

- Je mehr wir uns in Gott verwurzeln und unser Leben aus einer vertrauten Beziehung mit ihm gestalten, desto mehr kommen wir uns selbst auf die Spur und finden so erst unser eigentliches Wesen.
- Und je mehr wir den Menschen wirklich verstehen und je tiefer wir die wahre Menschlichkeit leben, desto mehr rühren wir an den, den wir seit jeher Gott nennen.

Dies zumindest dachte der Mann aus Nazaret, in dessen Nachfolge wir Christen uns befinden und von dem her auch ich versuche Gott zu begreifen. Dies war und ist sein eigentliches Wesen, das sich in der Vereinigung von Gott und Mensch auszeitigt und das in der Tradition des Christentums im Glaubenssatz vom „wahren Gott und wahren Menschen" ausgesprochen wird. So kann er uns ein doppelter Maßstab sein, der uns einerseits Gott auslegt und verständlich macht, der uns aber auch zeigt, wie Menschsein gelingen kann und wie es von Gott her gedacht und gemeint ist.

Vielleicht hat Ihnen dieses Buch so manche Anregung gegeben, sich mit der Gottesfrage tiefer auseinanderzusetzen. Vielleicht regt es dazu an, neu und anders über Gott zu denken. Vielleicht eröffnet es auch manch neuen Blick auf uns Menschen. Wenn dies – bei aller Bescheidenheit – auch nur ansatzhaft gelungen wäre, hätte es sein Ziel erreicht und so manche Anstrengung der Lektüre sicher gelohnt.

8. Nachwort

Die Gottesfrage neu bedacht, eine Grammatik Gottes entwickelt und anhand der Fälle der Grammatik aufgezeigt zu haben, das war das bisherige Bemühen auf den jetzt doch schon zahlreichen vorangegangenen Seiten. Als Ergebnis halte ich zum Abschluss fest, dass der **Gott der biblischen Tradition**, der sich dem Volk Israel gegenüber als Jahwe, und uns Christen als der Gott und Vater Jesu sich gezeigt und mitgeteilt hat, **wirklich ein Gott für „alle Fälle“** ist.

Bleibt abschließend noch ein zusammenfassender Blick, der zugleich über alles bisher Bedachte hinaus reicht. Einer der mir liebsten Philosophen ist – wie vielleicht schon bemerkbar war - der dänische **Religionsphilosoph Søren Kierkegaard**. In seinen Tagebüchern habe ich eine sehr eindrucksvolle und beachtliche Stelle gefunden, die wie geschaffen ist, das bisher Gesagte abzurunden und zugleich alles nochmals auf eine neue Stufe zu heben. Er schreibt unter dem Datum des 28. Septembers 1849: „Es ist mit dem Verhältnis zu Gott nicht wie mit dem Verhältnis zu einem Menschen, dass, je länger sie zusammenleben und je näher sie einander kennen lernen, desto näher sie einander auch kommen: oh, umgekehrt im Verhältnis zu Gott; je länger man zusammenlebt, desto unendlicher wird er – und desto weniger wird man selber. Ach, als Kind schien es einem doch, dass Gott und Mensch gut zusammen spielen könnten. Ach, als Jüngling träumt man doch davon, dass, wenn man recht unbedingt und rasend sich anstrengen wollte wie ein Verliebter, wenn auch anbetend, so ließe sich das Verhältnis doch noch zustande bringen. Ach, als Mann entdeckt man, wie unendlich Gott ist, und den unendlichen Abstand.“[456]

Was der große Däne hier ausspricht, seine Erfahrung der indirekten Proportionalität zwischen dem „sich Gott annähern des Menschen“ und dem „sich dem Begreifen des Menschen immer mehr entziehen“ von Seiten Gottes, deckt sich ganz mit der **Erfahrung des Apostels Paulus**, der

---

[456] Kierkegaard, Sören: Die Tagebücher, Zweiter Band 1849-1855, S. 95f

ebenfalls von einem »Wachsen« im Bezug auf Gott ausgeht. Im ersten Korintherbrief schreibt er im Blick auf seine Gottesbeziehung:

> „Als ich ein Kind war, redete ich wie ein Kind, dachte wie ein Kind und urteilte wie ein Kind. Als ich ein Mann wurde, legte ich ab, was Kind an mir war."
>
> [1 Kor 13,11]

Wie Kierkegaard, so denkt auch Paulus daran, dass man „wie ein Kind" oder auch als „Erwachsener" Gott in den Blick bekommen kann. Für Kierkegaard wird bei diesem Wandel und Reifen des Menschen **Gott immer „größer"** und somit auch immer undurchschaubarer für ihn. Es klingt schon fast paradox: Gott entzieht sich, sobald wir ihm wirklich auf der Spur sind und somit ihm näher zu kommen scheinen, in Wirklichkeit immer mehr. Je mehr wir ihn »er-wachsen« sehen, umso mehr »ent-wächst« er uns. Je weniger wir ihn »kindlich« betrachten, umso weniger verstehen wir ihn und umso mehr übersteigt er uns. Damit wird er zwar, je näher wir ihm zu kommen scheinen, immer weniger „be-greifbar", aber zugleich begegnet er uns gerade in der Erfahrung, dass wir Gott nicht in „den Griff" bekommen können, nur umso tiefer und inniger. Als unmittelbare Konsequenz daraus kann Kierkegaard in einer seiner „frommen Reden" im Blick auf die Gottesbeziehung im lebendigen Gebet sagen: „Und was widerfuhr ihm dann, wenn anders er wirklich innerlich betete? Wunderliches widerfuhr ihm; allmählich, wie er innerlicher und innerlicher wurde im Gebet, hatte er weniger und weniger zu sagen, und zuletzt verstummte er ganz. Er ward stumm, ja, was dem Reden vielleicht noch mehr entgegengesetzt ist als das Schweigen, er ward ein Hörender. Er hatte gemeint, beten sei reden; er lernte: Beten ist nicht bloß schweigen, sondern ist hören. Und so ist es denn auch; beten heißt nicht, sich selber reden hören, sondern heißt dahin kommen, dass man schweigt, und im Schweigen verharren, und harren, bis der Betende Gott hört."[457] Kierkegaard hat vollkommen Recht: Die wirk-

---

[457] Kierkegaard, Søren: Die Lilie auf dem Felde und der Vogel unter dem Himmel, S. 37f

liche und wahre **Gottesbeziehung führt vom „Be-greifen-wollen“ ins verstummende Schweigen und Hören**, sobald sie in sich tief und existentiell ist und sobald sie förmlich ihre „Kinderschuhe“ ausgezogen hat, um vor Gott „er-wachsen“ zu werden. **Im Blick auf ihn, den lebendigen Gott, ist es also besser zu schweigen, um zu hören, als zu reden und dabei nur sich selbst zu vernehmen.** Genau an diesem Punkt standen wir – Sie erinnern sich vielleicht – am Anfang des Buches schon einmal, beim Dilemma zwischen „Reden“ und „Schweigen“ von Gott. Schon am Anfang meines Werkes wies ich darauf hin, dass hier zwei Alternativen aufgetan sind, die beide für sich genommen, in eine gewisse Aporie führen. Es ist eben nicht so einfach möglich, nur und einzig von Gott zu schweigen, denn das Schweigen darf nicht zum Verschweigen werden und steht damit in Gefahr, zu vergessen. Vergessen aber dürfen wir den „Gott für alle Fälle“ auf keinen Fall und das können wir auch gar nicht, denken wir nur an die übergroße Sehnsucht in uns, die uns von Innen heraus geradezu zwingt, diesen Gott in Erinnerung zu behalten. Allerspätestens würde uns der Ruf des Gewissens am endgültigen Gottvergessen hindern. Das Gegenteil von Schweigen aber, Reden, hat auch seine Grenze: es darf nicht zum »Zerreden« werden. Es darf nicht in ein oberflächliches „Reden“ verfallen, das vorgibt, die Sache Gottes fest im „Griff“ zu haben und dabei doch nur um sich selber kreist. Vielleicht ist der einzig angemessene Weg, dass das **Reden über Gott zu einem, aus dem Schweigen abgerungenen Reden mit Gott sich weitet und das Schweigen über Gott sich in ein beredtes Schweigen vor Gott wandelt**.

Nun habe ich auf den letzten knapp 330 Seiten eigentlich das genaue Gegenteil von dem getan, was ich nun als Schlusspointe herausarbeite. Deshalb will und werde ich jetzt – aufs erste einmal – wieder über Gott verstummen und schweigen. Ich selber möchte mein Schweigen über Gott als ein hörendes Schweigen ihm gegenüber verstehen und mein bisheriges Reden über Gott als Einladung begreifen, dass alle, die mein „Reden“ bis jetzt mitvollzogen haben, auch in das Reden mit Gott, in ein tiefes Gebet und damit in ein schweigendes Hören, in ein beredtes Schweigen vor Gott, hineinfinden. Dabei dürfen wir aber nicht vergessen, dass dieses unser Tun, nicht der erste Schritt ist auf dem Weg zu Gott. Nicht wir sind es, die sich zuerst zu Gott hin aufmachen; es ist genau umgekehrt. Nicht unserer Leistung entspringt die Beziehung zu Gott, sondern seiner liebevollen Zuwendung kann sie entwachsen, weil er uns immer schon liebt und annimmt, vor aller Leistung und trotz aller Schuld. Wieder einmal bleibt es dem Apostel Paulus vorbehalten, diesen unerhörten Gedanken in Worte zu fassen. Es geschieht im unmittelbaren Fortgang der oben zitierten Stelle im 13. Kapitel des 1. Korintherbriefes, in der Paulus von einer wachsenden Gotteserkenntnis des Menschen spricht. So heißt es:

> „Jetzt schauen wir in einen Spiegel und sehen nur rätselhafte Umrisse, dann aber schauen wir von Angesicht zu Angesicht. Jetzt erkenne ich unvollkommen, dann aber werde ich durch und durch erkennen, so wie ich auch durch und durch erkannt worden bin."
>
> [1 Kor 13,12]

Bei diesem kurzen und wundervollen Satz taucht wieder das **Wort „erkennen"** auf, das uns schon beim ersten Fall, bei der Darlegung des Namens Jahwe für Gott, begegnet ist. Schon dort hieß es, ich erinnere nochmals daran, dass „erkennen" vorrangig kein intellektueller Vorgang ist, nicht einfach nur ein Bescheid wissen, sondern vielmehr ein **inneres Kennen und Verstehen einschließt und letztlich auf die Liebe verweist**. Nun steht Paulus nicht an, selbst noch das Gott-Erkennen des im Glauben „Erwachsenen", als nur vorläufig und unvollkommen zu bezeichnen. Alles, was wir jetzt von Gott wissen und von ihm zu kennen meinen, ist letztlich gebrochen, bleibt unscharf und vorläufig. Erst in der Vollendung werden wir Gott „sehen", wie er ist, oder wie die Bibel es beschreibt: von Angesicht zu Angesicht. Erst dann werden wir Gott wirklich und wahrhaft erkennen und begreifen. Aber – und das ist nun das Entscheidende: Diesem **unseren Erkennen Gottes geht entscheidend etwas voraus**, so dass unser Erkennen nur **eine Re-aktion** ist, nur die Antwort auf Vorgegebenes und die Folgerung aus einer Vorlage. Denn **wir sind vor all unserem Tun schon längst und immer schon von Gott „erkannt" und somit geliebt**. Das Wort, das Paulus hier gebraucht, heißt „durch und durch erkannt" und verweist auf Letzt- und Endgültiges. In dieser Gewissheit, dass all unser Sehnen und Suchen nach Gott und all unser Bemühen, ihn für uns greifbar und begreifbar zu machen, **immer schon umfangen ist von seiner vorgängigen Liebe und Zuneigung zu uns**, wollte ich von Gott reden und versuchen, seine Grammatik aufzuzeigen. **Von ihm her sind wir als Menschen immer schon geborgen und ergriffen**. Durch ihn sind wir immer schon erkannt und geliebt. So können wir uns selbst erst richtig verstehen, wenn wir um Gott wissen und wir bekommen einen umso tieferen Einblick in das Herz Gottes, desto tiefer wir uns selber begreifen. Der Gott, der sich in und durch uns erkennbar gibt, ist ein „Gott für alle Fälle“. Nichts und niemand sind von ihm ausgeschlossen. Auf ihn hin sind wir geschaffen, bei ihm finden wir „Ruhe“, also unsere Identität und von ihm her erwarten wir die Erlösung und Befreiung.

In meinem Versuch des Redens von Gott habe ich auf viele Vorgänger und Mitdenker Bezug genommen. Viele haben geholfen, den „Gott für alle Fälle“ tiefer und somit auch den Menschen wahrhaftiger zu verstehen. Weil viele Gedanken dieses Buches von anderen übernommen und zusammengetragen wurden, möchte ich auch jetzt, zum Abschluss, noch einmal einem anderen das Wort lassen.
Der große Kirchenlehrer Augustinus beschließt sein Werk über die göttliche Dreieinigkeit „De trinitate“ mit einem Gebet. Ausdrücklich sagt er: „So will ich denn nun endlich dies Werk lieber mit einem Gebete als mit einer wissenschaftlichen Darlegung schließen.“[458] Dem kann ich mich nur anschließen und mit diesem Gebet nun endgültig schließen:

„Herr, mein Gott, meine einzige Hoffnung, erhöre mich, dass ich nicht, müde geworden, dich nicht mehr suchen will, sondern mit Inbrunst dein Antlitz suche immerdar. Gib du die Kraft, zu suchen, der du dich finden ließest und die Hoffnung gabst, dass wir dich mehr und mehr finden. Vor dir steht meine Kraft und meine Unkraft: die eine wahre, die andere heile! Vor dir steht mein Wissen und Nichtwissen: Wo du mir geöffnet hast, nimm

[458] Augustinus, Aurelius: Fünfzehn Bücher über die Dreieinigkeit, II. Band, S. 330

mich auf, wenn ich eintrete; wo du mir den Zugang verschlossen hast, öffne, wenn ich anklopfe. Deiner möge ich mich erinnern, dich einsehen, dich lieben. Lass dies in mir wachsen, bis du mich zur Vollendung umgestaltest."[459]

---

[459] Ebd. S. 331f

9. Literaturverzeichnis

ADORNO, THEODOR WIESENGRUND:

⇒ Minima Moralia – Reflexionen aus dem beschädigten Leben, Gesammelte Schriften Bd. 4, stw 1704, Frankfurt am Main 2003

ALTHAUS, PAUL:

⇒ Der Brief an die Römer, NTD 6, 13. Auflage, Göttingen 1978

AMSLER, S.:

⇒ Artikel qūm – aufstehen; in: Theologisches Handwörterbuch zum Alten Testament (THAT), hrsg. von Ernst Jenni unter Mitarbeit von Claus Westermann, Bd. II, Sp. 635-641

ANZENBACHER, ARNO:

⇒ Einführung in die Philosophie, überarbeitete und erweiterte Neuauflage, Freiburg-Basel-Wien 1992

AUER, ALFONS:

⇒ Christsein im Beruf – Grundsätzliches und Geschichtliches zum christlichen Berufsethos, Düsseldorf 1966

AUGUSTINUS, AURELIUS:

⇒ Bekenntnisse - Ausgewählte Schriften, Band 7, Bibliothek der Kirchenväter, Kempten & München 1914

⇒ Fünfzehn Bücher über die Dreieinigkeit, II. Band (Buch VIII-XV), aus dem Lateinischen übersetzt und mit Einleitung versehen von Dr. Michael Schmaus, XII. Band der Schriften von Augustinus; in: Zellinger, J. und Martin, J. (Hrsg.): Bibliothek der Kirchenväter, zweite Reihe Band XIV, München 1936

⇒ Über die Psalmen, ausgewählt und übertragen von Hans Urs von Balthasar, Reihe Christliche Meister Bd. 20, 3. Auflage, Einsiedeln 1996

⇒ Zweiundzwanzig Bücher über den Gottesstaat, 2. Teil (Buch XVII-XXII), aus dem Lateinischen übersetzt von Dr. Alfred Schröder, III. Band der Schriften von Augustinus; in: Bibliothek der Kirchenväter, Band 28, Kempten & München 1916

BALTHASAR, HANS URS VON:

⇒ Improvisation über Geist und Zukunft, in: ders.: Spiritus Creator – Skizzen zur Theologie III, Einsiedeln 1967

⇒ Prometheus – Studien zur Geschichte des deutschen Idealismus, Heidelberg 1947

⇒ Theodramatik. Band 1 Prolegomena. Einsiedeln 1973

BARNABASBRIEF;

⇒ in: Die Apostolischen Väter, Band 35, Bibliothek der Kirchenväter, Kempten & München 1918

BERGER, KLAUS:

⇒ Theologiegeschichte des Urchristentums – Theologie des Neuen Testamentes, UTB für Wissenschaft: Große Reihe, Tübingen-Basel 1994

BERGES, ULRICH:

⇒ Jes 40-48, Herders theologischer Kommentar zum Alten Testament, Freiburg-Basel-Wien 2008

BERNANOS, GEORGES:

⇒ Tagebuch eines Landpfarrers, Fischerbücherei Bd. 116, Frankfurt am Main/Hamburg, 1956

BERTRAM, GEORG:

⇒ Art. νηπίος; in: in: Theologisches Wörterbuch zum Neuen Testament (ThWNT), Bd. IV, begründet von Gerhard Kittel, hrsg. von Gerhard Friedrich, Studienausgabe, Stuttgart-Berlin-Köln 1990, S. 913-925

BEUKEN, WILLEM:

⇒ Jesaja 1-12, Herders theologischer Kommentar zum Alten Testament, Freiburg-Basel-Wien 2003

BIETENHARD, HANS:

⇒ Artikel „ονομα; in: Theologisches Wörterbuch zum Neuen Testament (ThWNT), Bd. V, begründet von Gerhard Kittel, hrsg. von Gerhard Friedrich, Studienausgabe, Stuttgart-Berlin-Köln 1990, S. 242-283

BISER, EUGEN (HRSG.):

⇒ Besieger Gottes und des Nichts – Nietzsches fortdauernde Provokation, mit Beiträgen von Eugen Biser, Johann Figl, Werner Ross und Jörg

Salaquarda, Schriften der Katholischen Akademie in Bayern Bd. 108, Düsseldorf 1982

⇒ Der Lebensweg Jesu. Eine Meditation, Düsseldorf 2007

⇒ Der Mensch – das uneingelöste Versprechen, Versuch einer Modalanthropologie, Düsseldorf 1995

⇒ Die Sinnfrage als Gottesfrage; in: Weite des Herzens – Weite des Lebens, Beiträge zum Christsein in moderner Gesellschaft, Festschrift für Abt Odilo Lechner, hrsg. von Michael Langer und Anselm Bilgri, Bd. 1, Regensburg 1989, S. 313-321

⇒ Glaubensbekenntnis und Vaterunser – eine Neuauslegung, 3. Auflage, Düsseldorf 2003

BONHOEFFER, DIETRICH:

⇒ Widerstand und Ergebung. Briefe und Aufzeichnungen aus der Haft. Hrsg. von Eberhard Bethge. Kaiser Taschenbücher 100, 14. durchgesehene Auflage, München 1990

BOFF, LEONARDO:

⇒ Erfahrung von Gnade – Entwurf einer Gnadenlehre, 2. Auflage, Düsseldorf 1985

⇒ Gott erfahren – Die Transparenz aller Dinge, Düsseldorf 2002

⇒ Rettung in Jesus Christus und Befreiungsprozess; in: Internationale Zeitschrift für Theologie »Concilium«, Mainz 10/1974, S. 419-426

⇒ Und die Kirche ist Volk geworden: Ekklesiogenesis, Düsseldorf 1987

⇒ Vater unser – Das Gebet umfassender Befreiung, 4. Auflage, Düsseldorf 1986

BOFF, LEONARDO UND BOFF, CLODOVIS:

⇒ Wie treibt man Theologie der Befreiung?, Düsseldorf 1986

BORNKAMM, GÜNTER:

⇒ Artikel „μυστεριον“; in: Theologisches Wörterbuch zum Neuen Testament (ThWNT), Bd. IV, begründet von Gerhard Kittel, hrsg. von Gerhard Friedrich, Studienausgabe, Stuttgart-Berlin-Köln 1990, S. 809-834

BOURS, JOHANNES:

⇒ Ich werde ihm den Morgenstern geben – Worte für den Lebensweg, 2. Auflage, Freiburg i. Br. 1988

BRAKELMANN, GÜNTER:

⇒ Arbeit; in: Christlicher Glaube in moderner Gesellschaft - Enzyklopädische Bibliothek in 30 Teilbänden, hrsg. von Franz Böckle, Franz-Xaver Kaufmann, Karl Rahner, Bernhard Welte, in Verbindung mit Robert Scherer, Teilband 8, Freiburg-Basel-Wien 1980, S. 99-135

BRECHT, BERTOLT:

⇒ Die Dreigroschenoper; in: Stücke Band I, S. 39-131, Berlin und Weimar, 1. Auflage 1975

BROX, NORBERT:

⇒ Hermas (Hirt des Hermas); in: Lexikon der altchristlichen Literatur, hrsg. von Siegmar Döpp und Wilhelm Geerlings; Freiburg i. Breisgau – Basel – Wien 1998, S. 282f

BUCHER, ALEXIUS J.:

⇒ Martin Heidegger – Metaphysik als Begriffsproblematik, Mainzer philosophische Forschungen Bd. 14, hrsg. von Gerhard Funke, 2. durchges. Auflage, Bonn 1983

BULTMANN, RUDOLF:

⇒ Das Evangelium des Johannes, KEK, 11. durchgesehene Auflage, Göttingen 1950

BUNDESVERBAND DER KATHOLISCHEN ARBEITNEHMER-BEWEGUNG DEUTSCHLANDS (HRSG.):

⇒ Texte zur katholischen Soziallehre – Die sozialen Rundschreiben der Päpste und andere kirchliche Dokumente, 8. erw. Auflage, Bornheim-Kevelaer 1992

BURGEY, FRANZ:

⇒ Technik und Heiliger Kosmos – Probleme der Theologie und der Verkündigung in einer von Wissenschaft und Technik geprägten Welt, Würzburg 1985

DENZINGER, HEINRICH / HÜNERMANN, PETER (DH):

⇒ Kompendium der Glaubensbekenntnisse und kirchlichen Lehrentscheidungen, Lateinisch-Deutsch, 37. Auflage, Freiburg im Breisgau – Basel – Rom – Wien, 1997

DITFURTH, HOIMAR VON:

⇒ Wir sind nicht nur von dieser Welt – Naturwissenschaft, Religion und die Zukunft des Menschen, dtv 10290, München 1984

DOHMEN, CHRISTOPH:

⇒ Exodus 19-40, Herders theologischer Kommentar zum Alten Testament, Freiburg-Basel-Wien 2004

DOSTOJEWSKI, FJODOR MICHAILOWITSCH:

⇒ Die Brüder Karamasoff, 27. Auflage, München 1996

⇒ Schuld und Sühne. Rodion Raskolnikoff, 19. Auflage, München 1996

DREWERMANN, EUGEN:

⇒ Das Markusevangelium – Bilder von Erlösung, Erster Teil, 4. Auflage, Olten 1989

⇒ Das Matthäusevangelium – Bilder der Erfüllung, Erster Teil, Olten 1992

⇒ Dass auch der Allerniedrigste mein Bruder sei. Dostojewski – Dichter der Menschlichkeit. Fünf Betrachtungen. Zürich- Düsseldorf 1998

⇒ Der tödliche Fortschritt. Von der Zerstörung der Erde und des Menschen im Erbe des Christentums. Herder Spektrum 4032, 6. Auflage, Freiburg im Breisgau 1991

⇒ Ich steige hinab in die Barke der Sonne. Meditationen zu Tod und Auferstehung, 5. Auflage, Olten 1989

⇒ Strukturen des Bösen, Teil 3: Die jahwistische Urgeschichte in philosophischer Sicht, Sonderausgabe, Paderborn-München-Wien-Zürich 1988

EICHRODT, WALTHER:

⇒ Der Prophet Hesekiel, ATD 22, 3. Auflage, Göttingen 1968

ELIADE, MIRCEA:

⇒ Die Geschichte der religiösen Ideen, Band 1 Von der Steinzeit bis zu den Mysterien von Eleusis, Herder Spektrum 4200, Freiburg 1993

ENDE, MICHAEL:

⇒ Momo – oder: Die seltsame Geschichte von den Zeit-Dieben und von dem Kind, das den Menschen die gestohlene Zeit zurückbrachte, dtv 10958, München 1988

FISCHER, GEORG:

⇒ Jeremia 26-52, Herders theologischer Kommentar zum Alten Testament, Freiburg-Basel-Wien 2005

FISCHER, NORBERT:

⇒ Die philosophische Frage nach Gott – Ein Gang durch ihre Stationen, AMATECA: Lehrbücher zur katholischen Theologie, Band II, Paderborn 1995

FRANKL, VIKTOR E.:

⇒ Der unbewusste Gott – Psychotherapie und Religion, dtv 35058, 2. Auflage, München 1994

FRANZEN, AUGUST:

⇒ Kleine Kirchengeschichte, Herderbücherei Bd. 237, 13. Auflage, Freiburg im Breisgau 1986

FRIEDRICH, GERHARD:

⇒ Der Zweite Brief an die Thessalonicher, NTD Bd. 8, S. 252-276, 14., neu bearbeitete und ergänzte Auflage, Göttingen 1976

FRIES, HEINRICH:

⇒ Abschied von Gott? Eine Herausforderung – Versuch einer Antwort, Herderbücherei 413, Freiburg-Basel-Wien 1971

⇒ Fundamentaltheologie, 2. unveränderte Auflage, Graz-Wien-Köln, 1985

⇒ Glaube und Kirche im ausgehenden 20. Jahrhundert, München 1979

FRISCH, MAX:

⇒ Homo Faber; in: ders. Erzählt, Band 1, Stiller – Homo faber, Frankfurt 1994

FROMM, ERICH:

⇒ Haben oder Sein – Die seelischen Grundlagen einer neuen Gesellschaft, Stuttgart 1976

GANOCZY, ALEXANDRE:

⇒ Artikel „Creatio ex nihilo"; in: Lexikon der katholischen Dogmatik, hrsg. von Wolfgang Beinert, Lizenzausgabe für die DDR, hrsg. von Lothar Ullrich, Leipzig 1989, S. 78-80

⇒ Unendliche Weiten... - Naturwissenschaftliches Weltbild und christlicher Glaube, Freiburg-Basel-Wien 1998

GEISSLER, HEINER:

⇒ Wo ist Gott? Gespräche mit der nächsten Generation, rororo Sachbuch, Reinbek 2002

GIESEN, HEINZ:

⇒ Artikel Zahl, Zahlensymbolik, III. Biblisch; in: Lexikon für Theologie und Kirche, Band 10, 3. völlig neu bearbeitete Auflage, hrsg. von Walter Kasper, Sonderausgabe, Freiburg 2006, S. 1370f

GNILKA, JOACHIM:

⇒ Der Kolosserbrief, HThKNT Bd. X/1, Freiburg-Basel-Wien 1980

⇒ Der Philipperbrief, HThKNT Bd. X/3, Freiburg-Basel-Wien 1968

GOETHE, JOHANN WOLFGANG VON:

⇒ Faust I, in: Werke, Band 3: Dramatische Dichtungen I, Hamburger Ausgabe, dtv, München, 1998

GRABMANN, MARTIN:

⇒ Die Grundgedanken des hl. Augustinus über Seele und Gott, Köln 1916

GRILLMEIER, ALOIS:

⇒ Jesus Christus im Glauben der Kirche, Band 1: Von der Apostolischen Zeit bis zum Konzil von Chalcedon (451), Sonderausgabe der 3. Auflage, Freiburg im Breisgau 2004

⇒ Jesus Christus im Glauben der Kirche, Band 2/1: Das Konzil von Chalcedon (451) – Rezeption und Widerspruch (451-518) Sonderausgabe der 2. Auflage, Freiburg im Breisgau 2004

GUARDINI, ROMANO:

⇒ Christliches Bewusstsein – Versuche über Pascal, dtv 38, München 1962

⇒ Das Gebet des Herrn, Topos-Taschenbücher Bd. 75, 11. Auflage, Mainz 1982

⇒ Die Annahme seiner selbst – Den Menschen erkennt nur, wer von Gott weiß, Topos-Taschenbücher Bd. 171, Mainz 1987

GUTIÉRREZ, GUSTAVO:

⇒ Theologie der Befreiung, Welt der Theologie, 10., erw. und neubearb. Auflage, Mainz 1992

HAHN, FERDINAND:

⇒ Christologische Hoheitstitel – Ihre Geschichte im frühen Christentum, 2. Auflage, Göttingen 1964

HAUCK, FRIEDRICH:

⇒ Artikel περισσευο; in: Theologisches Wörterbuch zum Neuen Testament (ThWNT), Bd. VI, begründet von Gerhard Kittel, hrsg. von Gerhard Friedrich, Studienausgabe, Stuttgart-Berlin-Köln 1990, S. 58-63

HEGEL, GEORG WILHELM FRIEDRICH:

⇒ Phänomenologie des Geistes, stw 603, 3. Auflage, Frankfurt 1991

⇒ Wissenschaft der Logik I, stw 605, Frankfurt 1993

HEIDEGGER, MARTIN:

⇒ Sein und Zeit, 16. Auflage, Tübingen 1986

⇒ Vom Wesen des Grundes, Frankfurt a. Main 1955

HEINICHEN, F. A.:

⇒ Globalwörterbuch Lateinisch-Deutsch zu den klassischen und ausgewählten mittelalterlichen Autoren, Stuttgart-Düsseldorf-Leipzig 1999

HEINZMANN, RICHARD:

⇒ Philosophie des Mittelalters, Grundkurs Philosophie Bd. 7, Urban TB 351, Stuttgart-Berlin-Köln 1992

HESSE, HERMANN:

⇒ Das Glasperlenspiel – Versuch einer Lebensbeschreibung des Magister Ludi Josef Knecht samt Knechts hinterlassenen Schriften, Taschenbibliothek der Weltliteratur, Aufbau-Verlag, Berlin und Weimar 1987, 2 Bände

⇒ Der Steppenwolf, st 175, Frankfurt 1974

⇒ Siddharta – Eine indische Dichtung, st 182, Frankfurt 1974

HOSSFELD, FRANK-LOTHAR:

⇒ Art. Bund, II. Im Alten Testament; in: Lexikon für Theologie und Kirche, Band 2, 3. völlig neu bearbeitete Auflage, hrsg. von Walter Kasper, Sonderausgabe, Freiburg 2006, Sp. 781-785

HUXLEY, ALDOUS:

⇒ Schöne neue Welt – Ein Roman der Zukunft, Fischer Taschenbuch 26, Frankfurt 1988

IRENÄUS VON LYON:

⇒ Fünf Bücher gegen die Häresien, II. Band, Buch IV-V, Bibliothek der Kirchenväter, Kempten & München 1912

JEREMIAS, JOACHIM:

⇒ Unbekannte Jesusworte, Gütersloher Taschenbuch Siebenstern, Band 376, 2. Auflage der Taschenbuchausgabe, Gütersloh 1983

KANT, IMMANUEL:

⇒ Logik – ein Handbuch; in: ders.: Logik – Anthropologie – Religion innerhalb der Grenzen der bloßen Vernunft, Sämtliche Werke Band 3, Deutschland 2000

KASPER, WALTER:

⇒ Das Absolute in der Geschichte – Philosophie und Theologie der Geschichte in der Spätphilosophie Schellings, Mainz 1965

⇒ Der Gott Jesu Christi, 2. Auflage, Mainz 1983

⇒ Die Theologie der Befreiung aus europäischer Perspektive; in: Metz, Johann Baptist (Hrsg.): Die Theologie der Befreiung: Hoffnung oder Gefahr für die Kirche?, Schriften der Katholischen Akademie in Bayern, Bd. 122, Düsseldorf 1986

KERKELING, HAPE:

⇒ Ich bin dann mal weg – Meine Reise auf dem Jakobsweg, 32. Auflage, München 2007

KIERKEGAARD, SÖREN:

⇒ Der Begriff Angst - Vorworte, GTB 608, 4. Auflage, Gütersloh 1995

⇒ Die Krankheit zum Tode, GTB 620, 4. Auflage, Gütersloh 1992

⇒ Die Lilie auf dem Felde und der Vogel unter dem Himmel; in: ders.: Kleine Schriften 1848/49, GTB 619, 4. Auflage, Gütersloh 1993

⇒ Die Tagebücher, in zwei Bänden, Zweiter Band 1849-1855, ausgewählt und übersetzt von Theodor Haecker, Innsbruck 1923

KINDLERS NEUES LITERATURLEXIKON:

⇒ Band 5 Ea-Fz, hrsg. von Walter Jens, Studienausgabe, München 1996

KNAUER, PETER:

⇒ Der Glaube kommt vom Hören – Ökumenische Fundamentaltheologie, 6., neubearbeitete und erweiterte Auflage, Freiburg-Basel-Wien 1991

KOCH, K.:

⇒ Art. *tmm* – vollständig sein; in: Theologisches Handwörterbuch zum Alten Testament (THAT), hrsg. von Ernst Jenni unter Mitarbeit von Claus Westermann, Bd. II, Sp. 1045-1051

KORFF, WILHELM:

⇒ Artikel Arbeit, II. Kultur- und geistesgeschichtlich, in: Lexikon für Theologie und Kirche, Band 1, 3. völlig neu bearbeitete Auflage, hrsg. von Walter Kasper, Sonderausgabe, Freiburg 2006, Sp. 918-920

KREINER, ARMIN:

⇒ Das wahre Antlitz Gottes – oder was meinen wir, wenn wir Gott sagen, Freiburg im Breisgau 2006

KÜNG, HANS:

⇒ Christ sein, dtv 1220, 8. Auflage, München 1987

⇒ Credo. Das Apostolische Glaubensbekenntnis – Zeitgenossen erklärt, Serie Piper 2024, Neuausgabe 1995

⇒ Das Judentum, München 1991

⇒ Der Anfang aller Dinge – Naturwissenschaft und Religion, 7. Auflage, München 2006

⇒ Existiert Gott – Antwort auf die Gottesfrage der Neuzeit, dtv 1628, München 1981

⇒ Gott und das Leid, Theologische Meditationen 18, 2. Auflage, Einsiedeln 1968

⇒ Musik und Religion: Mozart – Wagner – Bruckner, Serie Piper 4607, Originalausgabe, München 2006

⇒ Nahezu ein Christ? Hermann Hesse und die Herausforderung der Weltreligionen; in: Jens, Walter / Küng, Hans: Anwälte der Humanität –

Thomas Mann, Hermann Hesse, Heinrich Böll, SP 1267, München 1993

KUTSCH, E.:

⇒ Artikel krt – abschneiden; in: Theologisches Handwörterbuch zum Alten Testament (THAT), hrsg. von Ernst Jenni unter Mitarbeit von Claus Westermann, Bd. I, Sp. 857-860

KUTSCHERA, FRANZ VON:

⇒ Sprachphilosophie, 2., völlig neu bearbeitete und erweiterte Auflage, München 1975

LESCH, HARALD UND ZAUN, HARALD:

⇒ Die kürzeste Geschichte allen Lebens. Eine Reportage über 13,7 Milliarden Jahre Werden und Vergehen, München-Zürich 2008

LOHFINK, NORBERT:

⇒ Das Böse im Herzen und Gottes Gerechtigkeit in der weiten Welt, in: Imhof, Paul (Hrsg.): Gottes Nähe – Religiöse Erfahrung in Mystik und Offenbarung, Würzburg 1990, S. 327-341

LOTZ, JOHANN BAPTIST:

⇒ Artikel Analogie; in: Brugger, Walter: Philosophisches Wörterbuch, Sonderausgabe, Freiburg 1992, S. 11-13

⇒ Artikel Schönheit; in: Brugger, Walter: Philosophisches Wörterbuch, Sonderausgabe, Freiburg 1992, S. 337-339

⇒ Artikel Transzendentalien; in: Brugger, Walter: Philosophisches Wörterbuch, Sonderausgabe, Freiburg 1992, S. 411-12

⇒ Die Grundbestimmungen des Seins – vollzogen als transzendentale Erfahrung, Innsbruck-Wien 1988

LUBAC, HENRI DE:

⇒ Die Freiheit der Gnade, Bd. II: Das Paradox des Menschen, Einsiedeln 1971

LÜTZ, MANFRED:

⇒ Gott – Eine kleine Geschichte des Größten, München 2007

MANN, THOMAS:

⇒ Fragment über das Religiöse; in: Reden und Aufsätze, Teil 3; in: ders.: Gesammelte Werke in dreizehn Bänden, Bd. XI, Frankfurt am Main 1990, S. 423-426

⇒ Joseph und seine Brüder. 2. Band Joseph in Ägypten und Joseph, der Ernährer; in: ders.: Gesammelte Werke in dreizehn Bänden, Bd. V, Frankfurt am Main 1990

⇒ Joseph und seine Brüder – Ein Vortrag; in: Reden und Aufsätze, Teil 3; in: ders.: Gesammelte Werke in dreizehn Bänden, Bd. XI, Frankfurt am Main 1990, S. 654-681

MARTIN, THERESE:

⇒ Geschichte einer Seele – Die Heilige von Lisieux erzählt aus ihrem Leben, Johannes-Verlag Leutersdorf, 1994

METZ, JOHANN BAPTIST:

⇒ Glaube in Geschichte und Gesellschaft – Studien zu einer praktischen Fundamentaltheologie, 5. Auflage, Mainz 1992

⇒ Unsere Hoffnung – Ein Bekenntnis zum Glauben in dieser Zeit; in: Gemeinsame Synode der Bistümer in der Bundesrepublik Deutschland – Beschlüsse der Vollversammlung, Gesamtausgabe Bd. I, 3. Auflage, Freiburg-Basel-Wien 1976

MICHAELIS, WILHELM:

⇒ Artikel „πασχω“, in: Theologisches Wörterbuch zum Neuen Testament (ThWNT), Bd. V, begründet von Gerhard Kittel, hrsg. von Gerhard Friedrich, Studienausgabe, Stuttgart-Berlin-Köln 1990, S. 903-939

MOLTMANN, JÜRGEN:

⇒ Auferstehung der Natur – Ein Kapitel der kosmischen Christologie; in: Internationale Zeitschrift für Theologie Concilium, 42. Jahrgang, Heft 5, Dezember 2006, S. 563-570

⇒ Das Kommen Gottes – Christliche Eschatologie, Gütersloh 1995

MONOD, JACQUES:

⇒ Zufall und Notwendigkeit – Philosophische Fragen der modernen Biologie, dtv 1069, München 1975

MOSIS, RUDOLF:

⇒ Ich lege mein Wort in deinen Mund – Geistliche Impulse aus Jeremia, Freiburg im Breisgau 1979

NIETZSCHE, FRIEDRICH:

⇒ Die fröhliche Wissenschaft, Taschenbuchreihe Goldmann Klassiker 7557, 5. Auflage, 1994

NIKOLAUS VON KUES:

⇒ Vom Sehen Gottes – Ein Buch mystischer Betrachtung. Aus dem Lateinischen übertragen von Dietlind und Wilhelm Dupré. Mit einem Nachwort von Alois M. Haas. Zürich und München 1987

NOTH, MARTIN:

⇒ Das 3. Buch Mose – Levitikus, ATD 6, 4. unveränderte Auflage, Göttingen 1978

ORIGENES:

⇒ Vier Bücher von den Prinzipien. Texte zur Forschung, Band 24. Herausgegeben, übersetzt, mit kritischen und erläuternden Anmerkungen versehen von Herwig Görgemanns und Heinrich Kapp. Darmstadt 1976

ORWELL, GEORGE:

⇒ 1984 – Ein utopischer Roman, 21. Auflage, Zürich 1973

PASCAL, BLAISE:

⇒ Gedanken, nach der endgültigen Ausgabe übertragen von Wolfgang Hüttenauer, mit Einführung von Romano Guardini, Sammlung Dieterich Bd. 7, Wiesbaden 1947

PESCH, OTTO HERMANN:

⇒ Die Theologie der Rechtfertigung bei Martin Luther und Thomas von Aquin – Versuch eines systematisch-theologischen Dialogs, Walberberger Studien der Albertus-Magnus-Akademie, Theologische Reihe Bd. 4, Mainz 1967

PIEPER, JOSEPH:

⇒ Über die Liebe, 7. Auflage, München 1992

RAD, GERHARD VON:

⇒ Das 1. Buch Mose – Genesis, ATD 2-4, 10. durchgesehene Auflage, Göttingen 1976

⇒ Das 5. Buch Mose – Deuteronomium, ATD 8, 3. unv. Auflage, Göttingen 1978

⇒ Es ist noch eine Ruhe vorhanden dem Volke Gottes; in: ders. Gesammelte Studien zum Alten Testament, Theologische Bücherei – Neudrucke und Berichte aus dem 20. Jahrhundert, Band 8, 3. erweiterte Auflage, München 1958, S. 101-108

⇒ Verheißenes Land und Jahwes Land im Hexateuch; in: ders. Gesammelte Studien zum Alten Testament, Theologische Bücherei – Neudrucke und Berichte aus dem 20. Jahrhundert, Band 8, 3. erweiterte Auflage, München 1958, S. 87-100

RAHNER, KARL:

⇒ Artikel Geheimnis; in: ders. (Hrsg:): Herders theologisches Taschenlexikon in acht Bänden, Band 2, Herderbücherei Bd. 452, Freiburg-Basel-Wien 1972, S. 375-380

⇒ Erfahrungen eines katholischen Theologen; in: Lehmann, Karl (Hrsg): Vor dem Geheimnis Gottes den Menschen verstehen – Karl Rahner zum 80. Geburtstag, Katholische Akademie Freiburg, München-Zürich 1984

⇒ Grundkurs des Glaubens – Einführung in den Begriff des Christentums, Freiburg-Basel-Wien 1976

⇒ Über den Begriff des Geheimnisses in der Katholischen Theologie; in: ders.: Schriften zur Theologie, Band IV, 5. Auflage, Einsiedeln-Zürich-Köln 1967, S. 51-99

⇒ Worte ins Schweigen, 3. Auflage, Innsbruck 1948

RATZINGER, JOSEPH:

⇒ Abschied vom Teufel?; in: ders.: Dogma und Verkündigung, 3. unv. Auflage, München 1977, S. 221-230

⇒ Der Gott Jesu Christi – Betrachtungen über den Dreieinigen Gott, Reihe Doppelpunkt, 2. unv. Auflage, München 1977

⇒ Einführung in das Christentum – Vorlesungen über das Apostolische Glaubensbekenntnis, Sonderausgabe, München 1985

RICHTER, HORST-EBERHARD:

⇒ Der Gotteskomplex. Die Geburt und die Krise des Glaubens an die Allmacht des Menschen. Düsseldorf und München 1997

RIEDEL, CHRISTOPH:

⇒ Grundlagen der Existenzanalyse und Logotherapie; in: Riedel, Christoph; Deckart, Renate; Noyon, Alexander: Existenzanalyse und Logotherapie – Ein Handbuch für Studium und Praxis, S. 19-130, Darmstadt 2002

RITT, HUBERT:

⇒ Offenbarung des Johannes. Die Neue Echter Bibel – Kommentar zum Neuen Testament mit der Einheitsübersetzung, 3. Auflage, Würzburg 1998

SARTRE, JEAN-PAUL:

⇒ Das Sein und das Nichts – Versuch einer phänomenologischen Ontologie, rororo 13316, Hamburg 1993

⇒ Die Wörter, rororo 1000, Hamburg 1968

SCHAEFFLER, RICHARD:

⇒ Das Gebet und das Argument – Zwei Weisen des Sprechens von Gott. Eine Einführung in die Theorie der religiösen Sprache. Beiträge zur Religionswissenschaft, Düsseldorf 1989

⇒ Religionsphilosophie. Handbuch Philosophie, hrsg. von Elisabeth Ströker und Wolfgang Wieland, Freiburg-München 1983

SCHÄRTL, THOMAS:

⇒ Theo-Grammatik – Zur Logik der Rede vom trinitarischen Gott, Regensburg 2003

SCHEELE, PAUL WERNER:

⇒ Begnadete Kunst – Sprache und Kunst im Licht des Glaubens, Würzburg 1986

⇒ Meine Berufung ist die Liebe – Die kleine Therese für uns alle, hrsg. vom Medienreferat der Diözese Würzburg

SCHEFFCZYK, LEO:

⇒ Schöpfung als Heilseröffnung – Schöpfungslehre; in: ders./Ziegenaus, Anton: Katholische Dogmatik, Band III, Aachen 1997

SCHILLEBEECKX, EDWARD:

⇒ Christus – Sakrament der Gottbegegnung, Mainz 1960

⇒ Befreiende Theologie, in: ders. (Hrsg.): Mystik und Politik – Theologie im Ringen um Geschichte und Gesellschaft - Johann Baptist Metz zu Ehren, Mainz 1988, S. 56-71

⇒ Christus und die Christen – Die Geschichte einer neuen Lebenspraxis, Freiburg-Basel-Wien 1977

⇒ Die Auferstehung Jesu als Grund der Erlösung – Zwischenbericht über die Prolegomena zu einer Christologie, Quastiones Disputatae Bd. 78, hrsg. von Karl Rahner und Heinrich Schlier, Freiburg-Basel-Wien 1979

⇒ Die Heiligung des Namens Gottes durch die Menschenliebe Jesu des Christus, in: Gott in Welt, Bd. II, Festgabe für Karl Rahner, hrsg. von Johann B. Metz, Walter Kern, Adolf Darlapp und Herbert Vorgrimler, Freiburg im Breisgau 1964, S. 43-91

⇒ Jesus – Die Geschichte von einem Lebenden, 3. Auflage, Freiburg-Basel-Wien 1975

⇒ Menschen – Die Geschichte von Gott, Freiburg-Basel-Wien 1990

⇒ Offenbarung, Glaube und Erfahrung, in: Katechetische Blätter – Zeitschrift für Religionsunterricht, Gemeindekatechese und Kirchliche Jugendarbeit, 105. Jahrgang, München 1980, S. 84-95

SCHILLER, FRIEDRICH VON:

⇒ Über die ästhetische Erziehung des Menschen – in einer Reihe von Briefen; in: ders.: Sämtliche Schriften, Band 5 Philosophische Schriften. Mundus Verlag, 1999

SCHLIER, HEINRICH:

⇒ Der Römerbrief, HThKNT Bd. VI, Freiburg-Basel-Wien 1977

SCHMIDT, WERNER H.:

⇒ Art. br` - schaffen; in: Theologisches Handwörterbuch zum Alten Testament (THAT), hrsg. von Ernst Jenni unter Mitarbeit von Claus Westermann, Bd. I, Sp. 336-339

SCHNACKENBURG, RUDOLF:

⇒ Das Johannesevangelium, 1. Teil Einleitung und Kommentar zu Kap. 1-4, HThKNT Bd. IV, Freiburg-Basel-Wien 1965

⇒ Das Johannesevangelium, 2. Teil Kommentar zu Kap. 5-12, HThKNT Bd. IV, Freiburg-Basel-Wien 1971

⇒ Das Johannesevangelium, 3. Teil Kommentar zu Kap. 13-21, HThKNT Bd. IV, Freiburg-Basel-Wien 1975

SCHNEGG, MATTHIAS:

⇒ Art. Spiel/spielen; in: Praktisches Lexikon der Spiritualität, hrsg. von Christian Schütz, Sonderausgabe, Freiburg-Basel-Wien 1992, Sp. 1167-1170

SCHNEIDER, JAN HEINER:

⇒ Art. arbeiten/spielen; in: Handbuch religionspädagogischer Grundbegriffe, Bd. 1, hrsg. von Gottfried Bitter und Gabriele Miller, München 1986, S. 338-343

SCHOTTROFF, W.:

⇒ Artikel jd` - erkennen, in: Theologisches Handwörterbuch zum Alten Testament (THAT), hrsg. von Ernst Jenni unter Mitarbeit von Claus Westermann, Bd. I, Sp. 682-701

SCHÜRMANN, HEINZ:

⇒ Das Gebet des Herrn – Aus der Verkündigung des Herrn erläutert, 3. Auflage, Freiburg-Basel-Wien 1958

SPLETT, JÖRG :

⇒ Gewissen und Gewissensbegründung bei Henry Newman; in: Alfred Gläßer (Hrsg.): John Henry Newman, Vortragsreihe der Katholischen Universität Eichstätt, Extemporalia – Fragen der Theologie und der Seelsorge Bd. 10, Eichstätt-Wien 1991

SPLETT, JÖRG/ PUNTEL, LOURENCIN BRUNO:

⇒ Artikel Analogia entis; in: Herders theologisches Taschenlexikon in acht Bänden, hrsg. von Karl Rahner, Bd. 1 Aberglaube bis Christentum, Herderbücherei 451, Freiburg-Basel-Wien 1972, S. 90-96

STENGER, HERMANN:

⇒ Verwirklichung des Lebens aus der Kraft des Glaubens. Pastoralpsychologische und spirituelle Texte. 2. Auflage, Freiburg im Breisgau 1989

STIMMEN DER WELTKIRCHE:

⇒ Band 8 – Die Kirche Lateinamerikas, Dokumente der II. und III. Generalversammlung des Lateinamerikanischen Episkopates in Medellin und Puebla 6. September 1968 / 13. Februar 1979, hrsg. vom Sekretariat der Deutschen Bischofskonferenz

STROBEL, AUGUST:

⇒ Der Brief an die Hebräer, NTD 9, 11. Auflage, Göttingen 1975

VÖLKER, ANDREAS:

⇒ Elie Wiesel: Zeichen setzen – selbst zum Zeichen werden. Grammatik eines Lebens für Frieden und Versöhnung. Reihe: Erinnern und Lernen - Texte zur Menschenrechtspädagogik (hrsg. von Wilhelm Schwendemann und Stephan Marks), Bd. 5, Münster 2008

WEISSMAHR, BĒLA:

⇒ Ontologie, Urban TB 347, Grundkurs Philosophie Bd. 3, 2. durchges. Auflage, Stuttgart-Berlin-Köln 1991

⇒ Philosophische Gotteslehre, Urban TB 349, Grundkurs Philosophie Bd. 5, 2. durchges. Auflage, Stuttgart-Berlin-Köln 1994

WEIZSÄCKER, CARL FRIEDRICH VON:

⇒ Die Sterne sind glühende Gaskugeln und Gott ist gegenwärtig – Über Religion und Naturwissenschaft, Herder Spektrum 4077, 2. Auflage, Freiburg-Basel-Wien 1992

WERBICK, JÜRGEN:

⇒ Gott verbindlich – Eine theologische Gotteslehre, Freiburg im Breisgau 2007

WESTERMANN, CLAUS:

⇒ Abriss der Bibelkunde – Altes Testament, Neues Testament, Studienausgabe, 12. Auflage, Stuttgart1984

⇒ Am Anfang – 1. Mose, Teil 1 Urgeschichte, Abraham, Kleine biblische Bibliothek, Neukirchen-Vluyn 1986

WESTERMANN, CLAUS/ GLOEGE, GERHARD:

⇒ Einführung in die Bibel, Sonderausgabe, Stuttgart 1994

WILLMS, WILHELM:

⇒ Der geerdete Himmel – Wiederbelebungsversuche, Kevelaer 1974

WOLFF, HANS WALTER:

⇒ Anthropologie des Alten Testaments, 5. Auflage, KT 91, München 1990

WUNN, INA:

⇒ Die Religionen in vorgeschichtlicher Zeit, Bd. 2 der Reihe „Die Religionen der Menschheit“, Stuttgart 2005

ZSIFKOVITS, VALENTIN:

⇒ Artikel Beruf; in: Neues Lexikon der christlichen Moral, hrsg. von Hans Rotter und Günter Virt, Innsbruck-Wien 1990, S. 75-80

ZULEHNER, PAUL MICHAEL:

⇒ Das Gottesgerücht – Bausteine für eine Kirche der Zukunft, 5. Auflage, Düsseldorf 1988

⇒ Kleine Lebenswelten – Zur Kultur der Beziehungen zwischen Mann und Frau, Paderborn 1989

⇒ Pastorale Futurologie. Kirche auf dem Weg ins gesellschaftliche Morgen. Pastoraltheologie, Band 4. Unter Mitarbeit von Johannes Haas, Andreas Heller, Rosa Nowak, Rupert Stadler und Maria Widl. Düsseldorf 1990

Personenregister

Bibelstellenregister

Altes Testament

Neues Testament